Education and the World of Work

교육과 일의 세계

장원섭 저

학지사

이 책을 나의 스승인

故 데이빗 빌스(David Bills, 1953. 10. 31.~2021. 7. 15.) 교수님께 바친다.

그분은 나에게 이 책의 기본틀에 해당하는 모든 걸 가르쳐 주었다.

이제는 더 이상 그분으로부터 배울 수 없게 되었다.

삼십오 년째 나는 폐지 더미 속에서 일하고 있다.

이 일이야말로 나의 온전한 **러브 스토리**다.

−보후밀 흐라발(2016). 『너무 시끄러운 고독』, 9쪽.

머리말

이 책은 2006년에 출간한『일의 교육학』의 개정판인 동시에 후속작인 새 책이다. 개정판인 이유는 내가 그때의 일과 교육에 대한 문제 인식을 지금도 고스란히 갖고 있기 때문이다. 나의 문제 인식은 이 책의 부록에 실은『일의 교육학』머리말에서 확인할 수 있다. 같은 문제 인식으로 인해 그 책의 시각과 내용이 이 책과 일부 겹치기도 한다. 그럼에도 불구하고, 너무 낡은 내용은 많이 삭제했고, 새로운 변화를 반영한 글을 대폭 추가했다. 게다가『일의 교육학』은 연구서 성격이 강했다. 내용의 난이도가 꽤 높고 분량도 상당히 많았다. 그래서 일과 교육이라는 주제를 처음 공부하는 학생 혹은 이 문제에 관심을 가진 일반 독자들이 접하기에 다소 어려웠을지도 모른다. 나는 새로운 책을 통해 좀 더 많은 독자에게 나의 문제 인식과 연구 결과를 공유하고자 했다. 책의 완성도를 위해 다시 담은 주제들은 같은 내용이라도 좀 더 편하게 읽을 수 있도록 글을 고쳐 썼다. 게다가 2006년 이후 지난 15년 여 동안 연구한 내용들을 새로 포함했다. 이런 점에서 이 책은『일의 교육학』의 후속작인 새 책이다.

일의 교육학은 삶의 교육을 지향한다. 인간 삶의 중심이자 존재 의의를 실현하는 활동으로 일을 바라보기 때문이다. 그것은 경제적 기능과 사회적 도구로서 산업과 직업을 지향하는 전통적인 산업교육학 또는 직업교육학과는 다르다. 그럼에도 불구하고, 그런 경제사회적 효용은 삶을 위한 중요한 수단이라는 점을 부정하지는 않는다. 그것을 포함하되 궁극적인 지향점으로 삼지 않을 뿐이다. 그보다는 인간 존재의 의의를 성찰하고 그것을 삶의 중심인 일을 통해 실현하기를 추구한다.

인간 존재와 삶의 중심축으로서 일과 교육은 필연적인 관련성을 갖는다. 인간은 교육을 통해 일을 준비할 뿐만 아니라 일을 하면서 배우고 성장하기도 한다. 그러나 이런 일과 교육의 관계는 너무 복잡다단하여 쉽게 파악하기 어렵고 한마디로 단언할 수도 없다. 게다가 두 세계는 모두 빠르게 변화하고 있다. 정보기술의 발달과 세계화에 따른 시공간의 압축, 인간의 지력까지 넘어서는 인공지능의 등장, 노동의 다양성과 유동성을 가속화하는 긱 경제의 부상, 저출생과 고령화에 따른 인구구조의 변화, 사회와 일터의 다문화화, 학교교육의 위기와 평생학습사회의 도래 등 수많은 요인이 일과 교육에 중대한 영향을 미치고 있다. 게다가 2020년 전 세계를 휩쓴 코로나바이러스감염증-19로 인해 자동화와 디지털화, 개별화 등에 기반하여 일하고 배우는 방식으로의 변화가 더욱 빨라지고 있다.

나는 새롭게 변화하는 일과 교육의 다양한 관계 양상을 일의 교육학이라는 학문적 토대 위에서 살펴보았다. 이 책은 학교에서의 진로와 직업교육, 대학에서의 취·창업교육, 기업의 인재 채용과 육성, 그리고 전 생애에 걸친 새로운 경력개발의 양태, 여성의 일하는 삶 등 다양한 주제를 포함한다. 이를 통해 새로운 산업사회에서 필요한 미래 역량과 일의 교육에 대한 실천적 함의를 찾는다. 또한 빠르게 변화하는 시대에서 인간 삶에 중대한 영향을 미치는 일과 배움의 문제에 대한 근본적인 성찰을 제공하고자 한다.

『일의 교육학』이 출간된 지 벌써 15년이 흘렀다. 너무 오랜 시간이 지나서 시대의 변화를 제대로 반영하지 못하는 내용이 꽤 있다. 게다가 이제는 절판되어 e북으로만 읽을 수 있다. 그래도 여전히 유의미한 내용이 남아 있고 이 주제로 계속 수업도 하려고 개정판을 계획했었다. 그러나 솔직히 말해서, 내가 게을러지기도 했고 뜻대로 진행되지도 않아서 포기하려 했다. 만약 내 제자 가운데 한 명이 '후배들도 이 책을 읽고 자기처럼 이 주제를 공부했으면 좋겠다.'라고 쓴 글을 내가 보지 않았다면 이 책은 나오지 않았을지도 모른다. 그 글을 읽고는 이 책을 다시 쓰지 않을 수 없었다. 그 제자가 나에게 글쓰기의 고통과 마침내 탈고했을 때의 쾌감을 동시에 선사한 셈이다. 게다가 나의 또 다른 제자들이 학위 논문으로, 학술지 논문으로 쓴 참신하고 통찰력 있는 내용이 이 책에 많이 담겨 있다. 수업 시간에, 연구 모임을 통해 같이 고민하고 토론한 결과다. 독자들이 이 책을 통해 조금이라도 의미 있는 배움의 기회를 갖는다면 나보다는 나의 제자들에게 더 감사하기를 바란다. 끝으로, 이 책을 출간할 수 있도록 실질적인 도움을 준 연세대학교 학술연구비 지원과 학지사에 고마움을 전한다.

2021년 여름
남한산성을 바라보며
文泉

차례

제 I 부

일과 교육의 변화

제I부에서는 교육의 세계에 필연적인 영향을 미치는 일의 세계에서의 수요와 공급 측면의 변화를 개관한다. 수요 측면으로는 인공지능기술 발전과 다원화된 시장에 대해 살펴본다. 그러고 나서 공급 측면으로서 인구구조의 변화와 평생교육 패러다임으로의 전환에 대해 검토한다.

제 1 장

인공지능 기술 발전과 시장의 다원화

이 장에서는 일의 교육에 대한 수요 측면을 살펴본다. 기술발전과 시장 변화의 대표적인 현상으로서 인공지능과 긱 경제의 도래에 따른 일과 교육의 변화 양상에 대해 논의한다. 구체적으로, 인간의 지적 능력의 일부 또는 전체를 인공적으로 구현한 인공지능 기술이 발달함에 따라 기계가 인간의 일자리를 대체하거나 새로운 일자리가 창출될 수 있다. 기술발전이 촉발한 새로운 산업사회로의 진전은 노동시장과 일하는 방식의 변화를 야기한다. 다른 한편, 디지털 플랫폼 노동 같은 고용 형태와 일하는 방식의 다양화, 핵심 직무역량의 변화, 직장이동의 빈번함 등 긱 경제의 부상과 같은 노동시장의 다원화와 변동성이 증가한다. 이런 일의 세계 변화 모습들은 교육에도 지대한 영향을 미친다.

1. 인공지능 시대의 일과 교육

일의 교육에서 가르치고 배우는 주체는 언제나 사람이었다. 책이나 시청각 자료 등과 같은 매개물은 교육내용을 구성하고 전달하는 사람을 보조했을 뿐이다. 그러나 최근 들어 이 관계를 변화시킬 수 있는 강력한 요인이 등장했다. 인공지능이 그 대표적인 기술이다.

1) 인공지능의 발달

인공지능(Artificial Intelligence)은 인간의 지적 능력을 인공적으로 구현한 것이다 (Kurzweil, 2005). 그것은 로봇, 클라우드, 사물인터넷 등 첨단 디지털 기술을 이끄는 기술이다. 여기에는 빅데이터(big data), 기계학습(machine learning), 심화학습(deep learning) 등이 포함된다(Stone et al., 2016).

인공지능 기술은 인간의 일과 학습을 인간 외부에서 구현하는 방향으로 발전하여 왔다(김혁, 장경진, 장원섭, 2018). 인공지능이라는 용어는 인간의 관점에서 '기계의 지능'을 인간과 비교하는 것에서 시작했다. 1956년 다트머스 회의에서는 "계산기에 의한 복잡한 정보 처리를 의미"하는 인공지능이라는 용어가 처음 등장했다(장주희 외, 2020). 1950년대에 이미 앨런 튜링(Alan Turing)은 이런 계산 기계로서 인공지능의 기본 원리를 제시했다(Furman et al., 2016). 1970년대까지는 인간의 문제해결 방식을 인공지능에 도입하거나 시각 인지 능력을 컴퓨터로 구현하고, 일상 대화에 사용하는 언어를 이해하고 분석하는 기술들이 탐구되었다(Stone et al., 2016; Holdren et al., 2016). 이러한 개념들은 1980년대 이후 구체화돼서 전문 지식을 저장하고 이를 바탕으로 문제를 해결할 수 있는 컴퓨터를 개발하는 방향의 발전을 이루었다. 1990년대에는 인간의 특정 능력과 지식을 넘어 학습 방법 자체를 인공적으로 구현하고자 기계학습, 심화학습 등에 대한 탐구가 시도되었다.

2000년대 이후 인공지능 기술은 더욱 빠르게 발전하여 인간 삶에 많은 영향을 미치게 됐다. 과거에는 인공지능이 구조화된 문제를 해결하는 데 탁월하지만 인간이 경험하는 복잡한 현실 문제에 접근하기는 어렵다고 보았다. 그렇지만 이제는 그마저도 넘어서고 있다. 엄청난 양의 데이터를 주요 원천으로 하여 인공지능이 작동함으로써 인간 삶의 전 분야에서 인간의 의사결정을 대체하거나 지원할 것으로 예상된다(Kurzweil, 2005).

인공지능은 인간의 학습 방식을 변경하고 기존에 사람이 수행하던 일을 대체하는 등의 변화를 일으킬 수도 있다. 실제로 인공지능 발전의 핵심에는 학습과 일이 중요한 자리를 차지하고 있다. 앞서 언급했듯이, 인공지능은 인간의 학습과 일 처리 능력을 인간 외부에서 구현하고자 한 탐구를 통해 개발된 기술이기 때문이다. 따라서 사람의 일과 학습을 다루는 일의 교육은 인공지능의 발달에 지대한 영향을 받게 된다.

인공지능 기술은 인간의 학습 방법을 분석하여 컴퓨터 학습에 응용하는 방식으로 개발된다. 언젠가는 인공지능이 인간 학습에 대해 인간보다 더 많이 알게 되는 날이 올 수도 있다(Kurzweil, 2012). 이에 따라 인공지능은 교실에서는 보조교사로 가정에서는 학습 도우미로 기능하면서 개인화된 학습 콘텐츠를 제공할 수 있다(Nickerson & Zodhiates, 2013; Stone et al., 2016; Quinn, 2017).

2) 일의 자동화와 증강

인공지능은 일터에서 고용과 직무수행, 그리고 일터 학습 등에서 큰 변화를 촉진할 것이다. 인공지능은 인간의 일을 보조하거나 대체할 수 있는 긍정적 또는 부정적 잠재력을 함께 가지고 있다. 이에 대해 좀 더 구체적으로 살펴보자.

(1) 일의 자동화

2016년 3월에 인공지능 알파고가 바둑 대결에서 세계 최고의 고수인 이세돌을 이겼을 때 사람들은 큰 충격을 받았다. 이제 기계가 인간의 지적 능력마저 넘어서게 됐다는 걸 인정하지 않을 수 없게 됐다. 인공지능의 발전이 이미 인간의 삶에 중대한 영향을 미칠 수밖에 없다는 걸 눈으로 직접 확인한 셈이다.

인공지능의 영향에 대한 논의는 기계가 인간의 일자리를 위협할 것이라는 우려로 이어졌다. 실제로, 인공지능으로 인해 절반 정도의 일자리가 사라질 것이라고 전망되기도 했다. 옥스퍼드대의 연구진은 비반복적 업무 중 인지적 업무는 컴퓨터화되고 있으며 기능적 업무는 로봇에 의해 대체될 것이라고 보았다(Osborne & Frey, 2013). 또한, 2016년 세계경제포럼(World Economic Forum)에서는 향후 5년간 200만 개의 새로운 일자리가 생기겠지만 710만 개의 일자리가 사라져서 총 510만 개의 일자리가 감소할 것이라고 예측했다(WEF, 2016).

인공지능 기계가 일자리를 없앤다는 주장은 디지털 자동화가 이루어지는 가운데 인간이 직접 수행하는 일이 감소하고 그에 따라 일자리의 수가 적어진다는 논리를 갖는다. 사실 기계가 사람을 대체한다는 우려는 기계 파괴를 주도한 19세기 초 영국의 러다이트 운동에서도 경험한 바 있다. 그러나 이런 걱정은 변화의 큰 흐름보다는 국지적 양상에 주목하고 있을 뿐이다. 없어지는 일자리는 새로 생기는 일자리보다 더 쉽게 눈에 띄기 때문이다(이준웅, 장원섭 외, 2019).

더 정확히 말하자면, 일자리 자체를 대체하기보다는 업무를 대체하는 경우가 많다. 한 사람이 수행하는 일은 대개 여러 개의 직무로 이루어진다. 따라서 새로운 기술이 도입되더라도 그 기술이 일자리에 영향을 미치는 방식은 일의 종류에 따라 천차만별일 것이다. 더욱이, 인공지능 기술은 새로운 일자리를 창출하기도 할 것이다. 그럼에도 불구하고, 어떠한 직업이나 직무가 사라질 것인가에 대한 예측은 어느 정도 가능한 반면, 어떤 일자리가 생겨날지에 관한 전망은 불확실하다.

인공지능 시대의 직업변화에 대해 다룬 여러 연구들 사이에도 직종 소멸의 규모와 속도에 대해서는 이견이 있지만, 직업 세계가 크게 개편될 것이라는 점에는 일치했다(임언 외, 2017). 사무 및 행정 지원, 서비스직, 판매, 제조, 건설 관련 직업 등은 상대적으로 변화가 클 것으로 예측된 반면, 교육, 법률, 예술, 사회서비스 관련 직업은 자동화에 따른 대체 가능성이 낮았다. 결국, 단순 반복적이고 정교함이 떨어지는 동작을 하며 사람과 소통하지 않는 직무들은 인공지능 기계에 의해 대체될 가능성이 크지만, 중요한 의사결정이나 감성에 기초한 직무들은 여전히 인간이 담당할 것이다(고용노동부, 2016). 정리하면, 기술의 발전에 따라 자동화가 확대하면서 산업과 직종별로 일자리 양상은 크게 변화할 것이다. 특정 산업과 직종에 속한 일은 다른 산업과 직종에 속한 일보다 더 극적으로 변할 수 있다. 어떤 일자리에서는 일하는 사람의 수를 줄이기도 할 것이다.

이런 일자리의 변화는 주로 인공지능 등에 의한 자동화에 기인한다. 특히 과거 산업사회의 자동화가 주로 기계에 의한 공장 생산라인에서 이루어졌다면 이제는 사무실에서 지식노동이 인공지능에 의해 자동화된다. 주문처리 등과 같은 정형화된 데이터를 다루는 규칙적인 업무는 컴퓨터 코드로 자동 전환이 용이하다. 기계가 업무를 처리하여 더 적은 수의 사람이 그 일을 하게 된다면 인건비가 절약되고 생산성이 높아질 수 있기 때문에 많은 회사들이 자동화를 도입할 것이다(전재식 외, 2019). 결국, 인공지능 기계는 기능직은 물론 사무직과 전문직 종사자마저 대체할 수도 있다. 인공지능이 회계사 대신 재무감사 업무를 수행하고 로봇이 외과 의사를 대신해서 수술할 수 있다.

물론, 기계에 의한 일자리 대체 정도는 일상적인 반복적 업무와 비반복적인 업무에 따라 달리 나타날 가능성이 크다(Autor et al., 2003). 그럼에도 불구하고, 기술 발전 속도가 매번 예상을 뛰어넘는 수준으로 빨라지고 있기 때문에 다음 세대의 일자리 변화를 예측하기는 더욱 어렵다. 예를 들어, 2004년의 연구에서는 운전이 컴퓨터로 대체하기 어려운 대표적 직무로 제시되었으나(Levy & Murnane, 2004), 2015년에 이미 자율주행버스 운행이 시작됐다(Morris, 2017).

(2) 일의 증강

이와 반면에, 기술 발전에 따라 일자리 없는 미래가 찾아온다는 주장이 과장됐다는 비판도 있다. 자동화 위험이 높을 것으로 예상하는 일자리들에 자동화가 어려운 업무들이 포함되어 있기 때문에 일자리 자동화는 과대평가라는 것이다. 그 밖에도 경제적, 법적, 사회적 논란으로 인해 새로운 기술의 활용이 기대보다 느리게 진행될 것으로 보기도 한다. 실제로 기술을 활용한다고 해도 일자리를 잃지 않으려는 노동자들이 이에 저항하거나 기술변화에 맞춰 업무 과제들을 전환시키면서 적응할 것이다(Arntz, Gregory, & Zierahn, 2016).

인간의 일자리에 대한 비관적인 전망과 그런 주장이 과장됐다는 분석에서 더 나아가 새로운 일자리가 더욱 창출될 것이라는 낙관적인 예측도 있다. 기술 발전에 따라 산업 형태는 변해도 생산성 향상에 따라 일자리 수는 전체적으로 증가한다는 주장이다. 기술 발전은 바로 산업에 적용되는 것이 아니며, 새로운 기술이 매끄럽게 적용할 수 있는 방법을 개발할 때까지는 시간이 오래 걸리기 때문에 이에 관련한 일자리가 오히려 창출된다는 것이다(Bosch, 2017).

실제로, 자동화 기계의 발전과 인터넷 연결의 확장은 과거에 없었던 새로운 상품이나 서비스를 제공할 수 있게 만들었다. 기술 발전으로 생산성이 올라가면 과거에는 경제성이 없어 제공되지 않던 새로운 상품과 서비스를 제공할 수 있다. 기술자가 기업가로 변신하고, 소비자가 생산자가 되는 변화도 발생한다. 혁신적 상품이나 서비스는 시장을 확대하거나 새로운 시장을 만들어 내기도 한다. 새로운 상품과 서비스가 등장하면서 새로운 수요가 얼마나 발생할지 미리 예단하기는 어렵다. 그렇지만 새로운 생산양식과 소비문화가 등장하고, 이에 수반하는 새로운 일자리가 창출될 수 있다(이준웅, 장원섭 외, 2019).

결국, 기술은 일자리를 위협하기도 하지만 동시에 일을 더 잘 수행할 수 있도록 도움을 준다. 누구나 자신의 일에서 인공지능을 도구로 사용할 수 있다. 인공지능 덕분에 지금의 일을 더 효율적으로 할 수 있고, 과거에 할 수 없었던 일을 할 수 있게 된다. 한마디로, 인공지능은 '노동의 배제가 아닌 노동의 증강' 도구가 될 수 있다. 인공지능에 의한 자동화가 인간의 작업을 분해하고 코드화하여 인간의 개입을 줄여 경비를 절감할 수 있지만, 인간의 일을 '증강'하기도 하기 때문이다. 인간과 기계가 할 수 있는 일에서 서로의 강점을 살려 상호보완적 관계에서 협력함으로써 생산성을 높일 수 있다. 특히 소품종 대량생산 시스템에서는 자동화가 효과적이었을 수 있지만, 차별화된 제품과 서비스의 맞춤 수요로 고객의 소비가 바뀌고 있는 상황에서는 이런 증강이 더욱 요청된다. 인간과 기계가 협력을 통해 업무 프로세스를 유연화하고 효율화시키며, 품질이나 고객의 새로운 만족을 이끌어 낼 수 있도록 작업을 개선할 수 있다

(전재식 외, 2019).

예를 들어, 인공지능은 의료계에 폭넓게 도입되어 의사와 협력적인 관계를 형성할 것이다. 인공지능은 의사들이 일상적으로 사용하는 도구가 되어 질병을 진단하고 외과 수술을 하는 등에서 의사를 보조하면서 의사의 일을 줄여 줄 것이다. 인공지능 기술이 고도로 발전하더라도 각종 임상증례를 종합적으로 판단하는 등의 중요한 업무는 의사의 일로 남을 것이다(장주희 외, 2020). 이런 상황에서 의사는 인공지능을 활용하고, 인공지능과 상호작용하며, 인공지능을 감시할 역량을 새롭게 익혀야 한다. 이 경우에 의사의 일은 감소하기보다는 오히려 증강될 것이다. 불확실한 진단, 부정확한 수술 등만이 감소할 뿐이다(이준웅, 장원섭 외, 2019).

이렇게 다양한 예측이 혼재된 가운데, 현재 시점에서 인공지능이 인간의 일자리에 부정적 영향을 미칠지 또는 긍정적으로 작용할지를 정확히 예측하기는 어렵다(Stone et al., 2016). 그렇지만 한 가지 확실한 것은 지금 인간이 하고 있는 일의 상당 부분이 변화할 것이라는 점이다. 인공지능 기술의 발전으로 인간이 일하는 방식, 더 정확하게는 도구를 사용해서 일하는 방식이 변하게 된다. 결국, 우려해야 할 것은 기계와 일자리 그 자체가 아니라 기계와 함께 일하는 방식에 있다(이준웅, 장원섭 외, 2019).

실제로 인공지능은 일의 세계를 변화시키는 새로운 도구다. 인공지능은 방대한 데이터를 처리해서 재구성하거나 유의미한 내용을 뽑아내고, 과거 사례에 대한 방대한 지식을 바탕으로 합리적인 대안을 제시하는 뛰어난 능력을 갖고 있다. 음성인식 및 문서처리 응용기술을 바탕으로 동시통역, 문서 자동 작성 및 대량 문서 분석 등이 가능하다. 그 밖에도 의료, 법률, 언론, 문학, 돌봄 등 거의 모든 산업과 직종에 적용되어 전체 사회기술시스템을 바꿀 것이다. 인공지능은 더 빠르게 확산되고, 사용법이 더 쉬워지며, 더 많은 사람이 사용하고, 더 강력한 능력을 발휘하게 될 것이다(전재식 외, 2019).

3) 인공지능 시대의 일의 교육

사람은 일하고 배우면서 성장하는 삶을 살아간다. 이런 일의 교육적 본질은 변하지 않는다. 그럼에도 불구하고 그 양태는 계속해서 달라진다. 이미 오래전부터 책, 동영상과 같은 도구들이 인간의 학습을 보조했지만 이제는 첨단 디지털 기술이 학습과 결합하여 '에듀테크'라고 불리며 더욱 확산하고 있다(이현욱, 2019). 인공지능, 빅데이터,

클라우드, 사물인터넷 등 디지털 기술의 발전과 융합은 사회경제적으로뿐만 아니라 전통적인 일과 학습의 패러다임도 바꾼다.

이런 상황에서 인간이 더욱 의미 있게 일할 수 있는 환경과 조건을 만들어 갈 수 있을까? 기계로 인해 쓸모없는 존재가 되지 않고 더 많은 능력을 발휘할 수 있도록 기계를 활용할 수 있는 방법은 무엇일까? 이러한 일의 세계의 변화 속에서 일의 교육은 수동적 적응이 아니라 능동적인 주도가 필요하다. 인공지능과 함께 어떻게 일터에서 업무를 수행해야 할지에 대해 알아내는 것이 일의 교육의 역할이고 당면 과제다(Quinn, 2017).

인공지능 시대에 일의 교육은 지금까지 당연하다고 여겨 왔던 것과는 다른 양상으로 변화하고 있다. 일의 교육을 통한 인간 학습이 인공지능 기술 발전에 대응하는 방식은 크게 두 가지로 구분할 수 있다. 개인의 기술적 숙련도를 높이는 직무훈련과 급변하는 일의 세계에 대한 문해력이 그것이다.

먼저, 일의 교육을 통해 사람들은 빠른 디지털 기술 변화에 적응할 수 있는 기능을 습득하고 숙련도를 높일 수 있다. 아직 노동시장에 진입하지 않은 아동이나 청소년들에게 학교에서 코딩교육을 하거나 이미 일하고 있는 노동자가 자신의 직무를 수행하는 데 필요한 새로운 기능을 익히기 위해 직업훈련에 참가한다. 고용가능성을 높이고 기술적 실업에 빠지지 않기 위한 직무훈련 방식의 일의 교육이다.

인공지능 시대의 학교 직업교육을 위해 임언 등(2017)은 다음과 같은 방안들을 제안하였다. ① 특수한 기능보다 폭넓은 경험을 제공하는 방향으로 선회, ② 다양한 기능을 포괄하는 직업교육으로 변화, ③ 미래 직업변화에 조응하여 전공 조정, ④ 학생의 미래 경쟁력을 위한 직업교육, ⑤ 고교 직업교육 MOOC 개발, ⑥ AI 기술을 적용한 개별화 적응형 학습시스템 구축, ⑦ 교원 역량 변화에 따른 양성, 임용 및 배치 정책 변화, ⑧ 교육 평등의 가치 강조, ⑨ 직업교육에서 사회적 합의를 이끄는 플랫폼 구축 등이 그것들이다.

나는 이에 덧붙여서 깊은 숙련을 형성할 수 있는 맥락(context) 중심의 직업교육을 더욱 강조하고 싶다. 첨단 기술과 관련한 기능의 습득뿐만 아니라 문제해결력, 대인관계 능력, 의사소통 능력, 창조력 같은 일반적 기초 역량의 형성도 일의 맥락과 관련될 수밖에 없고 맥락 속에서 의미를 가질 수밖에 없다(Sandberg, 2000). 그것은 깊은 숙련 속에서 맥락적으로 더 적절하게 형성될 수 있다.

노동자를 대상으로 한 직무훈련은 기술적 실업에 대한 대응 방안이 될 수 있다. 앞서 살펴보았듯이, 디지털 전환에 따라 대규모 자동화가 진행되면서 일자리를 잃는 사람들이 발생할 수 있다. 새로운 기술과 관련한 일자리가 생겨나기도 한다. 그런 가운데 많은 이들이 직무 또는 직업 전환을 곧바로 하지 못할 수 있다. 노동자의 기능 수준이 기술변화에 미치지 못해 기술적 실업이 발생하게 된다. 평생 하나의 일자리에서 자신이 이미 익힌 숙련만으로 업무를 수행할 수는 없으므로 누구나 새로운 기능을 계속 학습해야 하지만, 지금과 같은 빠른 기술적 전환기에는 더욱 그러하다. 새로운 기술로 현재 업무를 더 잘 수행하기 위해서 또는 새로운 일자리로 옮겨가기 위해서도 새로운 기능을 습득하는 훈련과 학습은 필수적이다.

다른 한편, 일의 교육은, 단순히 새로운 일을 기술적으로 준비하는 직무훈련에서 더 나아가, 사람들로 하여금 '일에 대한 문해력(work literacy)'을 갖도록 해야 한다. 문해력은 소극적 의미에서 문자 그 자체를 해독하는 능력을 넘어선다. 그것은 문자가 가지고 있는 사회적 맥락과 역사적 의미의 인식 및 그에 기초한 실천(praxis)의 가능성까지 포함한다. 따라서 일에 대한 문해력은 단순히 유능한 일꾼이 되는 것을 넘어서 일을 둘러싼 사회적 관계와 구조에 관한 현실을 비판적으로 인식하고 행동할 수 있는 능력이다(장원섭, 2006). 결국, 일자리 그 자체를 얻거나 지키기 위한 준비를 넘어, 급변하는 일의 세계에서 일에 대한 자세와 일을 대하는 태도를 교육하는 것이 필요하다(이준웅, 장원섭 외, 2019).

사실 어떤 분야에서 얼마나 많은 일자리가 사라지거나 생겨날 것인지는 상당히 불확실하다. 그럼에도 불구하고, 기술이 매우 빠르게 발전하고 그로 인해 일의 세계에서 극심한 변동과 재편이 이루어진다는 건 확실하다. 이렇게 빠르게 변모하는 지식과 기술을 따라가려면 숨 가쁘게 학습할 수밖에 없다. 그럼에도 불구하고, 이런 가운데 거센 일자리 파도에 휩쓸리지 않으려면 냉철한 안목과 비판적 성찰이 더욱 절실하다. 일의 교육은 일을 준비하는 학생이든, 이미 일터로 진입한 노동자든 모두가 일에 대한 문해력을 높일 수 있도록 이루어져야 한다.

인공지능이 인간의 능력에 도달하거나 넘어서는 데 대해서는 의견이 분분하다. 트럭 운전은 2027년까지, 유통매장에서의 판매는 2031년까지, 베스트셀러 집필은 2049년까지, 외과수술은 2053년까지 인간을 추월할 것으로 예측하면서, 모든 과업 수행에서 인간을 능가하는 것은 45년 안에 일어날 것이며, 사회경제시스템에 적용되어 모든 직업을 대체하는 것은 120년 후일 것으로 예상한 연구도 있다(Grace et al., 2017). 반대로 인공지능이 인간을 추월하는 것이 쉽지 않다는 의견이 다수인 조사 결과도 있다

(Hanson et al., 2017).

인공지능이 인간처럼 '생각한다'고 하지만 그건 합리적 최적화에 지나지 않는다. 최적화 연구가 최근 인공지능 분야에서 비약적으로 발전했다. 하지만 그 결론은 '완벽한 최적화는 불가능하다'는 것이다. 인공지능이 많은 문제에서 인간보다 더 효율적으로 해답을 찾았지만 문제의 복잡성이 커질수록 오작동할 가능성이 있다. 이런 인공지능의 특성 때문에 복잡한 문제에 대한 복잡한 해결책을 구하는 데 인공지능에 의존하기 어렵다. 인공지능은 때로 문제를 단순하게 보아서 최적하지 않은 해법을 최적 해법처럼 제시할 수 있고, 이는 재난적 결과를 낳을 수 있다. 따라서 인공지능이 홀로 일을 하게 내버려 두어서는 안 된다. 기계는 인간 근처에서 인간과 함께 일을 해야 한다. 인간은 기계 옆에서 놀고만 있을 수도 없다. 인간은 인공지능을 비롯한 일련의 기계가 해결해야 할 문제를 설정해야 한다. 또한 인공지능의 해결책이 인간 윤리와 상식을 거스르지 않는지 검토해야 한다(이준웅, 장원섭 외, 2019).

실제로 기술의 급속한 진보는 우리에게 기회와 위험을 동시에 준다. 앞서 살펴보았듯이, 노동의 자동화와 증강은 일자리를 없애는 동시에 생산성을 높이기도 한다. 이런 가운데 전문직을 포함한 많은 노동자의 자율성은 약화하는 반면 소수의 엘리트가 의사결정 권한을 독점할 가능성이 크다(전재식 외, 2019). 그 결과로 일의 과정과 결과에 있어서 빈익빈부익부의 양극화가 더욱 심화할 수 있다. 이런 상황에서 개인적 생존 전략을 넘어 모두의 집단적인 대응이 필요할 것이다.

결국, 인공지능 시대의 일의 교육은 무엇보다 일에 대한 자세와 그에 따른 인간의 선택적 행동에 관한 것이 되어야 한다. 변화하는 일의 환경을 주의 깊게 관찰하며 대응을 준비해야 한다. 이러한 변화에 대한 자세, 이해, 지식, 그리고 실천적 선택에 따라 개인의 역량이 달라질 것이다. 새로운 기술의 요점이 무엇인지, 어떤 직무와 관련이 되며, 누가 관리해야 하는지, 그리고 개인 수준에서 자신은 무엇을 해야 할지 준비하고, 이해하고, 적극적으로 자신이 가야 할 미래의 길을 개척하는 사람이 되어야 한다(이준웅, 장원섭 외, 2019).

미래는 불확실성 아래 놓여 있는 만큼 일의 미래를 준비하는 대응은 언제나 실험적인 시도일 수밖에 없다. 확신에 차서 예측하고 확실한 해법을 제시하는 건 불가능하다. 오히려 더 위험에 빠트릴 수 있다. 우리는 이미 일어나고 있는 변화에 주목하고 그에 대한 성찰을 통해 시론적으로 시도하고 계속 성장하는 인간이 되어야 한다. 한마디로, 인공지능 시대의 일의 교육은 인공지능을 일의 증강을 위한 도구로 삼아 더욱 인간다운 그리고 의미 있는 일로 승화하는 것에 대한 것이어야 한다. 그러기 위해서라도 일과 일의 세계에 관한 윤리적 태도와 비판적 의식 함양을 더욱 강조하는 교육이 필요하다. 단순히 단기적인 기술적 역량을 높이는 훈련을 넘어 깊이 사고하고 주변을 돌아보며, 스스로 자기 자신을 단련하며 성장하고 성숙해 갈 수 있는 인간 본연의 일하는 자세와 일에 대한 태도를 함양해야 한다.

2. 긱 경제에서의 일과 교육

정보통신 기술의 급속한 발전과 이를 기반으로 한 연결성의 확대는 여러 측면에서 일하는 방식의 변화를 촉발하고 있다. 긱 경제의 출현은 변동하는 노동시장의 모습을 보여 주는 하나의 대표적인 현상이다. 이런 시장 상황에서 독립근로와 플랫폼 노동 같은 새로운 고용 형태와 노동 방식이 등장하였다.

1) 긱 경제의 출현

긱 경제(gig economy)란 기업들이 필요에 따라 수시로 단기 계약직이나 임시직 인력을 채용하고 그 대가를 지불하는 방식의 경제를 뜻한다. 기존의 고용이 회사가 직접 직원을 채용하여 오랜 기간 근로계약을 맺는 형태였다면, 긱 경제에서는 기업이 빠른 수요 변화에 대응하여 유동적으로 노동자를 활용하는 단기 계약 형태가 주를 이룬다(한국정보산업연합회, 2017). 한마디로, 필요에 따라 사람을 구해 임시로 계약을 맺고 일을 맡기는 방식이다.

'긱(gig)'이란 단어는 사전적으로 대중 공연 또는 임시 일자리 같은 뜻을 갖는다. 이 말은 1920년대 미국에서 재즈 공연을 위해 연주자를 주변에서 그때그때 섭외해 짧은 시간 동안 투입한 데서 비롯됐다. 이후 기업들이 노동자를 1인 자영업자로 간주해 단기계약을 맺는다는 의미로 확장됐다. 긱 경제에서는 유연한 계약방식을 통해 전통적 봉급체계 대신 노동자가 벌어들인 소득을 곧바로 지급하는 '즉시(instant) 급여' 방식을 취한다. 이것은 다양한 업종에서 일하는 임시직 시간제 노동자에게 적용됐다. 차량공유서비스업체 리프트나 우버 등에서 고용된 운전자들에게 주 단위의 급여가 아

니라 그날그날 수시로 현금을 지급하는 것이 대표적인 사례다.[1)]

이처럼 긱 경제가 부상하면서 기존과는 다른 새로운 고용 형태가 확산하였다. 예컨대, 보험설계사, 방송연기자, 학습지 교사, 골프장 캐디, 택배기사, 대리운전 기사 등 특수형태근로종사자는 회사와 독립사업자로서 계약을 맺는다. 이들은 장기적이고 종속적인 계약관계를 갖는 전형적인 근로자와 차이가 있다. 전문직 프리랜서는 상시적으로 고용하는 회사나 사용자가 없다. 그들은 단기의 일회적 고용계약 형태를 통해 일하면서 시간과 공간의 측면에서 자율성을 갖는다. 근래에는 정보통신 기술발전으로 플랫폼에 기반한 임시직 노동자가 급증하고 있다. 인터넷과 모바일기기를 활용하여 택시, 주차 대행, 쇼핑 및 가사 도우미, 안마사, 요리사들을 언제 어디서든 즉각 호출하여 그 서비스를 이용할 수 있다.

긱 경제의 확산은 개별적으로 단기계약을 맺어 근로를 제공하는 노동자 수의 증가를 통해 확인할 수 있다. 2015년을 기준으로 미국과 유럽연합에서는 노동가능인구의 20~30%에 해당하는 1억6,200만여 명이 독립노동 형태로 일했다. 일본에서는 약 1,100만 명이 프리랜서로 일한다고 추정된다.[2)] 한국노동사회연구소에 따르면, 우리나라의 경우에 2017년 현재 최소 42만 명이 프리랜서로서 일하는 것으로 추산됐다. 업무 형태가 다양한 특성으로 인해 통계에 잡히지 않는 노동자가 더 있을 것으로 보여 실제 숫자는 이보다 더 많을 것이다.[3)]

앞서 언급했듯이, 첨단 디지털 기술에 기반한 플랫폼 노동자 수도 크게 늘고 있다. 플랫폼 노동은 '고객이나 일감을 구하기 위해 웹사이트나 핸드폰 앱 등 온라인 플랫폼을 이용하는 일자리'로 정의된다. 플랫폼 노동자를 협의로 정의할 때 그 수는 아직 우리나라 취업자의 1% 미만인 약 22만 명이다. 그렇지만 구인구직 앱을 포함한 디지털 플랫폼을 이용해 노동을 거래하는 사람을 전부 계산하면 약 7.5%인 179만여 명에 달한다(장지연, 2020).

비전형적 고용관계는 앞으로도 계속 증가할 것으로 전망된다. 기업 입장에서는 인력을 외부로부터 조달하는 방식이 비용적으로 이득일 뿐만 아니라 더 전문적인 서비스를 제공받을 수 있기 때문에 단기계약 형태의 고용을 증대시킬 것이다. 노동자 개

1) 네이버 지식백과(한경 경제용어사전). terms.naver.com/entry.nhn?docId=3403564&cid=42107&categoryId=42107

2) 파이낸셜 뉴스(2018. 09. 14.). [전선익의 재팬톡!] 일자리 넘쳐나는 日, 프리랜서 1100만 시대. https://www.fnnews.com/news/201712290650443719

3) 오마이뉴스(2017. 12. 29.). 42만 프리랜서여, 홀로 일해도 뭉쳐야 산다. http://www.ohmynews.com/NWS_Web/View/at_pg.aspx?CNTN_CD=A0002470291

인 입장에서도 정보통신기술을 통한 원격 근무와 협업 등이 가능하므로 유연한 근무환경에서 자유롭게 독립적으로 일하는 방식을 선호할 수 있다. 이처럼 기존의 전통적인 임금 근로 방식과는 다른 새로운 노동 형태로서 다양한 방식의 비정형 단기 노동이 확산하고 있다. 이런 현상은 단순노무직에서뿐만 아니라 지식노동에서도 발견된다. 과거 언론이나 정보통신 등 분야가 한정되었던 것에서 이제는 건설, 재무, 과학기술, 컨설팅 등 전문성과 맞춤화가 요구되는 여러 전문분야에서 독립근로가 늘고 있다(황준욱, 2009; Krueger, 2018).

긱 경제에서는 노동자가 유연한 고용계약을 통해 자신이 원하는 시간에 원하는 장소에서 일할 수 있는 결정권을 가진다고 볼 수 있다(Healy, Nicholson, & Pekarek, 2017). 여러 기업에서 동시에 일하면서 유연하게 근무시간을 스스로 선택하고 유동적으로 일자리를 바꿀 수 있다. 다른 한편, 노동자가 어딘가에 상시적으로 고용돼 있지 않고 필요할 때 일시적으로 일하는 임시직 경제를 의미하기도 한다. 일하는 방식이 다양해지면서 노동자와 고용주의 구분과 노동시장의 경계도 모호해졌다. 이런 가운데 이들은 많은 경우에 기존 노동법의 적용대상에서 배제되어 있다. 비전형적 노동이 증가하는 흐름에 맞춰 이들을 보호할 수 있는 법제도적인 장치가 마련되어야 한다. 이와 동시에, 이들의 노동시장 변동성에 대한 적응력과 평생 고용 가능성을 높여야 하는 과제도 안고 있다.

2) 긱 경제에서의 일

긱 경제에서 비전형적 고용관계와 이에 따른 새로운 형태의 비정형 노동 방식이 확산한다. 이것은 프리랜서, 임시계약직, 특수근로 등과 같은 다양한 명칭으로 불리고 있다. 이 용어들은 서로 겹치기도 하고 서로 다른 측면에 주목하면서 붙여진 이름이다. 이 가운데 종속된 임금노동에 대비되는 측면을 강조하는 독립근로와 첨단 디지털 기술에 기반하여 새롭게 창출된 플랫폼 노동에 대해 살펴보자.

(1) 독립근로

고대 사회에서의 노예제와 봉건주의의 농노제, 그리고 자본주의 체제에서 임금노동에 이르기까지 노동의 종속성은 계속되었다. 이와 대조적으로 독립근로는 종속적 노동관계를 벗어나 자신의 의사에 따라 자유롭게 자기 일을 하는 상태를 의미한다.

그러나 현실적으로 다른 사람의 지휘와 명령을 전혀 따르지 않고 완전히 독립적으로 노동할 수 있는 경우를 찾기는 어렵다. 따라서 독립근로는 종속된 노동과의 대비를 강조하는 시대적 경향을 반영한 용어라고 할 수 있다.

실제로 독립근로자란 자영형 계약 노동자를 뜻한다. 그들은 자기 사업을 운위하면서 다른 사람을 고용하지 않는 1인 사업자인 경우가 많다. 이와 동시에, 다른 기업과 계약을 맺어 서비스를 제공하는 노동자이기도 하다(황준욱 외, 2009). 독립근로자는 흔히 프리랜서, 프리에이전트, 포트폴리오 근로자, 자영형 계약업자, 계약근로자, 비종속근로자 같은 용어로 불리기도 한다. 이들은 계약방식, 사업체 형태, 산업 분야, 전문성 정도 등에 따라 다양하게 분류될 수 있다.

「근로기준법」에서 독립근로자에 해당하는 용어는 자영업자와 특수형태근로종사자가 있다(이수용, 2012). 자영업자는 자기 책임 아래 독립적인 형태로 사업체를 운영하는 사람을 의미한다. 특수형태근로종사자는 임금노동자와 자영업자 사이의 모호한 위치에 있다. 그들은 계약 노동을 수행하는 사람으로 독립적 노동과 종속적 노동의 성격을 동시에 가지고 있는 고용 형태를 취한다. 계약형식과 근무 형태, 보수 지급 방법 등의 측면에서 임금노동자와는 다른 특별한 형태의 노무 공급자다. 그렇지만 타인을 위하여 자신의 노동력을 활용하고 그에 따른 금전을 획득하여 생활하는 노동자이기도 하다. 다만 특수형태근로종사자라는 용어는 보험설계사, 학습지 교사, 골프장 캐디, 퀵서비스 배달 기사, 화장품 방문판매원 등의 특정 직종에만 한정하여 사용하는 경향이 있다. 그리고 낮은 보수와 열악한 근로조건에서 일하는 사람들을 지칭하는 경우가 많다(박수근, 2015; 조용만, 2003).

이 두 가지 개념으로 독립근로자의 의미를 포괄하기는 어렵다. 독립근로자는 독립적으로 사업을 한다는 점에서는 자영업자라고 할 수 있지만, 계약에 기반하여 타인에게 노동력을 제공하는 고용 형태를 취한다는 점에서는 특수형태근로종사자에 해당하기도 한다. 이와 동시에, 지식을 기반으로 한 전문가로서 노동을 제공하는 독립근로자도 크게 증가하고 있다(이수용, 2012). 여기에 더해, 다음에 살펴볼 디지털 기술에 기반한 플랫폼 노동자도 정부에서는 특수형태근로종사자로 구분하기도 하지만 그 유형이 매우 다양할 뿐만 아니라 계속 변화하고 있어서 적절하게 포착하기 어렵다.

McKinsey Global Institute(2016)는 독립근로자를 자발성과 주 수입원 여부를 기준으로 네 가지 유형으로 구분하였다. 자발적으로 독립근로를 선택하고 그것이 주 수입원인 프리에이전트, 자발적으로 독립근로를 하지만 독립근로가 보조수입원인 비정기적 소득자, 임금근로를 원하지만 어쩔 수 없이 독립근로를 하면서 이를 주수입원으로 하여 생활하는 노동자, 비자발적으로 독립근로를 하지만 이를 통해 보조적 수입만을 얻는 노동자가 그것이다.

핑크(Pink, 2001)는 프리에이전트의 확산에 주목하면서 그 유형을 단독업자, 임시직, 초소형 사업체로 구분하였다. 이 중 단독업자는 가장 흔히 볼 수 있는 독립근로자로서 의도적 프리에이전트다. 보통 혼자 일하면서 여러 회사와 프로젝트 기반의 계약을 맺어 자신의 서비스를 판매하는 사람이다. 대개 프리랜서라고 불리지만, 어느 분야에서 일하느냐에 따라 그 이름이 다르게 붙여지기도 한다. 독립계약업자, 자영업 단독업자, 독립노동자, 퍼머랜서(permalancer), 계약노동자 등이 그것들이다. 이들은 전통적인 임금노동의 일자리 제의가 들어와도 그보다는 혼자 일하는 걸 더 선호한다.

이런 독립근로자를 '포트폴리오 근로자'라는 용어로 표현하기도 한다. 여기서 포트폴리오란 단순한 집합이 아닌, 하나의 주제와 방향성을 가지고 있는 여러 아이템의 집합을 의미한다(Handy, 1990). 이는 포트폴리오 근로자들이 전문성을 갖춘 노동력임을 의미한다. 포트폴리오 근로자는 계약을 기반으로 일하는 노동자로서 우수하고 숙련된 기술을 가지고 고객의 측면에서 자신의 포트폴리오를 개발해 나가는 사람을 의미한다(Templer & Cawsey, 1999). 이들은 자신이 제공하는 시간의 양이 아니라 자신의 서비스나 결과물에 대한 비용을 지불하는 고객들을 위해 일한다(Kitching & Smallbone, 2012).

(2) 플랫폼 노동

플랫폼은 기차를 타고 내리는 정거장이다. 그 의미가 정보통신기술에 기반하여 사람들이 온라인으로 서로 만나는 절차와 방법 등을 제공하는 기본 틀로 발전하였다. 플랫폼 사업은 판매자와 소비자가 디지털 네트워크상에서 시간과 공간의 제약을 받지 않고 거래하도록 한다. 이것은 우버, 에어비앤비 같은 첨단산업으로 시작하였다. 국내에서는 배달 앱이 실생활에 자리 잡으며 주도했다. 특히 2020년 코로나바이러스 감염증-19로 인한 비대면 방식이 확산함에 따라 그 성장 가능성이 더욱 커졌다. 실제로, 전 세계 시가총액 10위 기업 중 플랫폼 기업의 비중이 2009년 2개에서 2019년 7개로 크게 늘었다(삼정KPMG경제연구원, 2019). 공정거래위원회 · 통계청의 2019년 자료에 따르면, 국내 배달 앱 시장은 2013년 3,347억 원 규모에서 2019년에는 9조

7,365억 원으로 가파르게 성장하였다.[4)]

플랫폼에서는 플랫폼 운영자가 사전에 설치한 알고리즘에 따라 거래가 조율되고 이 과정에서 이윤이 발생한다. 여기서 사고파는 서비스가 바로 플랫폼 노동이다. 최첨단 정보통신기술에 기반한 디지털 플랫폼을 매개로 노동이 거래되는 것이다. 특히 스마트폰 사용이 일상화되면서 언제 어디서든 노동을 사고팔 수 있다. 노동자들은 앱이나 사회관계망서비스(SNS) 등의 디지털 플랫폼에 소속돼 일한다. 고객이 스마트폰 앱 등으로 플랫폼에 서비스를 요청하면 이 정보를 노동자가 확인하고 고객에게 서비스를 제공한다.

이처럼, 플랫폼 노동이 새로운 고용 형태로 등장하였다. 플랫폼 노동에서 노무 제공자는 사용자에게 종속된 노동자가 아닌 자영업자로 간주된다. 그들은, 앞서 언급한 특수형태근로종사자와 유사하기 때문에 '디지털 특고'로도 불리기도 한다.[5)] 한마디로, 플랫폼 노동은 첨단 디지털 기술에 기반하여 새롭게 창출된 노동 형태라고 할 수 있다.

플랫폼 사업의 급속한 확산에 따라 플랫폼 노동자의 수도 폭발적으로 늘어나고 있다. 이들은 일상생활 속에서 많은 서비스들을 제공한다. 음식 배달, 대리운전, 가사도우미에서부터 온라인 법률상담, 번역에 이르기까지 다양한 활동들이 온라인 플랫폼을 매개로 하여 이루어진다. 우리나라에서 플랫폼 노동자 가운데는 배달이나 대리운전 등 운송 관련 일에 종사하는 노동자가 전체의 절반 이상을 차지한다. 이와 동시에, 온/오프라인을 막론하고 전문직의 비중도 무시할 수 없는 수준이다. IT 개발자 네트워크나 전문분야별 강사나 번역자를 연결하는 플랫폼 서비스도 플랫폼 노동의 형태로 존재한다. 따라서 플랫폼 노동 안에서도 이질성이 매우 높다. 서비스 가격의 결정, 수행해야 할 업무와 근무시간의 선택, 성과평가 여부 등의 측면에서 자율성의 정도 차이도 크다. 플랫폼 노동자들 가운데는 자율성이 거의 없다고 볼 수 있는 경우와 높은 수준의 자율성을 보이는 경우가 대체로 비슷한 비율이라고 조사되었다(장지연, 2020).

플랫폼 사업은 첨단산업으로서 새로운 고용을 창출한다는 긍정적인 측면이 있지만, 이와 반면에 플랫폼 노동자의 노동권과 사회보장권에 대한 우려도 크다. 이들은

---

4) 고영권(2020. 07. 27.). 한국일보. '쩐의 전쟁터' 배달 앱 시장…배민 합병 장벽 해소되나. https://www.hankookilbo.com/News/Read/A2020072612510005526?did=NA

5) 네이버 지식백과. https://terms.naver.com/entry.nhn?docId=3582205&cid=43667&categoryId=43667

노동자가 아니라 자영업자로 분류되어 많은 경우에 불공정한 계약조건과 낮은 처우, 알고리즘과 평점에 의한 감시와 통제, 불안정한 소득과 사회안전망 부재 등의 문제를 겪는다. 기존의 노동과 다른 거래방식으로 인해 플랫폼 노동자가 보장받아야 할 사회적 권리가 위협받는 것이다. 플랫폼 기업은 노동을 단지 중개할 뿐인 것처럼 보이지만 많은 플랫폼 노동자의 노동은 매우 종속적이다. 일감을 단위로 하는 계약은 노동자의 선택권을 주는 측면도 있지만, 플랫폼 노동자들은 공통적으로 불규칙한 수입과 생활 리듬, 고용 불안정성 등의 문제를 겪는다. 전통적인 임금노동자를 고려하여 설계된 고용보험과 산재보험 등에서 제도적으로 또는 실질적으로 배제되어 있다. 결국, 미래 유망 산업이라는 장밋빛의 혁신적 플랫폼 사업에서 플랫폼 노동은 퇴행적이고 열악한 노동의 질 악화로 이어질 수 있다(남재욱, 2021; 조성혜, 2017).

3) 긱 경제에서의 일의 교육

긱 경제는, 그것이 독립근로든 플랫폼 노동이든 또는 또 다른 명칭이든 상관없이, 장기 고용에 따른 임금노동이라는 정형화된 일의 방식을 뒤흔들고 있다. 독립성이든 혁신성이든 어떤 측면에 주목하든 상관없이, 비정형적인 새로운 고용과 노동의 형태는 극히 다양하고 유동적이다. 따라서 기존의 자영업자의 개념으로도 특수형태근로종사자의 개념으로도 온전하게 설명되지 않는다.

긱 경제 체제에서의 새로운 일의 방식은 전통적인 산업사회의 그것과는 달라졌다. 긱 경제에서 노동자는 단기간의 계약에 기반하여 임시적인 고용관계를 맺어 유연하고 유동적인 근무시간에 특정 기업이나 조직에 얽매이지 않고 다양한 장소와 여러 일터에서 근무한다. 자신의 업무를 스스로 통제할 수 있는 개인적 자율성을 가질 수 있는 반면 조직의 보호로부터 배제된다. 일의 가시적 결과물이 계속적인 계약을 위한 관건이므로 성과에 대한 엄격한 기준과 통제를 한다(이소연 외, 2019; 황준욱 외, 2009; Pink, 2001).

이렇게 새롭게 등장한 비전형적인 일이 갖는 교육적 의미는 의미심장하다. 그것을 다음과 같은 네 가지 측면에서 살펴볼 수 있다(이수용, 2012; 이수용, 장원섭, 2013; 이소연 외, 2019).

첫째, 새로운 일의 방식에서는 성과 중심의 도구적 학습이 강조된다. 계약 노동자들에 대한 평가는 그들이 수행한 작업 내용과 품질에 따라 이루어진다. 임금근로자들 역시 조직에서 성과를 내야 하지만 계약 노동자들에게는 일의 결과물 자체가 계약을 확보하여 소득을 창출할 수 있는 거의 유일한 방법이다. 일을 잘 해내는 사람으로 인정받지 못할 경우, 업계에서의 평판이 낮아지고 계약 유지 또는 확보가 어려워져 생존할 수 없게 된다. 노동시장에서 계약을 매번 갱신 또는 새로이 체결한다는 것은 근로자가 자신의 노동력에 대한 가치를 고용주에게 매번 확인시켜 주어야 한다는 것을 의미한다. 이때 일의 결과물로서 성과는 시장에서 근로자의 가치와 동일하게 인식되기 때문에 근로자가 경력과 생계를 이어나가기 위해서는 성과에 대한 엄격한 관리가 필수적이다. 작업성과에 대한 더 많은 스트레스 상황 속에서 성과와 직접적으로 연관된 지식과 기술을 습득하는 도구적 학습을 하게 된다.

둘째, 개인주의 속의 관계망 학습을 엿볼 수 있다. 독립적으로 일하는 노동자는 단독적으로 활동하고 학습할 것으로 생각하기 쉽다. 실제로 그들은 개인의 책임과 관리 아래 일하고 삶을 꾸려간다. 그럼에도 불구하고, 그들의 학습과 개발의 중심에는 사회적 관계망이 존재한다. 아무리 1인 근로자라고 하더라도 네트워크의 시대에 개인은 사회적 독립 단위가 아니다. 그 대신 모든 일은 서로 연계하여 의존하고 협력하면서 이루어진다. 개인의 학습과 경력개발 역시 상호 의존적인 관계 속에서 이루어진다. 예를 들어, 프리랜서 기업교육 강사는 성인교육 분야에서 대표적인 독립근로자라고 할 수 있다. 이들은 다른 강사들과의 강한 친밀감을 바탕으로 관계망을 형성한다. 그 관계망은 임금근로자들보다 더 폐쇄적이고 배타적인 속성을 지니고 있다. 더 친밀하고 더 강한 연대를 가질수록 그들의 개발지원기능에도 긍정적인 영향을 미친다(이소연 외, 2019).

셋째, 긱 경제에서는 새로운 경력개발의 특성이 두드러지게 나타난다. 그것은 일의 비연속성에 따른 불안정성, 조직에 의한 관리가 아니라 개인 주도성과 책임, 객관적인 수직적 성공보다는 주관적인 의미화의 중시, 다양한 프로젝트 경험을 통한 수평적인 확장과 변신 등으로 특징지울 수 있다(장원섭, 2021). 실제로, 비전통적인 고용형태와 작업방식은 경력개발의 의미를 새롭게 재편하고 있다. 과거 조직에서의 개인들에게 경력개발이란 곧 승진을 뜻하고, 승진은 연공에 대한 보상이었다. 그러나 개인적으로 일하는 노동자에게 이런 전통적인 경력개발은 무의미하다. 이들은 성과와 변화를 위해 학습해야 하고, 자신을 정확하게 평가하고 스스로를 상품화하는 방법을 익혀야 하며, 자신의 잠재력을 발굴하고 불안정을 생산적으로 다루는 방법을 터득해야 한다. 자신의 경력목표와 성공을 주관적으로 판단하는 동시에 끊임없는 변화를 통해 항상 앞서나가야 한다.

끝으로, 일의 의미에 대한 더욱 깊은 성찰이 필요하다. 성과 중심의 도구적 학습, 개인주의적 관계망의 이용, 불안정성 속에서 생존을 위한 경력개발 등은 일에 대한 의미 역시 삶을 위한 수단으로 만들 가능성을 크게 한다. 실제로 임시계약 노동자들에게 일은 즉각적인 금전적 보상의 의미 그 이상이 아닐 수도 있다. 불안정한 고용 상황에서 이들에게 일은 언제 어디서든 일한 만큼만 보상받는 활동일 뿐일 수 있다. 더군다나, 인공지능 같은 첨단 기술에 기반한 플랫폼에서 인간은 숙련된 기술이 더 이상 필요하지 않게 될지도 모른다. 노동의 과정에서 인간이 통제력을 상실한 채 인공지능 기계의 결정을 따르는 방식으로 운영되기 때문이다. 이런 가운데, 일이 가진 본질적 의미를 상실하고 인간의 성장 가능성을 위태롭게 한다. 일의 의미가 상실되고 퇴락하는 위협 속에서 일의 교육적 회복을 위한 성찰과 노력이 더욱 절실하다.

일은 삶의 기본적 활동이고 인간됨의 조건으로서 공동체적 본질을 갖는다. 일하면서 살아가는 개인은 사회의 구성원으로서 다른 사람들과의 관계 속에서 상호 영향을 주고받는다. 사람들은 사회적 관계에서의 상호작용을 통해 지식과 정보를 획득한다. 개인이 누구와 어떤 방식으로 연결되어 있는지에 관한 관계 특성은 학습에서 중요한 기초가 된다(장원섭, 1997). 아무리 긱 경제가 확산하더라도, 그래서 독립근로와 플랫폼 노동 같은 임시적 일하기가 늘어나더라도, 일은 본질적으로 그리고 필연적으로 사회적 관계와 공동체성을 내포한다. 인간은 그 속에서 일하고 배우며 성장한다(장원섭, 2006).

제2장

인구와 교육 패러다임의 전환

이 장에서는 일의 교육에 있어서 공급 측면의 변화에 대해 검토한다. 인구구조와 구성에서 두드러진 현상으로서 저출생 고령화와 다문화화 및 다양화에 대해 살펴본다. 또한, 교육환경의 변화로서 평생학습의 확산에 대해 논의한다.

1. 고령화와 다문화 사회의 도래

인구통계학(demography)이 예측하는 미래 전망이 숙명적인 것만은 아니다. 그럼에도 불구하고, 인구 동향이 일과 교육에 시사하는 바는 크다. 사람이 태어나고, 죽고, 이동하는 변화의 양상은 우리 사회를 새롭게 형성하는 배경이 되고 사회경제의 거의 모든 영역에 직접 또는 간접적으로 영향을 미치기 때문이다(Bills, 2004).

1) 인구구조의 변화

우리 사회에서 인구 변화를 촉발하는 가장 두드러진 현상으로서 출산율의 빠른 감소를 꼽을 수 있다. 출산율은 한 여성이 가임기간인 15~49세에 낳을 것으로 예상되는 평균 출생아 수를 뜻하는 합계출산율로 계산한다. 우리나라의 합계출산율은 1960년 6.16명, 1970년 4.53명에서 1983년에 인구대체수준인 2.06명으로 크게 줄었다. 1987년에는 1.53명, 2001년 1.30명, 2017년 1.05명으로 1명대를 유지하다가 2018년 0.98명, 2019년 0.92명으로 1명 미만으로 내려갔다(통계청, 2020a). 이는 세계 최저수준으로 OECD 회원국 가운데 유일하게 합계출산율이 1 미만이다.

출산율이 낮아진 이유는 다음과 같은 세 가지 측면에서 설명할 수 있다.

첫째, 1960년대 초반부터 시작된 강력하고 지속적인 산아제한 정책의 효과다. 일제로부터의 해방과 한국전쟁 이후 열악한 경제 상황에서 크게 늘어난 인구 문제에 대응하여 정부는 출산 억제를 위한 다양한 정책을 펼쳤다. 무료로 피임약을 배포하고 불임수술을 장려했으며, 남아선호사상을 타파하는 사회운동도 벌였다. 이 정책은 도입한 지 30여 년이 지난 1990년대에 접어들어서야 비로소 폐기됐다. 이미 출산율이 1명대로 너무 많이 떨어진 상태에서 취해진 뒤늦은 조치였다.

둘째, 도시화와 의료 수준의 향상 등을 수반한 산업사회의 진전은 가족 수의 축소를 가져왔다. 농산업 중심 사회로부터 도시경제 체제로의 이행은 더 이상 가족을 중심으로 일하는 방식을 취하지 않게 되었다. 또한, 영양과 위생의 개선으로 더 많은 아이와 산모가 생존하게 됐다. 이런 이유들로 인해 가정은 많은 아이를 출산할 필요가 없어졌다(Bills, 2004).

셋째, 최근 우리 사회에서 저출산을 유발하는 이유는 교육비를 포함한 자녀 양육 비용의 과중한 부담, 고용 및 주거 불안정, 핵가족화 등으로 인한 자녀 양육을 위한 가족지지 약화, 일-가정 양립의 어려움 등으로 다양하게 나타난다(김용문, 오영희, 2006). 이 요인들이 복합적으로 작용해 가족관과 자녀관 등에 영향을 미치고, 그 결과로 만혼과 미혼율이 증가하고 기혼여성도 출산을 꺼리거나 줄이고 있다.

출산율 저하의 효과는 지대하다. 그것은 인구수의 감소, 고령자 비중의 증대, 그리고 학령인구의 감소 등으로 나누어 살펴볼 수 있다.

첫째, 인구수 자체를 감소시킨다. 우리나라의 총인구수는 2020년 5,178만 명에서 2028년 5,194만 명으로 증가하지만, 그 이후 감소하여 2050년 4,774만 명, 2067년 3,929만 명으로 1,200만 명 이상 줄어들 전망이다. 특히, 15~64세의 생산가능인구수가 2020년 3,736만 명에서 2050년 2,499만 명, 2067년 1,784만 명으로 감소해 지금의 절반 이하가 될 전망이다. 절대인구의 감소는 내수시장을 위축시켜 장기적으로 경제 규모를 축소할 수 있다. 더군다나 생산가능인구수가 줄어 노동 공급이 감소하고 인력수급의 불균형을 초래하여 경제성장 기반을 약화할 수 있다(비상경제 중앙대책본부, 2020).

둘째, 전체 인구에서 고령자가 차지하는 비중을 높인다. 저출생과 더불어 의료 및 생명 기술의 발전 등으로 수명의 연장이 빠르게 이루어지면서 인구구조가 고령화되고 있다. 0세 출생자가 앞으로 생존할 것으로 기대되는 평균 생존 연수를 의미하는 기대수명이 1960년에 54.9세에서 2019년에 83.3세로 크게 늘어났다. 고령인구의 비중이 빠르게 증가하면서 인구구조는 피라미드 형태에서 종형을 지나 점차 항아리와 역피라미드에 가까운 모양으로 바뀌고 있다. 인구의 고령화 추세로 인해 우리나라는 2000년에 전체 인구의 7% 이상이 65세 노인인구인 '고령화 사회(ageing society)'에 진입했고, 2018년에는 14% 이상의 '고령사회(aged society)', 2026년에는 20% 이상인 '초고령 사회(super-aged society)'가 될 것으로 예상된다(한정란, 2005).

인구의 고령화는 경제적으로 생산력의 저하와 활력의 감소를 초래할 우려가 있다. 노동력 역시 고령화되기 때문이다. 우리나라에서 1955년부터 1963년 사이에 태어난 730만여 명의 베이비붐 세대는 우리나라 인구의 가장 큰 코호트 집단을 형성하고 있다. 하나의 코호트는 공통된 초기 인구통계학적 특성을 갖고 있으면서 생존, 결혼, 임신과 같은 다른 인구통계학적 특성을 따르게 된다(Bills, 2004). 베이비붐 세대는 2020년에 50대 후반에서 60대 중반의 나이로 생산가능인구의 가장 높은 연령대를 형성하고 있다. 이들은 과학기술의 빠른 발전에 따라 숙련기술 노후화의 현실에 직면하고 있다.

더군다나 베이비붐 세대는 이미 노동시장에서 퇴장하고 있다. 이들의 대규모 은퇴는 경제적으로뿐만 아니라 사회적으로 큰 문제를 낳을 수 있다. 2017년 대비 2040년의 연령대별 인구 구성비의 변화를 보면, 생산가능인구의 비중은 73.0%에서 56.5%로 줄어드는 반면 고령인구의 비율은 13.7%에서 32.3%로 증가하는 것으로 예측된다. 이에 따라 젊은 층의 노년층 부양 부담이 크게 늘어날 수 있다. 총부양비는 생산가능인구(15~64세)에 대한 유소년인구(0~14세)와 고령인구(65세 이상)의 합의 백분비로 측정한다. 우리나라의 총부양비는 2019년 37.6에서 2067년 120.2로 향후 50여 년 동안 3배 이상 증가할 전망이다. 이것은 전 세계 201개국 중 193위에서 2067년 가장 높은 국가로 급격히 상승하는 수치다. 이렇게 고령화가 급진전됨에 따라 더 적은 수의 청장년 세대가 더 많은 수의 노령인구를 부양해야 하는 부담이 크게 증가하게 된다. 또한, 일자리를 비롯한 연금 문제 등 경제적 갈등과 세대 간의 문화 갈등도 첨예하게 나타날 수 있다(비상경제 중앙대책본부, 2020).

셋째, 저출생의 결과로 학령인구가 감소한다. 학령인구는 각급 교육기관에 재학할 적령기 인구를 일컫는다. 만 나이를 기준으로 초등학교는 6~11세, 중학교는 12~14세, 고등학교는 15~17세, 그리고 대학교는 18~21세 인구를 지칭한다. 각급 학령인구를 모두 합한 6~21세 인구수를 전체 학령인구라 한다(통계청, 2019a).

학교급별 학령인구 추이를 보면, 전체 학령인구는 1960년대부터 가파르게 증가하여 1980년 1,440만 명으로 최댓값을 기록했다. 이후 줄어들기 시작하여 2017년 846만

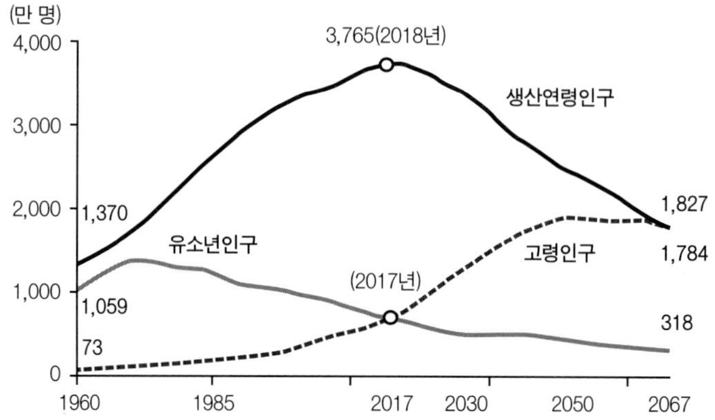

[그림 2-1] 연령별 인구구조(1960~2067년)

출처: 관계부처합동(2019). 인구구조 변화 영향과 대응방향.

명으로 1980년 대비 38.1% 감소하였다. 전체 인구 대비 학령인구의 비중은 1980년 37.8%로 정점을 기록한 후 2017년 16.5%로 낮아졌고 2060년에는 9.8%를 차지할 것으로 보인다(통계청, 2019a). 이것은 고등교육 환경에도 곧바로 영향을 줄 것이다. 고등교육기관 학생 수는 1980년대부터 가파르게 증가하였지만 2000년을 기점으로 상승세가 완화되었다. 이제 대학은 점차 학령인구의 입학자원을 찾기가 더욱 어려운 현실에 직면하고 있다.

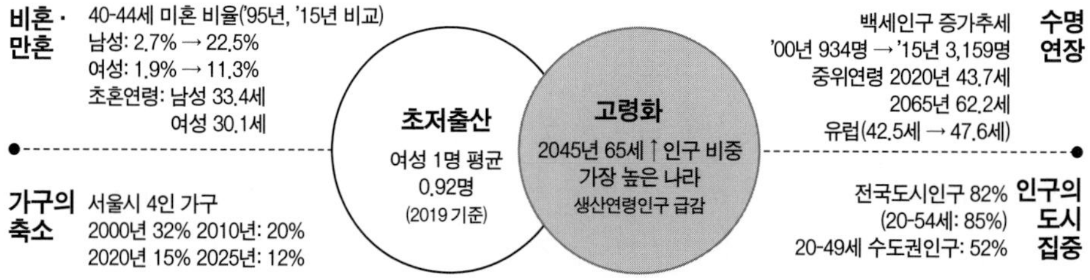

[그림 2-2] 대한민국의 인구통계학적 특징

출처: Kosis 국가통계포털

인구구조의 변화는 사회, 경제 전반에 지대한 영향을 미칠 수 있다. 특히 일과 교육의 관계에 많은 시사점을 준다. 가장 두드러진 것인 평생직업교육이 증대될 것이라는 점이다. 산업 인력의 고령화가 가속화되는 상황에서 전통적인 근로 연령 기준만을 고수한다면 노동력의 절대 숫자가 적어진다. 게다가 은퇴한 고령자가 많아져서 복지비용의 증가 등과 같은 문제를 야기할 수 있다(김형만, 장원섭, 황승록, 2014). 개인의 수명이 길어지고 있는 것과 대조적으로 산업과 기술은 빠르게 변화하고 이에 따라 직업과 직무의 수명은 반감한다. 따라서 모든 세대는 평생에 걸친 미래 사회의 변화에 대비할 수 있는 계속적인 역량개발과 직업교육이 필요하다.

이에 따라 대학의 역할과 기능이 변화해야 할 것이다. 성인 인구가 많아지고 노년기가 길어지면서 평생학습에 대한 수요 자체가 절대적으로 증가하는 반면, 학령인구의 감소로 인해 이미 학교교육은 학생 수 부족 같은 문제에 봉착하고 있다. 특히 경제사회의 빠른 변화에 따라 학교를 졸업한 이후에도 계속적인 학습을 통해 새롭게 경력을 개발하거나 지속할 뿐만 아니라 학습 참여를 통해 적극적으로 삶의 의미도 찾고자 할 것이다. 따라서 대학은 엘리트 중심의 학문의 상아탑을 탈피하여 실생활 중심의 평생교육 과정을 확대해야 한다. 성인학습자를 위한 평생에 걸친 역량개발과 직업교육, 취미와 여가학습 프로그램 등뿐만 아니라 학생이 자신의 경력에 대해 성찰하고 계획할 수 있도록 평생직업교육의 기회를 제공해야 한다. 새로운 세대들은 현재의 중장년 세대보다 더 오랜 기간 직업을 갖고 일해야 할 수도 있다. 베이비붐 세대를 포함한 중장년 및 노년층 역시 계속해서 새로운 지식과 기술을 익혀야 하는 과제를 안고 있다. 따라서 대학이 학령인구에 해당하는 학생들의 교육뿐만 아니라 인구구조의 변화에 발맞춰 성인 대상 평생교육기관으로서 역할을 수행해야 할 것이다.

2) 인구구성의 다양화

단군의 자손으로 반만년을 이어온 단일민족이라고 자랑하던 우리 사회는 빠르게 다문화 사회로 전환하였다. 30여 년 전부터 해외에서 우리나라로 이주하는 외국인의 수가 크게 늘었고 이들의 자녀가 성장하고 있다. 인구통계학의 두 번째 주요 요소는 사람들의 국제 이동으로부터 비롯되는데(Bills, 2004), 이 절에서는 우리 사회를 다문화화하고 있는 외국인 근로자, 결혼이주여성, 그리고 난민 등에 대해 살펴본다.

첫째, 지난 30여 년 동안 많은 외국인이 다양한 경로를 통해 국내 기업에 취업하면서 외국인 근로자 수가 크게 증가하였다. 국내 일터에서 일하는 외국인 취업자는 2019년 현재 86만 3천여 명에 달한다. 이들은 비전문 취업 19.7%, 방문취업 15.2%, 전문인력 2.9%, 유학생 10.8%, 재외동포 5.9%, 결혼이민 8.3%, 기타 11.6%로 구성된다. 산업별로는 농림어업 6%, 광 · 제조업 46.3%, 건설업 11%, 도소매 · 음식 · 숙박업 19.1%, 전기 · 운수 · 통신 · 금융 1.6% 분야 등에서 종사하고 있다(통계청, 법무부, 2019).

이 가운데 특히 저숙련 노동자의 국내 이주에 대해 좀 더 살펴보자. 우리나라는 1980년대 이후 3D업종[1]을 중심으로 노동력의 부족 문제가 심각해지면서 1990년대부터 저숙련 노동자의 국제 이민을 제도화했다. 그 이전에는 외국인 이주 노동자를 일시적으로 국내에 머무는 임시체류자로 여겨 방관하였다. 그러다가 1991년 산업연수생제도를 도입하면서 불법체류 문제를 정책적으로 다루기 시작했다. 이 제도를 통해 정부는 국내 중소기업이 외국인을 일정 기간 연수생 신분으로 고용하여 기술을 익히도록 한다는 명분으로 인력난을 합법적으로 해소하고자 했다. 이후 몇 차례 보완됐음에도 불구하고 외국인 노동자의 불법체류, 미등록 취업, 인권침해 등의 문제가 지속적으로 제기되었다. 이를 개선하기 위해 2004년 고용허가제를 도입하여 산업기술연수생제도와 병행하다가 2007년부터는 고용허가제로 일원화하였다.[2] 고용허가제를 통해 주로 동남아시아 국가의 외국인이 제조업, 건설업, 농축산업, 서비스업, 어업 등에 합법적으로 취업할 수 있게 됐다. 한국고용정보원에 따르면, 2019년 6월 현재 고용허가제를 통해 근무하고 있는 외국인 근로자는 66,221개 사업장에 218,581명이 있다. 이 제도는 국내 사업자에게 외국인을 고용할 수 있는 권리를 부여하는 것으로, 외국인 근로자에게 '일할 수 있는 권리'를 갖도록 하는 노동허가제에는 미치지 못한다.[3]

둘째, 1990년대 이후 결혼 이민자가 꾸준히 늘어나면서 우리나라는 다문화 사회로 접어들기 시작하였다. 이런 현상은 세계화가 진전됨에 따라 국가 간 이동이 활발해지면서 나타나는 자연스러운 현상이라고 볼 수 있다. 하지만, 우리나라에서는 주로 아시아 여성들이 한국인 남성과 결혼하여 우리 사회에 편입되면서 다문화 가정을 이루고 있다. 결혼 이민자 수는 16만여 명에 달하는데, 이 가운데 80% 이상이 여성이고, 외국인 아내는 베트남(37.9%), 중국(20.6%), 태국(11.6%) 국적 순으로 나타난다(통계청, 2019b).

다문화 혼인이 늘어나면서 다문화 출생아도 많아지고 있다. 전체 출생아 수 대비 다문화 출생아 수의 비중이 2009년 4.3%에서 2019년 5.9%로 증가하였다(통계청,

---

1) 힘들고(Difficult), 더럽고(Dirty), 위험한(Dangerous)의 머리글자인 D자를 따서 만든 용어로 주로 제조업 · 광업 · 건축업 등이 꼽힌다(terms.naver.com/entry.nhn?docId=2064628&cid=42107&categoryId=42107).

2) www.eps.go.kr/kr/sub/sub03_01_01.jsp

3) terms.naver.com/entry.nhn?docId=7595&cid=43659&categoryId=43659

2020b). 앞 절에서 살펴보았듯이, 전체적으로 출산율이 크게 감소하고 있음에도 상대적으로 다문화 비중이 증가하고 있다는 것은 우리나라 인구구성에서 다문화 인구 비중이 높아지고 있음을 의미한다. 또한 다문화 가정에서 태어난 아이들이 자라나면서 다문화 학생의 비율도 지속적으로 상승하고 있다. 최근 5년간 매년 1만 명 이상 증가하여 2019년에는 13만 명을 넘어섰다(교육부, 2020a). 다문화 가정의 학령기 자녀 인구가 증가함에 따라 다문화 학생을 대상으로 한 교육정책들도 펼쳐지고 있다. 이는 사회 구성원으로서 다문화 인구를 인식하고 고려하는 시도로 한국 사회가 다문화 사회로 변화하고 있음을 사회적으로 인식하고 있다는 점을 드러낸다.

그럼에도 불구하고, 다문화 가정에서 언어 소통의 어려움뿐만 아니라 사회적 편견, 문화의 차이에서 오는 혼란, 육아 및 자녀 교육에서 겪는 곤란, 부부 갈등 등의 문제를 겪게 된다. 실제로 다문화 학생의 학업 중단율이 감소하는 추세이기는 하지만(교육부, 2020a) 이들이 학교에서 성공적으로 교육을 받아 사회 구성원으로서 자리매김해 나갈 수 있도록 더 많은 지원을 할 필요가 있다. 그래야만 이들이 성공적으로 노동시장에 진입할 수 있을 것이다. 그런데 현재는 일반 청소년 대비 다문화 가족 자녀의 취업률은 전체의 18.6%로 청소년 일반(26.2%)에 비하여 상당히 낮은 편이고, 이들이 상용근로자로 일하는 비율이 다소 증가하였으나 청소년 일반에 비해서는 매우 낮은 상태에 있다(여성가족부, 2019).

그 밖에도 인구구성의 다양화에는 난민 등과 같은 다원적인 요인들도 작용하고 있다. 국내에 체류하고 있는 외국인 가운데 난민은 극소수에 불과하다. 2018년까지 난민으로 인정된 자는 총 943명이며, 인도적 체류 허가를 받은 이는 2,005명이다. 2017년에 체류 기간 연장을 허가 받은 난민신청자는 9,137명이다. 우리나라는 1992년 UN 난민협약과 난민의정서에 가입했으나 2000년까지는 난민을 인정하지 않다가 2001년에 처음으로 난민 1명을 인정하였다(난민인권센터, 2018). 그럼에도 불구하고, 난민 지위를 인정받고자 신청하는 사례는 1990년대부터 꾸준히 증가추세를 보여 2018년에는 1만 6천여 명에 다다랐다. 특히 2018년에는 약 500여 명의 예멘 출신 난민이 제주도를 통해 입국하여 난민 신청을 제기하면서 사회전반의 주목을 받았다. 난민신청자 수가 기하급수적으로 증가하는 추세를 보이고 있지만, 난민인정자의 수는 크게 증가하지 않았다. 우리나라의 난민인정률은 세계 평균의 10분의 1 수준인 3%대에 머무르고 있다(난민인권센터, 2019). 난민신청자의 증가가 난민인정자의 증가보다 높게 나타나는데 이는 아직까지 난민이 한국 사회에 진입하여 난민으로서의 지위를 인정받아

구성원으로 정착하기까지 난관이 존재함을 의미한다(장경진, 2020).

정리하면, 이민은 또 하나의 주요한 인구통계학적 동향을 낳는 요인이다. 국제 이주민의 유입은 우리나라를 문화적으로 다양한 국가로 만들고 있다. 특히 일터에서는 높은 교육 수준과 기술숙련도를 지닌 전문직 이민자도 상당수 존재하지만, 많은 이민자들이 저숙련 노동자로 일한다. 우리 사회의 고학력화가 크게 진전됨에 따라 기능인력이 부족해졌고, 이에 따라 많은 외국인 기능직 근로자들이 우리나라 일터로 들어왔다. 근래에는 국내 기업에서 임직원으로 일하는 외국인 전문 인력도 크게 늘어나고 있다. 또한, 우리나라로 이주한 외국인의 자녀들이 성장하여 취업하고 있다.

이에 따라, 일터의 다문화성과 관련한 교육의 확대가 필요하다. 많은 경우에 이민자들을 위한 한국어 교육이 필요하기도 하다. 이미 외국인 임직원을 위한 국내 적응 교육 프로그램들이 존재하기는 한다. 그렇지만 그 교육은 국내에서 일하게 된 외국인들을 우리나라와 우리나라 기업 문화에 적응하도록 교육하는 프로그램에 그친다. 많은 경우에 소수자의 문화와 가치를 존중하기보다는 주류 문화에 일방적으로 적응시키려는 시도에 불과할 뿐이다.

이와 동시에, 국내 원주민의 글로벌 마인드 함양 역시 필요하다. 국내 임직원들은 다문화 교육의 대상이 되는 경우가 거의 없다. 일터의 다문화성이 가속화되는 현실에서 다양한 문화적 배경을 가진 사람들이 함께 어우러져서 일하는 다문화 일터에서의 학습을 위한 노력이 더욱 요청된다. 그것은 다양한 가치와 문화를 하나로 흡수하여 통합하는 '용광로'와 같은 일체화 훈련이어서는 곤란하다. 각자의 고유한 정체성과 장점을 유지하면서 함께 어우러져 조화를 이루어 가는 '신선로'와 같은 다양성 학습이어야 할 것이다(이덕현, 2012).

3) 삶의 경로와 방식의 다변화

세 번째 인구통계학적 동향은 사람들의 삶의 과정이 다변화하는 것이다. 우리는 과거 어느 때보다 혼란스럽고 비정형적인 삶을 살아가고 있다. 살면서 만나는 주요한 생애 사건들의 순서와 방식이 전통적인 유형과는 다르게 전개되는 경우가 늘고 있다. 이것은 교육과 일의 관계에 대한 폭넓은 시사점을 갖는다(Bills, 2004).

삶의 경로란 사람들이 나이가 들어 가면서 갖게 되는 정형화된 역할의 패턴과 전환을 의미한다. 그 역할에는 학생, 근로자, 퇴직자 등이 포함된다. 전통적인 삶의 경로는 각 역할을 수행하는 시기가 정해져 있고 그 전환의 시점도 상당히 명확했다. 아동과 청소년 시기에는 학교에서 교육을 받고, 학교를 마친 후에는 직장에서 일하고, 일정 연령이 되면 은퇴했다. 삶에서 일어나는 주된 사건과 역할이 순차적이고 역행할 수 없는 경로로 나타났다. 이러한 산업사회 모형은 대체로 삶의 표준으로 여겨졌다(Bills, 2004).

이제는 이런 표준화된 경로와 방식이 흐트러지고 있다. 다양한 역할들 사이의 중첩성과 불규칙성이 늘어난다. 중고등학생이 시간제로 일하고(장원섭, 2006), 직장인이 야간에 대학원에 다니며(제13장 참고), 노인이 대학에서 제공하는 평생교육 프로그램에 참여한다. 표준적이고 일반적이며 규격화되어 예측가능한 삶의 경로가 점차 무질서하고 동시적인 방식으로 바뀌고 있는 것이다(Bills, 2004).

삶의 경로와 방식에서 드러나는 이러한 변화는 산업사회의 진전에 따라 사회경제적 기회구조가 달라지고 이에 따라 사람들의 가치관과 행동 방식이 변했기 때문에 나타난다. 예를 들어, 각 경제 체제에서 노동시장의 유연화 경향은 단기 고용과 시간제 일자리를 늘려 학교에 다니면서 일할 수 있는 기회를 늘린다. 초중등학교와 대학도 전통적인 전일제 학생이 아닌 직장인과 지역 주민 등 성인학습자가 평생교육에 참여할 수 있도록 유연하고 다양한 프로그램들을 제공한다. 이런 가운데 사람들은 더 유연하고, 덜 통제받는 삶을 선택하는 방향으로 움직인다.

결국, 어릴 때는 배우고 젊을 때는 일하며 늙어서는 쉬는 단선형적인 전통적 삶의 방식이 더 이상 유효하지 않게 된다. 그 대신 교육과 일, 여가가 복잡하게 얽히는 삶의 모형이 대두하고 있다. 특히 초중등학교와 대학이 이제는 전통적인 학령인구뿐만 아니라 성인들을 위한 평생학습의 장으로 개방되기도 한다. 한마디로, 일의 교육은 개인의 삶에서뿐만 아니라 교육적으로 그리고 경제사회적으로 그 중요성이 더욱더 커지고 있다.

특히 밀레니얼 세대라 불리는 새로운 코호트 집단은 비전통적인 삶의 경로와 방식을 여실히 보여 준다. 한 세대 집단은 특정 시기에 태어나 자라면서 주요한 사회적·역사적 사건들을 같이 경험하고 이에 따라 특정 세계관을 공유한다(Mannheim, 1952). 앞서 살펴본 베이비붐 세대도 그중 하나였다. 이제는 베이비붐 세대, X 세대, Y 세대 등에 이어 밀레니얼 세대와 Z 세대라는 새로운 세대가 등장했다. 이 가운데 대략 1980년대 초반부터 2000년경까지 태어난 밀레니얼 세대는 일의 교육적 의미에 대한 새로운 시각을 형성하고 있다는 점에서 주목할 만하다(Wong et al., 2008). 이들은 출산율이 2명대 이하로 낮아진 시기에 태어나 베이비붐 세대 부모의 큰 관심과 보호를 받으며 이전 세대보다 심리적, 경제적으로 여유를 누리며 자라났다. 정보통신기술과 인터넷의 발전을 경험하며 성장하여 디지털 환경에 익숙한 세대이기도 하다. 그러나 1997년 IMF 외환위기와 2008년 세계금융위기 이후 저성장이 이어지면서 높은 실업률과 일자리의 질 저하로 인해 취업과 경력뿐만 아니라 연애, 결혼, 출산, 주택 구입, 인간관계, 꿈과 희망 등까지 포기한 'N포 세대'라 불리며, 불확실한 미래보다는 현재의 만족을 추구하는 경향을 보이기도 한다(예지은, 진현, 2009; 정은이, 2019).

우리나라에서 1981년에서 2000년까지 태어난 인구는 총 13,832,347명으로 전체 인구수의 약 26.8%를 차지한다(통계청, 2020a). 이들은 10여 년 전부터 노동시장으로 진입하면서 이제는 일터의 중추 세력으로 성장하고 있다. 특히 베이비붐 세대의 퇴직자 수가 증가함에 따라 조직 내 밀레니얼 세대의 비율은 더욱 늘어나고 있다. 소비력 또한 X 세대를 넘어서면서 경제 활동의 주축이 되고 있다. 밀레니얼 세대는 일과 삶에 있어서 기존 베이비붐 세대, X 세대, Y 세대 등과는 다른 차원의 독특한 가치관과 행동 양식을 보인다. 그들은 개인의 가치를 삶의 중요한 기준으로 두어 다양한 가치를 지향하며, 삶과 일에 있어서 의미를 중요하게 여긴다. 디지털 생활 방식에 익숙하고, 개인적인 삶을 추구하는 동시에 타인과의 소통과 협업도 원활히 한다. 자율성이 강하고, 유연하여 실패에 대한 두려움이 적다. 주관이 뚜렷하고 솔직하며, 수평적인 소통 방식을 지향하여 권위와 강압에 대해서는 반발심이 강하다(김희봉, 2019; 이재완, 2018; 황춘호, 김성훈, 2019).

이처럼 인구의 다양성이 증가하고 새로운 세대가 성장하는 여러 변화에 따라 사회문화적 환경이 달라지고 삶의 방식이 변경되고 있다. 오랫동안 당연하다고 여겨 왔던 전통적인 규범과 질서가 무너지고 있다. 그 대신 새로운 가치관과 생활양식이 빠르게 확산한다. 이런 가운데 많은 사람이 삶의 방식에서 혼동과 시행착오를 겪고 있다. 사회문화적 변화에 적절하게 대응하고 삶을 더욱 풍부하게 만들기 위한 노력이 필요한 것이다.

구체적으로, 개인 중심의 생활양식이 확산하고 있다. 가족이나 조직에 충성하던 삶으로부터 자기 자신을 우선적으로 생각하는 경향이 두드러진다. 가부장적 대가족제도에서 이미 핵가족화가 이루어졌고 가족 형태와 관계는 더욱 다양화되고 있다. 제1장에서 살펴보았듯이, 더 이상 조직 인간이 아니라 혼자서 일하는 '프리랜서' 또는 '프리에이전트(free agent)'가 증가하고 있다(장원섭, 2006). 일과 일 이외의 삶을 조화롭게 균형 잡으면서 살아가려고 '워라밸(work–life balance)'을 추구한다. 인생은 한 번 뿐이므로 즐기며 살아야 한다는 '욜로(You Only Live Once, YOLO)'나 '소확행(소소하지만 확실한 행복)'을 추구하는 새로운 삶의 모습이 확산되고 있다.

더욱 개인주의화되고 다원화된 세상에서 사람들은 자신의 욕구를 자유롭게 표출할 수 있다. 더 편리하고 질 높은 삶을 즐길 수도 있다. 이와 반면에, 또 다른 위협을 겪을 가능성도 매우 크다. 이미 사회 불평등과 양극화는 더욱 심해지는 경향을 보인다. 불평등은 단지 경제적 소득 수준의 차이에서뿐만 아니라 '디지털 디바이드' 같은 정보의 격차를 낳기도 한다. 그럼으로써 교육과 여가 등 삶의 질에 있어서 불균등을 초래한다. 사회적 불신과 고립, 불안 같은 문제가 커지고, 개인의 삶과 사회적 안녕이 위협받기도 한다. 사회적 양극화 또는 불평등 증대는 인구의 특정계층과 지식 및 숙련의 특성에 따라 다양해질 것이며, 이에 대응할 노동과 분배 문제를 해결할 수 있는 새로운 사회계약이 요구될 것이다.

일터에서의 다양성 역시 크게 증가하였다. 일터의 다양성은 국가와 인종 간의 경계 문제로 한정해서는 곤란하다. 우리 일터에는 이보다 훨씬 더 많은 차이들이 상존하고 있다. 그럼에도 불구하고 그 차이가 차별로 이어지고 있다. 여성 직장인들은 조직 안에서 여전히 유리천장을 경험하고 있고, 특히 워킹맘은 일하면서 가사와 육아까지 도맡는다(구유정, 장원섭, 2018). 일터에 새로 진입하는 신세대 젊은이들은 이미 오랜 직장생활을 경험한 선배 세대, 특히 은퇴 시기의 베이비붐 세대와 일에 대한 인식과 행동 방식에 있어서 큰 차이를 보인다(임홍택, 2018). 장애인은 가장 큰 규모의 소수 집단이고 누구든지 그 집단에 속할 수 있다. 비장애인과 똑같은 심리적, 경제적 요구를 갖고 있다. 그렇지만 많은 일터에서 여전히 차별받고 있다(Rocco, Bowman, & Bryant, 2014). 레즈비언(lesbian), 게이(gay), 양성애자(bisexual), 트랜스젠더(transgender) 같은 성소수자들은 오랜 사회적 편견으로 인해 자신의 성적 지향을 숨길 수밖에 없어서 조직 생활에 큰 어려움을 겪는다(Gedro & Tylor, 2014). 이 집단들은 그동안 일터에서 과소대표(underrepresented)되어 왔다. 이들에 대한 사회적 편견으로 인해 채용과 승진에서 불리했고 이들을 일터에서 이끌어 줄 멘토와 사회관계망이 부족했기 때문이다(Quinones, 2018). 일의 교육은 일터의 다양성을 조직의 강점으로 승화하는 데 기여해야 하는 책무를 갖는다. 소수자의 성장을 도모하고, 조직 및 사회 구성원 전체의 시너지를 발휘하여 조직의 성과를 높이며, 사회적 책임과 가치를 실현할 수 있다(장원섭, 2021). 따라서 조직과 사회에서의 일과 교육 문제를 과거에 주류라고 여겨졌던 기준과 시각으로 일률적으로 다루기는 어려워졌다. 특히 일의 교육은 인종, 연령, 성적 지향, 장애 등의 측면을 고려하여 다양성의 관점을 가지고 접근해야 한다.

우리는 지금 다양한 가치가 공존하는 사회에 살고 있다. 이렇게 변화하는 사회문화적 환경에 우리는 적절히 대응할 수 있어야 한다. 그러기 위해서는 자신의 삶에 대한 주체적 의식과 사회의 문제에 대한 비판적 인식의 함양이 필요하다. 그래야만 우리는 포용과 관용, 공유 등 더불어 살아가는 새로운 형태의 공동체적 세상을 만들어 갈 수 있다. 그런 삶의 학습은 한 개인이 살아가는 내내 일생 동안, 그리고 살아가는 곳곳 어디에서나 이루어져야 한다.

이 절에서 살펴본 출생, 사망, 이민과 같은 인구통계학적 과정들은 교육과 일에 대한 중요한 통찰력을 제공한다. 그럼에도 불구하고, 그 효과는 결정적이라기보다는 불확정적이다. 인구구조와 구성, 그리고 삶의 경로의 변화는 다양한 연령대의 사회구성원들에게 각기 다른 방법으로 영향을 미친다. 사람들은 언제나 그들 앞에 놓인 인구통계학적 동향들을 놓고 무엇을 할 것인지에 대해 어떤 의미에서든 선택을 하게 된다 (Bills, 2004).

2. 평생학습의 시대[4)]

태어나면서부터 죽을 때까지 평생 동안 배워야 하는 시대다. 어리고 젊은 나이에 교육으로 얻은 지식과 기술만으로도 충분히 성인기의 일하는 삶을 살아가던 때는 지나갔다. 너무나 빠르게 변화하는 세상이기 때문이다. 이 절에서는 먼저 전통적인 학교교육이 갖는 한계를 검토한다. 그리고 나서 평생교육의 개념과 실천의 전개 과정을 살펴본다. 그것은 학습사회론과 사회학습망으로 발전하였다.

1) 학교교육의 위기

학교는 이미 교육적으로 위기를 겪고 있다. 학교교육이 갖는 문제는 오래 전부터 지적되어 왔다. 근래 들어서는 전통적인 학교 위주에서 평생학습을 중심으로 교육 패

4) 이 절은 장원섭(2019)의 '일의 교육학: 평생학습시대의 일과 배움'(『미래를 여는 교육학』 박영스토리 pp.371-409) 가운데 1절의 내용을 수정, 보완한 것이다.

러다임이 크게 탈바꿈하고 있다.

(1) 탈학교론의 대두

1960~1970년대에 여러 학자와 단체들은 학교의 비교육적 또는 반교육적 현상들에 주목하면서 학교교육의 위기를 경고하였다. 구체적으로, 첫째, 기존의 학교교육은 교육을 수단화, 도구화한다. 둘째, 학교제도는 교육의 장소를 학교라는 특정 물리적 공간으로 제한하여, 학교 이외의 다른 모든 교육을 경시하는 경향이 있다. 셋째, 교육의 시간을 인간 생애의 특정 시간에만 한정한다. 넷째, 능력주의 이데올로기에 따라 학생을 엄격히 선발하는 기능을 가장 중요한 교육기능이 되도록 하였다. 다섯째, 학교의 교육내용은 매우 제한적이고, 교과서를 성전으로 여기도록 하여 교육을 경직화하고 획일화시킨다. 여섯째, 학교제도는 상당히 비민주적이다. 요약하면, 학교교육 제도의 폐쇄성과 경직성, 그리고 교육의 수단화와 비인간화가 학교교육의 위기를 초래한 주요한 문제로 비판받았다.

학교교육의 위기에 대한 지적과 비판은 "학교는 죽었다(School Is Dead)."라고 선언한 라이머(Reimer, 1971)와 학교를 벗어나 새로운 학습체제를 구축하고자 한 일리치(Illich, 1971)에 의해 더욱 가열되었다. 이들의 학교교육 사망신고와 탈학교 주창은 현대사회에서 학교가 교육제도를 독점함으로써 나타나는 반(反)교육적 현상을 비판한 것이다. 또한 교육 본연의 모습과 기능을 되찾기 위해서는 현재와 같은 학교제도를 폐지해야 한다는 입장이다. 결국, 일리치와 라이머 등의 탈학교론은 학교화된 사회(schooled society)를 철폐하고 진정한 의미의 교육을 회복하기 위한 대안을 모색하기 위한 시도였다.

(2) 교육에서 학습으로 패러다임 전환

전통적으로 학교교육은 산업사회의 효율성을 잘 반영하여 왔다. 학교교육의 기원에 대해서는 다양한 주장들이 있지만, 산업화에 따른 대량생산체제에서 학교교육이 주요한 기능을 했다는 데는 대체로 이견이 없다. 산업사회의 대량생산체제에서는 거대한 공장들이 만들어졌고, 그 공장에서 일할 다수의 인력을 공급받을 필요성이 생겼다. 학교는 이런 인력을 대량으로 제공할 수 있는 주요한 제도였다. 전통적인 도제제도로는 소수의 숙련기술자만이 육성될 수 있는데 비해, 학교는 표준화된 지식과 기술을 가진 인력을 한꺼번에 많이 배출할 수 있기 때문이다.

학교교육은 실제로 대량생산체제의 효율성을 그대로 닮아 있다. 표준화된 교과서로 많은 수의 학생에게 동일한 내용의 지식과 기술을 습득하도록 한다. 비슷한 수준의 학생들을 대상으로 교육을 시작해서 일정 수준의 지식과 기술을 획득했는지를 표준화된 시험으로 점검하고, 이를 충족하면 학교에서 내보낸다. 한마디로, 학교는 공장모형을 기반으로 하는 매우 효율적인 교육제도다.

학교교육은 탈산업화에 따라 그 교육적 효과를 점차 잃고 있다. 공급자 위주의 대량생산보다는 소비자의 요구에 맞는 맞춤형생산이 필요한데, 이를 위해서라도 획일적인 지식 주입보다는 다양하고 창의적인 학습이 더욱 중요해졌다. 학생들은 이제 학교에서만이 아니라 언제 어디서나 지식을 습득할 수 있다. 그것도 교과서 속에 갇힌 과거의 지식이 아니라 새로운 첨단의 지식을 얻을 수 있다. 정답을 가진 교사로부터 일방적으로 표준화된 지식을 주입받는 것이 아니라 새로운 답을 찾아서 어느 누구와도 협력적으로 학습할 수 있다.

제1장에서 살펴보았듯이, 정보통신기술의 발전은 교실교육을 넘어선 새로운 학습의 방식을 가능하도록 하는 데 기여했다. 스마트폰, 태블릿 PC, 사회관계망 서비스(SNS), 인공지능 등을 기반으로 이러닝, 모바일러닝, 무크 등과 같이 시간과 공간을 초월하여 언제 어디서나 학습할 수 있는 열린 학습체제가 크게 확산하고 있다.

결국, 산업사회의 주요한 교육제도였던 학교교육은 교육적 힘을 크게 상실하고 있다. 그 교육적 역할과 기능을 완전히 바꾸어야만 하는 시점에 놓였다. 그 대신 평생 동안 언제나 그리고 사회 곳곳 어디서나 배울 수 있는 방식으로 전환하였다. 한마디로, 공급자중심의 학교교육 패러다임이 수요자 중심의 평생학습 패러다임으로 바뀌었다.

2) 평생교육의 전개

평생교육은 학교교육에 대한 대안으로 등장하였다. 그 이후 전 세계적으로뿐만 아니라 우리나라에서도 빠르게 확산하였다. 그럼에도 불구하고, 그 교육적 기대를 달성하기 위해서는 여전히 많은 과제를 안고 있다.

(1) 평생교육의 등장

유네스코(UNESCO)는 1940년대 중반 설립 당시부터 '기초성인교육'이라는 개념을 통해 평생교육을 실천하였다. 기초성인교육은 학교교육을 받지 못한 성인들을 위한 문해교육(literacy education)을 의미했다. 그것을 인간적인 삶을 영위하기 위한 기본 조건으로 여겼다.

1965년에는 평생교육 개념을 처음 제안하였다. 유네스코가 제시한 평생교육 개념은 세 가지 기본적인 성격을 가졌다. 그것은 교육시기의 연장, 교육장의 확대, 그리고 교육제도의 개방이다. 첫째, 평생교육은 아동과 청소년기에만 집중되던 학교교육을 포함하여 태어나면서부터 죽을 때까지의 모든 교육을 아우르는 개념이다. 교육의 수직적 확대를 의미한다. 둘째, 평생교육은 학교를 통해서 주로 제공되던 교육이 사회의 다양한 장소에서도 적극적으로 이루어질 것을 강조한다. 이것은 교육의 수평적 확장을 일컫는다. 셋째, 평생교육 개념에는 폐쇄적인 교육기회를 모든 이에게 개방하여야 한다는 의미가 포함되어 있다. 그에 따라 평생교육을 통한 교육의 민주화가 가능하다. 요약하면, 평생교육은 종합적이고 통합적인 교육적 의미와 성격을 가지고 있다.

OECD는 1973년에 순환교육(recurrent education)의 개념을 제시하였다. 순환교육은 학교교육을 마친 뒤에도 계속적인 교육을 받을 수 있도록 직업에 들어가서도 필요에 따라 주기적으로 학습할 수 있는 교육의 기회와 자원의 재분배를 강조하였다.

그 이후 OECD는 점차 순환교육 대신 평생학습의 개념을 사용하였다. 그러나 OECD의 평생학습 개념에는 여전히 경제적 유용성의 측면이 강조되었다. 그러한 경제주의적 평생학습 개념은 세계시장경쟁이 치열한 현실 상황 속에서 유네스코의 이상주의적 평생교육이념을 넘어서고 있다(Boshier, 1998).

평생교육 개념과 그 실천 전략에 있어서의 차이에도 불구하고, 평생교육은 근래 들어 더욱더 발전하였다. 모든 사람의 기본적인 인권으로서 학습권을 보장하고, 이를 위해 '모든 이를 위한 교육(education for all)'을 실현하고자 하였다. 공급자 중심의 교육으로부터 수요자 중심의 학습으로의 패러다임 전환을 통해 학습사회를 구현하고 평등사회를 건설하려 한다. 평생교육은 교육의 이념인 동시에 실천 전략으로 인식되고 있다.

(2) 우리나라 평생교육의 발전

우리나라 평생교육은 일제 강점기의 농촌계몽과 문맹퇴치 교육 활동으로까지 그 연원을 거슬러 올라갈 수 있다. 이런 교육 운동은 해방 후에도 지속되었다. 그러다가 1970년대에 유네스코에 의해 평생교육 개념이 소개되었고, 1980년대 들어 본격적으로 실천이 이루어지게 되었다. 1981년에 방송통신대학교가 독립적으로 운영되었고, 1982년에는 개방대학이 개교하였다. 또한, 1980년대 초반부터 대학 부설 평생교육원이 개설되기 시작하였다.

무엇보다 1980년 「헌법」에서 '국가는 평생교육을 진흥해야 한다.'는 선언을 했고, 1982년 12월에는 「사회교육법」이 제정되어 체계를 갖추게 되었다. 이 법에서는 '사회교육전문요원(현, 평생교육사)'이라는 평생교육 전문가를 육성하고 자격화하였다. 1990년대에는 평생교육을 통해 학교교육의 기회를 놓친 성인들이 학위 취득을 할 수 있는 다양한 제도들이 도입되었다. 1990년에 독학에 의한 학위취득제도가 시행되었다. 1998년부터는 학교와 학교 밖의 다양한 형태의 학습을 학점으로 인정받아 학위 취득을 가능하도록 하는 학점은행제가 운영되기 시작하였다. 그 밖에도 대학의 정규 교육과정을 개방하여 자유롭게 수강할 수 있도록 제도화한 시간제 등록제, 기업이 설립하여 운영하는 정규 대학으로서 기술대학과 사내대학제도, 그리고 인터넷 등 첨단 정보통신매체를 활용한 원격대학이 정식인가를 받아 운영할 수 있게 되었다. 2000년 3월 1일부터는 「사회교육법」을 개정하여 「평생교육법」을 시행하였다. 「평생교육법」은 평생학습을 직접적으로 규정하고 있는 법령으로서 학교교육을 제외한 모든 형태의 조직적인 교육활동을 대상으로 하고 있다.

평생학습은 모든 이의 전 생애에 걸친 형식적, 비형식적 학습을 총칭한다. 따라서 그 대상과 내용, 그리고 방법이 매우 다양하고 포괄적이다. 이렇게 볼 때 우리나라에서는 국민의 평생학습을 촉진하기 위한 다양한 추진 부처와 법령이 시행되고 있다. 「평생교육법」뿐만 아니라 근로자의 평생직업능력개발에 중점을 둔 「근로자직업능력개발법」, 그리고 더 포괄적이고 효과적으로 국가인적자원을 개발하고 활용하기 위한 「인적자원개발기본법」 등은 그 대표적인 법령들이라고 할 수 있다. 이 밖에도 평생학습과 직접적으로 관련되는 법령은 거의 대부분의 부처가 갖고 있다고 볼 수 있다. 예를 들어, 국토교통부는 건설기술자 양성 및 재교육을, 국방부는 군인 및 유가족 대상을 대상으로 하는 교육을, 법무부는 재소자 및 수용자의 교화 및 사회복귀를 위한 직업훈련을 실시하는 것이 그런 예들이다.

이처럼 우리나라 국민은 전 생애에 걸쳐 다양한 형태의 평생학습정책의 수혜를 받을 수 있는 제도가 대체로 마련되어 있다고 할 수 있다. 전 국민의 평생학습권을 보장하기 위해 정부는 재직자, 고령자, 고졸취업자 등 다양한 대상에게 대학, 온라인 강좌 등 여러 가지 방법을 통해 평생교육을 진흥하고 있다. 그러나 평생교육이 크게 늘었음에도 불구하고 학교교육의 불평등을 해결할 제2의 교육기회를 제공하려는 교육적 기대가 달성되었는지는 여전히 미지수다.

실제로 교육부 · 한국교육개발원(2018)의 자료에 의하면, 2017년 우리나라 성인의 평생학습 참여율은 34.4%로 아직 주요국들의 참여율에 못 미치고 있다. 더욱 큰 문제는 평생학습 기회가 불평등하게 분배되어 있다는 사실이다. 연령에 따라서는 젊은 층의 학습참가율이 높은 반면 노년층은 낮은 학습참가율을 나타낸다. 25~34세가 41.8%의 참가율을 보이는 반면 연령이 높아질수록 점차 낮아져서 65~79세는 26.9%에 불과하다. 도시지역에 거주하는 주민은 약 35%의 참가율을 보이는 데 비해 농어촌 주민의 참가율은 30%에 미치지 못한다. 고용형태에 따라서도, 정규직 임금근로자가 40.9%로 가장 높고 비정규직은 23.4%, 비임금근로자는 28.1%였다. 더욱 주목할 것은 대졸이상 고학력자의 평생학습 참여율은 44.2%인 데 반해, 고졸학력자는 29.0%, 중졸 이하는 23.0%의 평생학습 참가율만을 보일 뿐이라는 점이다. 이것은 학교교육에서의 차이가 평생교육에서 더욱 심화되고 있음을 방증한다. 즉, 학습기회와 이로 인한 사회적 성과, 지위 등에서 격차가 더욱 확대될 수 있다는 사실을 의미한다.

결국, 우리 사회에서 평생학습 참가는 사회적으로, 교육적으로 불리한 위치에 있는 사람들에게 제2의 교육기회로서 기능한다고 보기는 어렵다. 오히려 이미 사회경제적으로 높은 지위를 갖거나 학교교육의 혜택을 많이 받은 사람들이 여전히 더 많은 평생학습 기회를 향유하는 것으로 보인다. 학교교육에서 소외계층은 그 이후의 평생학습의 기회에서도 더욱 소외되고 있음을 알 수 있다.

3) 학습사회론

평생교육은 일생에 걸친 학습을 의미하고, 그 이상으로서 '학습사회'를 지향한다. 학습사회(learning society)는 언제(anytime), 어디서나(anywhere), 누구나(anyone) 원하면 학습할 수 있는 사회로 정의된다. 그럼에도 불구하고, 학습사회의 의미는 다양하게 쓰인다. 그것은 시대의 변화에 따라 진화하였고, 평생교육의 어느 측면을 강조하느냐에 따라 다양하게 유형화된다. 학습사회에 대한 관점은 크게 이상주의, 경제주의, 그리고 네트워크형 학습사회론으로 구분할 수 있다(장원섭, 2003).

먼저, 이상주의 학습사회론은 유네스코가 주도한 제1세대 고전 모형이라고 할 수 있다. 이것은 총체적인 교육개혁의 원리로서의 평생교육 개념과 유토피아적인 평생학습사회의 이상을 가진 학습사회론이다. 이상주의적 학습사회론자들이 주장하는 학습사회에서는 교육받는 것이 시민의 권리이자 의무가 된다. 학교교육의 기회를 놓친 성인들에게 제2의 교육 기회를 제공함으로써 모든 이를 위한 학습사회를 실현하고자 한다. 그럼으로써 개인의 시민화와 사회의 민주화를 달성하고자 한다.

그러나 이상주의적 학습사회론은 사회의 안정성과 질서를 가정하고 있으며 안정된 경제적 성장 위에 기반하고 있기 때문에 너무 이상주의적이고 따라서 추상적인 학습사회 개념에 기초하여 논의를 전개한다. 이러한 학습사회 개념은 매우 규범적이며, 사회 내의 힘의 역학 관계에 대해서는 간과하고 있다는 한계점이 있다. 또한 세계화와 무한 경쟁, 그리고 노동시장의 유연화에 따른 구조조정과 높은 실업률 및 불안정이 초래되는 가운데 더 현실적인 경제주의적 학습사회론에 자리를 빼앗긴다(Boshier, 1998).

경제주의적 학습사회론은 OECD가 주도한 제2세대 학습사회 모형이다. 그것은 학습의 경제적 유용성, 개인의 직업적 지위 확보와 고용가능성, 그리고 교육과 일의 연계 등 경제주의적 성격의 평생학습을 강조한다. 또한 시장의 원리에 기초하여 평생교육시장을 가정하면서, 교육시장에서의 소비자인 학습자가 필요에 따라 학습을 선택하는 유연한 시장중심의 학습사회론을 전개한다. 따라서 이 모형에서 개인은 경쟁이 치열한 노동시장에서 생존하고 승리하기 위해서 스스로 자신의 경제적 가치를 높이고 고용가능성을 증진시킬 능력개발의 책임을 지는 존재로 가정된다. 기업이 평생학습의 중요한 장소이기는 하지만 노동이동이 빈번한 유연한 노동시장에서 능력개발의 궁극적인 책임은 개인에게 있게 된다.

시장중심의 경제주의적 학습사회로의 패러다임 전환에는 정보통신기술의 급속한 발달과 그에 따른 경제의 세계화가 크게 작용하였다. 정보통신의 발달은 산업사회의 근본적인 구조 자체를 변화시켰다. 산업사회에서의 핵심적인 생산요소로서 전통적인 토지, 자본, 노동 대신에 지식과 정보의 중요성을 부각시켰다. 다른 한편, 정보통신의 발달은 지식과 정보뿐만 아니라 자본과 노동의 이동성을 촉진시켰으며, 그에 따른 필연적인 결과로서 무한경쟁체제를 초래하였다. 이러한 패러다임의 변화 속에서 개인에게는 일과 학습의 통합과 평생직업능력의 개발 등이 요구되고 있다. 즉, 근로자들은 평생교육을 통하여 자신들의 고용가능성을 지속적으로 높여야 한다.

그러나 시장중심적 평생교육은 시장실패의 가능성을 항상 내포하고 있다. 또한 인간을 수단시하고 평생학습을 경제적 유용성을 위한 도구로 전락시킨다고 비판받는다. 따라서 경제주의는 그 자체로 진정한 의미의 학습사회론이라고 할 수조차 없다는 주장이 타당성을 가질 수 있다. 경제적 효율성과 함께 민주적이며 사회통합적인 평생학습이 필요하다. 또한 시민의 비판의식과 인적자원개발에 있어서의 고용주와 노동자 사이의 힘의 균형, 그리고 사회통합적 평생학습을 통해 진정한 의미의 학습사회를 이루어야 한다고 주장된다.

네트워크형 학습사회론은 시장중심적 학습사회를 대신할 수 있는 방안으로 제기되고 있는 제3세대 학습사회 모형이다. 학습망으로서 네트워크형 학습사회는 모든 사람이 다양한 학습망에 참여함으로써 이루어진다. 여기서 학습망은 정보통신 인프라 구축을 통해 조성될 수 있지만, 그것에만 그치지는 않는다. 평생학습망은 시민 사회와 밀접한 관련이 있다. 그것은 학습이 개인적 활동일 수도 있으나 동시에 거대한 학습망 속에서 이루어지는 사회적 관계의 산물이라는 철학에 근거한다.

네트워크형 학습사회의 중요한 기반을 제공하는 것은 정보통신기술이다. 초고속 정보통신망 구축은 실제로 평생교육을 위한 사회적 기반을 형성한다. 초고속 정보통신 기반은 다양한 형태의 정보와 지식을 빠른 속도로 언제, 어디서나, 누구와도 주고받을 수 있는 체제를 구축한다. 정보통신기술을 통한 사이버 학습체제는 통신망을 통해 각종 교육 자원에 대한 정보와 교육 콘텐츠 그 자체가 손쉽게 제공한다. 그에 따라 학습의 지역성과 제한성을 해체한다. 학습의 의미를 혁명적으로 확대한다.

그러나 네트워크형 학습사회는 정보통신기술에만 그치는 하이테크형 평생교육으로만 이해되어서는 곤란하다. 그것은 하나의 수단이며 도구일 뿐이다. 존 나이스비트(John Naisbitt)의 주장대로, 하이테크(High-Tech)와 함께 사람과 사람 사이의 인간적 교류를 의미하는 하이터치(High-Touch)의 중요성을 가질 필요가 있다. '하이테크와 하이터치'는 학습의 효과성을 위해서뿐만 아니라 학습사회 그 자체가 갖는 이상적인 사회상의 실현을 위해서도 동시에 고려되어야 한다. 따라서 네트워크형 학습사회는 학습자원들 사이의 인적, 물적, 정보적 교류와 협력 전반을 의미한다. 정보통신 네트워크뿐만 아니라 정보통신네트워크를 통한 또는 그러한 네트워크에 기반하지 않은 학습을 위한 사회적 네트워크의 구축이야말로 학습사회를 달성하기 위한 필수적인 요건이다.

4) 사회학습망

평생교육의 이념 아래 새롭게 등장한 학습사회 개념은 누구나, 언제, 어디서나 원하면 학습할 수 있는 이상적 사회를 제시하였다. 그것은 사회의 교육적 제도와 장치를 재정비하거나 새롭게 구축하여 개인이 능동적으로 학습에 참여할 것을 강조한다. 학습사회론은 탈학교론에 비해 모든 이의 자발적인 교육 참여를 가능하게 하는 기회 제공을 강조한다는 점에서 진일보한 개념이라고 할 수 있다. 또한 학습사회는 이상적 차원에서뿐만 아니라 현실적인 교육시장과 정보통신기술의 활용 차원에서도 이해될 수 있다.

그럼에도 불구하고 학습사회론 역시 여전히 적극적인 의미의 교육권 보장에는 미흡하다. 특히 최근의 지배적인 시장중심적 학습사회에서 나타날 수밖에 없는 시장실패로서의 교육적 소외와 네트워크형 학습사회론에서의 디지털 디바이드에 의한 교육 실패는 이미 심각한 현실적 문제로 대두되고 있다. 또한 학습사회를 실현하기 위한 구체적인 장치로서 학습도시, 학습동아리, 사이버 학습공동체의 구축은 학습사회를 위한 하나의 조건일 뿐이다. 그것이 모든 이의 학습권을 보장하기 위한 필요충분조건은 아니다. 사회가 제도적 장치를 통해 개인의 학습을 더욱 적극적으로 보장하여야만 학습사회는 실현될 수 있다. 평생학습이 강조되는 사회 속에서도 교육적으로 소외될 수밖에 없는 사회적 약자들을 포함한 모든 이의 교육권이 보장될 수 있기 때문이다.

이런 의미에서 사회학습망은 더 발전된 형태의 가장 적극적인 교육적 장치를 의미한다고 할 수 있다. 그것은 노인, 장애인, 학교 중도탈락 청소년 등 교육적으로 소외되어 왔던 사회적 취약 계층의 교육 가능성과 학습받을 권리를 보장하는 사회통합의 하나의 중요한 기제이다. 한마디로, 사회학습망은 어떤 한 사회의 교육체제가 학교체제(school system)에서 교육체제(education system)로의 전환에서 더 나아가 사회의 모든 교육 관련 기관과 제도들이 강하게 연계되어 촘촘하게 짜여진, 그래서 교육으로부터 소외되어 왔던 모든 이의 학습을 보장하는 사회학습망(social learning net)을 구축하는 체제로 이행하는 것을 의미한다(장원섭, 2003).

사회학습망은 단순히 학교교육과 기존의 평생교육에 대한 배타적인 개념이 아니다. 그것은 전통적인 교육제도들이 겹겹이 쌓이면서 교육적으로 비어 있는 부분을 제거하는 다층적 속성을 가진다. 따라서 학교뿐만 아니라 대학, 도서관, 사설학원, 평생교육기관을 모두 포괄한다. 또한 교육을 주요한 목적으로 하지 않았던 여러 제도들,

예를 들어 가정, 지역사회, 언론, 종교기관, 박물관, 시민사회단체, 공공기관, 기업체 등을 교육적 관점에서 재구성한다. 동시에 기존의 제도들만으로는 채워질 수 없는 교육적 틈새에 대해서는 새로운 제도적 장치를 통해 학습을 보장한다. 사회학습망은 이러한 중복적이고 다층적인 학습제도들을 총체적인 관점에서 일관성 있게 재조직하고 재구조화하는 과제를 안고 있다.

제 II 부

일의 교육학 기초

인간 존재와 삶의 중심축으로서 교육과 일은 필연적인 관계를 갖는다. 인간은 교육을 통해 일을 준비할 뿐만 아니라 일을 하면서 배우고 성장하기도 한다. 일의 교육은 일을 위한 교육, 일을 통한 교육, 일에 관한 교육과 같이 여러 영역들로 구분할 수 있다. 이러한 일의 교육은 인류의 역사와 함께 발전하여 왔다. 역사적 실천의 과정에서 일의 교육학의 이론적 관점들을 살펴볼 수 있다. 제II부에서는 일의 교육학의 기초에 대해 논의한다.

제3장

일의 교육

1. 일하는 존재로서의 인간

인간은 일을 하면서 삶을 살아가는 존재다. 일은 인간 삶의 기본이자 중심이 되는 활동으로서 단지 생계수단으로서뿐만 아니라 사회적 기여와 자아실현의 기반이 된다.

1) 일의 의미

일이란 무엇인가? 자연과학에서는 그것을 단순히 힘을 들여 물체를 움직이는 물리적 현상으로 이해한다. 그러나 인간과 사회 현상으로서 일은 그것을 넘어선 다양한 의미들을 갖는다. 실제로, 일은 저주와도 같은 삶의 무거운 짐인 동시에 개인의 필요를 충족시켜 주기 위한 수단이기도 하고, 사회적 연결과 공동체 참여를 통해 개인에게 정체성을 부여하며 자기실현을 도모하기도 한다. 일은 일과 관련한 유사 개념들과의 차이를 통해 그 의미가 더 분명하게 드러날 수 있다. 일은 직업이나 노동 같은 용어들과 혼용하여 사용되기도 한다.

『제7차 한국표준직업분류』(통계청, 2017)에 따르면, 직업(occupation)은 '유사한 직무의 집합'이라고 규정된다. 이때 직무(job)는 '자영업을 포함하여 특정한 고용주를 위하여 개별 종사자들이 수행하거나 또는 수행해야 할 일련의 업무와 과업'을 말하고, 유사한 직무는 '주어진 업무와 과업이 매우 높은 유사성을 갖는 것'을 뜻한다. 여기서 직업은 계속성, 경제성, 윤리성, 사회성, 자발성의 속성을 갖는다. 결국, 직업은 같은 형태의 일이 일정 기간 동안 계속적으로 이루어지는 경제적, 사회적 활동으로 볼 수 있다.

노동(labor)은 인간이 자기 내부에 존재하는 육체적 · 정신적 능력을 사용하여 의식적으로 바깥 자연에 작용함으로써 자연을 인간에게 유용하도록 변화시키는 활동으로 정의된다. 노동이라는 단어에는 '힘쓰다, 근심하다'라는 뜻의 한자 노(勞)를 사용하여 부정적인 의미를 담고 있다. 희랍어 ponos(당나귀의 짐), 라틴어 labor(짐을 지고 비틀거림, 쓰라린 고통, 병), 중세 고독일어 arebeit(쓰라린 고통), 프랑스어 travail(중세 라틴어 tragaltare–말의 다리를 묶음), 러시아어 rabota(고대 교회 슬라브어인 rabu–노예) 역시 마찬가지다(윤형, 2011). 이것은 노동이 주로 경제적 또는 생계유지적 의미로 사용되는 것과 연관되어 있다. 따라서 직업이 사회경제적 지위를 내포한 소유적 개념이라면, 노동은 생계유지를 위한 목적으로 행해지는 행위적 의미가 더 강하다.

그렇다면 일은 직업이나 노동과 어떻게 구분할 수 있는가? 일의 개념을 광의적으로 보았을 때, 일은 직업이나 노동 같은 용어들을 포괄하는 개념으로 사용된다. 임금 노동이나 직업적 활동은 모두 일의 범주에 포함할 수 있다. 그럼에도 불구하고, 일은 직업 또는 노동과 구분되는 다음과 같은 몇 가지 주요한 특징들을 갖는다.

일은 직업과는 달리 더 본질적이고 실체적인 의미를 내포하고 있다. 구체적으로, 일은 일하는 행위 그 자체의 본질인 동시에 실체다. 예를 들어, '교육'이라는 일은 '교사'라는 직업과는 차이가 있다. 교사라는 직업은 가르치고 배우는 일로서 교육 이외에도 또 다른 많은 직무와 역할들을 갖는다. 실제로 교사는 공문서 처리 같이 행정적인 일들도 수행한다. 이런 점에서 교육이라는 본질적인 의미에서의 일과 교사라는 직업에서의 여러 직무활동들은 구분된다.

일은 노동 개념과도 차이가 있다. 노동이 직무를 수행하기 위해 힘을 행사하는 행위이고, 주로 생계를 위하여 이루어지는 비본질적인 특성을 갖는 경향이 강한 반면, 일은 만들거나 창조하거나 생산하거나 고안해 내는 본질적인 활동으로서의 특성을 갖는다(Ciulla, 2000). 또한 노동이 나와 자연 또는 객체와의 관계로 특징지어지는 데 반해, 일은 나와 다른 사람들과의 관계를 더욱더 고려한다. 즉, 일은 노동보다 더욱 인간과 공동체지향적인 활동을 나타낸다. 따라서 관계론적 접근을 통해 파악해야 하는 개념이다(Krecker, 1995). 한마디로, 일은 단순히 직무나 과업수행의 합이 아니다. 본질적이고 필연적으로 일은 사회적 관계와 공동체성을 내포한다.

게다가, 모든 일은 가치지향성을 갖는다. 이때의 가치는 경제사회적 가치를 넘어선다. 다시, 일을 직업과 노동의 가치와 비교해 보자. 교사라는 직업은 사회경제적 관점에서 보았을 때 그리 높은 가치를 가지지 못한다. 경제적 수익이나 사회적 위세가 높지 않기 때문이다. 또한 교사는 사용자인 국가와 사학재단의 지배와 관리하에 교육노동력을 팔고 있는 임금노동자 또는 종속노동자로서, 이미 만들어진 교육과정에 담긴 지식을 단순히 전달하는 자에 불과하다고 주장되기도 한다(한준상 외, 1996). 이렇게 교사라는 직업이 갖는 노동의 경제사회적 가치는 절하될 수 있다. 그럼에도 불구하고, 교사라는 직업과 노동이 핵심적으로 내포하고 있는 교육이라는 일의 본질적 또는 내재적 가치는 매우 높다고 할 수 있다. 교육은 숭고하고 사명감이 넘치는 가치 있는 일이기 때문이다.

결국, 일이란 다른 사람을 위해 가치로운 무언가를 생산하는 활동이다(O'Toole, 1973; Fox & Hesse-Biber, 1984). 일은 경제적으로 부가가치를 창출하고 다른 사람들에게도 기여하기 마련이다. 대부분의 사람들은 자신의 생계를 유지하면서도 경제적, 사회적으로 의미 있는 일을 한다. 다만, 자신의 일이 얼마나 가치롭고 유의미한지를 느끼지 못하는 경우가 많을 뿐이다. 예를 들어, 누군가 벽돌 작업을 하고 있는 석공들에게 무엇을 하고 있는지 물었다. 한 석공은 그저 먹고살기 위해 벽돌을 만들어 쌓고 있다고 대답했다. 이런 반면에 또 다른 석공은 성당을 짓는 일을 하고 있다고 자랑스럽게 답한다(Wenger, 1998). 결국, 어떤 사람이 자신의 일을 생업으로만 여기든 아니면 소명으로 생각하든 그건 그들이 일이 갖는 한 측면만을 보고 있을 뿐이고, 일은 복합적 의미를 가지면서 본래적으로 가치로운 활동이라고 할 수 있다.[1)]

2) 일의 중심성

'일과 삶의 균형(work-life balance)'은 중요한 화두가 되었다. 그러나 엄밀히 따지면, 이 말은 잘못된 용어다. 일과 일 이외의 삶 사이의 조화가 더 정확한 표현이다. 일도 삶의 일부분이기 때문이다. 아무튼 그것은 개인의 삶을 일뿐만 아니라 일 이외의 영역인 가족이나 친구 관계, 여가, 자기개발 등과 조화롭게 이루어 나가는 것을 의미한다(천혜정, 한나, 2009).

많은 사람이 일을 줄이고 제한하는 방식으로 일과 삶의 균형을 유지하는 것이 행복한 삶을 살아가는 길이라고 생각한다. 자신만의 여유로운 시간을 갖고 개인적인 또는 가족과의 여가를 즐기기를 원한다. 어쩌면 일로부터 어떻게든 벗어나기를 바란다. 오

1) 학계에서는 '일의 의미(meaning of work)'와 '의미 있는 일(meaningful work)'은 구분하여 사용하기도 한다. 그럴 경우, '일의 의미' 개념은 개인이 자신의 일에 대해 갖는 여러 가지 태도로서 일을 생업으로 여기거나 사회관계 또는 소명으로 바라보는 등 일에 대한 다양한 인식을 측정하기 위한 가치중립적인 방식으로 사용된다. 반면, '의미 있는 일'은 일이 개인과 사회에서 갖는 중대하고 발전적인 측면을 나타내는 긍정적 가치판단을 내포한 본래의 뜻을 더 강조하기 위해 쓰인다(김근호 외, 2019; You et al., 2021).

히려 그 균형을 쉼과 여가 쪽으로 기울이려 한다. 너무 오랜 시간 일을 하며 일에 치이기 때문일 것이다.

그런데 여전히 일은 인간 삶의 기본이고 중심(centrality of work)에 있다(장원섭, 2006). 한 사람의 생애는 일을 중심으로 펼쳐져 있다. 인생의 대부분을 일을 하면서 살아간다. 어릴 적에 학교에 다니는 것도 어찌 보면 일을 준비하기 위한 과정이라고 볼 수도 있다. 과거에는 노후에 은퇴하여 자식들로부터 부양을 받으며 일로부터 멀어지는 삶을 살았을지 모르겠지만, 앞으로는 그럴 수 있을 것 같지도 않다.

벡(Beck, 1999)은 카푸치노 비유를 통해 일과 여가의 관계를 표현하였다. 일이라는 쓴 에스프레소 위에 여가라는 달콤한 크림이 더해져야 삶이라는 한 잔의 맛있는 카푸치노가 완성된다고 말이다. 일의 중심성을 강조한 이 모형은 여전히 유효하다. 인간의 삶은 여전히 쓰디쓴 일이 중심이 되어 달콤한 여가와 함께 구성되기 때문이다.

나는 여기서 더 나아가 현대 사회에서 일하는 삶을 카페라테로 비유하고 싶다. 이제는 일의 중심성이 새로운 모습으로 나타나기 때문이다. 일과 여가, 배움, 사회관계 등이 분명하게 구분되기 보다는 더 섞여가고 있다. 새로운 일의 세계에서 사람들은 언제 어디서나 일을 한다. 재택근무를 할 수도 있고, 심지어는 휴가지에서도 회사 시스템과 접속할 수 있다. 여전히 일이 인간 삶의 중심이고 기반이지만, 월요일에서 금요일까지만 그리고 9시부터 6시까지만 직장이라는 공간에서만 일하고 나머지 시간을 쉬는 전통적인 직장생활의 모습이 달라지고 있는 것이다. 현대적 일은 개인의 삶 전체에서 시간과 공간을 초월하여 편재된 상태로 나타난다. 나는 그것을 '일의 편재성(ubiquity of work)'이라고 부른다(장원섭, 2006).

이렇게 일의 중심성이 여전하면서 일의 편재성이 더해지는 현대인의 삶에서 일 그 자체가 행복하지 않다면, 그래서 일로부터 멀어져야만 비로소 행복을 얻을 수 있다면 인간의 삶은 얼마나 불행한가? 일 이외의 영역에서만 행복할 수 있다면 그건 반쪽짜리 행복에 불과할 뿐이다. 쓰디쓴 에스프레소를 큰 컵에 마시는 워커홀릭도 문제지만, 달콤한 크림만을 먹다가는 건강마저 잃게 된다. 쓴 커피와 달콤한 크림이 적절히 섞인 카푸치노나 카페라테 같이, 일과 일 이외의 삶이 조화를 이룰 때 일뿐만 아니라 삶도 본래의 의미를 찾을 수 있다.

2. 교육과 일의 관계

교육제도와 일터는 떼려야 뗄 수 없는 밀접한 관계를 갖고 있다(Bills, 2004). 일은 단지 경제사회적 활동으로서뿐만 아니라 그 교육적 본질과 가치를 갖는다. 그럼으로써 교육과 일의 관계는 그 본래적 의미를 실현할 수 있다.

1) 교육과 일의 관계에 대한 관점들

교육과 사회, 더 좁혀서 학교와 일의 세계와의 관계는 전통적으로 그 관계의 강도에 따라 대응론과 상대적 자율성론의 두 입장으로 구분할 수 있다. 여기서는 항존주의 또는 본질주의 같이 교육의 내적 가치만을 중시하는 극단적인 보수주의적 교육철학을 취하는 경우는 논외로 한다.

(1) 대응론

전통적으로 교육의 사회적 효율성을 강조하는 입장에서는 학교교육이 일의 세계에서 요구하는 바를 그대로 충족시킬 수 있도록 실시되어야 한다는 대응론을 주장한다. 스네덴(Snedden)과 프로서(Prosser) 같은 산업주의자들은 교육과 일의 세계가 강하게 연계되어야 하며, 학교를 일터에 맞게 바꾸어 나갈 것을 주장하였다. 이때 학교는 구체적인 직무능력을 기르기 위한 훈련기관이며, 산업사회가 요구하는 인력을 공급하는 기능을 하게 된다.

산업주의자들은 학교교육은 학습 그 자체를 위해 학습해야 하는 것이 아니라 학생들이 자신의 삶을 준비할 수 있도록 해 주어야 한다고 생각한다. 따라서 교육과정도 지식에 대한 탐구보다는 일터에서 활용될 수 있도록 구성되어야 하며, 일의 세계의 변화에 주목하여 학교교육도 빠르게 바뀌어 나가야 한다고 보았다. 이렇게 산업의 변화에 신속하게 대응하는 교육을 통해 학교에서 배출된 인력은 일의 세계에서 성공적으로 직무를 수행할 수 있게 된다고 믿었다. 요약하면, 스네덴과 프로서 같은 직업교육학자들은 그곳이 가정이든, 농장이든, 상점이든, 공장이든지 간에 일터에서 성공할 수 있도록 만드는 것이 사회적으로 중요하다는 교육관을 가졌다.

그들은 더욱 효과적인 직업훈련을 위해 학교체제분리론을 전개했다. 즉, 일의 교육을 일반 교육체제와 분리시킬 것을 제안했다. 그들은 일의 교육이 비실용적인 교육을 관리하는 사람들에 의해서 통제되는 것을 우려하였기 때문이다. 그들은 일터와 유사한 교육환경에서, 일터에서 필요로 하는 것을 가르치는 실천적 교육을 목표로 하였다. 일의 교육은 청년들이 삶을 살아가도록 준비시키고 시민의식을 증진하기 위한 것이며, 동시에 그것은 사회와 경제의 발전을 목적으로 하는 것이었다(Miller, 1990).

실제로, 학교조직은 일터와 상호 대응하는 조직구조를 가지고 있다. 산업사회에서 학교는 산업사회에서의 기업조직과 유사하게 위계적이고 관료적이며, 중앙집권적으로 통제되고 순차적이고 분리된, 그리고 표준화된 공장 모형에 따라 조직되었다(Spring, 1990; Levin, 1995). 학교의 급간 간 위계는 산업사회의 위계질서와 상응하는 측면을 가지고 있다고 주장되기도 한다(Bowles & Gintis, 1976).

이런 관점을 취하는 입장에서 볼 때, 현대 사회는 일 지향의 사회다. 따라서 그들은 교육이 전통적인 인문 중심의 관점으로부터 새로운 관점으로 패러다임을 전환할 필요가 있다고 주장한다(Hoerner & Wehrley, 1995). 즉, 전통적으로 교육은 학문 또는 내용 중심으로 이루어져 왔으나, 이제는 일 중심 학습으로 바뀌어야 한다고 보았다. 일 중심의 학습은 전통적으로 명확하게 두 개로 분리되었던 교육과 일의 세계를 삶이라는 하나의 세계로 통합 또는 연계하는 것을 의미한다.

(2) 상대적 자율성론

듀이(J. Dewey) 같은 교육학자들은 학교의 일터에 대한 상대적 자율성을 주장하였다. 그는 실용주의 교육적 관점을 견지하지만 학교가 기술을 갖춘 훌륭한 노동자를 공급함으로써 경제성장에 기여하는 것보다는 학생에게 민주시민으로서의 자질을 형성하도록 돕는 활동을 더욱더 강조하였다.

듀이의 일의 교육적 목적은 학교를 개혁하기 위한 것이었다. 그는 일의 교육이 교육에 변화를 가져올 수 있는 하나의 방법이라고 여겼다. 전통적인 인문학 중심의 교육으로부터 탈피하여 일이 삶의 중심이며, 따라서 교육의 중심이 되어야 한다고 믿었다. 그리고 일의 교육은 교육의 일반적 목적을 달성하기 위한 하나의 방법이라고 생각하였다.

듀이(Dewey, 1938)는 학습은 경험과 삶을 중심으로 구성되어야 한다고 보았다. 그러나 이때 경험과 삶의 학습은 직무특수적이라기보다는 광범위하고 다양한 체험을 통한 학습이라고 할 수 있다. 그럼으로써, 교육 그 자체를 통한 즐거움과 지적 호기심을 충족시키면서 인간이 총체적으로 발달할 수 있게 된다고 믿었던 것이다. 그에게는 학습과 삶 그 자체가 교육의 목적이었다. 따라서 산업주의자들과는 달리 교육의 주도권은 교육자에게 있으며, 학교는 일의 세계와 일정한 거리를 두고 그 자체의 논리를 가지고 움직여야 한다고 보았으며, 분리된 교육체제와 환경을 통한 직업훈련보다는 종합적이고 통합적인 삶의 교육을 원했다(Miller, 1990).

실제로, 학교교육이 학교 밖과는 다른 방식으로 진행된다는 것은 자명하다. 학교는 일터에 비해 보다 평등하고, 민주적이며, 일반적이라고 할 수 있다. 학교교육은 학교 밖과는 달리 공유된 지식보다는 개인적 지식을, 도구 조작보다는 순수한 정신기능을, 상황적 추론보다는 상징적 조작을, 구체적인 직무능력보다는 일반화된 학습을 강조하는 경향이 있다(Resnick, 1987). 그리고 이런 학교와 산업의 차이가 산업주의자들이 주장하는 것처럼 완전히 극복될 수 있을 것 같지는 않다. 이런 측면에서 학교는 일의 세계에 대해 상대적인 자율성을 갖고 있다는 주장이 설득력을 가진다. 그럼에도 불구하고, 이들 역시 학교교육이 사회와 완전히 유리된 것이라기보다는 사회 변화에 따라 점진적으로 변화하는 것이라고 보고, 삶이 교육의 중심이어야 한다는 진보주의적 입장을 취하고 있다는 측면에서 교육과 일의 세계는 일정한 연관성을 가지고 있다는 사실을 인정하고 있음을 알 수 있다.

2) 일의 교육적 본질

인간이란 본래부터 현재의 인간으로서 성장하도록 이미 결정된 존재가 아니다. 그 대신, 인간은 끊임없이 무언가를 만들어 가는 과정 속에서 자신의 활동과 그 활동의 결과로 다시 새롭게 변화하고 성장하는 존재다. 즉, 인간이란 자신을 표출하고, 삶을 꾸려가며, 다른 사람과 더불어서만 존재할 수 있다. 그리고 그 과정의 한 가운데에 일이 있다. 따라서 일은 인간을 형성하는 주요한 조건이다.

인간 삶의 중심 개념으로서 일은 또 다른 중심 개념으로서의 교육과 본질적 친화력을 갖는다. 다시 말해서, 일과 교육은 필연적으로 관련되어 있다. 일과 교육은 서로가 서로에게 수단이 되기도 한다. 또한 각각의 과정 그 자체가 곧 서로의 과정이 되기도 한다. 구체적으로, 일을 잘하기 위해서 교육이 필요한가 하면, 일이 더 좋은 교육을 위한 수단이 되기도 한다. 모든 사람은 일을 하는 과정 그 자체에서 가르치고 배우는 과정을 겪게 된다.

일의 인간형성적 또는 교육적 본질에도 불구하고, 인간의 일은 인류의 역사를 통해 교육적으로 퇴락의 길을 걸어 왔다. 일의 교육적 퇴락은 세 가지 측면에서 살펴볼 수 있다. 전통적으로 이어져 내려온 정신적 일과 육체적 일의 가치 불균형, 산업화에 따라 더욱더 진전되고 있는 기술에 정복당한 일, 그리고 세계화 경제주의에 의한 일의 양태 변화에 따른 일의 편재성의 위협이 그것들이다. 일의 교육적 퇴락은 일과 교육의 건전한 관계를 훼손하고, 그에 따라 인간의 인간됨을 저해하고 있다.

인간은 일하는 존재인 동시에 가르치고 배우는 존재다. 인간 삶에는 언제나 이미 일과 교육의 중심성과 필연적 관계성이 존재하고 있다. 따라서 일이 전통적으로 직업 또는 노동이라는 이름 아래 평가절하되어 왔다면, 그리고 일과 관련한 교육이 그와 함께 무시되어 왔다면, 그것은 곧 인간의 인간됨이라는 본질적 가치가 훼손되어 왔다는 것을 의미한다. 일의 교육적 회복이 필요한 이유다.

어쩌면 일은 하나님이 인간에게 내린 벌이면서, 동시에 축복일지도 모른다. 따라서 우리는 시대적 전환기에 변화하는 일의 양상과 변화하지 않는 일의 본질을 동시에 고려하면서 새로운 일의 교육적 대안을 형성하여야 한다. 일과 교육의 목적과 방법, 경제사회적 분배, 그리고 그것의 인간에게의 의미에 대한 끊임없는 질문과 비판적 성찰, 그리고 이를 통한 대안의 구성이 필요하다.

3) 일과 교육의 필연적 관계

지금까지 일의 세계와 교육의 세계는 두 개의 분리된 세계로 발전해 왔다. 고대 사회에서도 일과 교육이 동떨어졌었다. 중세와 근대 시대에는 도제제도와 같은 방식을 통해 하나로 통합되는 듯하였다. 그러나 근대 산업사회에서 학교제도의 발달은 또 다시 이 둘을 분리시켰다. 학교는 일을 미리 준비하는 곳이고, 일터는 학습이 없는 장소였다.

이제는 다시 교육과 일을 어떻게든 얽어매려 한다. 일과 교육의 편재성은 그 둘 사이의 관계성을 삶의 모든 시기와 영역에서 더욱더 강화시키고 있다. 산학의 연계가 강조되고, 평생을 통한 일과 학습의 통합이 중요해지고 있다. 그러나 교육과 일에 관한 산업사회의 유산은 분리된 두 세계로 하여금 불안한 이인삼각 경기를 하게 만든다. 그것은 매우 느릴 수밖에 없고, 언제 넘어질지도 모르는 경주다. 교육과 일은 그 필연적인 관련성을 충분히 실현하기에 매우 어려운 구조적 문제를 가지고 있는 것이다(Grubb & Lazerson, 2004).

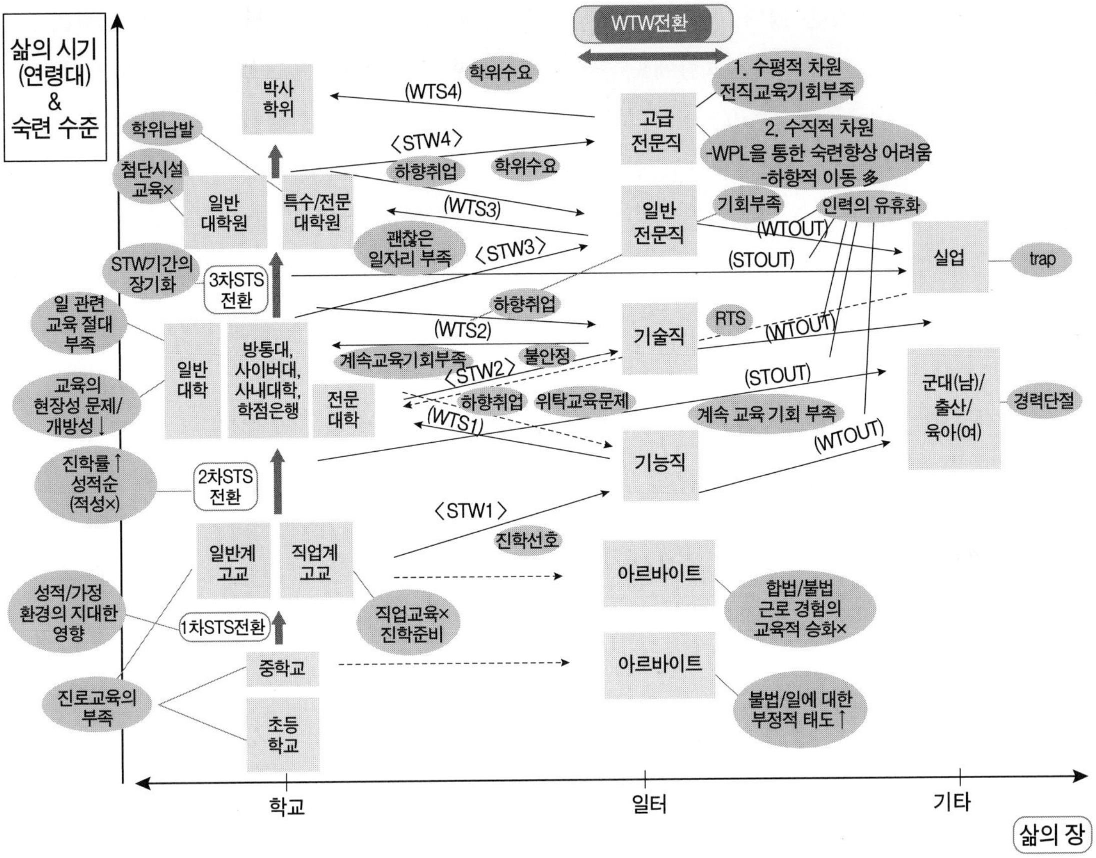

[그림 3-1] 학교와 일터의 관계

[그림 3-1]은 우리나라에서 학교교육과 일의 세계의 관계가 얼마나 뒤얽혀 있는지를 잘 보여 준다. 학교에서 학교로 전환하는 과정은 필연적으로 일로의 전환을 더욱 구체적으로 준비하는 과정이다. 또한 일에서 다른 일로 이동하면서 사람들은 또 다시 교육을 필요로 한다.

인간 삶과 사회 발전의 필수불가결한 사회제도로서 일과 교육은 필연적으로 관계를 가질 수밖에 없다(Bills, 2004). 그 둘은 별개로 존재하는 것도, 어느 하나가 또 다른 하나에 종속되어 있지도 않다. 이 둘은 서로가 서로에게 영향을 주고받는 동반자적인 상호작용적 관계의 양태를 보인다.

물론 인문주의적 자유교양교육 옹호자들은 교육과 일의 분리론을 주창하기도 한다. 그들은 교육의 경제화에 대단한 반감을 가지고 있다. 교육의 경제주의적 도구화를 반대한다. 그것은 옳다. 일답지 못한 일은 인간 성장이라는 교육적 가치를 오히려 저해할 수 있기 때문이다. 그럼에도 불구하고, 그들이 내세우는 교육과 일의 분리 주장과 자유교양교육적 사고는 비현실적이거나 교육적 오류를 초래한다. 일이 여전히 삶의 중심성을 갖는다면, 그리고 인간의 성장이 일을 통해서도 가능하다면, 일을 교육에서 배제하는 것은 더 큰 문제를 낳는다. 오히려 억눌린 일을 일다운 일로 해방시키고 교육적으로 승화하려는 끊임없는 노력이 더 적절한 대안이다.

3. 일의 교육 개념

일과 교육의 관계를 교육학적 관점으로 정리하면 일의 교육이 된다. 일의 교육 개념은 여러 영역으로 구분된다. 또한, 직업교육, 진로교육, 산업교육, 인적자원개발 등 다양한 용어와 접근을 포괄한다.

1) 일의 교육의 세 영역

일의 교육(education of work)은 일과 교육 사이의 관계를 나타내는 용어다. 그것은 일을 위한 교육, 일을 통한 교육, 그리고 일에 관한 교육으로 구분할 수 있다(장원섭, 2006).

(1) 일을 위한 교육

일을 위한 교육은 일을 목적으로 하는 교육 행위다. 즉, 일의 교육은 일을 교육하는 것을 의미한다. 여기서 일은 교육의 목적이 된다. 일 그 자체를 가르침으로써 일을 더욱더 잘할 수 있도록 만드는 교육이다.

일을 위한 교육은 '직무수행을 위한 훈련(training for job)'으로 대변된다. 직무훈련으로서 일의 교육은 주어진 직무를 잘 수행하도록 행동을 변화시키는 것을 강조한다. 여기서 일의 교육은 업무를 잘 수행할 수 있도록 기술과 지식을 전달하고 익히게 하는 활동이다. 개인이 직무에서 높은 성과를 내도록 하기 위해서는 체계적이고 효율적으로 직무능력을 향상시키는 훈련이다. 이 관계에서 일과 교육은 다소 분리되어 있음이 전제된다. 교육은 일을 준비시키기 위해 시간적, 공간적으로 분리된 상태에서 이루어지는 수단이 된다.

일과 교육의 이러한 관계는 가장 기본적인 일의 교육의 방식이라고 할 수 있다. 일을 가르치는, 그래서 일을 준비시키는 교육은 전통적인 형태의 일의 교육으로 자리잡아 왔다. 여러 형태의 형식적 교육 또는 훈련기관에서의 체계적인 직업준비 프로그램들이 그 예다. 실제로, 업무수행에 필요한 지식과 기술을 습득하고 숙달하는 것은 일의 교육의 기본적인 과정이다. 따라서 직무훈련은 일의 교육의 필수불가결한 영역이라고 할 수 있다. 한마디로, 직무훈련은 일의 교육의 중핵 영역이 된다.

(2) 일을 통한 교육

일을 통한 교육은 일이 교육을 소유하고 있는, 그래서 일이 교육을 한다는 의미를 함축한다. 일이 가지고 있는 교육적 성격 또는 일이 교육한다는 말은 일을 하는 행위 그 자체가 교육적 의미를 내포하고 있다는 사실을 일컫는다. 여기서 일은 교육의 담지자가 된다.

일과 교육 사이의 이러한 관계로서 일을 통한 교육은 '직업경험을 통한 학습(learning through occupations)'으로 나타난다. 이때 일의 교육은 개인의 외적인 경험을 내적으로 통합되는 과정이다. 유의미한 교육경험을 통해 개인들은 삶의 과정에서 학습과 성장을 이루어 간다. 이런 점에서 일을 통한 교육은 일을 하는 삶의 과정에서 일어나는 다양한 직업경험들에 주목한다. 따라서 효율적인 훈련을 위해 교육과 일을 분리한 직무훈련과는 상반된다. 일방적이고 단절적인 훈련과 직무수행의 관계에서 이루어지는 공식적이고 형식화된 프로그램보다는 일의 경험과 학습이 순환적이고 계속적인 관계를 가지면서 비공식적이고 우발적인 학습으로 이어진다는 점을 강조한다. 삶과 일, 그리고 학습에 대한 통합적인 관점을 견지한다.

실제로, 사람들은 일을 함으로써 학습한다. 이때 일과 교육은 시, 공간적으로 통합되어 있다. 일과 교육은 하나의 공간에서 상호작용하면서 서로 상승효과를 가져온다. 다시 말해서, 일을 하는 과정 그 자체가 곧 교육의 과정이 될 수 있는 것이다. 일을 통한 교육의 과정 속에서 일 또한 더욱더 효과적일 수 있다. 전통적으로 현장체험학습이나 일터에서의 실행을 통한 무형식학습 등이 그런 대표적인 예가 될 수 있다.

(3) 일에 관한 교육

일에 관한 교육은 일을 재료로 하는 교육을 말한다. 일이라고 하는 현상 그 자체에 관해서 교육하는 것을 의미한다. 여기서 일은 교육의 대상이 된다. 일의 교육은 일이 이루어지는 세계에 대해 교육하는 것을 포함한다. 그것은 일에 관한, 그리고 일과 불가분의 관계 속에서 일을 둘러싸고 있는 경제사회적 현상에 대한 교육을 일컫는다.

이러한 형태의 일의 교육은 일과 교육 사이의 일정한 거리를 유지하면서 체계적인 프로그램에 의해 이루어지는 경우가 많다. 공식화된 프로그램으로서의 직업윤리교육, 경제교육, 노동의식화교육 등이 그런 사례들이다. 그러나 일을 하는 과정 속에서 반성적 성찰을 통해 일의 세계가 현실적으로 어떻게 구성되어 있고, 실제로 어떻게 돌아가는지 학습할 수도 있다. 이런 형태의 일의 교육은 일에 관한 교육 또는 '노동세계에 관한 교수(pedagogy about labor)'에 해당한다.

일과 교육은 인간화를 위한 기본적 조건이다. 그러나 자본주의 사회에서 억압적 노동과 교육은 오히려 인간을 소외시키고 삶을 왜곡시킨다. 일의 교육은 소외와 왜곡으로부터의 해방을 위한 주요한 전략이다. 일에 관한 비판적 의식을 함양하는 교육은 노동과 교육을 둘러싼 왜곡된 현실로부터 벗어나는 일과 교육을 지향한다. 일과 일을 둘러싼 경제사회적 환경에 대해 비판적으로 성찰하고 의식화하는 노동세계에 관한 교육을 강조한다. 일의 교육의 구조주의적 관점을 제시하고, 일의 교육이 가진 물질적이고 경제적인 측면 이외의 인간화와 사회적 평등의 측면을 부각시킨다. 그것은 '일에 관한 교육'이고, 더 나아가 일을 둘러싼 정치 · 경제 · 사회적 구조를 탐구한다는 의미에서 '일을 둘러싼 교육'으로 개념화할 수 있다.

(4) 일의 교육 의미

일과 교육은 이처럼 다양한 관련성을 가지고 있으며, 그 둘 사이의 이러한 다의적인 관계들을 내포한다. 일의 교육의 개념 속에서 우리는 일과 교육의 공간적, 시간적, 인과적 관련성을 발견할 수 있다. 일과 교육은 분리 또는 통합되어 있으며, 선후 또는 동시에 이루어지기도 하고, 그런 가운데 목적과 수단이 되거나 또는 하나로 묶여 있기도 한다. 그러한 다양한 관계들을 통해 일의 교육은 형성된다. 또한 일과 교육 사이의 다채로운 관련성과 그 의미의 다양함으로부터 우리는 그 둘이 필연적이고 불가분의 관계에 있음을 알 수 있다. 일의 교육은 그러한 다양한 관계의 방식들을 포괄적으로 내재하고 있다.

이런 의미에서 일의 교육은 일과 관련한 모든 형태의 교육적 활동을 통괄하는 개념이다. 그리고 그 안에는 일을 위한 교육, 일을 통한 교육, 그리고 일에 관한 교육으로 대표되는 세 가지 기본적인 영역 또는 접근법이 있다. 이 세 영역은 어느 것을 더 강조하느냐에 따라 직무수행을 위한 훈련, 직업경험을 통한 학습, 그리고 노동세계에 관한 교수의 개념을 통해 일의 교육학의 세 가지 패러다임으로 전환한다. 즉, 각각은 인간과 사회, 자연 등에 대한 인식과 관심의 차이로 인해 서로 다른 일의 교육 패러다임 또는 이론적 관점을 형성한다. 따라서 나름대로의 역사적, 사회경제적 배경, 그리고 인간과 삶, 그리고 일에 대한 고유한 관점들을 가진다. 각 관점에 해당하는 일의 교육 이론에 대해서는 제5장에서 상세히 살펴볼 것이다.

일의 교육 영역들은 일의 교육을 바라보는 관점에서뿐만 아니라 실천하는 방식에 있어서도 차이를 나타낸다. 서로 다른 실천방식을 강조한다. 따라서 직무수행을 위한 훈련, 직업경험을 통한 학습, 그리고 노동세계에 관한 교수는 각각 분리되어 실시될 수도 있다. 그렇지만 실제로는 많은 경우에 서로 중복적으로 이루어지면서 중첩되는 경향을 나타낸다. 이 세 가지 측면들의 공통부분, 즉 세 가지 방식의 교육이 함께 이루어지는 교육이야말로 총체적인 형태의 일의 교육이라고 할 수 있다.

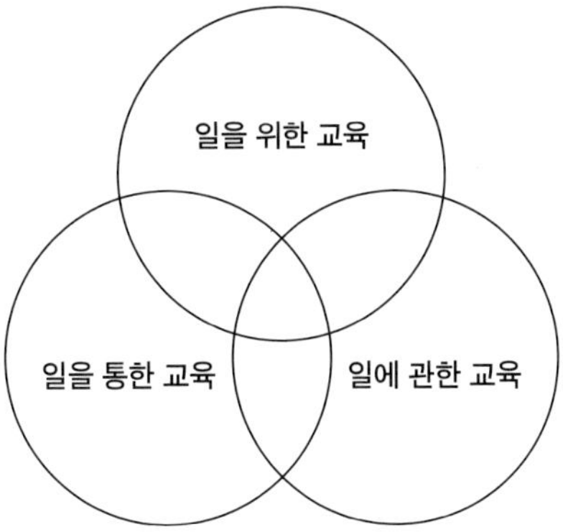

[그림 3-2] 일의 교육의 세 영역

2) 일의 교육 유사 개념들

일의 교육은 새로운 개념이지만, 전통적으로 일과 관련한 교육을 나타내는 개념들은 이미 다양하게 존재하여 왔다. 직업교육, 진로교육, 직업훈련, 산업교육, 인력개발 또는 인적자원개발 등은 모두 일과 직접적으로 또는 부분적으로라도 관련된 개념들이다.

(1) 직업교육

직업교육은 일의 교육과 관련해서 가장 오랫동안 사용되어 온 개념이다. 직업교육(vocational education)은 다음과 같은 특징들을 포함하는 용어였다. 첫째, 직업교육은 학사학위 미만의 낮은 수준의 교육을 의미하였다. 따라서 학사학위 이상의 교육 수준을 포함하는 4년제 대학에서의 직업을 준비하는 교육이나 의학, 법학 같은 전문직업교육(professional education)은 직업교육의 범위에서 제외되었다. 둘째, 직업교육은 일반교육에 대비되는 개념으로 정의되었다. 직업교육은 일반교육과는 달리, 현장훈련 등을 통해 구체적으로 일의 세계를 준비하는 교육으로 간주되었다. 마지막으로, 직업교육은 비록 비형식교육을 포함하고 있지만, 학교교육을 중심으로 이루어지며, 이러한 학교에서의 직업교육은 청소년이 직업을 준비하는 활동으로 특징지어졌다.

한마디로, 직업교육은 그것이 가지는 어휘상의 개념으로부터 그 범위의 폭이 좁혀져서 규정되었고, 단순히 일을 체계적으로 준비하는 과정만을 강조함으로써 산업사회에서의 경제적 유용성을 늘리는 데 기여하도록 정의되어 왔다.

(2) 진로교육

진로(career)는 개인이 삶을 살아가면서 가지게 되는 일의 총체를 의미한다. 진로교육은 이러한 개인의 진로와 관련된 활동을 도와주는 교육으로서, 개인에 대한 이해와 일의 세계에 대한 지식을 포함한다.

진로교육은 개인의 특성과 일의 세계를 교육적으로 잇는 매우 포괄적이고 종합적인 의미를 가진 개념이다. 이런 점에서 진로교육은 일의 교육 개념에 근접한 측면을 갖는다. 그럼에도 불구하고, 일의 교육의 관점에서 보았을 때, 진로교육의 개념은 뚜렷한 한계를 가지고 있다. 진로교육은 일의 세계를 주어진 것으로 보고 개인을 그것에 적응시키는 과정이라는 의미가 강하게 내포되어 있다. 일에 대한 개인의 생물학적, 심리적 준비에 주로 관심을 가지는 진로발달, 개인에게 적합한 일이 무엇인지를 알기 위해 심리적 특성을 밝히는 진로검사, 흥미검사 등은 모두 진로교육의 이런 속성에서 나온 학문적 또는 실천적 산출물들이다. 결국, 진로교육은 일에 대한 개인교육적인 차원의 접근에 머무르고 있다. 다만, 인간의 주체적 의지가 배제된 진로발달에서 개인의 적극적인 의지적 행위 개념을 가진 경력개발로 확대되거나 진화할 수 있는 가능성만을 가질 뿐이다.

(3) 직업훈련

직업훈련(job training)의 개념은 적어도 다음과 같은 세 가지 함의를 가진다. 첫째, 직업훈련은 직업교육에 비해 더 구체적인 직무능력과 관련되어 있다. 따라서 직업훈련은 특정한 직무를 위한 기능의 반복적 숙련을 의미하는 것으로 인식되었다. 둘째, 직업훈련은 주로 정규 학교가 아닌 장소, 예를 들면 직업훈련만을 위한 별도의 비정규 기관 또는 기업현장에서 이루어진다. 또한 그 대상은 비진학자와 근로자들이 주류를 이룬다. 이들은 대체로 노동시장에 대한 구체적인 준비 또는 현재의 직무에 대한 능력 향상을 필요로 하는 사람들이다. 마지막으로, 그럼에도 불구하고, 직업훈련과 직업교육의 경계가 흐려지고 평생직업교육의 중요성이 강력하게 부각되면서 이 두 개념을 구분하기보다는 통합적으로 다루어야 한다는 견해가 대두되고 있다. 따라서 '직업교육훈련(vocational education and training)'이라는 용어를 통해 분리된 현실을 통합하려는 노력이 이루어지고 있다. 그러나 교육과 훈련이 개념상의 엄밀한 관계 정립 없이 단순히 조합되었기 때문에 모호한 면이 있다. 그뿐만 아니라 교육부 중심의 직업교육과 고용노동부의 직업훈련은 그동안의 오랜 관행, 여전히 분리된 행정체제와 교육 및 훈련기관 등으로 인해 단순히 병합 수준에 머물러 있어 본래의 통합 의도를 살리지 못하고 있는 형편이다.

결국, 직업훈련은 직업교육보다도 더 좁은 의미의 구체적인 일을 준비하는 과정에 초점이 맞추어져 있다. 현직에서의 훈련 역시 교육을 통한 생산성 향상과 경제적 성과를 높이기 위한 성격을 강하게 내포하고 있다.

(4) 산업교육

산업교육(industrial education)은 19세기에서 20세기로 넘어가는 시기에 미국에서 직업교육을 나타내는 용어로 사용되었다. 그러나 그 이후 직업교육 개념으로 대치되는 경향을 나타냈다.

우리나라에서 산업교육은 크게 두 가지 다른 의미로 사용되었다. 먼저, 1963년에 제정되어 우리나라의 직업교육을 통괄해 온 「산업교육진흥법」에서는 산업교육이 직업교육과 동일한 의미로 활용되어 왔다. 그러나 법 규정을 제외하고 현실에서는 직업교육이라는 용어 대신 산업교육을 사용하는 경우는 흔치 않았다. 오히려 산업교육이라는 용어는 산업체에서 이루어지는 다양한 형태의 교육으로 개념화되어 온 경향이 있다. 즉, 산업교육은 신입사원교육, 계층별 교육, 해외연수, 통신교육 등 산업체 내에서 조직구성원을 대상으로 이루어지는 다양한 교육활동들을 의미하였다. 이 경우에 산업교육은 기업교육 또는 다음에 살펴볼 조직에서의 인적자원개발(HRD)과 동일한 의미를 갖는다고 할 수 있다.

(5) 인적자원개발

인적자원개발(Human Resource Development, HRD)은 일반적으로 조직의 관점에서 정의된다. 인적자원개발은 조직 구성원의 성장과 발달을 돕는 모든 활동을 의미한다. 그것은 조직이 제공하는 공식적인 교육 프로그램을 통한 학습 활동과 조직 구성원들이 무형식적 또는 비공식적으로 이루어 가는 다양한 배움과 성장의 과정을 포함한다. 즉, 인적자원개발은 조직이라는 맥락에서 이루어지는 교육 활동의 한 형태라고 할 수 있다. 다시 말해서 인적자원개발은 인간 성장을 위한 교육의 보편성이 조직이라는 특수성 속에서 행해지는 활동이다. 따라서 인적자원개발의 개념은 세 가지 핵심어를 전제로 한다. 조직, 사람 그리고 성장이다. 인적자원개발은 사람(들)의 성장을 기초로 하여 조직의 성장을 도모하는 활동이다. 그것은 개인개발, 경력개발, 성과향상, 그리고 조직개발을 포함한다(장원섭, 2021).

근래 들어 우리나라에서는 국가적 차원에서 인적자원개발 개념을 사용하기도 한다. 인적자원개발은 산업사회, 특히 경제개발 시에 강조되었던 노동력의 양적인 투입 개념으로서 인력개발(manpower development)과는 구분된다. 인적자원개발은 후기 산업사회에서는 물리적인 자원이나 힘보다는 지식과 사람들 사이의 관계와 같은 질적인 측면이 더욱더 중요하다는 점을 강조한다.

인적자원개발은 조직과 인간이 함께 성장하도록 한다는 의미를 가지고 있기는 하지만, 개념 자체로 보았을 때 그것은 인간의 자원적 특성을 강조한다. 즉, 좀 더 큰 단위의 관점에서 하위 단위로서 인적자원에 대한 접근방식을 취한다. 예를 들어, 조직의 입장에서 조직 내부의 자원으로서 조직구성원의 교육과 개발을 바라본다거나, 국가의 입장에서 국민들의 경제적, 사회적 능력을 신장시키는 활동이 인적자원개발의 개념에 내재되어 있다. 한마디로, 인적자원개발은 언제나 인간이 소속된 조직을 기본적인 전제로 삼고 있다. 따라서 이러한 조건들과는 관계없이 일과 교육에 대해 더욱 폭넓은 접근법을 견지하는 일의 교육과는 차이가 있다.

3) 삶의 교육으로서 일의 교육

일의 교육은 일하는 삶 속에서 교육적 현상을 발견하고 인간을 성장하도록 돕는 교육이다. 일은 단순히 개인의 생계를 위한 수단으로서의 의미를 넘어선다. 국가발전을 위한 경제적 도구만도 아니다. 신으로부터 부여받은 소명의식, 비인격적 자본에 의한 고통스러운 노동소외, 생존경쟁적 노동시장과 스트레스 가득한 일터에서의 직무수행 같은 비교육적이거나 탈교육적 일은 오히려 인간의 성장을 저해한다. 일의 교육은, 이와는 대조적으로, 일다운 일을 통한 인간의 인간됨과 공동체성을 지향한다. 모든 이의 삶의 의미를 발견하기 위한 교육적 일의 회복을 추구한다. 일의 교육을 취업준비나 고용안정성만을 위한 것으로 단순화하지 말아야 한다. 일은 성과와 생산성, 임금에 그 목적을 둘 수는 있으나, 그것이 일의 성취감으로 나타나도록 해야 한다. 또한 그 목적을 달성하기 위한 수단으로서 일을 잘 해내는 방법을 숙달해야 할 뿐만 아니라 그에 대한 반성적 사고와 실천이 필요하다. 이와 같은 과정에서는 적극적으로 자신의 능력과 자아를 드러내고 동료들과 원활한 공동체적 소통도 할 수 있어야 한다. 이런 일련의 일의 과정들이 몰입과 열정의 경험으로 나타나고 즐거움과 기쁨을 얻을 수 있어야 한다. 그랬을 때, 인간은 일을 통해 자신의 성장을 이룩할 수 있다. 결국, 일의 교육은 일을 통한 인간 삶의 표현과 자아실현을 도모한다. 일의 과정에서 사회적 공동체성의 회복을 의도한다. 한마디로, 일의 교육은 일을 통한 인간의 인간됨과 성장을 추구하는, 일에 대한 교육적 접근이다.

일의 교육은 교육의 새로운 패러다임을 지향한다. 전통적인 인문교양 중심의 교육과 단지 충실한 노동자를 양성하는 직업훈련으로부터 전체 교육을 새롭게 재구조화하고자 한다. 머리만 큰 요괴인간의 양성을 중시하고 가치롭게 생각하는 인문 중심의 교육적 위계성을 탈피해야 한다. 땀 흘려 일하는 삶의 소중함을 중시하는, 그래서 머리와 손이 온전하게 발달한 인간으로 거듭나게 하는 교육을 추구한다. 한마디로, 일의 교육은 일하는 인간 본성에 대한 이해와, 도구화되고 소외된 비인간적 노동 현실에 대한 반성에 기초하여 일과 교육의 본질적 의미와 가치를 되찾기 위한 시도다.

따라서 일의 교육은, 개별 직업이나 직무 또는 노동의 개념을 넘어서, 일이라는 관점에서 전통적 일 관련 교육을 재개념화한다. 삶 속에 편재하고 있는 일과 교육의 필연적 관계성에 주목한다. 일이 교육을 저해하거나 교육이라는 이름으로 일을 방해하여 상호 훼손하는 관계로부터, 일과 교육이 서로를 승화시키는 관계로 전환하는 노력이다.

이와 동시에, 일의 교육은 인간을 수단화하는 기술주의적 전체주의에 매몰되지도 말아야 한다. 일과 교육의 과정에서 나타나는 성과와 경쟁력 같은 경제주의적 요인들 이상의 다양한 삶의 측면들을 부각시켜야 한다. 학교의 직업교육주의화는 오히려 분리되어 절반의 지분을 확보했던 직업교육기관을 위기로 몰아넣을 수도 있다(Grubb & Lazerson, 2004). 직업교육주의는 전통적인 직업교육기관의 기능을 그 밖의 다른 모든 교육기관이 함께 나누어 가짐으로써 오히려 전통적인 직업교육기관의 지분을 축소하는 것처럼 보일 수도 있다. 이런 아이러니가 발생하는 이유는 직업교육과 인문교육의 구획으로 분리된 기관에서 시행되던 것이 모든 기관들에 보편화되기 때문이다. 모든 교육기관에서 직업교육화가 이루어지기 때문이다. 균형 잡힌 교육이 이루어진다면, 이러한 일의 교육의 보편화현상은 긍정적일 수 있다. 그러나 더 중요한 것은 일의 교육을 전통적인 기술주의적 직업훈련으로부터 해방시키는 것이다.

일의 교육은 모든 이의 인간됨과 조화롭고 인간다운 삶의 실현을 추구한다. 일은 삶의 기반이고 핵심적 활동이다. 그것은 마음과 몸, 이론과 실천, 외재적 가치와 내재적 가치를 모두 포함한다. 인간은 한 가지 일에만 종사하는 것이 아니라 다양한 일들을 중복적으로 경험하면서 삶을 살아간다. 그 일은 경제적인 소득을 위한 것뿐만 아니라 그렇지 않은 활동들도 포함한다. 따라서 일의 교육은 형식화된 현실의 제도 속에서만 이루어지지 않는다. 교육과 일, 인문교육과 직업교육, 학교교육과 일터학습이 분리되어서는 곤란하다. 일과 교육이 삶의 전 과정 속에서 자연스럽게 통합된 모습으로 나타나야 한다. 일의 교육을 삶 속에서 발현하고, 그럼으로써 궁극적으로는 인간의, 인간으로서의 삶의 회복을 지향한다. 결국, 일의 교육은 삶을 위한, 삶을 통한, 그리고 삶에 관한, 삶의 교육이다.

제4장

일의 교육사

일과 교육은 인간의 삶에서 가장 기본적인 활동이다. 생존을 위해서라도 인간은 일하고, 그 일을 배우고 가르쳐야만 한다. 이런 과정을 거치면서 인간은 비로소 인간이 된다. 그것은 인류가 처음 탄생한 때부터 지금까지 예외가 없다. 다만 그 형태와 방식이 달라져 왔을 뿐이다. 일과 교육이라는 원초적이자 필연적인 행위와 이 둘 사이의 관계는 오랜 세월을 거쳐 형성되었고, 끊임없이 변화하여 왔다.

이 장에서는 일과 교육의 역사를 살펴본다. 일의 교육이 어떤 과정을 거쳐 오늘날의 형태로 발전하여 왔는지 논의한다. 이를 위해 먼저 산업화 이전의 전근대사회, 산업사회, 그리고 탈산업사회에서의 일의 세계 변화와 일의 교육을 개관한다. 또한 우리나라의 일의 교육사를 살펴보고 미래를 위한 시사점을 찾는다.

1. 일의 교육의 진화

기술의 진보와 사회의 변화는 일의 세계를 이전과는 다른 모습으로 변형시킨다. 그러한 진화 속에서 교육은 기술, 사회, 그리고 일의 세계와 직접 또는 간접적으로 영향을 주고받는다. 일의 교육의 변화와 발전 과정을 산업화의 단계에 따라 살펴보자.

1) 산업화 이전 사회에서의 일의 교육

일의 교육은 오랜 역사를 가지고 있다. 그러나 체계화된 형식을 갖추기 시작한 것은 비교적 최근의 일이다. 긴 시간 동안 일의 교육은 비형식적인 과정을 통해서 이루어졌다. 삶을 위해 어른의 일을 흉내내면서 시작된 일의 교육은 도제제도를 통해 체계화되었다. 그럼에도 불구하고, 이미 산업화 이전에 일의 교육은 그 교육적 이론과 실천의 토대 또는 원형들이 나타나기 시작하였다(Barlow, 1990; Swanson & Holton, 2001).

먼저, 흉내내기를 통한 학습이다. 아주 오래전 인간은 수렵과 채집에 의해 생계를 유지했으며, 이를 위해 도구를 사용했다. 생존을 위한 도구와 기술을 발달시키는 과정에서 후속 세대는 이전 세대의 경험을 활용하였다. 일과 삶의 방법을 배우고 도구 개발과 그것의 사용기술을 더욱더 정교화시켜 나가기 위해서는 학습이 이루어져야 했다. 이 당시에는 공식적인 기관이나 프로그램에 의한 체계적인 일의 교육은 존재하지 않았다. 그럼에도 불구하고, 교육과 학습 행위라고 불릴 수 있는 현상은 틀림없이 존재하였다. 가장 원초적인 방식으로서 일의 교육은 생존을 위해 삶의 과정 속에서 이루어지는 비형식적이고 우발적인 형태의 학습이었다.

좀 더 형식화된 형태의 일의 교육은 도제제도(apprenticeship)를 통해서 이루어졌다. 고대와 중세시대에 등장한 초기에는 가정에서 부모와 자식 사이에 이루어졌으며, 이후 더 확대되어 일터에서 장인과 도제 사이에 이루어지는 일의 교육의 주요한 형태로 자리 잡았다. 도제교육은 직업훈련뿐만 아니라 도덕, 종교, 시민교육도 포함하고 있었다. 장인은 한 직업에 대해 최고의 전문능력을 가진 사람으로서, 개인적으로 사업을 운영할 수 있고 교육자로서의 역할도 하였다. 도제는 교육기간 동안 직무를 수행하면서 부모나 장인으로부터 일에 대한 모든 것을 배웠다. 도제는 모방과 경쟁을 통해 필요한 기술과 지식을 습득하였다. 또한 도제과정을 거치면서 일에 대한 태도와 가치관을 형성하였다. 어떤 경우에는 장인이 도제에게 읽고 쓰는 것을 가르쳐야 하기도 했다. 이것은 일과 인문교육의 결합을 보여 주는 것이라고 할 수 있다. 도제교육의 유효성은 여러 직업 분야에서 지금도 계속되는 경우가 많다.

르네상스 이후 새로운 사고방식은 일의 교육에도 지대한 영향을 미쳤다. 존 로크, 장 자크 루소, 그리고 요한 하인리히 페스탈로치 같은 사상가들은 교육 활동에서 일을 경험하는 것이 반드시 필요하다고 주장하였다. 로크는 교육이 신체적, 도덕적, 지적 훈련뿐만 아니라 목공과 원예 같은 한 가지 이상의 직업에 대한 학습을 포함하여야 한다고 주장했다. 교육은 책에만 의존하는 것보다는 폭넓은 체험적 교육으로부터 더 유용한 결과를 얻을 수 있다고 보았다. 루소는 『에밀(Emile)』이 장인에게 직접 일을 배우기를 희망했다. 일을 교육하는 것은 사람이 살기 위해서 반드시 필요하지만 단순히 직업을 갖는 것 이상의 의미를 내포하는 것이었다. 일의 교육은 일이 돌아가는 모든 절차들이 왜 그렇게 이루어지는지, 그리고 사람들이 일들을 통해 어떻게 서로 의존하고 있는지를 확실하게 가르칠 수 있어야 한다고 믿었다. 페스탈로치는 단어에서 시작하여 사물로 가는 방법이 아니라 사물에서 단어로 가는 교육방법을 채택하였다. 그의 학교에서 아이들은 '행하면서 배웠다(learning by doing).' 한마디로, 이들은 학습자가 직접 실행함으로써 배워야 하며, 그 실천에 대한 숙고와 반성을 통한 깨달음, 그리고 일반적인 지식교육이 동시에 이루어져야 함을 강조하였다.

결국, 산업화 이전 사회에서 일의 교육은 오랜 기간 동안 생활에 기반을 둔 삶의 교육이었다. 삶 그 자체가 곧 학습이었으며, 일의 교육은 자연스러운 삶의 과정 속에 통합된 방식으로 이루어졌다. 한마디로, 전통사회의 일의 교육은 본래 삶에 의한, 삶을 위한, 삶의 교육이었다.

2) 산업사회에서의 일의 교육

근대 산업사회에 들어서 일의 교육은 본격적으로 형식과 체계를 갖추기 시작하였다. 산업화 과정은 일과 교육에 있어서 커다란 전환점을 제공하였다. 근대의 합리적이고 실증주의적인 과학 정신은 인간과 사회를 보는 관점을 변화시켰다. 대량생산체제 속에서 사회 전반이 더 효율적이고 체계화된 방식으로 재구조화되었다. 일과 교육의 세계 역시 예외는 아니었다.

산업사회에서 일은 새롭게 개념화되었다. '부지런함' 또는 '근면함'을 의미하는 라틴어 '인두스트리아(industria)'에서 알 수 있듯이, 누구나 부지런히 일하는 것이 사회적으로 중요한 덕목이 되었다. 인간의 정체성은 그들이 하는 일에 의해 규정되었다(Beck, 1999).

산업혁명 이후 대량생산체제의 도입은 일을 조직하는 합리적 방식과 대규모 노동력의 필요를 촉진시켰다. 테일러리즘(Taylorism)과 포디즘(Fordism) 같은 과학적 생산 및 관리방식은 노동을 표준화하여 효율성과 생산성 향상을 도모하였다. 지식과 기술 역시 세분화, 표준화되었다. 노동자는 중앙의 통제에 따라 분업화된 체제 아래서 단순하고 반복적으로 주어진 직무만을 수행하였다. 산업사회에서의 일은 구상과 실행이 분리된 상태에서 이루어졌다. 일을 계획하고 감독하는 것은 관리자의 몫이었고, 노동자는 자신에게 맡겨진 직무만을 수행하였다. 따라서 노동을 실행하는 개인은 톱니바퀴와 같이 언제든 대체 가능하였다.

산업사회의 공장체제는 대량생산을 위해 대규모의 노동력을 필요로 하였다. 따라서 대량생산체제에 맞는 노동력을 빠르게 대량으로 공급할 수 있는 일의 교육 체제가 요구되었다. 개별 기업들이 기업학교(corporate school) 또는 공장학교(factory school)를 설립하였고, 거기서 특정한 산업에 요구되는 기술 훈련을 제공하였다. 20세기로 넘어오면서 기업교육은 더욱더 발전하였다. 미국의 기업 훈련가들은 1944년 미국훈련가협회(American Society for Training Directors, ASTD)를 결성하여 더욱 체계적인 교육을 도모하였다. 이 단체는 1965년에 그 명칭을 미국훈련개발협회(American Society for Training and Development)로, 2014년에 다시 인재개발협회(Association for Talent Development, ATD)로 바꾸었는데, 전 세계의 회원들이 가입한 인적자원개발 분야에서 가장 큰 규모의 모임으로서 기업교육의 트렌드를 이끌고 있다.

산업화가 진전되고 더욱더 체계적인 인력의 공급이 요구됨에 따라 공교육체제를 통한 일의 교육도 확립되어 갔다. 대량생산체제가 등장하고 대규모 노동력 공급이 필요함에 따라 전통적인 도제제도는 생산체제로서도 적합하지 못하였으며, 주요한 일의 교육의 형태로서도 더 이상 지탱할 수 없게 되었다. 이에 따라 19세기 후반 미국에는 모든 아동들이 참여할 수 있는 무상 공교육체제를 도입하였다. 그 후 공립학교의 교육과정에서 실용적 교육에 대한 논쟁이 벌어졌다. 마침내 1917년 통과된 「스미스 휴즈 법(Smith-Hughes Act)」은 연방정부의 지원하에 공교육에 일의 교육을 도입하도록 하였다. 이때부터 미국 교육은 일의 세계를 준비하는 방향으로 전환하였고, 현재까지도 중요한 영향을 미치는 일의 교육의 기틀을 형성하였다.

다른 한편, 사회주의 사상을 정립한 마르크스의 교육관은 소련과 중국, 그리고 북한 등 사회주의 국가들의 교육에 중대한 영향을 미쳤다. 특히, 크루프스카야는 마르크스의 교육관에 따라 사회주의 교육의 핵심적인 실천 원리로서 종합기술교육을 발전시켰다. 종합기술교육은 교육과 노동생산의 연결, 이론과 실천의 결합, 아동의 흥미와 공동체성 등을 주요한 특징으로 하였다(Krupskaia, 1957). 일과 교육의 통합, 이론과 실천의 결합, 그리고 현상의 총체적 이해를 도모하여 인간을 전면적으로 발달시킬 것을 강조했다는 점에서 종합기술교육론은 일의 교육에 중요한 시사점을 제공한다. 그러나 종합기술교육론의 이상은 실제로는 사회주의 국가들에서 집단주의와 관료주의에 의해 규율과 분리가 강한 산업사회형 노동훈련으로 전락하는 경향을 보였다.

결국, 근대 산업사회에서 일의 교육은 다른 제도와 마찬가지로 효율화를 목표로 하였다. 효율화는 필연적으로 일의 교육에서 현장으로부터의 분리와 탈맥락화를 가져왔다. 일할 때와 일하지 않을 때가 구분되었고, 학교와 산업체가 괴리되었으며, 학교

안과 학교 밖 교육이 차별화되었고, 직업교육과 인문교육이 분리되었다. 일을 하는 과정에서 자연스럽게 학습하던 교육으로부터 일을 체계적이고 형식적으로 준비하는 교육으로 탈바꿈한 것이다. 이에 따라 체계적인 일의 교육 프로그램과 교수학습방법들이 무수히 등장하였다.

3) 새로운 산업사회에서의 일의 교육

근대 산업사회와는 다른 새로운 산업사회가 도래하였다(Bills, 1995). 그것을 후기 산업사회 또는 탈산업사회라고 부르다가(Bills, 2004) 근래에는 4차 산업혁명사회라고 명명하기도 한다(Schwab, 2016). 새로운 산업사회는 정보통신기술의 발달로 촉발되었다. 근래에는 인공지능, 로봇, 사물인터넷 등에 의한 디지털 전환으로 전통적인 제조업 중심의 산업 생태계를 탈바꿈하고 있다(전재식 외, 2019).

새로운 산업사회에서 일의 세계는 탈표준화, 다양화, 개체화, 개별화되어 가는 특징을 나타낸다. 대량생산을 위한 기계적인 노동보다는 개인의 자율적이고 창의적인 활동이 더 강조된다. 지식과 기술의 다양성, 지역성, 특수성 및 우연성이 부각하는 동시에 그들 사이의 경계를 허물어 서로 연결된다. 선형적 연속성과 안정성, 질서정연함과 예측가능성을 특징으로 하는 닫힌 체계로부터, 불규칙하고 혼돈스러우며 끊임없이 변형되는 열린 관계망 체계로 옮겨간다.

새로운 산업사회를 네 차례의 산업혁명으로 구분하기도 한다. 제1차 산업혁명은 18세기 중반 이후 증기기관의 발전으로, 제2차 산업혁명은 19세기 말부터 석유 에너지를 기반으로 한 철강, 자동차, 화학 등 중화학공업 기술 발달로, 그리고 제3차 산업혁명은 1960~1970년대 이후 반도체 기술 발달과 인터넷의 도입 등으로 촉발되었다. 마지막으로 제4차 산업혁명은 21세기 초부터 현재 진행 중인 인공지능, 로봇 공학, 사물인터넷, 무인운송수단, 3D 프린터, 나노기술 등을 기반으로 한다. 이에 따라 기계가 사람이 하던 일들을 대신하는 자동화와 무인화가 가속화한다(임언 외, 2017).

새로운 산업사회에서 디지털 전환 또는 자동화는 일의 세계를 크게 개편하고 있다. 산업혁명으로 인해 기계가 인간보다 물리적 힘에서 앞선 지는 오래되었지만, 이제는 인공지능이 인간의 지력을 넘어서고 있다. 제1장에서 살펴보았듯이, 이렇게 발전한 기계가 인간의 일자리를 빼앗아 갈 위협을 하는 동시에 인간의 일을 더욱 증강할 도구가 될 수도 있다.

〈표 4-1〉 산업혁명의 역사

	시기	기술적 변화	경제적 변화	사회적 변화
농업혁명	약 1만 년 전~ 5천 년 전	석기의 정교화 토기 출현	식량의 수렵 및 채취 → 식량 생산	집단 정착 생활 출현
제1차 산업혁명	18세기 중반~ 19세기 중반	증기기관 발명	생산의 기계화	도시 인구 유입 부르주아 계급 등장
제2차 산업혁명	19세기 말~ 20세기 초	석유 에너지 개발 중화학공업 기술 발달	대량생산 대규모 자본 형성	노동자 계층 분화
제3차 산업혁명	1960년대~ 20세기	반도체 개발 컴퓨터 및 인터넷 기술 발달	제품 설계, 유통, 판매, 관리의 네트워크화	지식 및 정보의 자본화 경제 · 사회적 양극화
제4차 산업혁명	21세기 초~	인공지능, 로봇 공학, 사물인터넷, 무인운송수단, 3D프린터	제품 생산, 판매 관리 과정의 자동화 및 무인화 로봇의 전문직 노동 대체	기계의 노동시장 대체

* Stearns, P. N. (2012). *The industrial revolution in world history*. Westview Press.를 임언 외(2017). **인공지능(AI) 시대의 직업환경과 직업교육**. 한국직업능력개발원에서 재인용.

이런 가운데, 과거 산업사회에서 새로운 산업사회로의 이행은 '효율'에서 '의미'의 시대로 일에 대한 관점을 변화시키고 있다. 테일러주의에 따른 과거의 획일적 숙련의 활용, 평생직장, 남성 중심 가부장적 경제활동 등이 사라지고 긱 경제, 공유경제 확산에 따른 고용 및 숙련활용 방식의 변화와 자동화, 인공지능, 로봇 등과 같은 디지털 전환이 이루어진다. 전통적인 산업사회가 돈, 노동, 최적화, 안전성, 확정성, 결과 책임 등을 특징으로 하는 반면, 새로운 산업사회에서의 일은 열정, 자유, 창조성, 사회적 가치, 공개성, 활동성 등의 중요성이 더욱 부상한다(Torvalds, Himanen, & Castells, 2002).

새로운 산업사회에서는 기계가 대체할 수 없는 인간만의 고유한 지식과 기술, 창조력이 필요하다. 인간은 이제 복잡한 문제를 해결하고, 비판적으로 사고하며, 창조할 수 있는 역량을 갖출 것을 요구받고 있다. 다른 사람과 함께 협력하고, 감성적이며, 냉철하게 판단할 수 있는 능력도 지녀야 한다(Gray, 2016). 미래를 위한 역량으로 가드너(Gardner)가 강조한 5가지 마음, 도야적 사고, 종합적 사고, 창의적 사고, 존중하는 마음, 도덕적 마음의 중요성이 강조되기도 한다(임언 외, 2017).

새로운 산업사회로의 이행은 필연적으로 일의 교육의 변화를 요청한다. 산업사회에서 일의 교육은 대량생산체제에 적합한 인력을 대량으로 양성하여 공급하는 역할을 충실히 수행하였다. 반면, 새로운 산업사회에서는 소량생산체제에 맞는 유연하고 창의적인 일의 교육이 필요하다. 학교체제를 통한 일의 교육 기능은 다양한 학습장소와 방법에 기초한 평생학습체제로 바뀌어 간다. 전통적인 일의 교육 기관으로서 학교 직업교육 또는 국가주도적 훈련 기능이 갖는 상대적 중요성이 축소된다. 그 대신에 개인, 직장, 매체가 일을 학습하는 데 기여하는 역할의 중요성은 이미 크게 부각되었다(Gilley & Eggland, 1989).

특히, 첨단기술을 활용한 사이버교육, 가상현실을 통한 시뮬레이션 학습, 모바일기기를 통한 마이크로 러닝 등은 언제 어디서나 원하는 학습을 할 수 있도록 한다. 첨단 디지털 기술이 학습과 결합하여 '에듀테크'라고 불리며 더욱 확산하고 있다(이현욱, 2019). 인공지능, 빅데이터, 클라우드, 사물인터넷 등 디지털 기술의 발전과 융합은 사회경제적으로뿐만 아니라 전통적인 일과 학습의 패러다임도 바꾼다.

이에 따라 평생에 걸친 학습이 확산한다. 아동과 청소년기에 집중되어 있는 교육을 평생에 걸친 시기로 연장하고, 학교에 묶여 있던 교육의 장이 사회 곳곳으로 확대한다. 특히 경제적 유용성, 개인의 직업적 지위 확보와 고용가능성을 위해 교육과 일의 연계를 더욱 강조한다. 개인은 자신의 경제적 가치와 고용가능성을 증진시킬 수 있는 능력개발에 스스로 책임을 지는 존재가 되고 있다. 기업이 평생학습의 중요한 장소이기는 하지만 노동이동이 빈번한 유연한 노동시장에서 능력개발의 궁극적인 책임은 개인에게 있다. 따라서 개인은 주체적으로 자신의 능력과 경력을 개발하기 위해 평생동안 학습해야 한다. 강요에 의해 어쩔 수 없이 참여하는 페다고지적 교육으로부터, 자발적이고 자기주도적 안드라고지가 중요해졌다. 결국, 새로운 산업사회에서 일의 교육은 훈련에서 학습으로 그 패러다임이 전환하였다(장원섭, 심우정, 2005).

새로운 산업사회에서의 일의 교육은 우리에게 기회와 위협을 동시에 안겨 준다. 우리는 산업사회에서의 반복노동과 다람쥐 쳇바퀴 도는 듯한 안정, 비인격화와 몰개성화로부터 벗어나 개성을 발현하고 창의성을 발휘할 수 있는 일의 교육적 기회를 갖는다. 그러나 이와 동시에 우리는 고용의 불안정성과 성과를 위한 스트레스, 오히려 길어진 노동시간과 노동중독현상, 그리고 20 대 80의 불평등 같은 위험에도 노출되어 있다. 따라서 이러한 상황 가운데에서 일의 교육은 단순히 더 높은 성과를 달성하기 위한 수단으로만 비쳐질 수 있다. 기술주의에 체포된 교육으로 전락할 가능성마저 있다. 이것이 새로운 산업사회에서 비판적 성찰에 기초한 일의 교육이 더욱 강조되어야 하는 필연적인 이유가 된다. 한마디로, 제1장에서 언급했듯이, 기술발전을 재빨리 좇아가는 한편 첨단기술을 활용하여 개인의 기술적 숙련도를 높이는 직무훈련과 더불어 급변하는 일의 세계에서 인간의 주체성과 일의 의미를 잃지 않기 위한 일에 대한 문해력 함양이 동시에 요청된다.

4) 일의 교육의 '오래된 미래'

일의 교육사는 인류의 역사이기도 하다. 예나 지금이나 사람은 일하고 배우면서 성장하는 삶을 살아간다. 이런 일의 교육적 본질은 변하지 않는다. 그럼에도 불구하고 그 양태는 계속해서 달라진다.

산업화 이전에도 자라나는 세대는 기성세대인 부모, 친척과 마을 어른들로부터 일상생활에 필요한 지식, 태도 등을 자연스럽게 배웠다. 직업과 생계에 필요한 기술 역시 특별한 공식적 체제를 갖춘 장소에서 교육되기보다는 일터에서 비공식적으로 전수되었다. 대장간에서 또는 방앗간에서 장인과 함께 생활하면서 어깨너머로, 그리고 현장실습을 통해서 기능과 태도를 습득하였다. 교육을 전담하는 특별한 기구나 제도는 그리 발달하지 않았다. 살기 위해 일하고 일하면서 배웠다. 다시 말해서, 산업화 이전 사회에서 일의 교육은, 그것이 의도적이었건 그렇지 않건, 대부분 '손의 기억'을 무형식적으로 전수하는 과정이었다(Nishioka, 1993).

일의 교육이 체계와 형식을 갖추기 시작한 것은 비교적 근래의 일이다. 근대 산업사회에서 일의 교육은 효율화를 추구하기 위해 형식화되었다. 일의 교육이 일 또는 일의 맥락과 분리되는 탈맥락화(decontextualization)가 이루어졌다. 배울 내용과 함께 있는 상황으로서의 맥락(context)보다 상황과 유리된 교과서(text)가 일의 교육에서 더 중요한 도구가 되었다. 일하는 능력보다 자격증이나 학위 같은 '신용장(credential)'이 더 중요하게 여겨지기까지 한다(Bills, 2004; Gowen, 1994). 그러나 이렇게 일의 교육이 형식화되면 될수록 그것은 화석화된다.

새로운 산업사회에서는 일의 교육이 삶의 현장 어디서나 그리고 삶의 과정 언제든지 이루어질 수 있다는 점에서 삶의 교육 본질과 맞닿을 가능성이 있다. 그와 반면에, 기계에 의해 인간 일자리 그 자체를 빼앗기고 더욱 종속될 수 있다는 점에서 일다운 일의 교육은 더욱 큰 위기를 맞고 있다고 볼 수도 있다.

이제는 일의 교육 본래의 의미를 회복하여야 한다. 일의 교육의 원형은 일상에서 비형식적이거나 무형식적으로 이루어진 삶의 교육이었다. 그렇다고 아무런 체계와 형식 없이 방치하는 것은 곤란하다. 미리 정해져서 고정된 형식 프로그램으로서가 아니라 '목적성을 가지고(being purposeful)' '전략적이 되어서(being strategic)' 의도적으로 비형식적이고 우발적인 것을 학습으로 연결시킬 필요도 있다(Walton, 1999). 일의 교육은 무형식성과 형식화 사이의 균형과 조화를 이루어야 한다.

새로운 시대가 요구하는 일의 교육은 전통적 교육이 추구했던 목표나 내용과 완전히 단절되는 것은 아니다. 오히려 그 연속선 위에서 이루어진다. 새로운 산업으로의 전환은 기존 산업의 토대 위에서 가능하기 때문이다. 인공지능을 탑재한 로봇이 인간의 일을 대체한다고 걱정하지만 그런 로봇을 만들기 위해서는 정밀기계와 복합재료에 대한 고도의 기술과 축적된 경험을 바탕으로 해야 한다. 이렇게 보면 여전히 장인을 키우기 위해 요구되는 오랜 각고의 노력과 숙련이 필수적일 수밖에 없다.

더군다나, 대량생산의 효율성을 위한 철두철미한 관리보다는 창조적 생산을 위한 고유하고 특별한 정성과 의미를 담는 방식으로 일하는 인재를 육성하는 교육이 더욱 필요한 시대다. 세계에서 가장 뛰어난 바둑 기사인 이세돌과 커제마저도 이미 인공지능 알파고에게 졌다. 오래전에 인간의 육체적 힘을 뛰어넘은 기계가 이제는 인간의 지력마저 넘어서고 있다. 더 이상 수 싸움만을 계속해서는 인간의 일의 미래는 없다. 인간의 일과 교육에서 새로운 길은 진심을 담아 일하는 '오래된 미래'(Norberg-Hodge, 1992)로서 장인으로부터 찾을 수 있다. 새로운 산업사회에서 일의 교육에서 다시 현대적 '장인'을 주목할 수밖에 없는 이유다(장원섭, 2018). 현대적 의미의 장인 육성에 대해서는 제15장에서 더 상세히 다룬다.

2. 우리나라의 일의 교육사

이 절에서는 우리나라 일의 교육의 역사를 살펴본다. 먼저, 부족사회, 삼국시대, 통일신라와 고려시대, 그리고 조선시대로 이어지는 전근대사회에서의 일의 교육을 개관한다. 그리고 나서 산업화의 진전에 따른 일의 교육의 역사를 직업교육, 직업훈련, 그리고 인적자원개발로 구분하여 검토한다. 우리나라의 일의 교육은 국가정책에 의해 규정되는 측면이 강하므로 일의 교육 정책을 중심으로 서술한다.

1) 전근대사회에서의 일의 교육

우리 조상들 역시 고대사회에서부터 삶의 수단을 생산하고 이를 전수하는 일의 교육을 하였다. 그러나 신분제 사회에서 일과 일의 교육은 대부분 평민과 노비의 것으로 천시되었다. 귀족들은 일을 시키기만 했다. 천시받는 일을 하면서도 우리 조상들은 두레, 품앗이 같은 협동을 통해 서로 도왔다. 수많은 노동요에서 볼 수 있듯이, 고역스러운 노동을 즐거운 일로 유희화하였다. 탁월한 손기술을 발휘하여 금속활자, 화약, 거북선 같은 훌륭한 유산을 남기기도 했다. 교육이라고 여겨지는 활동은 일하지 않는 높은 신분을 가진 사람들의 전유물이었고, 일은 거의 세습직이었기 때문에 일을 교육하는 체계적인 제도나 과정을 발견하기는 쉽지 않다(이종하, 2001).

그럼에도 불구하고, 삶 속에서 일의 교육은 꾸준히 이루어져 왔다. 돌멩이를 내리쳐 깨거나, 돌멩이와 돌멩이를 부딪쳐 석기를 만드는 가장 원시적인 석기제작기술조차 가르치고 배웠을 것이다. 우리 조상들은 돌을 자르고, 구멍을 내며, 토기를 만들고, 낫과 괭이를 제작하는 신석기와 청동기시대를 거쳤고(이종하, 2001), 부여, 옥저, 동예, 삼한(마한, 진한, 변한)에서는 철제 농기구를 사용했다. 가족과 주민들이 같이 사냥과 목축을 하고 농사짓는 삶의 과정 속에서 흉내내기와 가족도제 등을 통해 일을 가르치고 배웠다. 일을 위한 도구 제작방법과 삶의 기술을 전수하는 비형식적 일의 교육이 존재하였을 것임을 추측할 수 있다(이원호, 1991). 특히, 민중의 삶에서는 농업생산과 민생이 중시되었기 때문에 학문적 교육보다는 현실적인 삶과 생존에 필요한 지식과 기술을 일상생활 속에서 전하고 익히는 실천교육을 강조하였다(이만규, 1988).

삼국시대에는 고구려의 태학, 통일신라의 국학 등과 같은 제도화된 교육기관을 통해 학문과 사상을 교육하였다(이만규, 1988). 기술교육에 대한 상세한 기록은 없지만, 건축, 공예, 세공 등에 있어서 삼국의 기술 수준은 상당히 높았다. 삼국시대에는 다른 나라들과의 기술 교류도 활발했는데, 일본에는 많은 백제인들이 초빙되어 기술을 전수하였다. 국가적인 수준에서 전담기구들을 통해 생산기술을 체계적으로 관리하고 기술인을 양성했다는 기록도 있다. 삼국시대에 기술인은 주로 양민 출신이었고, 노비나 천민들이 제작에 종사하였다. 그러나 관직에 따라서는 상류층도 없지 않았으며,

이후 시대에 비해 제작 종사를 직업적으로 천시하거나 하층 신분에 무조건 결부시키지는 않았다(이원호, 1991). 『삼국사기』에 기록된 바와 같이, 국학에서 유학경전 이외에 천문박사, 의학박사, 율령전박사 같은 제업박사와 조교를 두어 기술교육을 하였다(이만규, 1988).

고려시대에도 권농정책을 통하여 농업기술은 더욱 발전하였다. 도자기, 금속활자, 선박, 화약무기, 금속무기, 제지 등의 분야에서도 생산기술이 비약적으로 성장했다. 고려는 정부기구에 공식적으로 제조기구들을 두어 체계적인 기술관리를 했고, 그 과정에서 기술지도와 전수가 이루어졌다. 기술 또는 전문 분야가 제도교육과 시험과목으로 운영되기도 했다. 국자감에서는 유학경전과 함께 무학, 의학, 양명학, 법률학, 서학, 산학 등과 같은 기술학을 가르쳤다. 전문기술계통 관직인 잡과의 선발과목에도 이와 유사한 고시과목이 설정되어 법률전문직, 통계 · 회계직, 서기직, 의료직, 주술직, 풍수지리직, 의전전문직을 선발하였다(이원호, 1991; 한국직업능력개발원, 1998).

민간 수공업 분야에는 소(所)라는 수공업자 특수취락이 400여 개 있어서 기술인들이 생산가공과 수공업 제조에 종사하였다. 이들은 처음에는 천민신분으로 관의 통제 아래 있었으나 일반 양민으로 신분이 상승하였다. 그 이유는 생산성 제고와 자율성의 부여, 그리고 세수의 증대를 위해서였다. 결국, 고려시대에는 비의도적이고 일상적으로뿐만 아니라 의도적이고 제도적인 차원에서도 기술교육이 이루어졌다(이원호, 1991). 기술인이 낮은 계층으로 천대받은 조선시대와는 달리, 지위상의 한계는 있었으나 고려의 전문기술인은 그 속성이나 지위에 있어서 상당한 배려를 받았다.

조선시대는 일의 교육의 암흑기였다. 조선의 교육은 봉건사상과 숭유사상을 더욱 철저히 따르고 보편화하였다. 조선 초기에는 기술관 양성을 위한 기술학과 교육을 장려했고 기술관에 대한 차별도 그리 심하지 않았다. 그러나 15세기 후반 이후 양반관료체제가 확립되면서 기술직은 천시됐고 제도적으로 차별받았으며 중인 이하의 신분계층으로 고착되었다(한국직업능력개발원, 1998). 땀 흘리고 수고하는 대다수 생산노동자들의 사회적 공헌은 인정받지 못했다. 그들은 무지의 늪에서 헤어나지 못하고 천대받고 억압됐다. 유교의 전통 속에서 직접적인 육체노동에 종사하지 않는 소수의 특권계급만이 귀족문화를 향유하고 삶과 일로부터 유리된 교육 혜택을 누렸다(이만규, 1988).

조선에도 역학, 율학, 의학, 천문학, 지리학, 명과학, 산학, 화학(畵學), 악생(樂生), 도류(道流) 등과 같은 '잡과'가 있었다. 이것을 관아에서 교육하거나 스스로 학습하여,

다른 과거와 같은 시험을 보고 자격을 부여하며 등용하기도 했다. 그러나 조선시대의 잡학은 다음과 같은 몇 가지 중대한 결함을 갖고 있었다(이만규, 1988). 첫째, 물적인 토대를 갖춘 과학적 부문을 잡과라하며 천시하였다. 경사, 문장, 가사류는 학문의 왕이고 의학, 천문, 수학 등은 학문의 노예처럼 다룬 것이다. 둘째, 미신적인 성격이 강했던 지리학이나 도류 같은 것을 학문으로 가르치고 시험을 보아 관리로 뽑았다. 셋째, 잡과의 교과서는 모두 중국의 것이었고 새로운 내용을 포함하지 않았다. 잡과의 교육 역시 사대주의와 보수주의에 사로잡혀 있었다. 마지막으로, 잡과교육은 경학교육처럼 영예롭지 못하여 활발하게 이루어지지 않았다. 잡과 출신은 높은 직위에 오르지 못하고 업신여겨졌기 때문에 잡과교육 자체도 천대받았다. 결국, 실생활과는 거리가 멀수록 우대하고 실생활에 필요한 과학과 기술은 천대하는(이만규, 1988) 편파적인 제도 속에서 조선시대의 일의 교육은 그 의미와 가치를 잃고 있었다.

조선 후기의 실학사상은 일의 교육의 중요성에 대한 관심을 불러일으켰다. 박제가, 정약용, 유형원, 최한기 등과 같은 실학자는 민중의 생활 안정과 국가의 번영을 위해 상공업 발전과 기술 혁신을 강조했다. 백성들의 삶에 아무런 도움을 주지 못하는 학문이 아니라 이용후생을 위한 기술의 도입 또는 개발을 위한 실용적 교육이 필요하다고 주장했다. 실학사상은 일의 교육을 위한 새로운 시도로서 역사적으로 중요한 개혁의지를 보여주었다. 그러나 조선시대의 완고한 보수적 풍토 속에서 일의 교육으로 구체화되지는 못했다(이원호, 1991).

2) 직업교육의 근대화

(1) 근대적 직업교육의 도입

대한제국과 일제강점기에 근대 학교제도와 함께 직업기술교육의 중요성이 주창되었다. 개화기 선각자들은 국가의 부강을 위해서는 새로운 기술의 수용과 보급이 필요하다고 주장했다. 고종은 「교육조서(1895)」를 발표하여 경전 중심의 교육을 지양하고 세계정세에 눈을 뜨게 하는 새로운 교육을 제시했다. 특히, 근로와 역행의 정신과 습성을 기르고 사물의 연구를 철저히 하라는 실용교육을 강조하였다. 이와 같은 교육입국의 정신에 따라 근대적 신학제를 수립하고 서양식의 근대교육제도를 도입했다. 상공업 육성과 근대기술교육을 위해 제조공장과 민간회사, 기술교육기관 등의 설립을 제도화하는 정책을 시행하였다. 1899년에는 상공학교관제를 제정 · 공포하고 관립상

공학교를 개교했다(한국직업능력개발원, 1998).

농업, 상업, 공업 중심의 직업교육은 일제강점기에도 강조되는 것처럼 보였다. 을사늑약과 통감부 설치 이후 실업학교와 간이실업학교 같은 교육기관들을 통해 직업교육은 양적으로 늘어났다(이원호, 1991). 조선총독부는 직업교육을 적극 권장하여 실업학교뿐만 아니라 보통학교와 고등보통학교에서도 직업교과를 교육하도록 강조하였다. 그것은 궁극적으로 식민지 지배에 필요한 하급 실무자와 노동자의 양성이라는 의도를 가진 것이었다. 실제로, 일제는 조선의 공업발달을 막기 위해 관립공업학교를 폐지하고 직업계 정규학교를 세우기보다는 간이학교, 보습학교, 전습소 등의 각종 학교를 통해 조선에 진출한 일본 기업의 수요에 맞는 인력을 공급하였다. 일본인이 설립한 경성철도학교(1919), 경성전기학교(1925), 소화공과학교(1926) 등의 공업계 학교들은 철저하게 일본인 위주로 운영되었다(최규남, 2003). 한국인이 전문기술교육을 받을 기회는 매우 제한된 가운데, 직업교육은 저급한 초보 기술인력을 양성하는 우민정책의 일환이었다.

이전까지 억제되었던 공업교육은 1937년 중일전쟁 이후 크게 확대되었다. 군수산업을 중심으로 한 중화학공업이 급속히 팽창하면서 극심한 기술인력 부족 문제를 해결하기 위해서였다. 1938년 경성공립공업학교를 시작으로 공업학교의 설립을 늘렸다. 그러나 전쟁말기로 갈수록 교육은 생산현장에서의 근로작업과 군사훈련 중심으로 운영되었다(최규남, 2003). 직업교육은 우리나라를 병참기지화하기 위해 전쟁 수행에 필요한 인력을 육성하는 도구에 불과했다. 일제강점하의 직업교육은 식민지 지배구조의 요구에 맞는 교육체제를 갖추는 것을 최우선의 목표로 삼았다(이원호, 1991; 한국직업능력개발원, 1998).

(2) 국가재건을 위한 실업기술교육

1945년 일제로부터의 해방 이후 직업교육은 국가 재건을 위한 수단으로 이용되었다. 미군정 초기부터 농업교육, 상공교육, 수산교육의 실업기술교육 진흥을 위하여 새 기구를 설치하는 등 직업교육을 강화하는 데 힘썼다. 실업기술교육은 일제의 교화교육으로부터 탈피하여 학생 중심, 생활 중심, 실험실습 중심의 민주교육을 통한 중견 기술인을 양성하기 위한 것이었다. 그러나 직업교육을 담당할 교사가 부족했고, 여전히 일제식 교육방법을 사용하는 경우가 많았다. 국가 예산의 부족으로 실험실습을 위한 지원이 미흡하였다(문교부, 1959).

과학기술을 통한 국가 재건 노력은 1948년에 대한민국 정부가 수립된 이후에도 계속됐다. 백낙준 문교부 장관은 모든 학생이 한 가지 이상의 기술을 습득하는 '1인 1기 교육'을 강조하였다(문교부, 1959). 1952년에는 단선형 학제에 따른 실업계 고교가 출범했다. 일제강점기의 직업교육은 보통학교 이후 2~3년제의 간이실업학교에서 이루어졌다. 미군정시기에는 실업중학교에서 주로 기술교육을 실시했다. 그러던 것이 학제개편으로 중학교와 고등학교가 분리됨에 따라 실업계 고교가 등장했다. 이때 실업계 고교 교육은 기술자 양성이라는 완성교육 또는 종국교육의 목표를 가지고 있었다. 그러나 계열 간 이동이 가능하고 어느 계열이건 진학이 가능한 단선형 학제하에서 실업계 고교는 대학진학을 위한 교육도 수용하고 있었다(김동환, 2001).

한국전쟁 후 실업기술교육은 여러 해외원조기관의 도움을 받아 필요한 실험실습시설을 얼마간 복구하였다. 1953년부터 2년간에 걸쳐 공업고교와 수산고교의 시설 복구를 위한 운크라(UNKRA)의 무상원조는 그 대표적인 예다. 이런 가운데 경제적 낭비를 막고 효율적으로 학교를 운영하기 위해 종합고교 제도가 도입됐다. 종합고는 한 학교 내에서 인문교육과 직업교육을 동시에 실시하는 학교다. 인문계 고교와 실업계 고교를 모두 갖추지 못한 지역의 학생에게 두 가지 유형의 교육을 다 제공하기 위해 1957년 인문계 고교였던 평택고를 종합고로 개편하면서 시작했다(문교부, 1959).

직업교육 진흥을 위한 문교정책은 '실업기술교육 5개년계획(1958~1962)'으로 체계화되었다. 이 계획은 농업 · 공업 · 수산교육에 대한 지원을 위해 ① 실업기술교육 담당 행정진의 강화, ② 실업 · 기술계 학교의 시설 확충, ③ 실업학교 교원의 자질 향상을 위한 재교육 강화, ④ 실업기술교육 경시 풍토 개선을 포함하였다. 이 당시 정부는 인문계 고교의 설립을 억제하고 실업계 학교의 확충을 장려하면서 인문 대 실업의 비율을 3 : 7로 할 것을 제시했다. 그러나 이 시책은 큰 실효를 거두지 못했다. 그 이유는 사립의존도가 높은 고교에서 인문계 고교보다 설립 경비가 훨씬 많이 소요되는 실업계 고교 설립을 기피하는 현상이 있었기 때문이다. 또한 학생들이 취업보장도 안 되는 명칭만의 실업계 고교보다는 대학진학에 조금이라도 유리한 인문계 고교를 택하는 경향을 보였기 때문이다.

이렇게 해방 이후 정부는 실업기술교육의 강화를 위해 많이 노력했음에도 불구하고, 소기의 성과를 거둘 수 있는 상황은 못 되었다. 실험 · 실습시설과 훈련된 교사가 부족하고, 지도기술이 미흡하였다. 실업계 고교의 내적 여건이 갖추어지지 못하였고, 실업계 졸업생을 수용할 외적 조건마저 준비가 안 되어 있었다. 게다가, 많은 학생이 대학진학을 희망하였기 때문에 실업계 고교의 운영은 인문계 고교화되는 경향마저 띠었다.

(3) 경제개발기의 실업교육 강화

실업기술교육은 1960~1970년대에 접어들면서 더욱더 본격적으로 추진되었다. 박정희 대통령의 강력한 의지에 의해 1962년부터 시작된 경제개발계획에서 실업기술교육은 경제성장을 위한 인력개발의 주요한 수단으로 활용되었다(김동환, 2001; 최규남, 2003). 1963년에 인문계 고교와 별도로 실업계 교육과정을 공포했고, 「산업교육진흥법」을 제정하였다. 제2차 경제개발 5개년계획과 궤를 같이하여 '과학기술교육진흥 5개년계획(1967~1971)'을 추진하였다. 1973년에는 「산업교육진흥법」을 개정하여 산학협동 조항에 따라 학생의 현장실습을 강제적으로 실시했다. 1974~1978년에는 전국 공업계 고교의 특성화를 추진하여 특성화 공고로 지정된 학교의 경우 전공과 실험 실습의 비중이 증대하였다. 1975년부터는 「국가기술자격법」에 따라 국가기술자격제도를 시행하였다. 그 밖에도 특별조치로서 실업계 학생 동일계 진학특전, 산업체 부설학교, 특별학급의 확대, 실과교사 양성을 위한 대학 개편 등이 이루어졌다. 실업계 고교만을 통해 양성되기에는 부족한 기능공 및 기술공 공급분의 상당부분을 직업훈련을 통해 공급하기 위해 학교 밖의 직업훈련체제도 도입, 정비하였다.

경제개발계획에서 수립한 인력수급계획에 따라 부족한 기술인력을 공급하여 경제성장을 도모하기 위한 국가 차원의 노력은 적어도 단기적인 인력 공급의 측면에서는 성과를 거두기도 하였다. 1962년 283개의 실업계 고교(공고 41개 포함)에 124,341명의 학생(공고 33,812명 포함)이 재학한 것으로부터 1971년 500개(공고 59개)에 310,055명(공고 71,798명)으로 크게 늘었다. 공업고교 졸업생의 취업률은 1963년 23%에서 1971년 70%로 급격히 상승했다(최규남, 2003). 실업교육은 1970년대의 중화학 공업화와 경제발전에 소요된 기능공 양성에도 상당한 역할을 하였다. 그럼에도 불구하고, 직업교육을 통한 인력양성의 과정이 순탄하게 이루어지지만은 않았다(김동환, 2001; 최규남, 2003).

먼저, 실업 중학교 추진과 학제 논쟁에서 극명하게 드러났다. 정부는 6-3-3제도로는 기능공을 단기간에 양성할 수 없기 때문에 6-4제로 전환하여 중학교 수준에서 실업교육을 실시하고자 하였다. 그러나 많은 교육학자들이 복선형 학제로의 역행이 계급적 교육제도로서 시대의 조류에 맞지 않고, 교육의 질적 향상을 기대하기 어렵다는 점과 학교시설과 학생 재배치, 교육재정 등의 현실적 문제 등을 들어 반대하였다. 1970년에 당초 4년에서 1년을 단축한 인천공업중학교가 개교했으나 1974년에 폐교하였다. 학생들이 취업보다는 고교진학 욕구가 더 강했기 때문이었다. 특히, 1969년 중학교 무시험 진학이 제도화된 상황에서 중학교 교육을 종국교육으로 만들려는 정부의 시도는 교육수요자로부터 외면을 받을 수밖에 없었다.

이 당시 경제관료와 교육계는 모두 인력 수요에 효율적으로 대처해야 한다는 전제에 대해서는 합의하고 있었다. 그러나 인력수급정책을 주도한 과학기술처의 '장기인력수급추계와 정책방향'이 교육과 산업의 결합을 강화하는 데서 문제를 해결하려고 한 반면, 문교부가 주도하여 작성한 '장기종합교육계획초안'(1970)은 교육의 일반기초기술교육과 산업의 특수기술훈련의 분업화를 통해 해결하고자 하였다.

법에 의해 강제될 정도로 중요성을 가졌다고 인식된 산학협동에 대해서도 서로 다른 이해와 실천을 도모하였다. 교육학계에서는 교육의 질적 제고라는 측면에서 산업체와의 협력을 주장한 반면, 문교부는 교육에 대한 투자가 부족한 현실에서 산학 간의 공유를 통한 시설의 효율성 제고 측면을 강조하였다. 산업계는 이러한 산학협력이 경제성장에 기여하기보다는 교육을 위한 것에 불과하기 때문에 불필요하다고까지 주장하기도 하였다.

경제성장기의 중요한 도구로서 직업교육은 실제로 여러 가지 문제점을 나타내고 있었다. 교양교육의 경시, 기술과 기능의 변화에 따른 적응능력의 부족 등이 부각되었다. 또한 교육재정의 부족으로 인한 실험 · 실습시설의 미비와 특수공고에서의 단순 숙련과 자격증 취득 훈련의 교육적 한계가 계속되었다. 대졸과 고졸 간의 임금격차와 승진차별 같은 사회적 대우의 문제와 경제적 환경 변화에 따른 인력수급의 불일치는 직업교육에 대한 사회적 기피와 정책의 실패를 초래하였다(최규남, 2003). 근본적으로 실업교육 정책은 산업현장의 인력문제를 직업교육이라는 정규교육을 통해서 직접적으로 해결하려는 내적인 모순을 가지고 있었다(김동환, 2001).

(4) 공업계 고교교육의 직업훈련화

1980년대 이후 직업교육은 이전까지의 교육과는 질적인 차이를 갖는 것이어야 했다. 지식집약적이고 창조적인 산업기술 개발 경쟁이 가속화됨에 따라 지식을 고도화하고 우수한 기술인력을 양성할 필요가 생겼기 때문이었다. 그럼에도 불구하고, 공업계 고교를 통한 단능공 중심의 인력공급은 지속되었다.

1970년대 말과 1980년대 초의 심각한 경기침체로 실업계 고교는 정책의 관심에서 멀어졌다. 산업계의 인력수요 감축으로 인해 더 이상 실업계 고교 교육에의 투자가 효율적이지 않다고 판단했기 때문이다. 양적인 공급보다는 질적인 변화 또는 경제사회적 변화에 따른 다기능 교육으로의 전환이 필요한 시기였으나, 이를 간과하여 별다른 정책을 펴지 않았다(최규남, 2003).

이런 결과로 1980년대 말 기능인력의 부족이 다시 표면화되었다. 경제기획원은 1990년에 공업계 고교를 통한 '산업인력수급대책'을 발표하였는데, 그것은 경제개발 연대의 방식과 유사하게 인력의 양적인 공급 확대 정책으로 나타났다. 소위 '50:50 정책'과 '공고 2+1 체제'의 도입이 대표적인 것들이었다. 이 정책들은 경제기획원의 주도로 이루어졌고, 교육부는 그 업무의 관할권만을 가지고 있었다. 노동시장에서의 기능인력 수요 충족을 위해 1995년까지 고등학교의 일반계 대 실업계 학생 비율을 50:50으로 조정하고, 실업계 중 공업계 학생 비율은 45%까지 확충하기로 하였다. 이 정책의 목표연도는 추후에 1995년도에서 1998년도로 수정되었다. 그러나 상명하달식의 50:50 목표는 결국 학교설립 비용이 덜 드는 공업계 고교가 아닌, 여타 실업계 고교의 확대만을 초래해 인력수급의 불일치를 더욱더 가중시켰을 뿐이었다.

'공고 2+1 체제'는 공업계 고교 3학년 학생의 1년간의 현장실습을 명목으로 산업계의 인력수요를 빠르게 충족시키고자 실시된 제도다. 이 제도는 공고생의 현장적응능력을 제고하고 인력수급을 원활하게 하기 위한 취지를 표방하면서 도입되었다. 1994년 첫 해에 20개교에서 시범 적용하였고, 1997년에는 90개교로 확대하였다. 참여 학생 수는 1994년 3,169명에서 1997년 12,922명까지 늘었다. 그러나 1998년부터는 참여 학교 수가 절반으로 줄었고, 이후에도 지속적으로 감소하였다. 이 제도 역시 산업체에의 인력공급이 강조되었을 뿐, 산업현장의 실습교육여건에 대한 검토가 미흡한 채 운영되어 교육적으로 많은 문제점을 남겼다. 특히, 3학년 과정이 현장실습교육이라기보다는 강제적으로 이루어진 사실상의 조기 취업으로 간주되었다는 점에서 큰 문제를 안고 있었다(최규남, 2003).

결국, 1990년대의 공업계 고교 설립 확대를 통한 인력공급정책은 총체적인 사회 변화를 고려하여 교육적인 견지에서 이루어지기보다는 단순히 경제 상황에 따라 인력의 양적 수급 문제를 해소하기 위해 이루어진 것이었다. 구체적으로, 중학교 학생 수의 감소, 실업계 고교 기피, 학생들의 선호 변화, 산업구조의 고도화 등과 같은 사회경제적 변화에 대한 총체적인 고려 없이 실업계 고교의 양적인 팽창만을 추진하였다.

그럼으로써, 2000년대에 들어서까지 직업교육의 불안정으로 부정적 영향을 드러낸 정책 실패의 대표적인 사례가 되었다. 경제관료와 관련 학자, 그리고 산업계 등은 실업계 고교가 인력수급에 철저히 조응하기를 바랐지만, 교육의 구조와 교육체제 내의 이해관계자들은 그런 요구에 부응하지만은 않았다(김동환, 2001).

(5) 직업교육의 고학력화

실업계 고교 위주였던 직업교육 정책은 1990년대를 거치면서 그 중심축이 고등교육 단계로 이동했다. 산업구조가 고도화함에 따라 기능인력보다는 기술인력 양성이 더 중요해졌기 때문이다. 이에 따라 1990년대 이후 직업교육에서 고학력화가 진전되었다.

대통령자문 교육개혁위원회가 1996년 2월 9일에 발표한 '신교육체제 수립을 위한 교육개혁방안(Ⅱ)'는 무한경쟁시대에 국제경쟁력을 갖춘 인력개발을 국가적 과제로 설정하고, 수요자 중심의 열린 평생학습사회를 구현하기 위한 평생직업교육체제를 구축할 것을 천명했다. 이를 위해 ① 양적 확대보다는 질적 내실화, 특성화 고교 확대, 일반계, 실업계의 교육과정 통합운영, 실업계 고교 졸업생들에게 계속교육 기회 부여 등 고교 단계의 직업교육 다양화, ② 고교와 전문대 간 상호 연계 운영(2+2), 고교 단계의 직업교육과정 이수자에게 전문대, 기능대, 개방대의 문호 개방 등 대학 단계의 직업교육 활성화, ③ 실업계 고교 졸업자를 위한 산업학사과정인 신대학 설립, 운영, ④ 전문직업 분야의 학위로서 전문학사 및 전문박사학위제도 도입, ⑤ 평생직업교육 기반의 구축, ⑥ 국가기술자격 종별 및 단계의 단순화, 직업교육과 자격과정의 연계 강화 등 자격제도의 개편, ⑦ 직업교육, 훈련과 관련된 행 · 재정지원체제 구축 등을 제시했다. 이처럼 개혁안은 직업교육의 계속교육 체제를 강화하고, 고등교육 중심으로 정책의 초점을 이동하며, 다양한 연계체제를 제안하였다.

직업교육의 중심축이 고등교육 단계로 이동함에 따라 실업계 고교는 큰 어려움을 겪게 됐다. 대학 졸업정원제와 정원 확대로 고등교육 기회가 크게 확대된 반면 실업계의 동계 진학 특혜 폐지 등으로 실업계 학생의 사기는 저하됐고, 이에 따라 입학정원 미달 사태를 유발했다. 1990년대 중반 이후 정부의 재정지원 감소와 체제 개편 정책은 실업계 고교를 더욱더 어렵게 만들었다.

2000년 2월 교육부는 '실업계 고교 육성대책'을 발표하였다. 그것은 일반계 고교로의 전환 등을 통한 실업계 고교 구조조정과 소규모 특성화 고교의 확대, 통합형 고교 도입 같은 실업계 고교 유형의 다양화, 그리고 직업기초교육의 강화와 취업 및 진학 지원체제 구축 등을 포함했다. 이런 실업계 고교의 구조조정은 시대적 변화 추세에 적합한 것이라 하겠다. 그러나 1990년 이래 실업계 고교를 확대한 50:50 정책과는 정면으로 배치되는 것이었다. 경제개발 시기에 많은 정책적 지원을 받았던 실업계 고교는 구조조정의 대상이 되어 버렸다.

학령인구의 감소, 대학문호의 확장, 실업계 고교생들의 대학진학 욕구 등이 맞물리면서 실업계 고등학생들은 취업보다는 진학을 선호하였다. 그 결과로 실업계 고교 졸업생의 진학률은 1990년 8.3%에서 1995년 19.2%, 2000년 41.9%, 그리고 2005년 64.6%로 가파르게 증가하였다. 실업계 고교에 계속교육의 모형이 실질적으로 나타난 것이었다. 산업구조의 고도화, 평생직업능력개발의 필요성, 진학욕구의 수용 등 시대적 추세에 따라 실업계 고교생의 계속교육은 필요했다. 그러나 전문대학과의 '2+2' 연계교육 부실, 고교에서의 전공과는 무관한 학과로의 진학 등 실업계 고교생의 대학 진학이 그들의 직업능력을 심화시키지 못하는 방향으로 전개되는 문제를 드러냈다.

다른 한편, 직업교육개혁은 전문대학 체제 정비, 개방대학 설치, 사내대학과 기술대학 운영 등과 같은 대학 수준의 직업교육체제 강화 정책으로 이어졌다. 정부는 실업고등전문학교, 전문학교, 초급대학 등으로 나뉘어 있던 교육기관들을 개편하여 1979년 전문대로 일원화했다. 중견 직업인 양성을 목적으로 하는 2~3년제 단기고등교육기관인 전문대가 새롭게 발족한 것이다. 개편된 이후 전문대는 정부의 재정지원 등 정책적 지원에 힘입어 비약적으로 성장하였다. 1978년도의 학생 수가 59,165명이었던 것이 1982년도에는 121,539명, 1990년 323,825명, 1995년 569,820명, 2000년 913,273명, 2003년 925,963명으로 크게 증가하였다.

그럼에도 불구하고, 전문대는 여전히 특성화되기보다는 백화점식으로 운영된 점, 실업계 고교 교육과의 2+2 연계교육이 그 본래의 취지를 살리지 못하고 단순히 입학자원을 확보하기 위한 수단으로 이용됐다는 점, 주문식 교육 등을 통하여 산학협력을 모범적으로 실천하는 사례가 있었음에도 불구하고 많은 경우 산학연계가 미흡했다는 점, 사립의존도가 90%가 넘는 상황에서 재단의 재정지원이 미미하여 교육의 내실화를 이루지 못하는 경우가 많았다는 점 등의 문제를 드러냈다. 이런 상황 속에서 전문대에 대한 사회적 인식은 아직도 일반대에 진학하지 못한 학생들을 교육하는 곳으로 인식하는 수준에 머물러, 학령인구의 감소에 따른 전통적인 입학자원의 부족으로 입학생 미달 등의 위기를 겪게 됐다.

산업대학 제도는 1982년에 경기개방대학이 개교하면서 시작했다. 산업대는 평생교육의 이념 아래 근로자의 재교육과 대학 비진학자 및 중퇴자의 계속교육을 위해 설립되었다. 본래는 입학자격에 산업체 근무경력을 필수화하였다. 또한 연중 4학기제로 계절학습, 주 · 야간학습, 전일제 및 정시제 학습제도를 운영하여 학생들의 편의를 최대한 배려하였다. 방송통신대와는 달리, 산업대는 이공계를 중심으로 운영했다. 1988년 명칭을 개방대에서 산업대로 변경하였다. 그러나 산업대는 당초 설립 취지와는 달리, 일반대로의 변신을 시도함으로써 독자성을 확보하는 데에는 한계점을 드러냈다. 일반대 체제와 유사하게 운영되어 당초의 취지도 효과적으로 실현되지 못하였다.

그 밖에도 기업체가 설립하여 근로자가 현장을 떠나지 않고 고등교육 수준의 교육을 받을 수 있는 제도로 기술대학과 사내대학이 도입되었다. 기업이 설립하는 대학제도가 법적 근거를 확립하고 사회적 인정을 받게 되었지만, 크게 확산되거나 활성화되지는 못하였다.

결국, 1990년대 중반 이후 우리나라의 직업교육은 실업계 고교의 구조조정과 고학력화로 이전과는 다른 방향으로 가게 됐다. 이런 변화는 여전히 경제적 환경 변화에 대응하기 위한 것이었다. 그러나 급격한 방향 선회에 따른 충분한 준비가 이루어지지 않아 교육적으로 소기의 성과를 거두지는 못했다.

(6) 일자리를 위한 직업교육

1997년 IMF 외환위기와 2008년 글로벌 금융위기를 거치며 저성장 경제 체제로 진입하였고 노동시장의 유연화가 가속화됐다. 이에 따라 일자리 수가 부족하고 특히 괜찮은 일자리를 확보해야 하는 문제가 국가적으로뿐만 아니라 개인의 삶에서 가장 주요한 관심사가 됐다. 이 문제에 직접적으로 대응해야 하는 직업교육은 일자리 정책 기조에 따라 큰 변동을 겪게 됐다.

① 선취업 중심 직업교육

이명박 정부(2008~2013)가 들어서면서 직업교육 정책은 '선취업'에 초점이 맞춰졌다. 2007년부터 실업계에서 전문계 고교로 명칭을 바꾼 691개 고교를 특성화고 350개와 마이스터고 50개로 개편하고 나머지 291개는 일반고로 전환을 추진했다. 기능인력에 대한 수요가 지속적으로 감소하는 추세를 반영하여 양적으로 축소하면서 질적으로는 강화하고자 했다. 이와 동시에 직업교육을 이수한 이후에는 진학보다는 취업을 적극적으로 장려하여 '선취업 후진학' 체제를 구축하고자 했다(교육과학기술부, 2010).

특히, 산업수요 맞춤형 고교로 도입한 마이스터고에 집중적으로 투자하는 정책을 펼쳤다. 마이스터고는 '유망 분야의 특화된 산업수요와 연계하여 안정적 취업을 통해 경력개발이 가능한 영마이스터(young meister)를 양성'하는 특수목적고로 출범하였다. 마이스터고 졸업생은 선취업 후 계속교육을 통해 학위를 취득하는 성장 경로를 갖도록 설계됐다(장명희, 김종우, 최수정, 2011). 이를 통해 중등 단계 직업교육에 대한 부정적 인식을 깨는 동시에 대졸 미취업 문제도 해소하고자 했다. 교육과정 및 교과서를 전면 자율화하고 학비 면제, 외국어 교육과 해외 연수 등 국가적 지원을 강화했다. 그 대신 학생들은 졸업 후에 우선 취업하겠다는 서약을 했다(김종우, 장명희, 변숙영, 2009). 그 결과로 2013년 2월부터 배출된 마이스터고 졸업생의 취업률이 매년 90%가 넘고 취업자 중 90% 이상이 정규직이었다(백경진, 2016). 그 밖의 특성화고 역시 '선취업 후진학' 정책 방향에 따라 취업을 적극 권장했다. 고졸 취업률은 2011년 23.3%, 2012년 29.3%, 2013년 30.2%, 2014년 33.5%, 2015년 34.3%로 조금씩 늘어났다(한국직업능력개발원, 2020).

그러나 취업률 성과에 중점을 둔 무리한 고졸 취업 정책 추진으로 일할 준비를 적절히 하지 못한 어린 학생들이 아직 고졸 취업자를 받아들일 준비가 되지 않은 일터로 내몰렸다. 예를 들어, 계약에 따라 어쩔 수 없이 강제로 취업했던 마이스터고 졸업생들이 짧은 기간 안에 직장을 그만두었다. 1기 졸업생 중 취업자의 18.1%가 10개월 후에는 회사를 그만두거나 이직한 것으로 나타났다.[1] 게다가, 우선 취업한 직업계고교 졸업생들이 계속해서 학습할 수 있는 '후진학'의 체제가 고등교육과 평생교육 제도에서 충분하게 확립되어 있지도 못했다(장원섭, 2015b). 더 나아가, 경기침체가 지속되고 정부 교체가 이루어지면서 공공기관과 대기업 취업률이 하락하게 됐다. 그 결과로 2015년 이후 고졸 취업률 자체도 다시 하락하기 시작했다(한국직업능력개발원, 2020). 이명박 정부가 야심차게 추진했던 마이스터고에 대한 정책적 관심이 줄어들고 예산이 감소되면서 학생들의 부담을 증가시켰다(백경진, 2016). 한마디로, 이명박 정부에서 마이스터고라는 중등직업교육의 모델을 만들어 내기는 했지만 선취업 중심의 중등직업교육정책이 처음 목표했던 성과를 달성하지는 못했다.

---

1) 한겨레신문(2013. 10. 01.). '취업률 95%' 마이스터고의 환상. https://www.hani.co.kr/arti/society/schooling/605420.html

이미 확대된 전문대에 대해서도 선택과 집중을 통한 정책 사업들이 추진됐다. 교육 성과와 여건이 우수한 전문대를 선정하여 집중적으로 육성함으로써 '강점 분야 대표 브랜드'를 만들고자 했다(박동열, 이무근, 마상진, 2016). 소수의 상위 전문대만을 위한 세계적 수준의 전문대학 육성(World Class College, WCC) 정책은 대학별로 특화된 교육과정을 운영하여 차별화된 경쟁력을 높이고자 했다(정철영 외, 2015). 하지만 국제화, 글로벌 역량 강화 프로그램의 경우 일회적인 프로그램에 그치는 경우가 많았다. 또한, 2005년부터 2009년까지 시행된 산학협력중심대학 육성사업을 개편하여 산학협력선도대학육성사업(Leaders in INdustry-university Cooperation, LINC)을 2012년부터 2016년까지 추진했다(박동열, 이무근, 마상진, 2016), 이후 2017년부터 사회 맞춤형 산학협력 선도대학(LINC+) 사업으로 변경했다(김대중, 2018). 산학협력선도대학은 대학의 성격과 특성에 맞는 산학협력 모델을 발굴하고 산학협력을 통하여 산업체의 수요에 맞는 대학 교육 체제 전환을 이룸으로써 대학과 기업의 경쟁력을 강화하고 일자리 문제를 해소하며 지역발전을 견인하고자 하는 것이었다(교육부, 2014). 산학협력선도대학사업으로 산학협력 교원 수가 증가하였지만, 이러한 양적 성장은 수업 과정 및 활동으로 이어지지 못하여 학생의 성과에 직접 연결되지 않는 것으로 나타났다(최창원, 금재덕, 심동철, 2018).

② 직업교육과 취업의 국가표준화

박근혜 정부(2013~2017)의 직업교육 정책은 '국가직무능력표준(National Competence Standards, NCS)'에 온통 집중됐다. NCS란 산업현장에서 직무를 수행하기 위해 요구되는 지식 · 기술 · 소양 등의 내용을 국가가 산업 부문별 · 수준별로 체계화한 것을 말한다(「자격기본법 법률」 제11722호제2조제2호).[2] 능력중심사회를 구현하기 위한 핵심 정책으로 강력하게 추진한 NCS는 일자리와 연계된 교육을 궁극적인 목적으로 삼았다. 산업현장에서 필요로 하는 직무수행능력에 기초하여 직무능력표준을 개발하고, 이를 교육 및 훈련 과정과 자격 기준으로 활용하고자 했다(주인중, 조정윤, 임경범, 2010). 산업 또는 직무가 요구하는 숙련에 대한 정보를 표준화함으로써 산업이 필요로 하는 인력을 양성하려고 했다. NCS의 개발과 활용을 통해 청년 실업과 일자리 불합치 문제를 해결하고, 더 나아가 스펙과 학벌 문화를 넘어 능력중심사회를

2) http://www.law.go.kr/%EB%B2%95%EB%A0%B9/%EC%9E%90%EA%B2%A9%EA%B8%B0%EB%B3%B8%EB%B2%95/(11722) (검색일: 2019. 8. 18.)

실현할 수 있다고 보았다(정향진 외, 2013; 오계택, 김덕기, 박윤희, 2013).

정부의 대대적인 밀어붙이기로 직업계 고교와 전문대학 등 직업교육 현장에서 NCS는 크게 확산하였다. 교육부는 직업계 고교 교육과정뿐만 아니라 2018년까지 모든 전문대학에 NCS 기반 교육과정을 도입한다는 계획을 세웠다. NCS 교육을 전제로 '특성화 전문대학 육성 사업'을 추진하면서 도입률이 2015년에 이미 70% 이상으로 치솟았다.[3] 5년에 걸쳐 약 1조5,000억 원의 재정을 투입하는 이 사업에 2014년에 139개 중 77개 전문대학이 선정됐는데, 재정적으로 열악한 전문대학 입장에서는 형식적으로라도 도입해서 어떻게든 선정되어야 했기 때문이다.[4] 실제로 NCS가 학교교육과정의 내용으로 급하게 도입되면서 공업계 고교에서도 교육과정 편성, 교원수급 및 양성, 시설 및 기자재확보, 제도개선 등 여러 가지 문제들이 발생했다(이영민, 임유화, 2016). 더군다나, NCS는 기업과 공공기관의 채용 기준으로도 반영됐다. 학력과 스펙을 탈피하여 직무능력을 중심으로 채용을 하려는 의도였지만 NCS 수험서는 물론 학원 사교육까지 활개치며 NCS가 채용 시험 준비를 위한 또 다른 스펙으로 전락하여 취업준비생들의 부담을 가중했다.[5] 이에 따라, NCS를 일반대학에서도 도입하게 하여 교육 전반을 취업 능력 중심으로 몰아갔다.

그렇지만 사회가 급변함에 따라 직업의 생성과 소멸 또한 빠르게 진행되고 있어 모든 직업교육에 NCS를 반영하기는 어렵다. 따라서 분야에 따라 유연한 제도 운영이 필요하다는 지적이 제기되기도 했다(박동열, 이무근, 마상진, 2016). 실제로 NCS는 산업과 직업, 그리고 숙련이 크게 변화하지 않는 경우에 유용할 수 있다. 기술과 지식의 변화가 매우 빠른 상황에서는 숙련에 대한 표준을 만들어 인력 양성에 활용하기 어렵다. 개발과 적용 시점에서 이미 지식과 기술이 낡은 것이 되어 버릴 수 있기 때문이다. 더군다나, 기업 특수적 숙련을 국가 차원에서 표준화할 수가 없다. 이 경우에 NCS는 기업의 기술 수요에 대한 신호기능을 제대로 수행하기 어렵다. 따라서 표준화된 역량을 기반으로 교육과정과 학습모듈이 개발되고 이를 통해 인력이 양성된다면 이들은 노동시장에서 숙련 불일치의 문제에 직면할 수밖에 없다.

그 밖에도 박근혜 정부에서는 다양한 산업 현장 중심의 진로 및 직업교육 정책을

3) 한국대학신문(2016. 10. 16.). SCK 사업, 전문대학 '특성화' 한다더니 실상은 NCS '끼워팔기'? http://news.unn.net/news/articleView.html?idxno=164446

4) 경향신문(2016. 3. 5.). NCS교육과정 밀어붙이기 '울화통' 터지는 전문대 교수들 – NCS(국가직무능력표준)교육과정, 박근혜 정부판 4대강 사업? http://news.khan.co.kr/kh_news/khan_art_view.html?artid=201603051715291&code=940100

5) EBS(2017. 2. 8.). '탈스펙'한다더니…NCS 확대에 사교육까지. https://news.v.daum.net/v/20170208210151601

도입했다. 초중등학교의 진로교육을 활성화하고자 「진로교육법」(2015. 6. 22.)을 제정해 진로체험 교육을 강화했다. 특히 중학교에 자유학기제를 도입하여 시험 부담 없이 진로 탐색에 주력할 수 있도록 했다.

또한, 선취업 후진학 정책을 지속하면서 산업 현장에 기반한 직업교육을 강화하기 위한 일학습병행제도를 학교교육 단계에도 도입했다. 고교 직업교육에서 산학일체형 도제학교는 학생들이 학교와 기업을 오가며 이론과 현장 실습을 병행하는 교육제도다. 특성화 고교와 전문대학 그리고 기업이 연계하여 고등학생들의 전문대학 진학과 취업을 보장하는 일학습병행 제도의 하나로 고교 · 전문대 통합교육 육성사업(Uni-Tech, 유니테크)을 실시하였다.

정부는 현장 중심의 인력을 양성하고자 했지만 학교교육을 산업현장과 밀접하게 연계시키는 이런 정책들은 충분한 준비 없이 이루어졌다. 특히 기업의 자발적 참여의지가 낮아 학교는 교육적으로 적합한 진로체험을 실시하거나 직업훈련을 제공하는 현장을 찾기 어려웠다(박동열, 이무근, 마상진, 2016). 여전히 선취업 후진학이 자연스러운 과정으로 인식되지 못했고, 성인학습자의 평생교육, 고등교육 참여를 강화하기 위해서는 선취업 후진학, 일학습병행과 같은 학업 과정에 대한 사회 전반적인 인식이 개선되어야 했다(정혜진, 김경원, 2018). 또한, 전문대학생을 대상으로 한 '세계로 프로젝트'를 통해 해외 취업 교육을 실시하여 청년실업 문제를 해소하려고도 했지만, 제한된 예산 등으로 인해 일자리 문제를 해결하는 데는 역부족이었다(손영환, 2014).

③ 일자리 정책으로서 직업교육

문재인 정부(2017~2022) 역시 일자리에 집중하는 직업교육 정책을 펼쳤다. 이미 고학력화가 크게 진전한 가운데 대학졸업자의 취업 또는 창업에 더욱 집중하였다. 1980년 27.2%, 1990년 33.2%에 불과하던 고교졸업자의 대학진학률이 1995년 51.4%, 2000년 68.0%, 2005년 82.1%, 2010년 79.0%로 급상승하였고, 이후 2015년 70.8%, 2017년 68.9%로 다소 주춤했지만, 2019년 70.4%, 2020년 72.5%로 다시 상승했다. 지난 20여 년 동안 고등교육 진학률이 70% 내외를 유지하는 반면 대학졸업자의 취업률은 2017년 66.2%, 2018년 67.7%로 지난 10여 년 동안 60%대 후반에서 개선되지 않고 있었다. 더욱이 15~29세 청년실업률은 2014년에 9.0%로 올라선 이래 2016년 9.8%, 2017년 9.8%로 치솟았다(e-나라지표 www.index.go.kr). 이에 따라 정부는 일자리 정책을 최우선 과제로 내세우면서 고등교육 중심의 일자리 정책에 집중했다. 실제로, 2018년에 교육부 직제를 개편하면서 고등교육정책실 아래 직업교육정책관을 두어 대학뿐만 아니라 고교 직업교육정책도 한 곳에 모았다. 2021년 현재 직업교육정책관에는 산학협력일자리정책과, 중등직업교육정책과, 전문대학정책과, 전문대학지원과가 속해 있다. 중등직업교육정책이 고등교육정책실 아래서 이뤄지는 이상한 체계를 갖고 있다.

아직 일자리 정책의 효과를 판단하기에는 이르다. 더군다나 2020년 이래 만연한 코로나19로 인해 우리나라를 비롯한 전 세계의 경제활력이 크게 떨어졌다. 그럼에도 불구하고, 대졸자의 취업률과 청년실업률이 나아졌다거나 앞으로 나아질 수 있을 것으로 보기에는 어려운 점이 있다. 현대경제연구원은 15~29세 청년층 비경제활동인구 가운데 미혼이면서 육아 · 가사 · 통학 · 심신장애 · 취업 · 진학준비 · 군입대 대기 등의 상황에 해당하지 않고 '그냥 쉬었음'으로 분류된 사람을 니트(Not in Education, Employment, and Training, NEET)족으로 보고 그 수를 집계했다. 이에 따르면, 국내 청년 니트족은 2020년에 43만6,000명으로 청년층 인구에서 차지하는 비중이 4.9%였다. 이는 2019년보다 24.2%(약 8만5,000명) 증가한 수치고, 2016년 26만2,000명과 비교하면 4년 만에 약 1.7배 급증했다. 전문대를 포함한 대졸 이상 니트족은 2016년 17만2,000명에서 2020년 27만5,000명으로 10만 명 넘게 증가했다.[6] 결국, 현재 교육과 직업훈련에 참여하지 않는 미취업 청년이 많다는 건 일자리와 경제활동에 관한 미래 전망도 그리 밝다고 보기는 어렵다고 판단하게 한다.

문재인 정부에서도 이전 정부에서와 같이 직업계 고교 졸업자의 취업률을 높이기 위한 지원 정책을 계속했다. 2019년 1월에 '고졸 취업 활성화 방안'을 발표했는데, 이 방안은 직업계 고교 졸업자의 취업률을 2022년 60%까지 올리는 것을 목표로 삼았다. 이를 위해 공무원 및 공공기관에 고졸 채용을 확대하고 취업 후 대학 진학 및 사회적 자립에 대한 지원을 늘리는 내용을 담았다. 또한 고교학점제를 직업계고에 먼저 도입해 학생들이 선택형 직업교육을 받도록 했다.[7]

직업계 고교 졸업자를 공공 부문에 취업시키는 정책은 일자리를 손쉽게 늘리고 직업계 고교 선호도를 일시적으로 높일 수 있다. 그러나 근본적으로 이런 방식으로 취

6) 세계일보(2021. 3. 21.). 통계 이래 최다 '취업준비자'… '그냥 쉬는' 니트족도 급증. https://n.news.naver.com/article/022/0003563261?cds=news_edit
7) 연합뉴스(2019. 1. 25.). 2022년 직업계고 취업률 60%로… 9급공무원 고졸 채용 확대. https://www.yna.co.kr/view/AKR20190125034851004

업률 성과를 높이는 것이 과연 직업교육 본연의 의미를 살릴 수 있는 방안인지는 논란거리다. 더군다나 공공 일자리를 늘리는 것으로 고졸 취업률을 높이는 데는 뚜렷한 한계가 있어서 이 정책은 가시적인 취업률 성과를 일시적으로 높이려는 임시방편에 그칠 우려가 크다. 실제로, 직업계 고교 졸업생의 취업률은 2017년 50.6%였으나 2020년에는 27.7%로 크게 하락했다. 취업에 성공한 경우에도 6개월 후의 유지취업률은 77.3%로 집계돼 4명 중 1명은 직장을 잡은 후 반년 안에 퇴사하는 것으로 나타났다. 주요한 퇴사 이유는 고졸 취업자들에 대한 차별과 저임금 등의 열악한 환경 탓으로 분석된다.[8] 결국, 노동시장에서 고졸 취업자가 겪는 처우와 근로 환경 등의 문제를 개선하는 더욱 근본적인 접근이 필요하다.

일자리 중심의 직업교육이 안고 있는 또 다른 문제는 현장실습생의 잇따른 피해로부터도 여실히 드러났다. 직업계고 3학년생들은 사실상 조기 취업 형태로 산업체 현장실습을 한다. 그러나 열악한 근무환경과 근로계약의 미비 등으로 인해 피해를 겪는 경우가 많다. 2017년에는 제주도 생수공장에서, 2018년에는 태안 화력발전소에서 사망 사고까지 일어났다. 교육부는 2017년에 조기취업 형태에서 학습중심 현장실습으로 전환하며 기간도 3개월로 축소했다.[9] 그러나 현장실습 안전 대책이 실효성을 보이지 않아 국가권익위원회에서도 직업계 고교 현장실습생의 권익보호 방안을 마련하겠다고 했다.[10] 또한 이 제도에 대해 특성화 고교는 학생 취업의 어려움을 지적하고 기업에서는 저임금 노동력의 부족을 불만으로 제기했다. 실제로 '학습중심 현장실습' 도입 이후 특성화고 졸업생 취업률이 감소했고 현장실습 참여 기업의 수도 2016년 3만1,060개에서 2019년 1만2,266개로 줄었다. 이에 교육부는 1년여 만에 특성화고와 마이스터고 3학년 2학기를 전환학기로 운영하여 한 학기 동안 현장실습을 수업으로 인정하는 확대 방안을 제시했다.[11] 한마디로 일자리 성과를 최우선시하는 국정과제에 현장실습 문제까지 진퇴양난에 직면하여 우왕좌왕한 셈이다. 이처럼 학생이면서 노동자로 참여하는 현장실습에서 교육인 동시에 일이기도 한 실습 활동이 여전히 표

---

8) 세계일보(2021. 3. 31.). 직업계고 취업생 퇴사 느는데… 당국 "입대 등 추정". https://n.news.naver.com/article/022/0003566750

9) 베리타스 알파(2017. 12. 1.). 직업계고 현장실습, 내년 전면폐지… '학습중심 전환' http://www.veritas-a.com/news/articleView.html?idxno=102516

10) 서울신문(2021. 4. 12.). 직업계 고교 현장 실습 안전대책 마련된다 https://www.seoul.co.kr/news/newsView.php?id=20210412500103&wlog_tag3=naver

11) 중앙일보(2019. 1. 31.). 직업계고 취업난에 놀란 정부 '현장실습 확대'로 방향 선회 https://news.joins.com/article/23341504

류하고 있다.

문재인 정부에서 고교교육의 근본 틀을 바꾸려고 도입한 고교학점제는 직업계 고교에서 먼저 시행되었다. 이 제도에서 학생들은 자신의 진로와 적성에 따라 과목을 선택하여 이수하고 학점을 누적하여 졸업한다. 2025년 모든 고교에서 전면적으로 시행할 계획이지만 2020년부터 마이스터고에서 우선 실시했고 2022년부터 특성화고에서 도입한다. 고교학점제가 미래지향적 고교체제이기는 하지만 교원 수급, 대입제도, 학교시설, 학교 간 격차 등 교육 현장 여건이 이를 충분히 뒷받침하고 있는지는 의문이다. 특히, 학점제가 먼저 도입된 마이스터고의 경우 전공학과 내에 세부전공과 부전공을 운영하여 진로직업교육의 전문성이 강화되었다고 하지만, 이는 진로 조기 결정과 세분화를 강화할 우려가 있다.

지난 세 정부의 직업교육 정책을 종합하면, 2000년대 중반 이후 직업교육 정책의 중심축은 다시 고교로 향했다가 또다시 대학으로 이동하는 시계추와 같은 양상을 보였다. 그럼에도 불구하고, 여러 정부에서 일자리를 위한 직업교육 정책만은 일관되게 강조하고 있다. 저성장시대에 청년실업 문제가 크게 대두한 상황에서 정권이 바뀌더라도 취업률을 높이려는 정책을 펼칠 수밖에 없었다. 그럼에도 불구하고, 일자리 문제에서 자유롭지 못한 만큼 단기적인 취업률 성과에 집중함으로써 일을 교육적으로 접근하기는 어려워졌다. 게다가 제4차 산업혁명 등 화려한 수식어를 남발하며 직업교육 정책을 설파하지만, 직업교육은 여전히 국가가 목표취업률을 제시하고 역량의 국가표준을 설정하며 국가주도로 공공 일자리를 양산하는 등 산업사회적인 접근에 머물러 있다. 결국, 단순히 양적인 측면에서 일자리 중심 직업교육을 강화하는 가운데 일의 교육적 측면은 상실되거나 잊혀지고 있다. 인공지능시대에 일자리 그 자체보다 일에 대한 자세와 의미가 더 큰 문제로 대두되고 있는데도 말이다(이준웅, 장원섭 외, 2019).

3) 인적자원개발의 확장[12)]

(1) 직업훈련의 진화

① 기능인력 양성의 제도화

학교교육제도에서의 일의 교육이 교육부의 관할 아래 직업계 고교와 전문대학을 중심으로 이루어졌다면, 학교 밖에서의 일의 교육은 고용노동부가 직업훈련이라는 이름으로 정책을 시행했다. 직업훈련 정책은 1967년 「직업훈련법」의 제정으로 체계화되기 시작하였다. 1960년대 경제개발계획에 따라 기능인력의 양성이 본격적으로 요구되었기 때문이었다. 법의 제정은 실업계 고교 등 학교교육만으로는 부족한 인력개발의 문제를 학교 밖의 직업훈련이라는 별도의 제도를 통해 적극적으로 보완하려는 시도였다(최규남, 2003). 「직업훈련법」에서는 직업훈련의 대상을 구직자를 포함한 '근로자'로 규정함으로써 훈련 과정에 따라서는 취업을 희망하는 비진학 청소년과 중고령자도 재직자와 같이 훈련 대상이 될 수 있도록 하였다(임세영, 1999). 인력을 육성하는 일은 당시 문교부의 담당업무였지만, 노동청의 근로자를 대상으로 하는 직업훈련이 학교교육과 중복되지 않기 때문에 적절한 역할분담을 전제로 성립되었다. 따라서 직업훈련은 기술계 인력수급계획에 따른 기능공의 양성에 중점을 두어야 하며, 산업계의 요구를 바탕으로 훈련내용을 편성하여 정규학교의 실업교육과 중복되지 않고, 광공업 부문 '근로자'를 대상으로 한 직무기술훈련으로 한정되었다(임세영, 1999).

이 당시에 기능공과 기술공에 대한 인력수요는, 공업계 고교 등 학교를 통해서만은 부족하였고, 더 단기적이고 직접적인 공급원이 필요했다. 직업훈련은, 학교교육과는 달리, 3~6개월의 단기코스 같은 짧은 기간에 인력수급에 대응할 수 있는 기동성이 있는 동시에 실습 위주의 훈련을 통해 현장에 직접 투입할 인력을 양성할 수 있는 인력양성제도였다(김동환, 2001). 「직업훈련법」 발효 이후 공공 훈련을 중심으로 직업훈련은 빠르게 성장하였다. 그러나 교사, 교재, 시설의 부족과 같은 직업훈련의 준비 미흡은 제한된 성과를 거두는 데 그쳤다. 특히 기업의 직업훈련 참여는 기대에 못 미쳤다. 실제로 직업훈련을 실시하는 사업체의 수는 극히 적었다(김동환, 2001).

1970년대의 빠른 경제성장은 심각한 기능인력 부족의 문제를 드러냈고, 공공직업훈련만으로는 다양한 산업 부문의 기능인력 수요를 충족할 수 없었다. 따라서 이 문

12) 이 절은 장원섭(2021) 『인적자원개발: 이론과 실천(3판)』 중 일부를 수정 보완한 것이다.

제를 해결하는 수단으로 직업훈련의 강제적인 의무화가 도입되었다. 1974년에 제정된「직업훈련에관한특별조치법」은 일정 규모 이상의 기업에 대해 직업훈련 실시를 의무화하였다. 그러나 기업이 형편상 훈련을 실시하지 못할 경우에 벌칙 조항 외에는 제재 조치가 없었으므로 사업주의 훈련이 본격적으로 시작되지는 않았다. 이에 따라「직업훈련법」과「직업훈련에관한특별조치법」을 통합하여 1976년에「직업훈련기본법」과「직업훈련촉진기금법」을 제정함으로써 사업주의 훈련의무부과를 통한 산업인력양성의 제도적 틀을 갖추었다. 이 틀은「고용보험법」(1995)과「근로자직업훈련촉진법」(1999)이 도입되기 전까지 우리나라 직업훈련의 기준이 되었다.

「직업훈련기본법」에서는 훈련 주체 또는 기관의 형태에 따라 공공, 사업 내 그리고 인정 훈련을 구분하였다. 또한 훈련 대상자별로 직업훈련을 양성훈련, 향상훈련, 전직훈련 및 재훈련으로 나누었다. 양성훈련은 근로자에게 직업에 필요한 기초적인 직무수행 능력을 습득시키기 위하여 실시하는 훈련 과정이다. 향상훈련은 양성훈련을 받은 사람이나 직업에 필요한 기초적 직무수행 능력을 가지고 있는 사람에게 더 높은 직무수행 능력을 습득시키기 위하여 실시하는 훈련 과정이다. 전직훈련은 근로자에게 종전의 직업과 유사하거나 새로운 직업에 필요한 직무수행 능력을 습득시키는 훈련 과정이고, 재훈련은 직업에 필요한 직무수행 능력의 부족을 보충하기 위한 훈련 과정을 말한다(나영선, 주인중, 손유미, 2000).

기업체에 의무적으로 직업훈련을 실시하도록 강제함에 따라 양성되는 기능공의 수가 크게 증가하였다. 이 가운데 상당 부분을 사업 내 훈련이 차지하였다. 그러나 직접적인 훈련 대신 분담금을 납부하는 업체가 늘면서 훈련 인원의 수와 전체 훈련에서 차지하는 비중이 지속적으로 감소하였다. 특히 1980년대 오일쇼크와 함께 불어닥친 경기침체에 따라 사업 내 직업훈련도 침체되는 양상을 보였다(임세영, 1999).

1980년대 중반 이후의 경기 회복에도 불구하고 사업 내 훈련은 적은 인력만을 양성하였다(김동환, 2001; 임세영, 1999). 1990년대에 이르러 극심한 인력난이 가중되자 정부는 다시 직업훈련의 의무적인 실시를 늘리는 강력한 조치를 취하였다. 직업훈련 의무 비율을 높이는 대신, 기준을 완화하고 세제 혜택을 주는 등 사업 내 훈련의 활성화를 도모하였다. 그 결과로 사업 내 훈련이 다시 확대되었고 훈련 인원은 크게 증가하였다(김동환, 2001). 그러나 이런 변화는 시대의 변화에 따른 양성 중심의 훈련에서 향상훈련과 재훈련으로의 방향 전환과 맞물려 있었다(임세영, 1999). 즉, 급격한 산업사회의 변화에 부응하기 위하여 직업훈련의 중점이 기능인력의 양성, 공급에서 근로자의 평생에 걸친 직업능력의 개발, 향상으로 바뀌게 되었다.

② 평생직업능력개발로의 전환

1990년대 중반 이후의 직업훈련은 그 방향을 크게 전환하였다. 이전까지 직업훈련은 기본적으로 「직업훈련기본법」에 따라 주로 비진학 청소년들을 대상으로 기능인력 양성을 주목적으로 하였다. 기업에게 직업훈련 의무를 부과하고 그 기준을 정부가 규제하는 등 정부 주도적으로 이끌어 왔다. 그러나 이러한 직업훈련체제는 새로운 훈련 수요에 부응하여 민간의 자율적인 훈련을 활성화하고 근로자에게 다양한 직업능력개발 기회를 제공하는 데 한계가 있었다. 공급자 중심의 직업훈련체제에서는 향상훈련에 대한 수요가 급증하는 변화 추세에 제대로 대처하지 못하였으며, 또한 직업훈련 의무의 부과에 따라 기업 필요에 의한 훈련보다는 비용 소모적 훈련을 실시하는 낭비가 있었다(나영선 외, 2000). 이에 따라 직업훈련체제는 개편의 필요성을 강력하게 요청받았다. 양성훈련뿐만 아니라 재직근로자 향상훈련, 재훈련 등의 중요성이 크게 부각되었다.

1995년 「고용보험법」에 의한 직업능력개발사업의 도입은 그러한 전환의 계기가 되었다. 고용보험제도의 3대 사업 중의 하나인 직업능력개발사업은 재직근로자의 능력 향상을 위하여 실시되는 민간 주도적인 직업훈련이다. 직업훈련의무제하에서 기업은 가급적 훈련 실시를 회피하였고, 정부는 그것을 강행하도록 규제하고 감독하였다. 그러나 가입이 의무화되어 있는 고용보험은 피보험자가 보험 대상 지급 기준에 적합한 조건을 갖추면 실업급여, 직업알선, 능력개발 등을 위한 재정지원을 하도록 되어 있다. 이에 따라 기업과 근로자가 자발적으로 직업능력개발을 위한 직업훈련을 하고 그것을 통해 재정지원을 받는, 이전과는 전혀 다른 직업훈련체제가 도입된 것이다.

그러나 여전히 기업의 직업훈련 성과는 미미한 형편이었다. 또한 「고용보험법」상의 직업능력개발사업의 실시로 직업훈련체제는 「직업훈련기본법」상의 직업훈련과 이원화됨에 따라, 상이한 성격의 두 제도의 운영으로 정부정책 집행 과정에서 혼란과 비효율을 초래하였다는 비판이 끊임없이 제기되었다. 그 밖에도 직업훈련 여건의 변화에 따른 다양한 직업능력개발을 추진하기 위해서 직업훈련체제 개편의 필요성이 강하게 대두되었다. 인구증가율의 둔화에 따른 청소년 인구의 감소와 인구의 고령화, 그리고 국민의 전반적인 고학력화 등으로 전통적인 직업훈련 대상자 규모가 크게 감소하였다. 또한 여성과 취약계층 등 잠재인력을 최대한 산업인력화하고 실업자의 재취업을 촉진하기 위한 직업훈련의 필요성이 크게 부각되었다. 노동력 수요 측면에서는 기술혁신과 정보화가 생산 부문뿐만 아니라 사무 · 서비스 부문까지 급속하게 진전되고 있는 가운데 새로운 직무나 기능 · 기술에 대응하는 폭넓은 지식과 기능이 요구되었다. 이러한 노동력 수요의 변화에 대응하여 근로자가 전 직업생활에 걸쳐 계속해서 배우지 않으면 도태될 수밖에 없는 상황이 도래함에 따라 지속적인 직업능력개발의 필요성이 증대하였다.

직업훈련의 여건 변화에 대응하고 기존 직업훈련체제의 문제점을 극복하기 위해 1997년 11월 「근로자직업훈련촉진법」이 제정되었고 1999년 1월부터 시행되었다. 이에 따라 종래 직업훈련의 토대가 되어 온 「직업훈련기본법」이 폐지되고 고용보험 직업능력개발사업으로 통합 · 일원화되었다. 즉, 종래의 직업훈련 의무를 졌던 사업주가 고용보험의 직업능력개발사업 대상 사업체로 전환하게 된 것이다.

이 법은 정부의 의무부과에 의한 훈련에서 기업의 필요에 의한 자발적 훈련을 촉진하는 것을 기본 철학으로 하고 있다. 이에 따라 직업훈련의무제 아래에서의 훈련 또는 분담금의 강제에서 고용보험 직업능력개발사업으로 전환하였다. 또한 훈련 기준, 교재, 교사, 명칭 등의 규제를 완화하여 유인을 통한 자발적 직업훈련을 목표로 하였다. 한마디로, 직업훈련은 민간의 자율성과 창의성을 강화하는 방향으로 정부가 촉진하고 유인하는 역할을 하게 되었다. 훈련의 대상과 영역도 크게 확대되었다. 직업훈련은 비진학 청소년 대상 기능인력 양성에서 모든 근로자의 평생직업능력개발로 전환하고자 하였다. 훈련 분야 역시 제조업, 생산직 중심에서 사무관리, 서비스직까지 확대하였다(한국직업능력개발원, 1999).

새로운 직업훈련체제는 이전의 직업훈련과 같은 공급자 중심의, 정부 주도의, 경직적, 비효율적, 생산직 중심의 훈련에서 벗어나고자 하였다. 열린, 수요자 중심의, 민간의 자율성과 창의성을 존중하고, 유연하고 효율적인, 전 직종, 전 생애에 걸친 훈련으로 패러다임을 변화시키고자 하였다. 한마디로, 시장경제의 원리가 작용되도록 시도하였다. 그러나 사업주의 직업훈련에 대한 투자와 참여는 여전히 부족하였고, 특히 1997년 말 IMF 외환위기 이후 기업의 경영난과 실업률이 2%대에서 8%대까지 치솟는 대량 실업 사태에 따라 시장 지향적 직업훈련은 위축될 수밖에 없었다(임세영, 1999). 정부는 1998년 종전의 인력양성훈련에서 실업자의 재취업과 직업능력개발을 위한 직업훈련으로 직업훈련정책의 중점을 전환하기도 하였다. 그 이후 비록 경기가 회복되었으나 실업자 문제는 여전히 직업훈련의 주요한 부분을 차지하고 있다. 결국,

1990년대 말 직업훈련은 시장원리와 정부개입의 중간지대에 있으면서 사회복지적, 사회통합적 기능을 수행할 수밖에 없었다(임세영, 1999).

2000년대에 들어서도 평생직업능력개발 정책과 사업의 큰 틀은 계속 유지되었다. 지식과 기술의 빠른 변화로 근로자들의 지속적인 능력개발이 기업과 국가의 경쟁력을 좌우하는 핵심으로 대두하였고, 그럼으로써 국가 차원에서 근로자의 생애에 걸친 능력개발을 체계적으로 뒷받침할 수 있는 체제를 구축하고자 하였다. 이를 위해 2001년 '직업능력개발 3개년 계획'을 시행하였고, 2004년에는 「근로자직업훈련촉진법」을 전면 개정하여 「근로자직업능력개발법」을 공포하였다. 이 법은 노사가 함께 참여하는 직업훈련을 촉진하고, 중소기업과 비정규직 등 훈련 취약계층의 지원을 강화하며, 국가경제의 기간이 되는 정보통신, 자동차 산업 등의 우선선정 직종에 대한 훈련 근거를 마련하는 것 등을 주요한 내용으로 하였다(정택수, 2008).

변화된 체제 속에서 직업능력개발사업은 전반적으로 지원사업장, 지원금액, 인원면에서 점차 확대되어 가고 있고, 사업주의 자율적인 직업능력개발 훈련도 지속적인 증가세를 보였다. 직업능력개발사업은 실업급여와 고용안정사업이 연계되어 실시된다는 측면에서 적극적 노동정책의 핵심적 수단으로 자리 잡았다. 그러나 여전히 정부와 민간의 적절한 역할 분담의 문제와 새로운 산업사회에서의 창의적인 직업훈련의 문제 등은 해결해야 할 과제로 남아 있었다(정택수, 2008).

특히, 2010년대 중반부터 본격적으로 추진된 국가직무능력표준(NCS)과 산업계의 의견을 반영하기 위해 도입한 지역별, 산업별 인적자원개발위원회(RSC, ISC)는 국가기술자격제도와 함께 우리나라 직업능력개발 정책의 기본 틀을 형성하고 있다. 이 제도들을 통해 산업계 수요에 맞춘 직업훈련을 실시하여 능력 중심 사회를 구현하려고 한다. 그럼에도 불구하고, 창의력이 더욱 중요해지고 지식과 기술이 빠르게 변화하는 이 시대에 산업 부문별, 수준별로 직무수행에 필요한 능력을 국가 차원에서 표준화하고 지역과 산업계의 참여를 국가정책을 통해 이끄는 방식이 얼마나 효과를 발휘할 수 있을지는 여전히 미지수다.

지금까지 우리나라 직업훈련정책의 역사를 간략히 살펴보았다. 여기서 다음과 같은 점들이 논의될 수 있다. 첫째, 직업훈련은 출발 당시부터 문제점을 가지고 있었다. 초기 직업훈련의 시설, 교재, 교사 등의 문제점은 애초부터 예상되었던 것이었다. 무엇보다도 직업훈련의 목적 자체는 인력의 수급과 관련하여 정책화되었기 때문에 불경기를 근거로 한 합리화의 요구가 있을 경우 그 실시가 약화될 수밖에 없었다. 또한 이 당시 자본의 취약성으로 장기적인 전망에 의한 교육을 기대하기 어려웠다. 이에 따라 경기변동에 따른 인력수급문제와 기업의 여건 같은 모든 주위 상황의 변화에 따라, 특히 사업 내 훈련은 크게 달라질 수밖에 없었다(김동환, 2001).

둘째, 직업훈련은 복지로부터 경제로 정체성이 변화하였다. 여전히 비진학 청소년, 실업자훈련 등 복지적인 성격이 남아 있다. 그러나 심각한 문제는 경제로의 정체성 변화에도 불구하고, 정부의 개입이 강했다는 것이다. 시장과 정부의 모순이 그대로 드러났다. 관료주의, 형식적인 직업훈련이 여전히 문제로 대두하였다. 과거의 훈련의 무비율을 밀고 당기는 관계로부터, 근래에는 정부의 주도성이 약화되고 있기는 하지만 고용보험제도하에서도 역시 정부의 정책에 의해 크게 좌우된다(임세영, 1999).

셋째, 직업훈련은 전통적으로 교육과 분리된 독자적인 영역으로 간주되어 왔다. 교육에 관한 국가정책을 맡은 교육부와는 전혀 상관없이 진행되었고, 교육의 관점을 결여한 채 노동과 경제정책의 일환으로 추진되었다. 참여한 전문가나 학자들도 교육학자는 전무하다시피 하였고 농업교육, 기술교육을 전공한 학자들만 극소수가 정책연구를 지원하였다. 대부분의 관련 전문가와 학자들은 경제학, 공학 등의 전공자들이었다. 따라서 독자적인 영토로서의 훈련에 있어 프로그램의 내적 과정이나 교수학습의 적절성 등과 같은 교육의 과정이나 질적 측면보다는, 훈련의 결과로 양성된 인력이 일구어 내는 양적 성과를 통한 경제적 수급과 정책적 측면이 강조되어 왔다.

마지막으로, 학교 직업교육과 학교 밖 직업훈련의 관계에서부터 시작한 직업훈련의 문제는 이제 평생교육과 평생직업능력개발의 관계 문제로 이어지고 있다. 학교 안의 청소년과 비진학 청소년의 기능 양성이라는 역할분담이 비진학 청소년의 급감으로 인해 이제는 거의 무의미해짐에 따라 성인의 평생학습에서 그 역할분담이 나타나게 되었다. 그러나 교육부의 평생교육과 고용노동부의 직업능력개발은 제도권이 아닌 민간에 그 주도권이 있고, 성인의 교육은 직업생활과 밀착되어 있다는 점에서 더욱더 둘 사이의 중복이 나타나고 역할분담이 불분명해진다. 이에 따라 일의 교육이 중복되고 비효율적으로 되어 가는 경향이 보였다. 이런 문제로 인해 국가 전체적인 인적자원개발의 개념과 정책이 대두하였다.

(2) 인적자원개발의 확대

① 기업 인적자원개발의 성장

우리나라에서 기업교육은 직업훈련정책과 더불어 사업 내 훈련을 통해 이루어져 왔다. 그러나 인적자원개발의 개념에 부합하는 민간주도의 기업교육은 근래 들어 크게 성장하기 시작하였다. 앞에서도 언급했듯이, 1990년대 중반 이후 정부가 강제하는 기능인력 양성 중심의 직업훈련에 기업이 주도하는 평생직업능력개발이 제도적으로 도입되면서 자율적이고 창의적인 현대적 의미의 기업교육이 이루어졌다고 할 수 있다. 그럼에도 불구하고 그러한 기업교육은 이미 오래전부터 태동하고 있었다.

우리나라의 기업교육이 체계를 갖추기 시작한 것은 정부 주도하에 기업과 기업교육을 지원하기 위한 공공기관들이 설립되면서부터였다. 1957년 한국생산성본부가 설립되었고, 1962년에는 한국공업표준협회(현재의 한국표준협회)와 한국능률협회가 각각 신설되었다. 이 기관들은 기업교육만을 목적으로 설립된 것은 아니다. 그러나 기업교육 강좌를 개설하고, 교육연수원을 운영하며 경영교육을 실시하는 등 기업의 교육을 지원하였다. 예를 들어, 한국생산성본부는 설립 초기부터 '경영자 아카데미'를 개설하고 대학교수를 강사로 하여 경영학을 전반적으로 강의하였다. 또한 이들 기관들을 중심으로 1960년대에는 품질관리와 세일즈맨교육 등 직능별 교육이 활성화되었다(우정헌, 2005).

한국생산성본부, 한국표준협회, 한국능률협회 등 불특정 다수 기업과 그 사원들을 대상으로 교육을 실시하는 공공기관들은 지금까지도 기업교육에서 중요한 역할을 수행하고 있다. 즉, 이들 공공산업교육기관들은 다양한 프로그램을 개설하여 기업경영에 대한 컨설팅, 경영자, 중간관리자, 평사원 및 신입사원에 대한 직무교육과 일반교양교육을 실시하고 있다. 특히 자체 연수원과 교육 프로그램을 소유하지 못한 중소기업 등을 위한 사원교육과 연수 기능을 수행한다.

1970년대의 경제 성장은 기업들로 하여금 신입사원을 계속 채용하게 하였고, 이들에 대한 좀 더 체계적인 교육을 실시할 유인을 제공하였다. 정부는 「조세특례제한법」(1974)에 의해 기술개발준비금손금산입제도(과세유예를 통한 간접적 지원)와 인력개발비에 대한 세액공제제도(과세부담 그 자체를 줄이는 지원) 등의 조세지원제도를 실시하여 기업의 교육을 유도하였다. 즉, 직업훈련사업 실시에 소요되는 비용 등 기술 및 인력개발비에 대한 조세감면(「조세감면규제법」에 의해 운영비에 해당하는 세액 공제와 용품 구입비에 대한 관세 감면)을 실시하였다(최영호 외, 2000). 한편, 새마을운동은 조직개발과 목표관리(MBO) 제도를 도입하는 계기가 되었다(우정헌, 2005).

이 당시에는 미국 등으로부터 선진 기업교육 프로그램들을 활발히 도입하기도 하였다. 이 가운데 관리자 훈련 프로그램(Management Training Program, MTP)은 미 공군에서 개발되고 전후 일본 기업계에 도입되어 관리자 교육의 혁명을 이룩한 프로그램이었으며, 우리나라에서도 기업교육의 대표적인 프로그램이 되었다. 우리나라 최초의 MTP 교육은 1976년 동아일보사의 관리부 간부사원들을 대상으로 실시되었으며, 기업체 연수 담당자들을 대상으로 'MTP 파일럿 코스'가 공개강좌로 열렸다. 이 프로그램은 1980년대에도 국무총리가 의장인 생산성향상대책회의에서 국책교육과정으로 채택되었고 MTP 교수단이 본격적으로 양성될 정도로 활발하게 이루어졌다. 그 밖에도 산업 내 훈련(Training Within Industry, TWI), 현장훈련(On-the-Job Training, OJT), 경영통신 교육과정, 창의력 개발 훈련, 감수성 훈련, 성취 동기 제고 프로그램 등이 도입되어 실시되었다(이명근, 2003).

1980년대에도 여전히 외국의 기업교육 프로그램들을 도입하였지만, 기업교육에의 요구는 더 다양화되었다. 특히 1980년대 중반 이후 경기가 회복되고 기업의 규모가 커지면서 기업교육의 전략적 중요성이 인식되기 시작했다. 이에 대기업들은 자체 연수원을 설립하면서 기업교육에 박차를 가했다. 대기업들을 중심으로 소속 직원의 자질과 직무능력을 향상시키고 조직문화를 개발하기 위해 자체적으로 교육기관을 설립하는 기업들이 나타나기 시작했다. 기관의 명칭은 연수원, 인력개발원, 인재개발원, 훈련원 등 다양했다. 자체 연수원을 소유하지 못한 중소기업은 공공산업교육기관의 연수원이나 타기업체의 연수원, 연수 전용 시설, 리조트형 연수 시설 등을 활용하여 사원연수를 실시하기도 하였다(교육부, 1998).

1990년대에 접어들면서 각 기업은 자사의 필요에 바탕을 둔 독자적인 교육을 실시하고자 하였다. 기업들은 연수원을 통해 사원들에게 체계적인 교육 프로그램을 제공하였다. 특히 1995년 WTO 체제가 본격적으로 가동되면서 세계는 무한 경쟁체제로 돌입하였고, 이와 더불어 정보통신기술의 급속한 발전은 정보화사회와 지식기반사회를 대두시켰다. 이러한 기업 환경의 변화 속에서 기업의 생산성과 성장은 기술의 진보와 지식의 축적 정도에 달려 있다는 인식이 그 어느 때보다 강하게 부각되었다. 이에 따라 인재 육성이라는 과제가 등장하였고, 기업들은 자사에 필요한 핵심 인재 양성방안을 모색하기 시작하였다. 연수원은 이를 위한 기본적인 인프라로서 작동하였다. 연수원의 체계적인 기업교육 프로그램은 우리나라에서 기업교육이 한 단계 성장하는 데 기여하였다. 그러나 이 당시의 연수원을 통한 기업교육은 천편일률적인 거대한 건물을 지어 놓고 양적인 팽창을 위한 경쟁에 치중하였다고 평가받기도 한다. 또한 많은 경우, 서울 근교의 경관이 좋은 곳에 위치한 연수원에서 이루어지는 기업교육은 일터로부터 벗어나 잠시 쉬러 가는 것이라는 인식을 낳기도 하였다.

1990년대 들어 기업교육에서 일어난 또 하나의 중요한 변화 가운데 하나는 기업 내에 대학 제도가 도입된 것이다. 사내기술대학, 기술대학, 사내대학이 그것들이다. 이것은 모토로라의 모토로라대학, 맥도날드의 햄버거대학, 월트디즈니의 디즈니대학 같은 기업대학의 개념을 차용한 제도다. 우리나라에서 사내기술대학, 기술대학 그리고 사내대학은 전문학사와 학사학위 과정을 설치하여 기업체의 근로자가 현장을 떠나지 않으면서도 일하며 배우고, 학습 결과를 전문대학 또는 대학 졸업자와 동등한 학력 · 학위로 인정받을 수 있는 기회를 제공하고 있다. 즉, 산업체가 주도적으로 해당 사업장의 근로자들을 대상으로 고등교육 기회를 제공하는 것이다.

이처럼 우리나라의 기업교육은 다양한 방식으로 계속 진화하였다. 특히 성장일로에 있던 기업교육은 1990년대 말 IMF 외환위기를 맞았으나, 이를 극복하는 과정에서 더욱 끈질긴 생명력을 갖게 되었다. 즉, 자금난과 구조조정으로 많은 기업이 교육예산과 인력을 감축하고 연수원을 경제연구원 등과 통폐합하였지만, 위기는 또 다른 기회로 작용하였다.

한편으로, 기업 구조조정과 노동시장 유연화 정책에 따라 정리해고와 계약제, 연봉제가 확산되면서 근로자들은 더 이상 연공서열과 평생직장의 개념에 안주할 수 없게 되었다. 그 대신 평생직업의 개념에 따라 끊임없이 자신의 직업능력을 개발해야 하는 평생학습의 시대가 되었다. 또한 경제위기를 벗어나면서 지식기반경제와 인재전쟁의 시대를 맞이하게 되자 기업도 인적자원의 중요성을 더 강하게 인식하기 시작하였다. 이에 따라 개인과 기업 차원에서의 교육은 그 중요성을 더해 가고 있다.

다른 한편, 이때부터 오히려 사회 곳곳에 소규모의 기업교육 전문회사와 컨설팅업체들이 확산되는 계기가 되었다. 특히 경기가 회복되고 기업들이 교육도 외부조달(outsourcing)하는 경향이 증가하면서 2000년대 들어 기업교육산업은 비약적으로 성장하였다. 이들은 기업의 교육체계 구축, 이러닝 사업, 교육 프로그램 개발, 강의 등 다양한 방면으로 사업의 영역을 확장하고 있다. 이런 움직임이 기업교육시장을 형성하면서 고객 지향 또는 소비자 지향의 기업교육 방식이 활성화되고 있다. 또한 정부기관이나 지방자치단체, 공공기관 등 공공 부문의 인적자원개발도 크게 확산되고 있다. 이에 따라 인적자원개발은 기업의 범주를 넘어서고 있다. 현재는 인적자원개발을 위한 개인과 기업 등의 수요에 사회 전반으로 퍼진 인적자원개발 전문가들이 대응하면서 인적자원개발을 공급하는 거대한 교육시장이 형성되었다.

교육시장은 권위적이고 수직적인 전통적 교육 관계가 지니는 여러 가지 문제를 해소하였다. 교육공급자는 더 많은 수익을 창출하기 위해서라도 고객인 학습자를 만족시키는 프로그램을 제공했다. 그러나 교육을 수요와 공급이라는 시장논리로 접근함에 따라 교육의 본질과 가치가 훼손되기도 한다. 2014년 9월 26일에 교육담당자인 권문주 선생이 스스로 목숨을 끊는 사건이 발생했다. 주요 고객인 학습자들로부터 지속적인 성희롱과 성추행을 당한 것이 발단이었다. 교육시장에서는 우리의 오랜 통념과는 정반대로 교수자나 교육기관 같은 교육공급자가 오히려 교육수요자인 학습자에 비해 약자의 위치에 놓여 있다. 이런 점에서 이는 천박하고 불건전한 교육시장 속에서 나타나는 구조적 권력 관계의 문제가 드러난 사건이었다고 볼 수 있다. 이제는 교육시장의 방점을 시장에서 교육으로 옮겨 더욱 교육적인 시장이 되도록 해야 한다. 인격적인 관계 속에서 교육이 이루어지는 건전하고 윤리적인 시장이 형성되도록 노력해야 한다(장원섭, 2014). 이를 위해 2015년 2월 28일에 연세대학교 인적자원개발전공 동문회에서는 교수자, 교육담당자, 학습자가 지켜야 할 실천 윤리강령을 제정하여 발표하였다.

기업교육은 경제 상황에 많은 영향을 받을 수밖에 없다. 특히 우리나라 기업은 세계 시장 동향에 민감하게 대응해야 하므로 기업교육은 항상 위기 상황에 놓여 있는 것처럼 행동하고 언제나 빠르게 변화를 추동해야 하는 과제를 안고 있다. 2007~2008년의 글로벌 금융위기와 2020년의 코로나바이러스감염증-19의 대유행은 세계 경기를 위축시켰고, 이에 따라 기업교육 역시 큰 타격을 받았다. 그럼에도 불구하고, 1997~1998년 IMF 외환위기 때처럼, 우리나라 기업교육은 큰 위기를 극복하면서 더욱 강해졌다. 인공지능, 빅데이터, 사물인터넷 등을 기반으로 한 디지털 전환과 자동화의 시대가 오고 있다. 기업교육은 또다시 변화해야 하는 시기를 맞은 것이다.

우리나라의 인적자원개발은 유행처럼 확장되어 왔다. 많은 경우 남들이 하니까 우리도 한다는, 그리고 남들이 이렇게 하니까 우리도 그대로 하자는 식이었다. 그 주요한 이유는 인적자원개발에서 현장이 학문보다 더 빠르게 진화하였기 때문이다. 기업교육 현장은 학문적 뒷받침 없이 외국의 사례와 유행을 따라가기에 급급했다. 물론 인적자원개발은 1980년대 이래 학문적으로도 빠르게 성장하고 있다. 이미 연세대학교 교육대학원에서는 1979년부터 인적자원개발 전문가를 양성하는 석사학위 과정을 운영하기 시작하였다. 1989년에는 산학이 함께 모여 한국산업교육학회를 창립하였고, 1990년대 말과 2000년대에는 한국기업교육학회, 한국인력개발학회, 한국HRD학회 등이 설립되어 학문적 논의의 장을 만들어 가고 있다. 그러나 여전히 외국의 인적자원개발 관련 개념과 이론을 소개하는 수준에 있으며, 아직 학문적인 정체성을 확립하지 못하고 있다.

인적자원개발은 아직 개척해야 할 여지가 무궁무진한 기회의 땅이다. 이제야 본격적으로 인적자원개발의 틀을 갖추어 가기 시작하는 현 시점에서 우리에게 필요한 것은 우리나라의 인적자원개발 실천을 안내하고 탄탄히 할 한국적 인적자원개발의 정립과 학문적 체계화라고 하겠다.

한마디로, 더욱 담대한 도전이 절실히 요청된다. 서구의 사례와 이론을 수입하여 활용하는 쉬운 길만 걷는 방식을 이제는 버려야 할 때가 됐다. 우리보다 먼저 발전했고 더 큰 시장을 가진 서구의 인적자원개발로부터 여전히 배울 게 많이 있다. 그럼에도 불구하고, 인적자원개발을 체계화하여 연구한 지 30년이 넘은 우리가 이제는 우리의 언어로 우리의 이론을 만들어 내야 한다. 그래야만 우리의 실천 현장도 한 단계 더 도약할 수 있을 것이다.

② 국가인적자원개발의 성쇠

인적자원개발은 본래 기업교육을 일컫는 말이었다. 이 용어는 2000년대 들어서 국가 정책 차원으로 확대되었다. 그 결정적인 계기는 인적자원개발을 총괄하는 부총리제를 도입하겠다고 선언한 2000년 김대중 대통령의 신년사에서 비롯됐다. 대통령이 국가 차원의 총체적, 종합적 접근으로서 인적자원개발을 강조하자 해당 부처인 교육부마저 준비 없이 처음 접하는 소식에 당황하고 혼란스러워했다. 노동부를 비롯한 여러 경제부처들은 교육부의 인적자원개발 총괄 조정기능에 대해 회의적인 시각을 가지기도 하였다. 학교교육에만 치중하던 교육부가 경제부처들을 총괄 조정할 경험과 역량을 갖추고 있지 못하다고 여겼다. 그럼에도 불구하고, 최고 통치권자인 대통령의 선언은 어떤 방식으로든 구현되어야 했다.

국가 차원의 인적자원개발의 필요성은 경제사회적 환경 변화와 국가경쟁력 제고에서 찾아졌다. 지식기반경제로의 이행, 사회문화 패러다임의 변화, 그리고 노동시장 변화가 인적자원개발의 시대적 요구였고, 국가의 경쟁력 제고를 위한 인적자원개발이 국가 정책의 중요성으로 부각되었다. 또 다른 당위성은 인적자원개발 정책 추진의 효율화였다. 교육과 훈련 등 인적자원개발 정책과 업무의 부처 간 중복과 연계 부족은 비효율을 낳았다. 게다가, 이미 선진 외국들은 시대적 변화에 빠르게 부응하면서 효율적 인적자원개발을 위한 행정조직의 신설 또는 통합을 이루고 있었다.

인적자원개발 정책의 추진체계를 수립하기 위한 기초작업들이 숨 가쁘게 이루어졌다. 2000년 3월 교육부장관이 의장이 되고 관련 부처의 장관이 참여하는 '인적자원개발회의'를 구성하여 인적자원개발 관련 의제를 논의하였다. 2000년 9월에는 대통령 자문 '새교육공동체위원회'가 '교육인적자원정책위원회'로 새롭게 출범하였다. 한국개발연구원(KDI)과 한국직업능력개발원을 주축으로 여러 정부출연연구소들에서도 국가 차원의 인적자원개발의 개념과 범위, 추진과제를 연구, 지원하였다.

이런 과정을 거치는 동안에 '국가인적자원개발(National Human Resource Development, NHRD)'이라는 신조어가 만들어졌다. 이 개념은 통상 민간부문(일반기업체 등)에서 사용하는 인적자원개발(HRD)과 구분하고 국가 차원의 거시적 인적자원개발정책을 강조하는 의미에서 사용하였다. 미국 등에서도 HRD를 차원에 따라 개인, 조직, 사회 등 다른 범위로 개념화하고 근래에는 광범위한 개념으로 사용하지만(McLean, 2006), NHRD라는 새로운 용어를 사용하는 데는 논란이 있었다(McLean et al., 2008; Wang & Swanson, 2008; Roh, Ryu, & McLean, 2020).

NHRD는 기존 조직 차원의 교육, 훈련, 발전을 중시한 차원에서 확대되어 국가 차원에서 기초능력, 기술력, 정보력, 도덕적 성숙 등 인간의 여러 능력과 품성을 갖춘 인적자원의 효율적 개발과 활용을 위한 국가 · 사회적 제반 노력을 통칭한 개념이었다. 여기서 인적자원(human resource)은 '인적 자본과 사회적 자본 등 국가 및 사회의 발전과 개인의 삶의 질을 윤택하게 하는 인간의 모든 능력과 품성을 지칭한다. 인적자본은 개인 내에 체화된 지식 · 기술 · 기능 등으로 경제활동을 통해 생산성과 부를 증대시키는 능력을, 사회적 자본은 도덕성, 협동성, 사회규범 등 사회적 결집과 신뢰를 형성하게 하는 무형적인 자본'을 의미하였다. 2002년에 공포한 「인적자원개발기본법」에서는 '인적자원'이라 함은 국민 개개인 · 사회 및 국가의 발전에 필요한 지식 · 기술 · 태도 등 인간이 지니는 능력과 품성을 말하고, '인적자원개발'이라 함은 국가 · 지방자치단체 · 교육기관 · 연구기관 · 기업 등이 인적자원을 양성 · 배분 · 활용하고, 이와 관련되는 사회적 규범과 관계망을 형성하기 위하여 행하는 제반활동을 말한다고 정의하였다.

1년여의 논란과 준비과정을 거쳐 2001년 1월에 비로소 교육부가 교육인적자원부로 개편되고 교육부총리제도를 도입하였다. 이후 국가인적자원개발에 관한 법적인 체제를 정비하고 제도적인 근거를 마련하기 위하여 「인적자원개발기본법」(2002년 8월 26일

통과, 2003년 2월 27일부터 시행)이 제정되었다. 이 법은 국가인적자원개발기본계획, 인적자원개발회의, 인적자원개발지원센터 등에 관해 규정하였다. 이에 따라 이전부터 운영되었던 정부의 인적자원개발회의(교육인적자원부장관이 의장)가 법적 효력을 가지고 작동하게 되었다. 또한 인적자원개발지원센터가 한국직업능력개발원에 지정되었다. 정부출연연구소 협의체를 구성하고 여러 연구개발사업을 하여 인적자원개발회의와 정부의 국가인적자원개발 업무를 지원하였다.

2001년과 2006년에는 국가 수준에서 체계적인 인적자원개발을 위해 국가인적자원개발기본계획도 수립하였다. '사람, 지식, 그리고 도약: 인적자원개발기본계획(2001~2005)'이라는 명칭으로 제1차 기본계획을 수립하였다. 기본계획은 '경쟁력 있는 국민, 서로 신뢰하는 사회'를 정책 비전으로 하여 2005년까지 세계 10위권의 인적자원 강국으로 도약하는 것을 목표로 설정하였다. 이를 위해 국가가 추진할 과제로 4대 영역의 16개 분야를 제시하였다. 첫째, '전 국민의 기본역량 강화'를 위해서 국민기초교육의 보장, 진취적 · 창의적 청소년문화 육성, 평생학습 활성화, 취약계층 능력 개발지원, 사회적 신뢰 구축과 시민의식 제고의 과제를 설정하였다. 둘째, '성장을 위한 지식과 인력개발'을 위해서는 우수 인재 발굴 · 육성, 국가 전략 분야 인력 양성, 산학연 협력 강화, 서비스산업 분야 인적자원개발, 문화예술 전문인력 양성을 제시하였다. 셋째, '국가 인적자원 활용 및 관리의 고도화'는 공직 부문 인적자원 전문성 제고, 민간 부문 인적자원 활용 개선, 여성 인적자원 활용도 제고를 통해 달성하고자 하였다. 마지막으로, '국가인적자원 인프라 구축'을 위해서 인적자원 정보 인프라 구축, 지식유통체제 혁신, 인적자원정책 역량강화를 제시하였다. 제2차 기본계획(2006~2010)은 1차 기본계획의 연장선상에서 '국제경쟁력 있는 핵심 인재 양성' '전국민의 평생학습 능력 향상' '사회통합 및 교육 문화 복지 증진' 그리고 '인적자원개발 인프라 확충'의 4대 영역으로 구성하였다(교육인적자원부, 한국직업능력개발원, 2006).

2007년에는 「인적자원개발기본법」을 개정하여 대통령을 위원장으로 하는 '국가인적자원위원회'를 발족하고, 이를 뒷받침할 범정부적인 차원의 '인적자원정책본부'를 설치하였다. 이를 통해 정부가 인적자원개발을 얼마나 강조하고 강력하게 추진할 의지가 있었는지를 알 수 있다. 이처럼 2000년대 중반까지 NHRD를 키워드로 하여 국가 차원의 인적자원개발을 추진하기 위해 숨 가쁘게 달려왔다. 그러면서 국가인적자원개발이 어느 정도의 체계를 갖추게 되었고, 국가적인 사업으로 그 어느 영역보다도 정책적 중요성을 인정받게 되었다.

실질적으로 국가차원의 인적자원개발을 시행하는 제도들도 만들어졌다. 그 가운데 '인적자원개발 우수기관 인증제도(Best HRD)'는 기업 등 민간기관과 공공기관에서 능력을 중심으로 인재를 채용, 관리하고 재직 중인 근로자의 학습을 통해 개인의 능력을 제고하는 등 인적자원개발을 우수하게 실천하는 기업, 단체, 공공기관 등에 정부가 심사를 통해 인증마크를 부여하는 제도다(www.nhrd.net). 이 제도에 의해 인증받은 기관은 조직 내 인적자원개발을 통하여 조직의 성과를 향상시킬 수 있도록 설정된 국가 수준의 모범적 인적자원개발 실천 기준을 충족시킨 조직을 의미한다. '지역인적자원개발(Regional Human Resource Development, RHRD)'정책은 국가인적자원개발이 지역 차원에서 지역이 주체가 되어 실행하여야 한다는 취지에서 도입되었다. 그것은 지역 간 불균형 문제를 해소하기 위해 지역의 인적자원개발을 통한 지역 발전을 도모하고 한다. 지역 주민의 잠재 능력을 최대한 개발, 활용할 수 있도록 지원하는 정책적 노력이라고 할 수 있다.

그러나 여전히 국가인적자원개발은 여러 측면에서 다음과 같은 문제점을 내포하고 있었다. 첫째, 정책 수립과 집행에서의 실효성 문제다. 부총리제도에 기초한 우리나라만의 모형이 과연 잘 작동하였는지는 의문이다. 교육인적자원부의 인적자원개발정책과 업무가 정착되었다거나, 부처 간의 연계와 협력에 의해 정책수립과 집행이 효율적으로 이루어졌다는 증거를 발견하기는 어렵다.

둘째, 인적자원개발에서의 정부 개입의 문제다. 앞서 살펴보았듯이 인적자원개발에 관한 시장 접근과 정부 개입의 문제는 이미 오래전부터, 그리고 세계적으로 논란이 있어 왔다. 우리나라의 국가인적자원개발은 이 두 가지 접근법을 상당히 혼재하고 있었다. 기본계획을 수립하는 등 겉으로 보기에는 정부가 크게 개입하는 것 같지만, 그 내용에서는 기본적으로 시장 접근법을 취한다고 천명하였다. 그럼에도 여전히 우리나라 정부는 강력한 권력을 가지고 관료적인 통제를 하는 경향을 보이기도 하였다.

이런 문제점과 더불어 정권의 교체는 국가 차원의 인적자원개발을 크게 변화시켰다. 2008년에 출범한 이명박 정부는 이전 정부에서 추진했던 국가인적자원개발 정책과 사업들을 대부분 폐기하였다. 「인적자원개발기본법」은 사실상 사문화되었고, 국가인적자원개발 기본계획 수립도 중단됐다. 국가인적자원위원회와 추진본부는 해체되었다. 국가인적자원개발 조사 · 분석 · 평가 사업 등 여러 사업도 더 이상 이루어지지 않았다. 그럼에도 불구하고, 국가 차원의 인적자원개발의 필요성이 사라진 것은 아니었다. 전 정권에서 주요한 정책이었던 국가인적자원개발은 그 방향성이 국가 개입보다는 시장 중심의 정책으로 전환하였다. '인적자원' 대신 '인재'라는 용어로 명칭을 바꿔 계속 진행하는 정책들로 많았다. 예를 들어, '인적자원개발 우수기관' 인증제도는 '인재개발 우수기관' 인증제도로, '지역인적자원개발'은 '지역인재개발'로 바꾸는 식이었다.

이명박 정부의 이런 조치들은 두 가지로 해석할 수 있다. 하나는 국가인적자원개발의 약화다. 실제로, 국가 차원의 인적자원개발을 위한 강력한 기반과 구조들이 사라졌다. 통합적이고 체계적인 정책적 틀의 상실은 인적자원개발 기능의 전체적인 조정과 효율화를 후퇴시켰다.

그러나 다른 한편으로 국가인적자원개발이라는 용어는 단순히 정책의 이름이므로, 새로운 정권에서 새로운 명칭과 다른 관점에서의 인적자원개발 정책 추진이라고 볼 수도 있다. 실제로, 인적자원이라는 용어를 인재라는 용어로 대체한 것을 그렇게 해석할 수도 있다. 그러면서 이명박 정부도 인재대국을 5대 국정과제의 하나로 설정하였다. 다만 기존의 형평성 중심의 인적자원개발을 더 시장 중심의 인재정책으로 변화시켰다.

박근혜 정부가 들어선 이후에 이와 같은 명칭의 변경은 또 다시 이루어졌다. 2013년부터 인적자원개발과 관련한 국가 정책들은 인재라는 용어가 아니라 인적자원이라는 본래의 용어를 회복하였다. 사회부총리제를 도입하여 새롭게 국가 수준의 인적자원개발 정책을 총괄하려고 하였다(김형만, 장원섭, 황승록, 2014).

2017년 출범한 문재인 정부 역시 사회부총리제도를 이어받았다. 그러나 교육부장관이 의장이 되는 사회관계장관회의에서는 교육, 문화, 복지 같은 사회정책을 조정하는데 중점을 두어 국가인적자원개발 정책은 축소되었다. 또한 사람 중심 경제, 포용국가 실현 등과 같은 국가 정책 기조에 따라 인적자원개발에 대한 범정부 차원의 관심은 약화되었다. 제2차 국가인적자원개발 기본계획 수립 이후에는 국가 차원의 인적자원개발 계획도 수립하지 않고 있다. 결국, 국가 차원의 인적자원개발을 총괄, 조정하는 정책은 사실상 폐기됐고 각 부처가 개별적으로 관할 업무를 수행하는 것으로 축소되었다. 고용노동부가 수립한 제3차 직업능력개발 기본계획(2018~2022), 교육부의 제4차 평생교육진흥 기본계획(2018~2022), 과학기술정보통신부의 제4차 과학기술기본계획(2018~2022) 등을 통한 인적자원개발 정책이 그것들이다.

국가인적자원개발이라는 용어는 우리나라에서 만들어졌고, 외국에서도 일부 받아들여졌다(McLean, 2006). 그러나 여전히 개념적 · 학문적 타당성과 정책적 유효성에 대한 논쟁거리가 되기도 한다(McLean et al., 2008; Wang & Swanson, 2008; Roh, Ryu, & McLean, 2020). 사실 이명박 정부에서도 국가인적자원개발 대신 국가인재개발이라는 명칭을 사용했지만, 영어 명칭은 NHRD였다. 이 개념이 정책적으로뿐만 아니라 학문적으로 어떻게 평가될지, 그리고 앞으로 어떻게 계속 유지 · 발전할지는 더 두고 볼 일이다.

4) 우리나라 일의 교육의 한계와 가능성

우리나라 일의 교육은 전근대사회에서 이루어졌던 전통적인 형태로부터 사회, 경제, 정치적 변화와 함께 지금의 모습으로 변모해 왔다. 학교 중심의 직업교육이 확대됐고 학교 밖 직업훈련도 진화하였다. 기업 등 민간부문에서의 인적자원개발이 크게 성장하는 한편 국가 차원의 인적자원개발이라는 새로운 시도도 이루어졌다. 이처럼 우리나라 일의 교육은 확장하는 양상을 보이며 발전했다. 이런 가운데 다음과 같은 논의점들을 찾을 수 있다(장원섭, 2006).

첫째, 일의 교육은 산업화와 경제 변화에 대한 대응의 수단으로 기능하였다. 인력수급을 통해 경제발전을 도모하기 위한 직업교육과 훈련은 경제 상황의 변화에 따라 정부 지원의 확대와 감축의 우여곡절을 겪었다. 그러다가 이제는 저성장시대를 맞아 개인의 고용가능성을 높여 일자리를 준비하기 위한 교육을 강조하고 있다. 이와 같이 새로운 경제와 산업, 노동시장 변화에 따라 일의 교육은 정책적 관심의 중심과 개념에 있어서 조금씩 바뀌어 왔을 뿐 경제 상황에 대응하는 기제로 기능해 왔다.

그럼에도 불구하고, 교육의 경제와의 대응성은 자동적이거나 완벽하지 않다. 교육의 구조적, 체제적 문제로 인한 장기성과 경직성은 단기적이고 직접적으로 인력수급에 기여하기 힘들게 만든다. 이에 대한 대안으로 직업훈련이 등장한다. 또한 교육자들은 교육에 방점을 둔 일의 교육을 주창하고 실천하기도 한다. 어떤 경우는 교육 현장의 여건 미비로 경제적 요구를 충족시키지 못하기도 한다. 결국, 교육과 경제의 관계에서 교육의 상대적 자율성이 존재한다.

둘째, 일의 교육은 강력한 정부 정책에 의해 추동되었다. 일의 교육이 경제 변화에 대응하기는 했지만 산업과 노동시장 등 시장의 요구에 자연스럽게 적응한 것이 아니었다. 오히려 정부의 주도 아래 이끌려 왔다. 그건 1980년대까지의 권위주의 정부에서만이 아니라 지금까지도 계속 이어지고 있다. 1960~70년대의 경제개발계획에 따른 인력양성계획과 그에 맞춘 실업교육과 직업훈련정책과 2000년대 이후의 국가인적자원개발기본계획, 국가직무능력표준 등은 대표적인 정부 주도 일의 교육이라고 할 수 있다.

그렇지만, 아무리 경제적 필요를 반영하는 일의 교육 정책이라도 학습자의 요구를 완전히 무시할 수는 없다. 학습자는 공장의 물건이 아니다. 경제적 동물만도 아니다. 인격체이고 인간으로서의 사회적 욕구를 가지고 있다. 정부의 선취업 방침이나 경제 주도적 논리와는 달리 학습자는 진학하여 더 배우고자 하는 욕구를 가지고 자신의 삶을 더 유리하게 꾸려 가려는 행동을 보이기도 한다. 더군다나 개인적인 이익보다는 국가사회적인 이익에 더 크게 기여하는 공공재로서 일의 교육을 추진함에도 불구하고, 우리나라 직업교육은 국공립보다는 사립학교에 의존하는 비율이 매우 높다. 이런 구조 역시 일의 교육 정책이 정부의 의도대로만 이루어지지는 않도록 만들기도 한다.

셋째, 일의 교육이 분리된 체제 아래 이루어졌다. 그것은 행정 체제뿐만 아니라 교육 현장에서도 발견된다. 직업교육은 교육부의 정책으로 정규 학교교육을 통해 실천된다. 반면, 직업훈련은 고용노동부 정책에 의해 비진학 청소년과 근로자, 실업자 등을 대상으로 학교 밖에서 이루어진다. 기업이 설립한 사내대학에서도 학위를 받을 수 있도록 한다거나 대학에서 고용노동부의 프로그램을 시행하는 등 근래 들어 그 경계가 허물어지는 사례가 늘어나고 있기는 하다. 국가인적자원개발정책은 일의 교육들 사이의 분리를 극복하고 연계와 협력을 도모하기 위한 시도였다. 그러나 각 부처가 분리된 상태에서 교육부총리가 가진 조정 권한에 한계가 있어서 그 실효성이 크지 않았다. 지금은 국가인적자원개발정책이 폐기되어 일의 교육에 있어서 조정과 협력은 더욱 어려워졌다.

여러 일의 교육 제도가 서로 다른 특징을 가지고 있기 때문에 통합과 상호 연계성에 대한 이해에 기초하여 역할분담을 하는 것이 바람직하다. 직업계 고교와 전문대학 또는 일반대학이 일을 준비하는 단계에 따라 역할을 분담하고 연계할 필요가 있다. 장기적으로 인력을 육성하는 직업교육과 단기적으로 인력을 공급하는 직업훈련 사이의 통합적 접근도 중요하다. 직업훈련이 제 역할을 충분히 수행하지 못하면 직업교육이 산업계의 요구에 직접 조응하도록 요청받는다(김동환, 2001). 결국, 일의 교육의 총체적 발전을 위해서는 일의 교육 각 부문들이 충실히 제 역할을 수행할 수 있어야 한다.

정리하면, 우리나라의 일의 교육사는 경제 변화의 대응에 급급하고 이를 반영한 국가 정책에 추동되며 분리된 행정체제에 의해 이끌려 왔다. 여기서 가장 큰 힘을 가진 것은 국가와 관료였다. 기업가의 교육 요구가 경제학자에 의해 정당화되었다. 이런 가운데 일의 교육의 주체인 교육자와 일을 학습하는 학생들은 배제되고 소외되어 왔다. 그러면서 일의 교육은 이류교육으로 전락해 왔다. 일의 교육에 대한 전체적인 조망과 충실함 없이 경제에만 휘둘려 온 일을 위한 교육, 더 구체적으로 직무수행을 준비하는 훈련을 추구하는 데에만 그쳤기 때문이다. 그럼에도 불구하고, 일의 교육은 다른 자원이 부재한 우리나라가 세계 10대 경제대국으로 성장하도록 하는 데 크게 공헌했다. 이제는 경제적 성장뿐만 아니라 인간이 삶의 주체로서 살아가는 데 더욱 의미있게 기여하는 진정한 일의 교육으로 나아갈 필요가 있다.

제5장

일의 교육학 이론

교육은 일의 세계와 완전히 분리된 채 진공상태에 존재하지 않는다. 교육을 통하여 길러진 개인은 사회 속에서 일정한 역할을 수행하면서 삶을 살아가게 된다. 사회 속에서의 역할은 일을 통해서 발휘되는 경우가 많다. 또한 삶과 일의 과정 속에서 사람은 다양한 형태의 학습을 한다. 이렇게 교육과 일 사이에는 필연적 관련성이 있다. 그러나 그 관련성의 강도와 형식을 파악하고, 교육과 일의 관계에 대한 방식을 설정하는 방법에는 다양한 입장이 존재한다. 그것은 기능주의, 실용주의, 비판주의 일의 교육으로 구분할 수 있다. 각각의 관점은 '직무수행을 위한 훈련' '직업경험을 통한 학습', 그리고 '노동세계에 관한 교육' 이론으로 대변된다. 각 이론들은 근본적으로 인간과 사회, 그리고 교육과 일에 대한 인식과 관심의 차이에서 비롯된다. 일의 교육학의 세 이론적 관점들은 상이한 학문적 전통과 철학적 배경을 가지고 있다. 각각의 이론적 관점들에 대해 좀 더 상세히 살펴보자.

1. 직무수행을 위한 훈련 이론

1) 기본 관점

산업사회에 접어들면서 교육과 일의 세계는 명확하게 나뉘어졌다. 직무수행을 위한 훈련은 교육으로부터 단절된 일을, 일로부터 분리된 교육을 통하여 효율적으로 연결시키고자 한다. 따라서 직무훈련은 사회적 효율성, 경제적 성과, 그리고 이를 위한 체계적인 교육방법 등과 같은 지향성을 가진다.

기능주의적 일의 교육학은 근본적으로 기술적 관심(technical interest)에 기초한다. 그것은 자연과 사회현실을 기술적으로 지배하고자 한다. 이를 위해 예측 가능한 경험적, 분석적 지식을 찾는 데 학문적 노력을 기울인다. 분석적 · 경험적 방법을 통해 자연과 사회적 관계의 법칙을 발견하는 데 관심을 모은다. 이를 위해 자연통제와 사회공학적 접근법을 취한다(Habermas, 1978).

행동주의 심리학과 테일러주의적 경영이론은 기능주의적 일의 교육학을 위한 기반을 제공한다. 이들은 세분화된 직무목표에 따른 효율적인 훈련방법을 선호한다. 이를 통해 인간의 행동을 변화시키고 조직의 경제적 성과를 높이고자 한다. 이때 일의 교육은 경제사회의 효율화를 도모하기 위한 수단이 된다.

2) 주요 내용

직무훈련(training for job)으로서 일의 교육은 주어진 직무를 잘 수행하도록 행동을 변화시키는 것을 강조한다. 업무수행에 필요한 지식과 기술을 습득하고 숙달하는 것은 일의 교육의 기본적인 과정이다. 따라서 직무훈련은 일의 교육의 필수 불가결한 영역이라고 할 수 있다. 이러한 학문적 관심과 논리는 산업화 시기의 스네덴과 프로서 같은 산업주의자들에 의해 주창된 것이다. 그 학문적 전통은 직무훈련론, HRD의 훈련 패러다임, 인적성과공학(HTP) 등으로 이어지고 있다.

스네덴과 프로서는 미국에서 20세기 초 산업사회의 변화에 대응하여 일의 교육이 강화되어야 한다고 주장하였다. 그들은 숙련되고 건전한 직업의식을 가진 노동력을 안정되게 공급하여 산업의 생산성을 높여야 한다고 보았다. 그래야만 미국이 독일 등 기술력이 우수한 다른 국가들과의 경쟁에서 국제경쟁력을 가질 수 있다고 강조했다. 또한 그들은 일의 교육이 전통적인 인문교육에 흥미가 없는 학생들의 중도탈락을 방지하는 효과도 가진다고 보았다. 그럼으로써 그 학생들은 더 나은 취업의 기회를 가질 수 있게 되고, 개인적 삶에서의 낭비를 막게 된다. 스네덴과 프로서에게 그러한 일의 교육은 구체적인 직무수행을 위한 전문화된 훈련을 의미했다. 세분화된 기술을 가르치기 위해서는 산업과의 긴밀한 연계가 필요하다고 강조하였다. 효율적인 일의 교육은 학교가 일터와 최대한으로 유사한 조건을 갖추었을 때 가능하다고 주장했다. 이들은 행정적으로도 분리된 학교체제를 선호하였는데, 그 이유는 일의 교육만을 전담하는 따로 분리된 전문적 학교에서만 그런 직무훈련을 효율적으로 실시할 수 있을 것이라고 보았기 때문이다(Gordon, 1999).

일의 교육에서 사회경제적 효율성의 강조, 산업 요구의 빠른 대응, 그리고 분리된 교육체제의 운영 주장은 지금도 계속 제기되고 있다. 산업계와 일부 교육학자들은 교육이 산업체가 당장 활용할 수 있는 구체적인 직무기술을 가진 노동력을 공급하여야 한다고 주장한다. 결국, 일의 교육에서 사회적 효율성을 주장하는 이들은 시장의 구체적이고 특수한 기술적 요구에 대응하여 학습자를 훈련시키는 것이 중요하다고 주장한다. 이들에게 있어서 일의 교육은 한마디로 구체적인 직무수행을 위한 훈련인 것이다.

훈련의 패러다임은 일터에서도 주요한 관점을 형성하였다. 과학적 관리를 통해 효율적인 생산체제를 지향하는 가운데 일터에서의 교육 역시 표준화, 세분화, 순차화라는 특징을 그대로 반영하였다. 인적자원개발은 대량생산체제에 필요한 숙련된 대량의 노동력을 양성해 내는 효율적인 교육 프로그램과 기법을 발전시켰다. 기능주의자들은 효율적인 인적자원개발을 위해 체계적이고 순차적인 합리주의적 모형을 만들어 냈다. 그 대표적인 사례가 교수체제개발과 인적성과공학모형이다.

교수체제개발(Instructional System Development, ISD)은 업무수행의 목표를 효과적으로 달성하기 위하여 단계적인 분석 절차에 따라 교수 방법과 수단을 선택하는 체계적인 일련의 과정이다. 그것은 선형적 · 시간적 흐름에 따라 이루어진다. 전통적인 ISD는 교수 설계자가 누구든 동일한 설계 결과를 가져올 수 있도록 과학적이고 표준화된 설계 과정을 따른다. 따라서 이 경우 ISD에 대한 평가는 효과성과 효율성을 중심으로 이루어진다.

인적성과공학(Human Performance Technology, HPT)모형은 훈련 패러다임을 넘어서 '성과(performance)' 패러다임을 주창하면서 등장하였다. HPT는 체계적인 과정인 동시에 새로운 시각에서 인간이 성과 증진에 기여한다는 사고방식을 보여 준다. ISD가 교육 프로그램에 초점을 맞추고 있는 반면, HPT는 조직의 경영성과를 향상시키는 것을 목표로 하고 있다. 따라서 경영성과에 기여할 수 있는 다양한 해결 방안이 만들어지게 된다(Rosenberg, 1996). 이런 점에서 ISD와 HPT는 각각 목표와 범위 면에서 분명한 차이를 가지고 있다. 그럼에도 HPT 역시 ISD와 동일한 가정에 기초하여 유사한 절차와 과정을 거친다. ISD 모형과 유사하게 이 모형에는 수행분석, 원인분석, 해결책의 선정 및 설계, 실행과 변화 관리 그리고 결과 평가의 체계적인 과정이 포함된다(정재삼, 2000).

3) 한계

일의 교육에 대한 직무훈련 중심적 접근은 다음과 같은 한계를 가진다.

무엇보다 먼저, 직무훈련은 일의 교육을 통한 인간의 총체적 발달에는 무관심하다. 훈련 개념은 구체적인 일에 대해 비교적 단기간의 결과를 지향하는 성격을 띠며, 낮은 수준의 반복적인 숙달을 통한 행동 변화에 초점을 맞춘다. 이러한 직무훈련론은 조화롭게 발달된 인간을 위한 일의 교육이라기보다는 한 분야의 숙련가 또는 잘 훈련된 개를 만드는 훈련일 뿐이라는 혹독한 비판을 받기도 한다(Bettis & Gregson, 1993).

둘째, HRD에서 훈련 또는 성과 패러다임은 조직을 우선시하는 조직 인간의 가정에 기초한다. 사람은 직무를 수행하는 도구 또는 톱니바퀴일 뿐이다. 언제든 그 직무를 잘 수행할 다른 인력으로 대체 가능하다. 효율성의 목표를 위해 인간을 수동화한다. 개인보다는 조직을 우선시하며, 조직의 목표와 성과 같은 외적인 결과를 지향한다(Bierema, 2000; Kuchinke, 1998).

셋째, 인간의 파편화와 수동화는 필연적으로 일의 교육 그 자체를 다른 어떤 것의 수단으로 만든다. 직무훈련으로서의 일의 교육은 국가나 조직의 경제적 목표 달성을 위한 도구일 뿐이다. 전통적으로 일의 교육에는 국가 경제발전을 위한 '도구', 학생의 직업 준비를 위한 '수단', 그리고 대학진학을 준비하지 않는 '다른 세계' 같은 비유가 사용되었다(Rehm, 1994). 일터에서의 훈련 역시 직무수행과 기업성과를 높이기 위한 주요한 수단으로 간주될 뿐이다(Swanson & Holton, 2001).

넷째, 산업사회의 패러다임에 기초한 직무훈련은 그것이 강조하는 목표마저 달성하지 못할 가능성이 커지게 되었다. 산업사회적 직무훈련은 효율화를 위해 교육을 수단화하고 현장과 분리시킨다. 현재의 훈련과 미래의 직무수행을 구분하여, 정해진 직무를 수행하기 위한 고정된 기준을 정해 놓고 그 기준을 충족시키기 위해 훈련시킨다. 그러나 이러한 방식의 훈련은 시대착오적이다. 새로운 산업사회의 시대적 변화에 맞지 않는다. 기술과 경제사회의 빠른 변화에 유연하게 대응하지 못하게 한다. 한마디로, 효율성을 추구하는 직무훈련은 오히려 효율적이지 못하게 된다. 그로 인해 조직과 일의 성과를 증진하는 데도 실패하는 자승자박의 모순을 초래한다.

2. 직업경험을 통한 학습 이론

1) 기본 관점

새로운 산업사회의 경제사회적 변화는 일반적이고 탐구적인 일의 교육을 더 중요하게 만들고 있다. 일에 대한 태도, 기본적 기술과 지식, 계속 학습할 수 있는 능력 같은 기초능력의 함양이 더 필요하다. 또한 다양하고 풍부한 경험들과 그를 통한 자발적 학습의 중요성이 부각된다.

실제로 교육은 개인의 외적인 경험이 내적으로 통합되는 과정이다. 유의미한 교육경험만이 개인에게는 학습의 의미를 갖는다고 할 수 있다. 이런 점에서 새로운 일의 교육은 다양한 직업경험에 주목한다. 그리고 그것들에 대한 통합적인 관점을 견지한다.

실용주의적 관점은 실천적 관심(practical interest)에 근거한다. 그 초점은 전승되어 내려오는 실천적 삶의 내용의 의미를 이해하는 데 있다. 사람들 사이의 상호관계, 공동체성의 달성을 위하여 의사소통의 깊이와 폭을 증대하는 지식과 행동에 대한 실제적 관심이다. 실천적 관심에서 이론은 연역적으로 구성되지 않으며, 경험도 실험실 작업의 성패와는 관련이 없다. 사실로의 접근은 관찰이 아니라 의미 이해로 이루어진다. 개인은 전승된 것을 자기 자신과 자신 스스로의 상황에 적용시킴으로써 그것의 실질적 내용을 파악한다(Habermas, 1978).

2) 주요 내용

실용주의적 일의 교육학은 듀이의 진보주의 철학과 문제해결 및 경험 중심의 교육학으로부터 발전하였다. 그는 개인의 직업적 경험들을 통한 현실의 문제해결과 그 과정에서 이루어지는 성찰을 통한 학습을 강조하였다. 듀이는 일의 교육이 단순히 구체적인 직무훈련으로 개념화되는 것을 반대하였다. 듀이의 경험학습론은 사회적 효율성을 위한 직무훈련론에 대한 반론을 통해 더욱더 구체화되었다. 그는 이런 입장의 선두에 서서 스네덴과 프로서와의 논쟁을 주도한 교육학자였다(Dewey, 1913). 일의 교육에 있어서 다양한 직업에 광범위하게 적용할 수 있는 능력을 기르는, 즉 훈련이 아닌 유연한 교육을 원했다. 일의 교육이 학생들로 하여금 개별 직업에 필요한 지식과 기술, 태도를 습득하도록 수단화되어서는 안 된다고 주장했다. 또한 학교체제가 직업학교와 일반학교로 이원화될 경우 일의 교육의 범위가 필요 이상으로 너무 좁아지게 될 것이라고 우려했다. 적절하게 직업을 훈련시키는 유일한 방법은 직업을 통해서일 뿐이라고 주장하였다. 일의 교육을, 직무를 위한 훈련이 아닌, '직업을 통한 교육(education through occupations)' 또는 경험학습으로 개념화한 것이다(Grubb, 1995; Lakes, 1997). 듀이의 통합적 · 경험적 일의 학습 이론은 신직업교육주의와 자기주도적 성인학습이론과 학습조직론 등을 통해 학문적 전통을 이어 가고 있다.

신직업교육주의(new vocationalism)는 1980년대 중반 이후 주창되기 시작한 새로운 일의 교육사상이다. 직무특수적인 전문적 기술보다는 기초적인 능력을 바탕으로 한 유연하고 창의적인 역량을 필요로 하는 새로운 경제사회적 상황에서 전통적인 중등직업교육의 위기를 극복하기 위해 등장하였다. 신직업교육주의는 듀이의 일의 교육철학에 기초하여 통합적이고 맥락적이며, 경험적인 일의 교육론을 전개하였다. 그것은 교육내용(인문과 직업교육)의 통합, 교육체제(중등과 중등이후교육)의 통합, 교육대상(대학진학반과 직업반)의 통합, 교육방법(학교와 학교 밖 경험)의 통합 등 통합적 직업교육으로 구체화하였다.

일터에서의 교육 역시 학습 패러다임으로 나타났다. 이 패러다임에서는 인적자원개발을 도구적이거나 조작적으로 보지 않는다. 그 대신 자기주도적이고 능동적인 존재로서의 인간이 주체적으로 만들어 가는 현상으로 바라본다. 따라서 체계적인 프로그램을 개발하고 교육을 제공하여 미리 정해진 목표를 달성할 수 있는 인간을 만들려는 통제와 관리 중심의 접근과는 달리, 자연발생적으로 이루어지는 개인들의 상호 유대와 협력을 통한 학습의 의미를 이해하려 한다.

무형식학습(informal learning)은 매일의 일상생활에 통합되어 있고, 내부적 · 외부적 충격에 의해 촉발되며, 매우 의식적이거나 계획적이지는 않고, 우연적이며, 반성과 행동의 귀납적 과정을 거치고, 타인의 학습과 연결되는 특징을 갖는다(Marsick & Volpe, 1999). 성문화된 형식지의 습득을 넘어서, 구성원 간의 상호작용과 경험의 공유를 통해 개인적 경험에 기초하고 구체적인 상황에서 발생한 실용적인 암묵지의 습득을 강조한다(Nonaka & Hirotaka, 1995). 여기서 인적자원개발은 조직에서 이루어지는 구성원의 비형식적이고 우발적인 또는 자연 발생적인 학습 현상들에 주목하여야 한다. 그런 학습들을 찾아내서 인정하고 그것들을 지원하는 역할을 강조한다(Brown & Duguid, 2000). 실제로, 업무에 필요한 지식이나 기술은 10%만이 형식교육을 통해서 습득할 뿐이고, 나머지 90%는 프로젝트 수행이나 멘토링 등과 같은 무형식학습을 통해서 이루어진다고 주장되기도 한다(Bingham, 2009).

센게(Senge, 1990)는 조직에서 개인과 팀 그리고 조직 수준의 학습에 기반을 둔 이상적인 학습조직의 개념과 모형을 제시하였다. 그는 사람은 원래 배우는 욕구가 있고, 따라서 배우는 조직도 가능하다고 주장하였다. 그것은 개인과 팀의 잠재력을 개발하고 '몰입의 공동체'를 구축함으로써 달성할 수 있다고 보았다(Kofman & Senge, 1993). 학습조직은 인본주의적이고 이상적인 학습조직의 모습을 그린다. 따라서 그것은 이상을 지향하면서 현실을 만들어 가는 하나의 과정이다. 이러한 조직의 학습화는 사람들 사이의 관계를 통해서 다양한 방식으로 실현될 수 있다.

결국, 경험을 통한 학습은 일을 하는 삶의 과정에서 일어나는 학습현상에 주목하였다. 그것은 효율적인 훈련을 위해 교육과 일을 분리한 직무훈련적 접근과는 상반된다. 일방적이고 단절적인 훈련과 직무수행의 관계에서 이루어지는 공식적이고 형식화된 프로그램으로서의 일의 교육으로부터 탈피한다. 그 대신 일의 경험과 학습이 순환적이고 계속적인 관계를 가지면서 비공식적이고 우발적인 학습으로 이어진다는 점을 강조한다. 결국, 삶과 일, 그리고 학습을 통합함로써 더욱더 효과적인 일의 교육이 가능하다고 주장한다.

3) 한계

직업경험들을 통한 학습으로서의 일의 교육은 양측면에서 비판을 받는다. 비효율적인 일의 교육이라는 점과 비판적 관점을 결여하고 있다는 점이 그것들이다.

먼저, 일반적 직업교육론은 구체적 직무훈련을 주장하는 학자들에 의해 비판을 받는다(Bishop, 1998). 그들은 세분화 또는 구체화 없이는 일의 교육이 불가능하며, 모두에게 맞는 교육은 대부분의 학생을 실패하게 만들 것이라고 주장한다. 직업 지식은 누적적이고 위계적이어서 새로운 기술은 과거의 기술을 대체하기보다는 그 위에 더해지는 경향을 가지기 때문이다. 새로운 기술을 익히기 위해서는 기초적인 능력도 필요하지만 직무지식과 직업기술이 훨씬 더 필수적인 기초가 된다고 주장한다.

또한 성과를 위한 교육을 주장하는 관점에서 보면 경험을 강조하는 학습은 매우 비효율적일 뿐이다. 학습 패러다임의 인본주의적 인간관은 너무 이상적이어서 개인의 성과동기를 무시할 수도 있다. 현실적으로 모든 개인이 자기주도적 학습자나 협력자가 되지는 못하는 경우가 많다. 또한 학습 패러다임은 종종 기업이 기본적으로 경제

조직이고 기업교육은 그 하위 체계라는 점을 간과한다. 학습만을 중시하다보면 장기적으로는 조직이 성장할 수 있으나, 급변하는 무한경쟁상황에서 시급한 단기간의 생산성과 성과를 놓칠 수도 있다.

다른 한편, 새로운 직업교육주의는 학교교육의 공장모형이 기업모형으로 바뀌는 것일 뿐이라고 비판받기도 한다(Gregson, 1997). 새로운 일의 교육은 서로 상충되는 여러 이해관계와 요구를 만족시키고자 한다. 교육자에게는 문제해결력, 현실적용력 같은 교육개혁의 이상을, 정치적으로는 보통학교의 이상을, 산업계에는 사회적 효율성과 국제경쟁력을, 그리고 학부모에게는 취업과 사회적 안녕의 기회를 제공한다. 이것은 사회적 형평과 효율성을 이상으로 하는 민주주의와 자본주의 사이의 갈등을 절충하는 것이다(Grubb, 1997a). 그러나 신직업교육주의적 교육개혁은 고용주가 원하는 새로운 효율성을 위한 일터에서의 기초기술을 일의 교육에서 강조하는 것에 지나지 않는다(Hull, 1993; Lewis, 1997).

경험학습은 일을 하면서 배우는 살아 있는 경험을 강조하지만, 실제로는 만들어진 상황에서 이루어지는 실습교육에 불과한 경우가 대부분이라고 비난받기도 한다(柳久雄, 1985). 일 경험을 통한 학습은 여전히 갇힌 경험에 불과하다. 살아 있는 경험의 생생함과는 다르다. 학교에서 벗어난 학생, 학습하는 성인들의 산 경험을 학습화하기 위해서는 그것을 형식화된 프로그램에 담는 통조림형 경험학습으로 만들기보다는 비형식적, 우발적 학습으로 이끌어 가기 위한 전략적 접근이 필요하지만, 이런 교육은 실제로는 거의 찾아보기 어렵다. 이런 점에서 진정한 의미의 경험학습을 이미 만들어진 실습교육과 구분할 수 있다. 실습교육은 학습자들이 교과내용과 관련한 실험이나 실습을 제도적 제한 아래 만들어진 상황 속에서 행하는 것을 의미한다.

다른 한편, 추상성은 여전히 학습에서 중요하다. 일터의 상황과 맥락만을 효과적인 학습으로 주장하는 것은 과장된 것이다. 비판적 입장에서 보았을 때, 일터에서의 학습 패러다임에는 사회적 참여를 통한 경험과 학습을 통해 기존의 체제와 문화로 젖어들어가는 것을 당연시한다는 문제점이 있다. 기존의 권력 불평등과 이데올로기를 보지 못한 채 이루어지는 천진난만한 접근법일 뿐이다. 따라서 기존 질서의 재생산에만 그친다면, 학습을 통해 새로운 가능성과 희망을 찾기에는 역부족이다. 학습의 궁극적인 목적인 개인경험의 계속적인 재구조화를 촉진하고, 그럼으로써 사회를 계속적으로 재구성해 나가기 위해서는 비판적 능력 배양을 위한 더 폭넓은 맥락에서의 비판적인 교육이 필요하다(Lewis, 1997).

3. 노동세계에 관한 교육 이론

1) 기본 관점

일과 교육은 인간화를 위한 기본적 조건이다. 그러나 자본주의 사회에서 억압적 노동과 교육은 오히려 인간을 소외시키고 삶을 왜곡시킨다. 일의 교육은 소외와 왜곡으로부터의 해방을 위한 주요한 전략이다. 비판적 일의 교육은 노동과 교육을 둘러싼 왜곡된 현실로부터 벗어나는 해방적 일과 교육을 지향한다.

해방적 관심(emancipatory interest)은 제반 억압으로부터의 인간 해방을 지향한다. 자기 반성을 통한 인간의 자율성과 책임성의 회복을 강조한다. 해방적 관심에 기초한 학문은 단순히 법칙론적 지식의 생산이나 의미의 이해와 적용에만 만족하지 않는다. 이상적인 담화상황을 왜곡하고 제한하는 폭력과 억압을 찾아내고 그것을 차단하고자 한다. 그럼으로써, 자율과 책임을 향한 인류의 진화를 촉진한다(Habermas, 1978).

비판주의적 일의 교육학은 마르크스주의와 급진적 인본주의 철학에 기초해 발전하였다. 마르크스의 노동관과 프레이리의 해방적 교육이론은 비판적 일의 교육학의 근본적인 관점을 제공하였다. 그들은 자본주의 사회에서 비인간화된 일의 교육의 문제를 지적하고, 노동의 인간화를 통한 사회적 해방을 지향한다. 이러한 학문적 전통은 비판적 직업교육과 노동의 인간화 교육으로 이어지고 있다.

2) 주요 내용

비판적 일의 교육은 일과 일을 둘러싼 경제사회적 환경에 대해 비판적으로 성찰하고 의식화하는 노동세계에 관한 교육을 강조한다. 그것은 '일에 관한 교육(education about labor)'이고, 더 나아가 일을 둘러싼 정치, 경제, 사회적 구조를 탐구한다는 의미에서 '일을 둘러싼(around) 교육'으로 개념화할 수 있다. 비판적 일의 교육은 자본주의 사회에서 노동의 문제점들을 드러내고 그것을 극복하기 위한 노력을 기울인다. 기능주의적 접근법만으로 채워진 일의 교육의 위험을 극복하고자 한다. 기존의 공리주의적 관점이 일이 가진 인간적 · 사회적 의미를 간과하고 있음을 비판하면서 해방적 일의 교육을 위한 새로운 방향을 제시한다. 일의 교육의 구조주의적 관점을 제시하면서 일의 교육의 인간화와 사회적 평등의 측면을 부각시킨다.

마르크스는 노동을 인간의 본질적인 활동으로 보았기 때문에 당연히 노동교육 또는 생활교육을 강조하였다. 그는 노동과 교육의 결합을 통한 인간의 전면적 발달을 강조하였다. 마르크스의 노동교육관은 구소련에서 크루프스카야(Krupskaia), 마카렌코(Makarenko) 등에 의해 종합기술교육으로 발전하여 공산주의 교육의 핵심적인 사상이 되었다.

자본주의 사회에서 학교에서의 일의 교육은 '궤도 가르기(tracking)'와 계급 재생산에 대한 문제 제기를 불러일으켰다. 비판론자들은 학교교육이 중산층 가정 출신 학생들을 위한 대학진학반과 노동계급 출신 학생들로 구성된 직업반의 궤도를 구분하고 있다고 보았다. 그럼으로써 노동계급 출신 아동의 사회적 기회를 제한하고 결국은 사회경제적 불평등을 영속화시킬 것이라고 주장하였다. 이들에게 있어서 학교의 일의 교육 과정은 노동시장을 위한 사회적 선별장치에 불과하다(Bowles & Gintis, 1976).

파울로 프레이리는 해방적 교육론을 통해 억눌린 사람들을 위한 희망의 교육학으로 전개하였다(Freire, 1970; 1995). 그는 비관적이거나 오로지 비판적인 언어만이 아니라 가능성의 언어를 강조하였다. 그는 브라질의 문맹자들을 '침묵의 문화'로부터 벗어나도록 문제제기식 문해교육을 실천하였다. 행동과 반성을 변증법적으로 통합한 실천(praxis)을 통해 해방의 가능성을 제시하였다. 그의 교육이론과 실천은 은행저축식의 억압적 교육을 통한 기존 질서의 재생산이라는 한계를 뛰어넘는 것이었다.

전통적으로 일의 교육은 깊은 '침묵의 문화' 속에 갇혀 있다. 그럼에도 불구하고, 자본주의의 모순적 사회구조를 잘 반영하기 때문에 오히려 비판적 교육을 통해 해방적 교육이 될 수 있는 가능성이 큰 교육의 영역이라고 할 수 있다. 비판적 일의 교육은 학습자로 하여금 그들이 일의 교육에 대해 비판적으로 숙고하도록 돕는다. 일의 교육의 과정 속에 숨겨진 가정을 드러낼 수 있도록 가르친다. 해방적 일의 교육은 자본과 기술에 대한 새로운 비판적 대화와 저항을 위한 새로운 가능성을 창출한다. 그럼으로써, 기능적 훈련으로부터 노동의 인간화를 지향하는 일의 교육을 제시한다(Pautler, 1990).

비판적 일의 교육은 산업 정의와 일터의 평등을 통한 민주적 공동체를 형성을 목표로 한다. 이를 위해 '비판적 자활력'을 강조한다. 비판적 자활력을 형성하기 위한 일의 교육은 일과 일터의 사회경제적, 정치적 맥락을 비판적으로 인식하는 데서 출발한다. 일의 교육의 궁극적인 목적은 개인의 경험의 계속적인 재구성을 촉진하고, 그럼으로써 사회를 구조적으로 재편하는 것이다. 이를 위해서는 비판적, 분석적 능력을 배양하는 더 광범위하고 비판적이며 자활력을 갖는 일의 교육이 필요하다(Lewis, 1997).

비판론자들은 일의 교육을 통해 누가 이익을 얻는지의 문제를 제기하였다(Mojab & Gorman, 2003). 그들은 기업들이 일의 교육을 강조하지만, 실제로는 학습의 기회는 차별적일 뿐이라고 하였다. 또한 인적자원개발을 통해 노동자가 더 많이 학습하면 더 많은 이익이 있을 것으로 전제하도록 강요한다고 주장한다. 고용주는 노동자로 하여금 근무 외 시간에 학습하게 하고, 일에 관련한 학습을 통해 생산성을 늘려 절대적, 상대적 잉여 가치를 추출하려 한다. 신뢰와 협력을 강조하는 우정 관계를 통한 학습조차 생산성과 경제적 이익을 위한 것이고 그 성과는 자본가가 전적으로 취한다. 이렇게 일의 교육에 대한 비판적 입장을 가진 학자들은 공통적으로 기존의 학습에 대한 논의가 천진난만하거나 무비판적이라고 주장하면서, 교육의 정치적 과정, 이데올로기적 성격, 그리고 소외와 착취의 측면들을 드러냈다.

이와 동시에 일의 교육의 새로운 가능성을 찾기 위한 대안도 제시한다(Fenwick, 1998). 그것은 교육의 효율성과 효과성 측면만을 강조하는 경영자적 관점이 아니다. 비판적 입장에서 일의 교육은 단지 일을 준비시키는 기능에만 그치는 것이 아니라 비판적이고 주체적인 사고를 하도록 촉진시키는 데 그 목적이 있다(Bratton et al., 2008). 일의 교육은 개인과 조직, 사회에서의 여러 갈등적 요소와 그 안에 숨겨진 이면을 드러낼 뿐만 아니라, 조직의 윤리성, 노동자의 정서, 힘의 불균형과 남성성의 문제 그리고 사회적 책무성 등을 더 깊이 다루어야 한다(Bierema, 2009; Francis, 2007; Trehan, 2007). 이를 통해 인적자원개발은 복잡하고 역동적인 조직 현상에 대해 새롭게 해석하고 주류의 기능주의적 관점에 도전하고자 한다.

구체적으로, Bierema(2009)와 Bierema & Cseh(2014)는 인적자원개발이 남성성에 의해 지배되면서 조직에서 성별 고정 관념, 성차별, 가부장제와 유리 천장 문제가 흔하게 발생한다고 비판하였다. 인적자원개발에서 성차별적 억압의 관행을 변화시키기 위해서는 페미니스트적 전환이 필요하다고 주장한다. 이 밖에도 비판적 인적자원개발은 장애, 인종과 민족, 성 정체성, 연령 등에 따른 차별과 사회적 억압의 문제를 제기한다. 인적자원개발은 사회 정의의 관점에서 모든 개인이 일터에서 공평하게 역량을 발휘할 수 있고 다른 사람과 민주적으로 상호작용할 수 있는 기회를 창출해야 한다고 주장한다(Byrd, 2014; Fenwick, 2014).

비판론자들은 일터에서의 비판적 학습을 위한 구체적인 전략 가운데 하나로 노동조합의 역할을 강조한다(Bratton et al., 2008). 노동조합은 구성원 스스로의 경험에 기초하여 일터에 영향을 미치는 교육 프로그램들을 제공할 수 있다. 이를 통해 노동자의 입장을 반영한 일과 학습을 형성한다. 형식교육 프로그램 이외에 파업과 캠페인 활동 역시 이를 위한 무형식학습이 될 수 있다.

결국, 비판적 일의 교육은 사회적, 정치적 맥락 속에서 고려되어야 하고, 그것의 주요한 목적은 노동자로 하여금 변화하는 사회경제적 제도와 관계를 비판적으로 탐구하고 분석할 수 있는 능력과 태도를 기르는 데 있다(Johnston, 1993). 주어진 직무를 충실히 수행하기 위해 기술훈련을 통하여 경제적 능력을 개발하는 기능적 측면을 넘어서 민주화된 일터와 참여적 시민을 위한 비판적 의식화와 자활력의 증대를 지향한다. 그것은 스스로 자신의 목소리를 냄으로써 산업 정의와 일터의 평등을 이루는 민주적 공동체를 형성할 수 있는 노동교육을 통해 가능하다. 일터에서의 비판적 교육은 노동자의 주체적 참여를 통한 생산 현장 속에서의 노동의 인간화를 확대하기 위해 억압적 구조에 대한 비판적 성찰과 의식화, 변혁과 해방을 위한 자활력을 제고하는 것이라고 할 수 있다. 이러한 비판적 일의 교육은 교육이 사회적 공공성과 자본의 경제성 사이의 모순구조에 놓여 있으며, 일터 역시 자본가와 노동자의 갈등관계 속에 있다는 점에서 성립될 수 있다. 다시 말해서, 일터에서 고용주가 필요로 하는 기술적으로 유용한 데이터들로 가득한 일꾼이 아니라 일에 대한 비판적 관점을 소유한, 사고하고 행동하는 노동자를 육성하는 교육이 가능한 것이다(Kincheloe, 1999). 한마디로, 비판적 일의 교육은 기존의 기능주의적 직무훈련과 실용주의적 경험학습에서 간과한 새로운 일의 교육의 영역과 시작을 제시하였다.

3) 한계

비판적 일의 교육은 다음과 같은 한계를 갖는다.

먼저, 프레이리적인 비판적 교육은 구조적 제약을 인식하는 데 실패했다고 비판받는다. 비판적 의식화를 강조하지만 그것은 상부구조와 하부구조를 분리시킴으로써 자신이 제안한 프락시스를 구현하지 못한다. 자본주의적 생산관계에 내재한 계급모순의 실체를 파악하지 못했기 때문이다. 비판적 일의 교육에서 강조하는 의식화는 자본과 노동의 적대적 모순구조를 간과한 피상적 구호에 그칠 가능성마저 있다. 따라서 의식화만이 아니라 그 근본의 체화된 억압을 해방해야 한다. 억압이 체화된 상태에서 의식만을 빼내어 개혁할 수는 없다. 진정한 의식화는 생산관계에 기반을 둔, 장기간에 걸친 '아비투스'의 변화를 통해서만 가능하다(Bourdieu & Passeron, 1970).

또한 비판론자들의 이분법적 관점은 위험하다. 비판적 일의 교육이 일과 일의 세계에 대한 비판적 인식에만 그치는 한계를 극복하여야 한다. 비판을 위한 비판이거나 적대적 노사의 대립관계는 일의 교육의 지향점을 스스로 왜곡할 수 있다. 분배적 정의에만 치우친 노사관계는 파이를 키우고 성장시키는 일의 교육적 의미를 간과할 우려마저 있다. 그것은 이미 가지고 있는 정답을 향한 권위주의적인 교육이 될 가능성도 있다. 구체적으로 교육현장에서 적용될 수 있는 대안보다는 추상적인 수준에서 현재를 비판하는 비타협적이고 비현실적인 논리에 머무를 가능성마저 있다(Grubb, 1997b).

마지막으로, 비판적 일의 교육이 강조하는 노동자의 자활력이 비판적 자활력에만 그쳐서는 곤란하다. 기능적 자활력이 동시에 수반되어야 한다. 일의 교육의 기능적 측면을 간과해서는 실질적인 노동자의 발언권과 자활력을 가질 수 없기 때문이다. 무한경쟁이 가열되는 상황에서, 경영자의 주도권이 강해지고 과학기술의 지배력이 커지는 현실에서 그것은 노동자들의 자활력에 기초한 그들의 목소리를 내는 것이라기보다는 오히려 매우 비현실적이거나 과장된 외로운 외침으로만 그칠 가능성마저 있다. 새로운 산업사회의 빠른 변화와 다원성을 인식하고, 이에 기초한 해방적 일의 교육의 실질적인 가능성과 현실적인 대안을 찾아내는 것이 중요하다.

4. 일의 교육에 대한 관점들 비교

1) 기본 인식과 관심

일의 교육에 대한 이론들은 서로 다른 인식과 관심에 근거한다. 그에 따라 고유한 인간관과 세계관을 가지고, 이에 따른 상이한 일의 교육적 지향성을 가진다.

먼저, 세 가지 이론적 패러다임은 인간의 본질에 대한 관점의 차이를 보인다. 기능주의적 입장에서 인간은 외적인 요구에 적응하는 존재다. 인간의 욕구와 필요는 사회 또는 외부환경에 의해 결정되고, 인간은 그러한 외적 자극에 반응하며 살아간다. 외부로부터 주어진 과제를 충실히 수행하는 존재로서 그려진다. 실용주의적 패러다임에서는 인간이 외적 요구와 내적 필요를 통합하는 존재로 이해된다. 그런 인간은 능동적이고 해석적인, 그럼으로써 의미를 발견해 나가는 균형적인 삶을 산다. 비판주의적 관점에서 인간은 더 적극적으로 외적 환경을 변혁하는 힘을 가진 존재로 묘사된다. 그럼으로써, 개인과 공동체의 이상적 상태와 발달을 방해하는 요소들을 제거하는 운동의 주체가 된다.

따라서 세 패러다임은 사회 또는 외적 환경에 대해서도 서로 다른 가정을 가지고 접근한다. 기능주의 일의 교육은 사회 또는 조직의 목표를 지향한다. 일의 교육의 기준은 외부로부터 주어지고 그 기준을 효율적으로 달성하고자 한다. 일의 교육에 대한 실용주의적 접근은 외부의 다양한 이해관계자들을 고려한다. 일의 교육의 목표는 이들과의 상호작용을 통해 더 민주적인 방식으로 변화해야 한다고 가정한다. 해방적 일의 교육에서는 외적 환경보다는 인간을 중심에 놓는다. 외적 환경이 부여하는 기준이 오히려 인간의 행복을 위해 변혁되어야 할 대상이 된다.

각 패러다임의 일의 교육은 고유한 인간관과 세계관에 근거하여 서로 다른 사회적 지향점을 갖는다. 기능주의적 접근은 사회적 효율성과 경쟁을 통한 성과와 생산성을 강조한다. 그것은 자유시장경제에 기초한 자본주의적 이데올로기에 부합한다. 실용주의적 접근은 사회적 형평성과 민주주의에 근거한 문제해결중심적 관점을 견지한다. 다원성에 기초한 자유민주주의의 이상을 지향한다. 비판적 접근은 사회적 평등성과 근본적이고 급진적인 개혁을 통한 인간성 회복에 초점을 둔다. 그것은 사회주

〈표 5-1〉 일의 교육 패러다임들의 기본적 관점 비교

인식관심	기술적 관심 (기능주의)	실천적 관심 (실용주의)	해방적 관심 (비판주의)
인간관	외적인 요구에 적응하는 존재	외적 요구와 내적 필요를 통합하는 존재	외적 환경을 변혁하는 힘을 가진 존재
인간과 사회의 관계	사회 또는 조직의 목표를 지향	다양한 이해관계자와 그들의 상호작용을 고려	외적 환경보다는 인간을 중심
사회적 관점	사회적 효율성, 경쟁, 성과중심적	사회적 형평성, 민주성, 문제해결중심적	사회적 평등성, 급진주의 인간중심적
지향하는 이데올로기	자본주의	자유민주주의	사회(민주)주의
관심의 중심	경제 (경제적 효과, 효율성)	교육 (사회적 관계)	정치 (정치적 역학, 역사성)
지향점	합리성	실천성	해방

의 또는 사회민주주의의 실천 노력이라고 볼 수 있다. 한마디로, 기능주의, 실용주의, 비판주의 일의 교육 패러다임들은 각각 경제적 효율성을 위한 합리성, 교육과 사회적 관계를 통한 실천성, 그리고 정치적 역학과 역사적 역동성에 기초한 해방의 지향점을 갖는다고 요약할 수 있다.

2) 일의 교육에 대한 접근법

세 가지 일의 교육학 관점들은 인간과 세계에 대한 인식과 관심의 차이로 인해 일의 교육에 대한 접근법에 있어서도 상이함을 드러낸다. 구체적으로, 일의 교육에 대한 관심이 다르기 때문에 교육의 목적, 대상, 내용, 방법, 그리고 교육자의 역할과 교육체제 등에서 분명한 차이를 보인다.

첫째, 일의 교육 목적에서 기능주의자들은 일을 잘 수행할 수 있는 숙련된 노동자를 더 효율적으로 훈련시키고자 한다. 따라서 직무수행 또는 조직의 성과가 목적이고 교육은 그 일을 위한 주요한 도구가 된다. 즉, 일을 위해 교육이 이루어진다. 반면, 실용주의자들은 일의 교육을 통해 건전한 시민을 민주적으로 형성하고자 한다. 여기서는 오히려 다양한 일의 경험들이 교육의 목적을 달성하기 위한 수단으로 활용된다. 다른 한편, 비판주의는 일의 교육에서 비판적이고 참여적인 인간을 양성하려는 목적을 갖는다. 그것은 비판적 교육의 일반 목적이지만, 일의 교육은 소외되고 불평등한 노동과 노동세계를 직접적으로 다루기 때문에 비판적 의식화를 위한 더 적합한 교육 영역이 된다.

둘째, 각각은 일의 교육의 주요 대상에 있어서도 차이를 보인다. 기능주의 일의 교육은 일의 교육을 전통적인 직무훈련 개념으로 파악하기 때문에 낮은 수준의 숙련자들에 대한 일의 교육을 강조한다. 구체적으로, 대학 비진학자를 위한 직업준비교육이나 비숙련 근로자를 주요 대상으로 하는 직업훈련에 초점을 맞춘다. 그러나 실용주의는 일의 교육의 범위를 더 넓혀서 생각한다. 일의 교육은 특수한 직무기술이나 지식의 숙련도를 높이는 것과 함께 더 광범위한 진로와 직업교육이 더해져야 한다고 본다. 따라서 모든 학생과 시민들을 대상으로 더 일반적인 일의 교육이 이루어져야 한다고 주장한다. 비판주의 일의 교육에서도 이와 유사하게, 일과 일의 세계에 대한 비판적 의식화는 모든 이가 가져야 할 중요한 교육의 요소로 간주한다.

셋째, 일의 교육 내용에서의 차이다. 기능주의자들은 개인에게 맡겨진 세분화된 직무를 더 잘 수행할 수 있게 하는 구체적인 업무기술과 지식을 효율적으로 가르쳐야 한다고 주장한다. 이를 위해서 직무에 따라 객관적으로 정해진, 그래서 체계적으로 전달되는 '형식지'가 일의 교육의 주요한 내용이 되어야 한다고 본다. 이와 대조적으로, 실용주의에서는 미리 정해진 기술이나 지식보다는 일반적이고 광범위한 직업경험들을 강조한다. 따라서 일터의 구체적인 상황과 맥락에 내재되어, 주관적으로 이해하고 해석해야 할 '암묵지'가 일의 교육의 중요한 내용이 된다. 다른 한편, 비판주의는 불평등한 사회경제적 구조에서 일이 이루어지는 전 과정에 대한 비판적 인식과 성찰을 강조한다. 따라서 소외된 노동과 그 노동이 이루어지는 권력관계와 집단이익을 포함하는 일의 세계는 비판적 의식화를 위한 주요한 내용이 된다. 이를 통해 가치내재적이며 전환적인 '해방지'를 학습시키고자 한다(Yang, 2003).

넷째, 일의 교육의 각 패러다임은 일의 교육 방법과 교수자의 역할에서도 차이를 나타낸다. 기능주의에서는 구체적인 업무지식의 획득과 기능의 숙달이 중요하기 때문에 단기간에 효과적인 학습을 위한 주입식 교육 또는 반복연습에 의한 훈련방법을 강조한다. 따라서 교수자는 표준화된 기술을 전달하는 훈련가의 역할을 충실히 수행하면 된다. 반면, 실용주의는 개인의 다양한 경험을 통한 학습을 강조한다. 따라서 일의 교육자는 학습자의 창의적인 문제해결에 도움을 주는 학습촉진자가 된다. 또 다른 한편으로, 비판주의는 교수자와 학습자 사이의 대화와 참여를 통한 일의 교육을 주장한다. 또한 단순한 연습이나 실행을 넘어선 실천(praxis)을 강조한다. 이때 일의 교육자는 뚜렷한 정치적 지향성을 가진 지식인으로서 학습자의 비판적 의식화를 도모하고 지도하는 역할을 하여야 한다.

다섯째, 일의 교육이 이루어지는 체제에 있어서, 기능주의는 일터와 교육현장의 분리를 통해 더 효율적이고 체계적인 일의 교육을 도모한다. 그럼에도 불구하고, 일의 교육 현장은 일터와 유사한 교육환경을 가져야 한다. 그뿐만 아니라 일들을 세분화하고, 일의 교육을 인문교육과 분리된 체제에서 실시함으로써 더 효과적인 일의 교육이 이루어질 수 있다고 본다. 이와는 대조적으로, 실용주의는 일과 교육의 통합된 체제를 선호한다. 그래야만 일이 이루어지는 생생한 상황과 맥락을 학습할 수 있기 때문이다. 또한 직업교육과 일반교육을 통합함으로써 더 폭넓고 유연한 학습이 가능하다고 주장한다. 반면, 비판주의는 단순히 일의 교육에서의 통합을 넘어서 일의 교육과 정치교육과의 통합을 강조한다. 그런 교육은 현실참여적인 실천을 가능하게 하는 체제여야 한다.

결국, 기능주의는 일에 중심을 두는, 일을 위한 교육을 주장한다. 일이 목적이고 교육은 그것의 도구가 된다. 기능중심적인 일의 교육이다. 시장 또는 조직의 요구와 이익에 기초한 논리를 전개한다. 일의 교육의 최종 결과로서 산출품 또는 성과를 지향한다. 이러한 일의 교육은 전통적인 직무훈련으로 개념화할 수 있다.

반면, 실용주의는 교육에 중심을 두고, 일은 오히려 교육의 수단이 된다. 일의 교육은 문제해결 중심의 교육이고 민주시민을 양성하기 위한 주요한 분야다. 경험학습 또는 일을 통한 학습이 이러한 패러다임의 일의 교육을 대변한다.

다른 한편, 비판주의는 인간과 사회의 이상적인 상태를 달성하기 위해 일과 교육은 그 필수적인 요인이라고 상정한다. 일과 일이 이루어지는 사회경제적 현실 문제를 비판하고 극복하여 해방의 가능성을 찾고자 한다. 그것은 노동세계에 관한 교육 또는 일에 관한 교육이 된다.

〈표 5-2〉 일의 교육에 대한 접근법 비교

인식관심	기술적 관심 (기능주의)	실천적 관심 (실용주의)	해방적 관심 (비판주의)
일의 교육 목적	숙련된 노동자	건전한 시민	비판적 인간
일의 교육 대상	대학비진학자, 비숙련 근로자	모든 학생과 시민	모든 사람
일의 교육 내용	세분화된 직무 기술, 형식지	일반적이고 광범위한 경험, 암묵지	일과 일의 세계 사회구조에 대한 의식, 해방지
일의 교육 방법	기능의 반복과 실습에 의한 숙달	다양한 경험을 통한 성찰적 학습	참여와 대화를 통한 교육
일의 교육자 역할	표준화된 기술을 전달하는 훈련가	학습문제 해결에 도움을 주는 촉진자	정치적 지향성을 가진 지식인
일의 교육 체제	분리된 체제	통합된 체제	참여적 체제
종합	기능 중심 전통적 일의 교육 직무훈련 일을 위한 교육	문제해결 중심 일반적 일의 교육 경험학습 일을 통한 교육	비판 중심 해방적 일의 교육 노동교육 일에 관한 교육

5. 일의 교육의 이론과 실천

나는 일의 교육학의 패러다임을 세 가지 유형으로 구분하였다. 그것들은 직무수행을 위한 훈련, 직업경험을 통한 학습, 그리고 노동세계에 관한 교육으로 명명할 수 있다. 이미 몇몇 학자들이 직업교육 또는 HRD의 패러다임들을 이와 유사하게 구분하였다. 렘(Rehm, 1989)은 그것을 전문적 직업교육주의(vocational education specialist), 일반적 직업교육주의(vocational education generalist), 그리고 해방적 직업교육주의(emancipatory vocational education)로 구분했다. 레이크스(Lakes, 1997)는 전통적 직업교육, 듀이주의, 마르크스와 프레이리주의로 분류했다. 쿠친케(Kuchinke, 1999)는 HRD의 이론적 관점을 산출물중심적 관점, 문제해결중심적 관점, 그리고 인간중심적 관점으로 구분했다. 양(Yang, 2003)은 동전의 세 면을 언급하면서, HRD에서 지식의 세 패러다임을 구분하여 제시하였다. 이들은 모두 직업교육과 HRD의 기본적 패러다임을 하버마스의 인식관심에 기초하여 구분한 것이라는 점에서 이 책의 패러다임 구분과 동일하다. 그러나 이들은 직업교육과 HRD 가운데 어느 한 가지에만 패러다임을 적용하고 있고, 그에 따라 일의 교육 전체에 대한 통합적인 논의는 결여하고 있다. 또한 각각의 명칭은 일의 교육학에서 핵심적 개념인 일과 교육, 그리고 그 관계성을 적합하게 드러내고 있지는 못하다. 일의 교육의 어느 부분에 초점을 맞추고 무엇이라고 명명하든, 각각은 일과 교육의 개념적 특성과 그 관계성을 반영한다. 동시에, 일의 교육학 전체를 대부분 포괄한다.

구체적으로, 일의 교육학의 핵심적 개념으로서 교육과 일, 그리고 둘 사이의 관계성을 보여 준다. 즉, 각 패러다임에서 교육은 훈련, 학습, 교육으로, 일은 직무, 경험, 노동으로 개념화된다. 또한 그 관계는 훈련의 직무에 대한 도구성, 학습의 경험에 대한 가치성, 그리고 교육에 대한 노동의 우선성을 보여 준다. 각각의 관점들은 이렇게 일의 교육학의 핵심 개념과 관계성에 기초하여 고유한 패러다임을 형성한다. 서로 다른 인간관과 세계관을 가지고 있다. 따라서 패러다임 사이의 이론적 조합은 어렵다.

그럼에도 불구하고, 각각의 관점은 현실의 일의 교육세계에서 타협할 수 있고 그래야만 한다. 왜냐하면 각각의 패러다임은 일의 교육의 상이한 측면만을 강조할 뿐이기 때문이다. 각각의 강조점들이 통합되었을 때 비로소 일의 교육은 완성될 수 있다. 실제로, 기능주의적 일의 교육이 강조하는 직무특수적인 능력 향상과 이를 위한 체계적이고 형식화된 교육은 근대 산업사회 이후 일의 교육에서 가장 핵심적인 영역을 형성한다. 그것은 해파리의 몸통이며, 건물의 벽돌에 비유할 수 있다. 그러나 현대 사회에서 그것은 어쩌면 근시안적이고, 따라서 오히려 덜 효과적인 교육이 될 가능성이 커진다. 교육과 인간이 일과 조직 또는 경제적 성과를 위한 수단이 됨에 따라 오히려 그 목적을 달성하는 데 기여하지 못할 수도 있다. 게다가, 그것은 교육적 환원주의의 가능성마저 보인다.

실제로, 일의 교육은 경제문제를 해결하지 못하고 있다고 비난받으면서, 동시에 그에 대한 가장 직접적인 해결책으로 언제나 제시되어 왔다. 그러나 일의 교육은 경제문제에 대한 독립변수라기보다는 종속변수로서 작동하여 왔다(Ray & Mickelson, 1993). 한국의 예에서 1997년 IMF 외환위기 이후 실업자 재취업교육은 실제로 직업능력을 개발하여 재취업에 기여하기 위한 목적도 있었으나, 많은 사람들은 그것이 실업자들에게 할 일을 주고 희망을 줌으로써 사회적 불안요소를 무마하려는 사회적 안전망의 역할을 하는 것에 있다고 보았다.

실용주의적 일의 교육이 강조하는 바와 같이, 새로운 산업사회에서의 일의 교육에서는 개인의 비형식적 또는 경험적 학습의 중요성이 더욱더 커지고 있다. 일의 교육에서 잊혀졌던 인문교양교육과 실천적 교육의 균형을 통해 일터에서의 기초를 형성하고자 한다. 상황적이고 맥락적인, 그리고 전체적인 학습을 강조한다. 경험을 통한 다양한 학습이 중요하다. 그것은 해파리의 생명력을 유지하기 위한 촉수이거나 건물의 벽돌을 접착시키고 튼실하게 만드는 시멘트와 같다. 그러나 이들의 관점은 빠르게 변화하고 성과가 강조되는 일의 세계에서 목가적이고 순진한 접근이라고 비판받는다. 산업사회의 변화와 경제 민주화에 관한 관심이 부족하다. 교육과정 통합이나 교육의 현장성 강화에만 머무르는 무책임함을 보인다. 또는 이런 식의 교육적 처치만을 통해 사회가 진보하고 산업민주화를 이룰 것이라는 또 다른 교육적 환원주의의 순진함을 가졌다. 그것은 좋은 일자리가 줄어드는 20 대 80의 사회 현실에서 고용가능성에 대한 거짓된 약속을 할 수도 있다(Lakes, 1997). 실용주의적 일의 교육은 학습자를 계층화시키는 사회적 출신배경, 숨겨진 정치적 관행과 직업지식의 가치절하를 폭로하는 데 실패한다(Rehm, 1989). 경쟁적인 노동시장에서 인간의 유용성을 극대화시키기 위해 효과적으로 일의 세계를 준비시키는 교육이 직무특수적인 것에서 기초적이고 통합적인 것으로 바뀌었을 뿐, 여전히 공리주의적이고 도구주의적인 관점을 가지고 있다(Fitzgerald, 1993). 시장 속의 경쟁을 가정하고 일의 본래적 개념인 사회적 의미와 인간 공동체성을 여전히 간과한다.

여기서 비판적 접근의 가능성과 현실적 기여가 나온다. 대부분의 일의 교육이 기능적 직무훈련을 통한 개인의 경제적 이익에 초점을 둔 것과는 달리, 비판적 일의 교육은 노동이 가지고 있는 사회구조적 문제에 주목한다. 실증주의적인 효율성 측정, 합리적 관리 전략의 패러다임에서 벗어나, 역사적이고 사회문화적인 맥락을 중시하는 탈실증주의적이고 비판적인 관심을 가진다. 이에 따라 비판적 접근은 보다 더 적극적으로 일로부터의 소외를 회복하고 학습자들을 비판적 인식을 소유한, 사회적으로 의식화된 시민을 만드는 일의 교육을 요청한다. 궤도 가르기(tracking)에 의한 계급재생산과 성별 불평등을 맹렬히 비판한다. 그러고 나서 일의 교육 학습자들의 침묵의 문화를 깨고 일의 교육이 다학문적 접근을 통해 확장되어 비판적 시민정신을 가지도록 유도하고자 한다. 단순히 기술적인 과목과 학습뿐만 아니라 조직화된 연대를 형성할 수 있는 정치적 학습을 겸해야 한다고 주장한다. 이를 위해 일과 노동세계에 관한 교수자와 학습자 간의 비판적 대화와 더불어 산업과 경제민주주의를 위한 노동자의 권리를 둘러싼 사회, 정치, 경제적 지식을 일의 교육에서 다룬다. 일의 의미, 사회 속에서의 역할, 가치의 비판과 창조, 그럼으로써 자기 자신과 사회의 계몽과 해방을 위한 일의 교육을 지향한다. 힘의 균형과 인간화를 위한 대안세력으로서 노동조합의 힘이 약화되는 현실에서 이는 유의미한 성찰을 제공한다. 한마디로, 비판적 접근은 해파리가 사는 물 또는 건물을 짓기 위한 토대와 생태계를 중요하게 고려한다. 그러나 이 접근은 현실에서의 무한경쟁이 실제로 가열되는 상황에서 경영자의 주도권이 강해지고 과학기술의 지배력이 커지는 현실을 고려해 볼 때 매우 비현실적이거나 과장된 외로운 외침이 될 가능성이 있다. 이미 가지고 있는 정답을 향한 권위주의적인 교육이 될 가능성도 있다. 구체적이고 현실적으로 교육현장에서 적용될 수 있는 대안보다는 추상적인 수준에서 현재를 비판하는 논리에 머무를 가능성마저 있다(Grubb, 1997b).

각각의 관점들은 일의 교육학의 고유한 이론적 패러다임을 형성한다. 그럼에도 불구하고, 그들은 일의 교육 현실세계에 대해서는 일부분만을 더 강하게 부각시키고 있다. 이것들은 모두 '일의 교육(학)'이다. 이론적으로나 현실적으로 이 세 관점 가운데 어느 한 가지만 옳거나 그른 것은 없다. 강조점이 다를 뿐이다. 따라서 일의 교육 현실의 개선을 위해서는 각각의 관점들과 그들이 주장하는 내용들의 짜맞추기가 중요하다. 패러다임과 관점의 질적인 차이는 있지만 현실에 적용할 때는 그들의 조합이 필요하다. 그 방법 가운데 하나는 생애 단계 또는 개인의 상황에 따라 더 강조하는 일의 교육의 내용을 달리하는 것이다. 예를 들어, 나이에 따라 어린 시기에는 포괄적인 경험이, 성인기에는 직무특수적 훈련이 더 강조될 수 있고, 비판적 인식은 어느 시기에나 일의 교육의 일정 부분을 차지해야 한다고 주장할 수도 있다(Lewis, 1995; 1997; 1998). 또한 어린 시기의 인문교육의 기회비용은 어린 시기의 유연한 손기술일 수도 있다. 따라서 적어도 소수에게는 구체적 직무훈련이 이루어질 수 있는 기회가 있어야 한다고 주장될 수도 있다(Bishop, 1998).

그러나 더 근본적으로는, 각각의 패러다임들이 강조하는 일의 교육이 어느 누구에게나, 그리고 어떤 상황에서든 통합적으로 이루어지는 것이 더 중요하다. 그렇지 않을 경우, 각각의 일의 교육은 불완전하고 불충할 뿐이다. 인간의 주체성 또는 총체성에 대한 인식이 결여된 직무훈련은 단순히 정보만을 습득하고 기능만 숙달하는 도구화된 인간을 만드는 데 불과하고, 객관적인 사실에 대한 지식이 부족한 경험학습은 비효율적이거나 주관적인 개인 경험에 그칠 수 있으며, 현재의 세계가 형성된 나름대로의 이유를 거부하는 노동교육은 단순하고 극단적인 감정상태이거나 공허한 외침에 머무를 수 있기 때문이다.

결국, 다양한 일의 교육의 측면들이 어떤 조합을 이루는 것이 바람직할지에 대한 정답은 없지만, 그럼에도 불구하고, 그들 사이의 다양한 조합의 가능성만이 열려 있을 뿐이다. 다만, 그것은 다양하고 풍부한 일의 교육을 통해 인간의 기본적 능력과 발달을 기초로 개인과 사회의 총체적인 성장 가능성을 지향하는 것이어야 한다. 한마디로, 일의 교육은 일할 수 있고, 일해야 하는 인간을 총체적으로 성장시킬 수 있도록 도모하는, 삶의 전 과정 속에서 이루어지는 교육이어야 한다. 그것은 경제적 성과와 인적 자본의 축적뿐만 아니라 신뢰관계에 기초한 더 장기적인 사회적 자본의 형성도 포함한다(Winch, 2000). 개인과 사회적 차원에서 일의 유의미성을 발견하고 삶의 질을 높이는 것도 중요하다. 특히, 일의 교육은 개인적 삶과 그 개인이 속한 조직과 사회 속에서 개인의 성장과 일의 가치를 발견하는 핵심적 기초가 된다. 구체적으로, 개인의 생존, 일하고자 하는 욕구, 성취동기, 일을 통한 자아실현 욕구뿐만 아니라 조직의 생존과 사회적 번영, 민주화마저 포괄한다. 따라서 일의 교육은 교육의 경제적 측면만을 포함하고 있지 않다. 교육의 교육 그 자체로의 목적성과 사회적 관계와 정치적 역학을 모두 포함하는 교육이다. 한마디로, 일의 교육은 다패러다임적 접근을 취할 수밖에 없고, 일과 교육과 삶의 통합적 접근법을 취해야 한다. 그것이 일의 교육학의 기본 철학이며, 지향점이다.

제 III 부

일의 교육 주제들

제III부는 일의 교육 현상과 실천 활동에 대한 일의 교육학적 접근이다. 일의 교육 개념, 역사 그리고 이론적 관점을 기반으로 변화하는 일의 세계에서 이루어지는 다양한 일의 교육 주제들을 살펴본다.

제6장

학교에서 일의 세계로의 전환

학교를 졸업한 이후에 일의 세계로 순조롭게 이동하기 위해서는 다양한 측면에서의 접근이 필요하다. 학교에서 철저하게 일의 세계를 준비하고, 학교-일 전환 과정을 유연하고 탄력적으로 만들어야 하기도 한다. 또한 노동시장 수요 측면의 지원과 정책도 필요하다. 이 장에서는 학교-일 전환의 여러 측면을 총체적으로 검토하기 위한 기초적 틀을 살펴본다.

1. 학교-일 전환의 개념적 틀

1) 학교-일 전환 개념과 범위

학교에서 일의 세계로의 전환은 다양하게 이해될 수 있다. 실제로 학교-일 전환은 다양한 경로들로 나타난다. 학교를 졸업한 후 직접 취업하는 경로, 학교급 간의 연계교육 후 취업하는 경로, 그리고 졸업 후 진학하여 교육을 더 받은 후 취업하는 경로 등 다양하다([그림 6-1]).

이런 경로들 가운데 일반적으로 학교-일 전환(school-to-work transition)이란 학생들이 학교에서 취업을 준비하고 학교교육을 마친 후 노동시장으로 이동하는 행위와 그와 관련된 교육을 연장하는 행위를 포함하는 개념으로 정의된다(Smith & Rojewski, 1993). 이런 의미에서 교육적으로 광의의 접근법을 취할 때 학교-일 전환 개념은 일자리를 얻기 위해 초등단계의 진로 의식화부터 대학교육과 취업 후의 계속교육까지를 포괄하는 의미를 가지게 된다(Hoerner & Wehrley, 1995). 이처럼 학교-일 전환은 교육과 고용을 포함하는 포괄적인 개념이다. 따라서 이 개념은 전통적으로 사용되던 산학협동과 진로교육의 개념만으로는 포섭되지 않는 학교교육과 일의 세계의 관계에

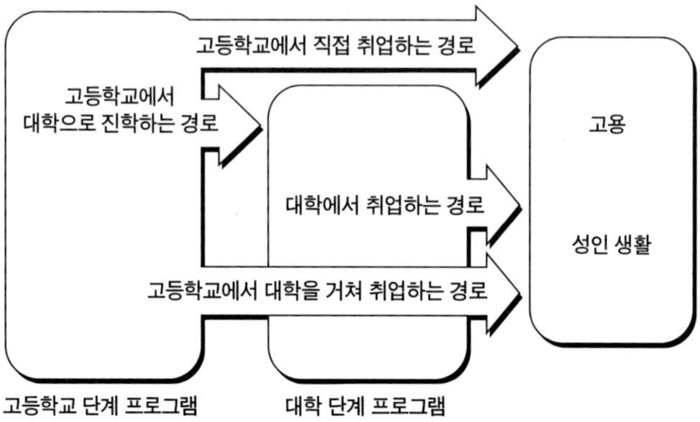

[그림 6-1] 학교에서 일의 세계로의 전환 체제

출처: Smith, C. L. & Rojewski, J. W. (1993).

관련된 다양한 요인들을 하나의 개념적 틀 속에서 일관성 있게 설명할 수 있다.

따라서 학교-일 전환의 대상은 전통적인 직업 계열(vocational track) 학생들뿐만 아니라 일반 계열의 학생들까지도 포함하는 모든 학생(all students)을 대상으로 하게 된다(National School-to-Work Office, 1997). 또한 학교를 졸업한 이후 직접 노동시장으로 들어가 현장 능력을 제고하려고 하는 현장 실습 프로그램뿐만 아니라 일을 준비하기 위해 중등교육과 고등교육을 연계하기 위한 여러 제도들도 일의 교육을 연장하는 것이기 때문에 학교-일 전환의 주요한 프로그램으로 간주된다(Stern et al., 1995).

2) 학교-일 전환 구성요소

학교에서 일의 세계로의 전환은 교육을 중심으로 한 전환 준비, 학교에서 일의 세계로의 전환 과정, 그리고 일의 세계에서의 전환 결과를 포함한다.

전환 준비(preparation)는 교육과 일의 세계 사이의 양적 · 질적 불일치 문제를 해소하기 위한 학교와 일터에서의 교육과 연계체제에 의한 계속교육 등을 통해 일의 세계로 진입하기 위한 준비 활동들을 의미한다. 전환 과정(process)은 성공적인 전환 기회가 제한되어 있는 상황에서 일의 세계에서 효과적이고 효율적인 구직을 할 수 있도록 진로지도 및 고용정보의 제공, 그리고 일의 세계에서의 교육 등을 통하여 학생들의 취업과 고용을 지원하는 행위를 포함한다. 마지막으로 이상의 전환 준비와 전환 과정은 임금, 생산성, 직무 만족도 등을 통하여 필연적으로 일의 세계에서 어떤 전환 결과(outcome)를 나타냈는지를 평가받게 된다.

결국, 학교에서 일의 세계로의 전환은 청년 노동시장의 불안정성의 문제를 해소함으로써 청년들이 일의 세계에서 "헤매는 시간(foundering phase)"을 줄이기 위한 문제라고 할 수 있다(Bills, 2004). 또한 그것은 학교에서의 일의 세계 준비, 일의 세계로의 전환 과정, 그리고 일의 세계로의 전환 결과로 구분되며, 각각은 개인적 배경과 다른 과정들에 의해 영향을 받는 구조를 갖는다([그림 6–2]).

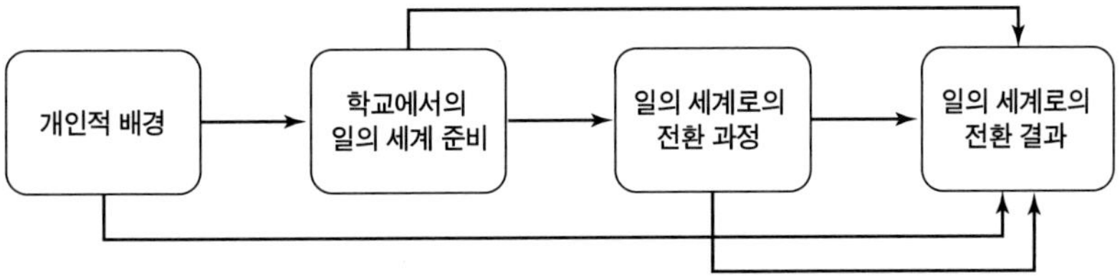

[그림 6–2] 학교에서 노동시장으로의 전환 구조

출처: 장원섭, 김형만, 옥준필(2001).

이처럼 학교에서 일의 세계로의 전환에는 먼저 능력, 성별, 가정배경 등과 같은 개인적 배경요인의 영향력이 중요하게 작용한다. 실력주의(meritocracy)의 가정과는 달리, 일의 세계로의 진출에는 성별이나 가정배경 등과 같은 귀속적 요인이 중요하게 작용할 수도 있다.

학교에 다니는 동안 일의 세계를 준비하는 과정 역시 중요하다. 자격증 취득, 현장실습이나 시간제 취업 경험 등이 실질적으로 직업능력을 제고하는 데 도움이 될 수 있어야 한다. 더욱 중요하게, 학교에서 다양한 프로그램을 제공하여 학생들이 일의 세계를 준비할 수 있도록 해야 한다.

일의 세계로의 전환 과정에서 학교의 역할 역시 필요하다. 연줄에 의한 비공식적인 방법을 통해 취업정보를 얻고 입사하기보다는 학교가 기업들과 신뢰로운 관계망을 형성하여 학생들의 일의 세계로의 전환과정에 도움을 줄 필요가 있다. 그럼에도 불구하고, 일의 세계로의 원활한 전환과정을 위해서는 학교뿐만 아니라 사회가 전반적으로 책임지고 체계적으로 지원할 수 있는 제도적인 장치가 구축되어야 한다.

마지막으로, 일의 세계로의 전환 결과에서는 학교교육과 직업 경험 요인들뿐만 아니라 개인적인 배경 변수와 교육 외적인 요인의 영향력이 함께 나타난다. 예를 들어, 성별이나 학력수준 등은 노동시장에서 성공적으로 일자리를 구하는 데 있어서뿐만 아니라 직장에 정착하는 데도 영향을 미치기도 한다.

2. 학교-일 전환의 이론적 관점

학교-일 전환에 대해 설명하는 이론들은 크게 개인주의적 관점, 구조주의적 관점, 사회관계론적 관점, 그리고 구성주의적 관점으로 구분할 수 있다(Evans, Hodkinson & Unwin, 2002; Rosenbaum, 2001; Tuomi-Gröhn & Engeström, 2003; 장원섭, 1997; 2006)

1) 개인주의적 관점

학교-일 전환에 대한 개인주의적 접근은 노동의 공급자에 초점을 맞춘다(Salas-Velasco, 2007). 청년들의 학교로부터 일의 세계로의 전환에 있어서의 성패가 학생 개인의 기술과 능력, 그리고 일에 대한 태도 등과 같은 개인적 요인에 달려 있다고 가정된다. 학교가 학생들을 제대로 준비시키지 못한 상태로 그들을 노동시장에 배출하고 있다고 비난하기도 한다.

학교교육을 통한 '인적 자본(human capital)'의 축적은 노동시장으로의 성공적인 전환을 위해 매우 중요하다(Becker, 1964; Schultz, 1961). 인적 자본은 공장의 기계 설비 같은 물리적 자본(physical capital)에 비유되는 개념이다. 그것은 개인들의 학교 교육에 대한 투자를 포함한다. 인적 자본론에서는 사람들이 자유롭게 경쟁하여 더 능력 있는 사람은 더 많은 소득을 얻을 수 있다고 가정한다. 경쟁적 노동시장에서의 성공 또는 실패는 타고난 능력과 교육의 차이에서 오는 것이며, 따라서 학교에서 노동시장으로의 전환 과정에서의 문제는 개인의 결점(deficits) 때문이라고 본다(Kariya, 1988; Rosenbaum, 2001).

따라서 학교-일 전환에 관한 개인주의적 관점은 체계적이고 구체적으로 노동시장을 준비시키는 일의 교육을 강조한다. 학교교육이 산업체가 활용할 수 있는 구체적인 직무 기술을 가진 노동력을 공급하여야 한다는 주장이 그 대표적인 예다. 교육기관의 문제와 노동시장으로 진입하는 청년 개인의 문제를 제거하여 학교-일 전환의 문제를 해결하려는 방안을 강구한다. 학교교육 프로그램을 효과적으로 구성하여 학생들이 노동시장에서 요구하는 능력과 태도를 갖출 수 있도록 하기 위한 효율적 방안들을 제시한다.

2) 구조주의적 관점

구조주의적 접근에서는 노동의 수요 측면과 그 구조적 제한 요인들에 주목한다(Salas-Velasco, 2007). 개인주의적 접근에서의 결핍모형과는 대조적으로, 기회구조모형(opportunity structure model)을 제시한다. 이 모형에서는 학교에서 일의 세계로 들어가는 과정에서 개인의 특성에 따라 성공을 위한 기회 구조 자체가 다르게 분배되어 있다고 본다. 노동시장의 구조가 이미 성별, 학력(學歷), 나이, 사회계급, 출신지역 등에 따라 차별화되어 있기 때문에 개인의 능력이나 태도보다는 그들의 귀속적 특성에 따라서 노동시장에서 성공할 확률 자체가 다를 수밖에 없다고 주장한다. 저학력자, 여성 등과 같이 불리한 조건을 가진 자들은 낮은 임금, 계속교육 및 승진 기회의 부족, 열악한 작업 환경 등을 가진 직업에 종사하게 될 가능성이 크다. 따라서 이러한 불리한 조건 또는 속성을 가진 학생들의 학교–일 전환 과정은 그렇지 않은 학생들에 비해 많은 장애요인을 가지게 된다.

분단노동시장 이론은 동일한 인적 자본을 가지고 있더라도 개인들이 가진 귀속적 특성들에 따라 노동시장에서의 성취도가 달라질 수밖에 없는 이유를 밝히는 데 기여하였다. 학교를 졸업한 자들이 가진 직업적 능력이나 태도 외에 학력과 학벌, 성별, 가정 배경, 출신 지역, 나이, 군 입대와 결혼 여부, 학교 및 전공 계열 등은 그 자체로 일의 세계에서 성공하는 데 영향을 미칠 수 있기 때문이다.

그럼에도 불구하고, 구조주의적 설명은 너무 단순하거나 과장된 것일 수 있다. 노동시장에서 구조적인 장벽들이 존재할지라도 그 장벽을 넘나드는 경우가 존재한다(Parcel & Benefo, 1987). 노동의 수요자인 고용주의 측면만을 강조하여 마치 고용주 또는 노동 장의 구조가 모든 것을 결정한다는 구조 결정론적인 함정에 빠질 우려가 있다. 개인의 주체적인 능력을 무시하는 오류를 범하게 될 가능성마저 있다.

3) 사회관계론적 관점

앞에서 살펴본 두 가지 이론적 관점들은 모두 시장 모형(market model)에 근거하고 있다. 반면, 사회관계론적 관점은 시장 기제와는 다른 사회적 관계 또는 사회적 자본의 관점을 제시함으로써 이 두 모형에서 간과한 부분에 대해 설명한다.

사회관계망 모형(social network model)은 학교에서 일의 세계로의 전환 과정에서 구직자와 기업만의 관계가 아니라 구직과 고용 행위에 있어서 이 둘과 그 사이에 제삼자의 개입이라는 복합적이고 역동적인 관계를 설정한다. 이 모형에서는 노동시장에서의 성공을 위한 필수적인 조건으로서의 정보의 질, 신뢰성, 영향력 및 그 흐름에 따른 구직 및 고용 방법에 주목한다. 실제로, 구직자와 구인자들은 모두 일자리와 임금 등에 관한 정보를 탐색하면서 시간을 보내고 비용을 들인다.

사회관계망은 이런 개인적 관계망(personal network)뿐만 아니라 학교와 기업의 제도적 관계망(institutional network)도 상정한다. 개인적 관계망은 구직자와 구인자를 연결하는 제삼자가 개인인 반면, 제도적 관계망은 학교와 기업 사이의 연계가 장기적이고 때로는 공식화된 제도적 차원에서 이루어진다는 점에서 차이를 가진다(Kariya, 1988; Rosenbaum, 2001). 기업체와 학교 간의 상호 의존적인 관계가 신뢰를 바탕으로 현실적으로 구체화된다면 두 기관 간의 관계망은 매우 효과적인 고용의 수단으로서 역할을 할 수 있다. 학교는 학생의 학업성취도과 인성 등을 기준으로 하여 기업에서 필요로 하는 학생들을 선발, 배치하고, 기업은 학교의 추천을 받아들임으로써 두 기관 간의 '공식적이고 강력한 연결 체제(formal strong ties)'는 성립될 수 있다(Rosenbaum & Binder, 1997).

4) 구성주의적 관점

구성주의적 관점은 교육과 일의 세계에 대한 사회문화적 접근법(sociocultural approach)을 취한다는 점에서 사회관계론적 관점과 같은 맥락에 있다. 그러나 사회관계론적 관점이 주로 관계망 모형에 따른 정보의 흐름과 일의 세계로의 전환 과정에 초점을 맞춘 것과는 달리, 구성주의적 관점은 학습의 과정에서 사회적 상황과 맥락의 중요성을 강조하고 학습이 일터에서 어떻게 전이(learning transfer)되는지의 문제에 더욱 주목한다.

구성주의적 관점에서는 학교-일 전환에 있어서 학습 전이(learning transfer)에 관한 과업 또는 개인 중심의 전통적 이론들과 대비시킨다(Tuomi-Gröhn & Engeström, 2003). 과업(task) 중심의 전이 이론에서는 학습했던 상황과 학습이 적용되는 상황이 동일할 때 학습전이가 잘 이루어질 수 있다고 본다. 따라서 그것이 동일한 것이라면, 일터에서 수행할 과업을 학교교육을 통해 미리 습득하더라도 전이의 문제는 없다고 가정된다. 또한, 개인(individual) 중심 전이 이론에서는 학습전이는 개인의 속성의 문제가 된다. 즉, 배운 것을 적용할 수 있는 개인의 능력과 태도를 개인의 속성으로 습관화시키는 것이 학습전이의 가장 좋은 방법이 된다.

반면에, 맥락(context) 중심의 구성주의 이론은 학습과 전이의 문제를 분리하기보다는 통합적으로 본다. 성문화된 지식을 공식적인 프로그램을 통해 학습하는 방식의 전이에 있어서의 한계를 지적한다. 그 대신 실행공동체에의 참여 속에서 개인과 과업과 상황이 함께 변화하는 과정에 주목한다. 따라서 전이는 발전적 개념(developmental transfer)으로서 개인이 아니라 공동체가 함께 변화하는 것의 문제가 된다. 결국, 객관적인 학습은 없고, 계속 학습하는 공동의 과정만이 있을 뿐이다.

학교에서 일의 세계로의 전환에 대한 구성주의적 관점은 프로그램화되거나 관리할 수 없는 학습의 현상에 주목하였고, 개인의 머리가 아니라 사회적 실행으로 학습의 위치를 이동시켰다. 학습은 개인이 참여한 상황에 근거하는 것이지, 성찰에 의해 생성된 지적 개념으로서 그 개인의 머리로부터 나오는 것이 아니라고 보았다. 한마디로, 구성주의적 시각에서는 개인과 상황, 집단, 일이 상호작용하면서 서로 변화하는 관계를 상정한다. 이런 관계 설정은 학습자가 적극적으로 찾아 나서고 그 맥락에 참여하는 새로운 일의 학습의 방식을 제시한다. 전통적인 방식의 교실 진로교육으로부터 직접 체험함으로써 마음으로 느끼고 몸으로 체득할 수 있는 상황과 맥락 중심의 탐험적 일의 교육을 강조한다. 개인이 살아가면서 끊임없이 만나는 다양한 학습 경험의 중요성을 부각한다. 합리주의적이고 일방적인 학습이론이 경험과 지식이 상호작용하여 서로를 결정하는 것을 간과하고, 일터에서 몸으로 경험하며 직관적으로 배우는 학습을 훼손한다고 비판한다. 이처럼 구성주의적 관점에서는 학교에서 노동시장으로의 전환에 있어서 학습이 구체적이고 특수한 상황과 맥락 속에서 이루어져야 한다는 점을 강조한다.

3. 학교–일 전환 준비와 과정

학교에서 일의 세계로의 전환은 학생들이 일의 세계를 준비하기 위한 여러 가지 활동, 경험 및 기회를 포함한다. 그리고 전환하는 과정에서 다양한 구직 및 고용방법들이 동원된다. 이 절에서는 학교–일 전환의 준비 프로그램들을 살펴본다. 그리고 사회관계망이론을 중심으로 학교에서 일의 세계로의 전환 과정에 대해 구체적으로 논의한다.

1) 학교-일 전환 준비

(1) 학교-일 전환 프로그램 유형

학교-일 전환 프로그램은 매우 다양하며, 광범위한 영역에 걸쳐 있다. 이러한 프로그램들을 몇 가지 기준에 의해 유형화하면 다음과 같다(장원섭, 김형만, 옥준필, 1999).

먼저, 일 기반 학습은 전통적인 내용 중심 학습과는 달리, 일터 또는 일터와 유사하게 만든 환경에서의 학습경험과 활동으로 정의될 수 있다. 그것은 학교에서의 일의 경험과 직무를 통한 일의 경험으로 분류될 수 있다. 즉, 일 기반 학습은 학교기업, 진로 아카데미, 모의기업 프로젝트 등과 같은 학교에서의 일의 경험과 도제제도, 산학협동학습, OJT, 멘토십 등의 직무를 통한 일의 경험을 포함한다(Hoerner & Wehrley, 1995).

스미스와 로쥬스키(Smith & Rojewski, 1993)는 학교의 관여 정도와 임금 지급 여부에 따라 학교-일 전환 프로그램을 구분하였다. 학교가 학생들의 학습에 얼마나 관여하는가에 따라 보면, 시뮬레이션이나 테크프렙 등은 학교에서 크게 관여하는 프로그램인 반면, 인턴십, 방과후 시간제 취업은 학교에서 제한된 관여만을 할 뿐이다. 그리고 임금 지급 여부를 보면, OJT나 시간제 취업은 학생들이 임금이라는 형태로 보상을 받는 프로그램인 반면, 멘토십, 지역사회 자원봉사는 임금이 지급되지 않는다. 이 두 가지 기준을 통해 다시 정리하면 [그림 6-3]과 같다.

또한, 학교-일 전환 프로그램은 학교교육과 일의 경험의 시차에 따라 교육과 일을 동시에 경험하는 프로그램과 직업을 준비하기 위해 먼저 학교교육을 실시하는 프로그램으로 분류될 수 있다(Stern et al., 1995). 학교교육과 일을 동시에 실시하는 프로그램은 학생들이 학교에 다니는 기간 동안 일도 경험할 수 있는 프로그램을 의미한다. 이런 프로그램은 산학협동학습, 청년도제제도, 학교기업 등과 같이 학교가 관할하는 구조화된 프로그램과, 시간제 취업 같이 학생이 스스로 알아서 하는 비구조화된 일의 경험으로 구분된다. 직업준비를 위한 교육은 학생들에게 일의 세계를 준비시키기 위한 명시적인 목적을 가지고 제공되는 일의 교육으로서 전통적인 또는 새로운 형태의 직업준비교육이 여기에 해당된다.

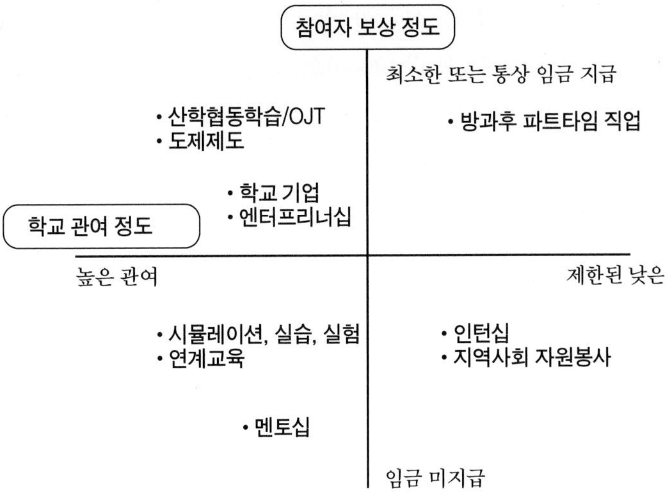

[그림 6-3] 학교의 관여도와 임금지급에 따른 학교-일 전환 프로그램

출처: Smith, C. L. & Rojewski, J. W. (1993).

(2) 경험학습의 형태

학교-일 전환 준비를 위한 교육 프로그램에서 경험을 통한 학습을 더욱 강조한다. 경험학습의 종류는 매우 다양하고 그 수준도 차이가 있다. Linn 등(2003)은 사회문화적 접근에 기초하여 경험학습의 틀을 [그림 6-4]와 같이 일과 삶의 과정 수준에 따라 제시하였다.

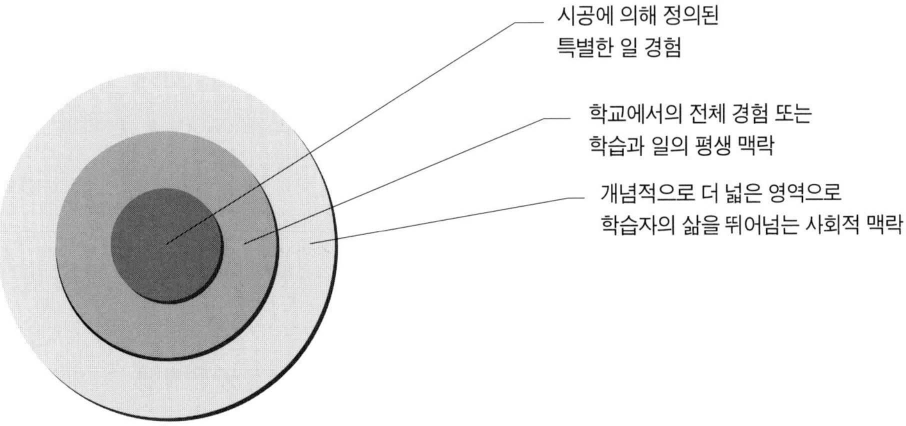

[그림 6-4] 학교-일 전환에 있어서 경험학습의 세 차원

출처: Linn et al. (2003).

먼저, 가장 안쪽의 좁은 초점은 시간과 장소에 의해 한정된 특정한 일 경험에 대한 것이다. 가장 대표적인 이론이 Kolb(2000)의 학습유형 또는 경험학습의 네 단계다. 그것은 구체적 경험 → 반성적 관찰 → 추상적 개념화 → 활동적 실행의 순환적 과정을 말한다. 경험학습이론은 학교–일 전환 준비로서 인턴십, 체험학습, 협동교육 등의 교육적 의미를 강조하고 있다.

둘째, 하나의 일 경험으로부터 좀 더 장기간의 틀로 초점을 넓히는 이론들이 가운데 원에 해당한다. 실제로 인턴십이나 협동학습 등은 더 폭넓은 학교와 평생경험 속에 놓여 있다. 즉, 학생의 학교에서의 모든 경험과 학교졸업 후의 평생 경험과의 관련성 아래서 경험학습을 검토할 수 있다. 학습자들은 그들보다 더 많은 경험을 가지고 있는 부모, 교육자, 그리고 고용주들로부터 유용하다고 여겨지는 것을 취하고 그 정보를 자신들의 삶의 경험에서 기인한 그들의 지식과 혼합한다. 학습자들은 직장에서 일을 하면서 생성적 지식인이 되도록 도전을 받는다. 따라서 인턴십이나 협동학습에 참여해 본 학생들이, 그렇지 않은 학생들에 비해 졸업 후 일터에서 더 유리한 위치에 있을 수 있다(Linn et. al. 2003).

마지막으로, 바깥쪽 원은 학생의 삶을 넘어서는 사회적 맥락에 주목한다. 레이브(Lave)의 상황학습이론과 '합법적 주변 참여' 개념이 대표적이다(Lave & Wenger, 2000). 전통적으로 학습은 개인이 자신의 머릿속에 지식 내용을 저장하고 처리하는 인지적 과정으로 파악되었다. 따라서 학교에서 일의 세계로의 전환을 준비하는 충분한 교육이 이루어질 수 있으리라고 여겨졌다. 그러나 상황학습이론(situated learning theory)에 따르면, 학습은 개인 수준에서 일어나는 것이라기보다는 공동의 참여과정에서 이루어진다. 사람의 머릿속에서만이 아니라 사회적 맥락과 관계 속에서 이루어진다. 학습은 내용의 습득이라기보다는 맥락적이고 사회적인 참여의 결과다. 한마디로, 경험이 구조에 선행한다는 전제를 가지고, 학습에 있어서 내용(content)이나 교과(text)가 아니라 맥락(context)의 중요성을 더욱더 부각한다.

레이브와 웽거(Lave & Wenger, 2000)는 도제제도 연구를 통해 '합법적 주변 참여(legitimate peripheral participation)'와 '실행공동체(community of practice)' 개념을 도출하였다. '합법적 주변 참여'에서 합법성(legitimacy)이란 실행공동체에 참여해도 좋다는 것을 인정받는 것을 의미한다. 주변성(peripherality)은 공동체에의 참여의 성격이 다중적이고 다양하며, 깊숙한 참여가 아닌 약간의 포괄적인 참여로 이루어진다는 것을 말한다. 주변은 정해진 위치의 개념이 아니다. 그것은 긍정적인 개념으로서 참여의 증가를 통하여 이해를 획득하는 열린 방법을 의미한다. 따라서 합법적인 주변성은 실행공동체에 참여해도 좋다는 것을 인정받았으나 아직 완전한 참여에 이르지 못한 상태를 일컫는다. 또한 참여(participation)는 의미에 대한 상황화된 협상과 재협상에 기초한다. 앎은 특정한 사회적 환경에서 특정한 사람들에 의한 활동의 결과로 완전한 참여에 이르러 완전한 구성원이 되는 것이다. 학습은 신참자(newcomer)에서 고참자(oldtimer)로의 변화에 따른 정체성의 형성을 포함한다.

결국, 사회문화적 맥락에의 참여를 통한 진정한 진로 학습이 될 때 그것은 개인의 지식을 증가시킬 뿐만 아니라 중요한 정체성의 변화까지도 포함하는 유의미한 전이학습(consequential transition)이 된다(Beach, 2003). 진정한 학습이란 일과 관련된 실제 생활적인 학습의 과정을 제공하는 것이다. 이를 통해 단순히 성문화된 지식(codified knowledge) 또는 교수적 지식(pedagogic knowledge)을 넘어서 상황에 내재된 암묵적 지식(situated and tacit knowledge)을 습득할 수 있다. 즉, 일의 교육은 추상적인 발달 대신에 연속적이고 진보적인 재맥락화의 과정인 것이다(Guile & Young, 2003).

2) 학교-일 전환 과정

노동시장에서 일자리와 임금 등에 관한 완전한 정보란 존재하지 않는다. 성공적인 학교-일 전환을 위해서는 정보를 획득하기 위한 행위가 중요한 문제로 대두된다. 따라서 구직자와 구인자들은 모두 정보를 탐색하며, 시간을 보내고 비용을 들인다. 즉, 노동시장에서 정보를 수집하는 행위는 그 행위들의 결과로서 고용을 위한 필수적인 전제조건이 된다. 여기에서는 구직과 구인의 필수조건으로서 학교-일 전환 과정에서 정보를 수집하는 방법을 검토한다.

(1) 구직과 구인 방법

전통적으로 고용을 위해 노동시장에서 구직와 구인자에 의해서 활용되는 수단들은 공식적 방법, 직접적 지원, 그리고 비공식적인 수단 등으로 분류되어 왔다(장원섭, 1997; Granovetter, 1974; Marsden, 1994).

공식적 방법은 구인자와 구직자 사이에 공식화된 제도 또는 비인격적인 중개자가 구직과 구인을 위한 중간 매개체로 이용되는 경우를 의미한다. 보편적으로 활용되는 공식적 중간 매개물에는 신문이나 잡지의 구인광고, 공공/사설 직업소개소, 그리고 학교의 취업상담소 등이 포함된다.

직접적 접촉은 구직자가 고용주와 직접적으로 접촉하는 경우다. 구인자가 직업시장에 아무런 구인정보를 알리지 않았음에도 불구하고, 구직자는 구인이 있을 것 같은 기업에 자발적으로 취업을 문의할 수 있다. 취업희망자가 고용주를 직접 방문하거나 우편 또는 전화로 문의하고 지원하는 것을 포함한다.

마지막으로, 비공식적 수단은 구직자 또는 구인자가 그의 친척, 친구, 친지, 교사 등과 같이 개인적으로 친분관계가 있는 사람들과의 개인적 접촉을 통해서 구직 또는 구인정보를 얻는 방법이다. 고용과 관련되지 않은 상황에서 비공식적으로 개인적인 친분관계에 있던 사람이 구인에 관한 정보를 구직자에게 제공하거나 그를 추천하는 경우 또는 그 반대의 경우가 여기에 해당된다.

(2) 제도적 관계망

사회관계망이론은 노동시장에서 구직자와 고용주, 그리고 그들을 매개하는 정보제공자 또는 추천자들 사이의 사회적 접촉의 역할을 강조한다. 전통적인 관계망에서 고용주와 구직자를 연결시켜 주는 중간 매개자로 다룬 제삼자는 '개인'이었다. 그러나 개인과 다른 개인 간의 관계만이 아니라 조직 간의 관계망도 존재한다(Kariya, 1988; Rosenbaum & Kariya, 1989).

기관 간의 관계망은 제도화된 기관들 사이의 규칙적인 상호작용의 패턴을 의미한다. 일반적으로 발견되는 조직 간의 관계망은 사회 속에서의 역할로 봤을 때 상호의존적인 두 제도들 또는 제도화된 기관들이 서로 간의 거래관계를 유지하기 위해서 형성하는 연결망이다. 그 관계는 상호 신뢰와 이익에 근거한 관계로 특징지어지는 경향이 있다. 단기간에 있어서 약간의 손해를 감수하더라도 장기적으로 이익이 된다고 판단되는 경우에 그들의 상호 신뢰에 기초한 거래관계는 계속된다.

실제로, 교육체제와 경제체제는 상호의존적인 관계에 있다. 학교는 노동인력의 공급자이며, 기업은 노동력의 수요자이기 때문이다. 학교는 고용주가 자기 학교 졸업생을 고용해 주기를 바라며, 고용주는 학교로부터 훈련된 생산성 있는 노동자를 공급받아야 한다는 점에서 서로를 필요로 한다. 학교는 자신이 배출한 인재들을 기업에서 고용하기를, 그리고 기업은 학교가 보다 우수한 인력을 키워 내기를 바란다.

취업과 고용에 있어서 상호 의존관계는 학교와 기업이 기관 간의 관계망을 구축할 수 있게 만드는 조건이 된다. 그러나 그 가능성은 상호 필요의 관계를 상호 신뢰의 관계로 승화시킴으로써만 현실화될 수 있다. 학교와 고용주 간의 관계가 불신과 상호 비난의 상황에 처해 있다면 두 제도 간의 관계망은 구축되지 않을 것이기 때문이다. 예를 들어, 고용주는 학교에서 부여하는 학생들의 성적이나 교사의 추천을 불신하여 그것들을 고용의 기준으로서 활용하지 않으며, 학교는 학교대로 고용주들이 학교교육을 신뢰하지 않는다고 생각한다면, 이러한 상호 불신은 학교와 기업 또는 교육과 일의 세계 간의 상호 의존성을 상호 신뢰의 관계를 통한 관계망의 구축으로부터 멀어지게 만든다(Rosenbaum et al., 1988; Rosenbaum & Binder, 1997).

반면, 기업체와 학교 간의 상호의존적인 관계가 신뢰를 바탕으로 현실적으로 구체화된다면 두 기관 간의 관계망은 매우 효과적인 고용의 수단으로서 역할을 다할 수 있다. 학교는 학생의 학업성취도과 인성 등을 기준으로 하여 기업에서 필요로 하는 학생들을 선발 · 배치하고, 기업은 학교의 추천을 받아들임으로써 두 기관 간의 '공식적이고 강력한 연결체제'는 성립될 수 있다(Rosenbaum & Binder, 1997).

실제로, 학교-기업 관계망을 통하여 얻을 수 있는 이익은 매우 크다. 기업은 학생의 기술과 일에 대한 태도에 대해 보다 좋은 정보를 제공받으며, 인력을 충원함으로써 기업의 생산성을 높일 수 있게 된다. 교사는 자신의 교육적인 진로지도의 의무를 충실히 수행함과 동시에, 학생 진로를 책임짐으로써 교육적인 권위를 가지게 된다. 학생들은 성공적인 취업을 위해 자기 자신의 능력을 높이려고 노력할 것이며, 그로 인해 졸업 후에 보다 원만한 취업을 보장받게 될 것이다. 또한 기업은 시장기제를 통한 것보다 훨씬 더 정확한 정보를 통해 근로자를 선발하기 때문에 가장 적합한 노동력을 제공받을 수 있다. 그리고 학교와 노동시장에는 실력주의 원칙이 엄격하게 적용됨으로써 사회는 전반적으로 보다 보편주의적인 경향으로 나아갈 수 있다(Rosenbaum et al., 1988; Rosenbaum, 1996). 결국, 학교-기업 관계망의 구축을 제안하는 학자들은 학교와 기업 간의 공식화된 강력한 연결체제를 통하여 효율적인 학교-일 전환이 이루어질 수 있다고 주장한다.

제도적 관계망이 가진 강점에도 불구하고, 학교와 기업 사이의 관계망을 통한 학교-일의 세계 전환에서는 다음과 같은 점들이 신중히 고려되어야 한다.

첫째, 정실주의에 빠질 우려가 있다. 교사가 학생들을 평가하고 기업에 추천할 때 교사 개인의 편견이 작용할 수 있다. 즉, 교사와 학생 간의 인간적인 관계가 학생의 장래를 결정할 수도 있다. 이러한 우려에 대하여 관계망 이론가들은 관계망을 통한 추천이 고용주의 학생에 대한 단 5분간의 인터뷰보다는 훨씬 낮은 학생에 대한 편견을 제공할 것이라고 반박한다(Rosenbaum, 1996). 또한 그들은 학교는 학업성적을 학생 추천의 가장 중요한 근거로 활용함으로써 그러한 우려를 극복할 수 있다고 주장한다. 왜냐하면 학교가 충분히 자격 있는 학생들을 기업에 보내지 못한다면, 기업의 추천의뢰가 더 이상 계속되지 않을 수도 있기 때문이다.

둘째, '보이지 않는 손'을 기본 아이디어로 하는 시장경제논리는 이러한 기관 간의 관계망이 시장의 효율성을 떨어뜨릴 수 있다고 경고한다. 그러나 독일이나 일본의 학교-기업 간의 연계는 오히려 효율적인 인력의 배치와 활용에 기여하고 있는 것으로 나타났다. 관계망은 학교를 떠난 청년들이 노동시장에서 방황하는 시간을 줄이고, 보다 원만하고 적합한 고용을 성취할 수 있게 한다. 또한 학교와 고용주가 직접 접촉하고 서로 간의 필요를 충족시켜 줌으로써 학생들의 일의 세계 준비와 기업의 인력 수요공급 모두에 긍정적으로 공헌할 수 있는 것이다(Rosenbaum, 1996; Rosenbaum & Binder, 1997).

셋째, 학생 취업, 특히 고등학교 졸업자의 취업문제에 있어서 학교-기업 관계망은 개인적 관계망에 비해 더 효과적일 가능성이 크다. 왜냐하면 학생들은 일반적으로 사회생활의 경험이 부족하기 때문에 개인적 관계망의 질이 떨어지고 그 범위도 매우 제한되어 있기 때문이다. 특히, 취업을 위해 개인적 관계망을 효과적으로 활용하기 어려운, 사회경제적 지위가 낮은 학생들에게 실력주의적 원칙에 기초한 관계망을 통한 취업은 그들의 사회적 진출에 중요한 기회를 제공할 수 있을 것으로 보인다(Rosenbaum, 1996).

넷째, 학교-일 전환을 위한 사회관계망은 학교와 기업의 연계와 역할분담을 근간으로 하지만 그 밖에 다른 관련 집단들의 협력과 참여도 필요로 한다. 예를 들어, 주위의 다른 시설 및 기자재, 프로그램을 가진 학교, 직업훈련기관, 고등교육기관 등과의 수직적 · 수평적 연계와 단위학교가 소속된 지역의 시민단체 및 주민의 협력과 지원이 있어야만 학생들의 일의 세계 준비와 전환은 성공적으로 이루어질 수 있다. 이런 의미에서 효과적인 학교-일 전환 관계망은 필연적으로 '지역 중심의 열린 관계망'이어야 한다(장원섭 외, 1999).

4. 학교-일 연계 방향

1) 교육과 일의 연계성

학교에서 일의 세계로의 전환은 언제나 이미 중요한 사회경제적 현상이다. 이 문제는 학교교육과 청년실업이 지속되는 한 앞으로도 계속 주요한 논의거리로 남아 있을 것이다. 왜냐하면, 교육과 일의 세계는 필연적인 관련성을 가지기 때문이다. 교육은 그 자체로서의 내적인 의미를 가지고 있다. 그럼에도 불구하고, 교육은 사회와 분리된 채 진공상태에 머물러 있을 수는 없다. 교육을 통하여 길러진 개인은 사회 속에서 일정한 역할을 수행하면서 살아가게 된다. 그리고 그 사회 속에서의 삶은 직업을 통해서 발휘되는 경우가 대부분이다(이무근, 1999).

교육과 일의 세계 사이의 관계가 서로 상응하는가 아니면 상대적 자율성을 가져야 하는가의 문제는 우선순위와 연계의 강도에서 차이를 보일 뿐, 교육이 일의 세계의 변화를 반영하며 연결될 필요가 있다는 데는 입장을 같이하고 있다. 또한 두 관점은 모두 학교와 산업이 일정한 차이를 지닌다는 현실을 인정하고 있기도 하다. 특히, 현대 사회는 너무나 빠르게 변화하기 때문에 교육과 일의 세계는 필연적으로 차이를 나타낼 수밖에 없다. 따라서 보다 중요한 것은 개방적이고 상호 연계된 유연한 패러다임으로 변화하고 있는 새로운 산업사회에서 교육과 일이라는 두 세계 사이의 간극을 어떻게 조화시키고 슬기롭게 극복하느냐의 문제다.

교육과 일의 세계 사이의 필연적인 간극을 해결하는 방식은 크게 세 가지로 구분할 수 있다.

첫째, 학교교육이 신속하게 일의 세계의 변화를 그대로 반영하는 방법이다. 급변하는 현대 사회에서 이것은 현실적으로 거의 불가능한 것 같다. 다만, 특성화된 소규모의 유연한 학교조직에서는 부분적으로 가능할 수 있다. 움직임이 가벼운 학교는 사회변화에도 적응하기가 쉽기 때문이다.

둘째, 학교가 일의 세계의 변화를 신속하게 그대로 반영할 수 없다면 학교에서 일반적이고 기초적인 교육을 우선시하는 방법이 있다. 이 관점은 전통적이고 보수적인 관점으로 오해될 수도 있다. 그러나 일의 세계의 변화를 점진적으로 수용하면서 학생들에게 일의 세계에서 필요한 기본적인 능력을 함양시키는 것이라면, 급변하는 현대 사회에서의 학교의 역할이 긍정적으로 규정된 것이라고 보인다.

셋째, 학교가 일의 세계의 변화를 유도할 수 있다고 보는 입장도 있다. 이것 역시 현실적으로 실현하기 매우 힘든 방식이다. 일반적으로 보수적일 수밖에 없는 교육기관인 학교보다는 자유로운 시장 속에 있는 영리기관인 기업이 빠르게 변화하는 데 능숙하기 때문이다. 그럼에도 불구하고, 이미 학교기업과 기술개발 · 확산 등의 방법을 통해 학교가 일터의 변화를 주도하는 사례가 현실화되고 있는 것을 보면 학교가 일의 세계의 변화를 이끌 수도 있다는 적극적인 관점을 취하는 것은 긍정적으로 평가될 수 있다.

결국, 이들 각각의 접근법은 나름대로의 장점을 가지고 있다. 따라서 학교체제가 이런 관점들에 기초한 프로그램들을 개발하고 그것들을 적절하게 조화시킨다면 학교와 일의 세계 간의 연계는 바람직한 방향으로 이루어질 수 있을 것으로 보인다.

학교에서 일의 세계로의 전환은 매우 복합적이고 다측면적인 현상이며 개념이다. 따라서 다양한 관점에서 접근해야 할 문제이고, 그 현상의 다양한 측면들 가운데 어떤 한 측면만을 강조하면서 논의될 수밖에 없을 수도 있다. 따라서 학교-일 전환에 관한 하나의 최선의 설명방식이나 정답은 없다. 그럼에도 불구하고, 현 시점에서 우리가 중요하게 고려할 것이 있다. 그것은 이 개념을 단순히 학교교육과 청년실업의 문제로만 한정하여 바라보아서는 곤란하다는 것이다. 학교-일 전환은 평생학습과 일의 세계라는 총체적인 관점을 요청한다. 동시에, 매우 세밀하고 구체적인 사회경제적 상황과 맥락에 기초하여 접근되어야 한다.

2) 학교-일 전환 관계망

우리의 상황에 맞고 체계적으로 도움을 줄 수 있는 학교-일 전환 관계망을 구축하기 위해서는 다음과 같은 방향으로의 교육적, 사회적, 그리고 정책적 노력들이 동시에 이루어져야 있다.

첫째, 모든 학생들에게 일의 세계를 준비할 수 있는 교육이 제공되어야 한다. 진로를 인식하고 탐색하며, 준비할 수 있도록 각급 학교 단계에 적합한 진로교육이 체계적으로 이루어져야 한다. 특히 직업계 고등학생뿐만 아니라 일반계 학생들도 자신의 적성과 능력에 맞는 진로를 개척할 수 있도록 진로지도 및 직업기초교육을 강화할 필요가 있다.

둘째, 일의 교육은 학생들이 일의 세계를 직접 체험하고 실제로 실습할 수 있는 프로그램들로 구체화되어 학교와 학교 밖의 여러 기관들을 통해 체계적으로 제공되어야 한다. 학생들이 학교에 있는 동안에도 일의 세계와 긴밀한 관련을 맺으면서 교육이 이루어질 수 있는 경험 및 실습 중심의 일의 교육 관계망이 마련되어야 한다.

셋째, 고등학교는 취업과 고등교육을 둘 다 보장하는 유연하고 다양한 체제로 바뀌어야 한다. 학생들이 조기에 진로를 결정하기보다는, 자신의 삶의 경로를 변경할 수 있는 여러 출구와 광범위하고 융통성 있는 경로들을 가진 체제를 통해 더 많은 선택의 기회를 누릴 수 있어야 한다. 그럼으로써, 삶의 기회를 다양화시킬 필요가 있다.

넷째, 청년의 일의 세계로의 전환기간의 장기화 문제를 막기 위해서는 고등교육의 대중화는 적극적으로 수용하되, 일과 학습의 연계를 강화하여야 한다. 고교 졸업자가 취업하여 근로경력을 가지면서도 고등교육을 받을 수 있는 기회를 실질적으로 확대하여야 한다. 또한 고등교육을 통해서도 실질적이고 의미 있는 일의 교육이 이루어질 수 있도록 해야 한다.

다섯째, 학교와 기업 간의 관계망과 역할분담을 위한 제도적 장치의 마련이 필요하다. 학생들의 체험 중심의 교육과 원활한 취업을 위해 학교와 기업은 신뢰로운 연계체제를 구축할 필요가 있다. 효과적인 산학협력을 위해서는 학교에서의 교육과 기업의 고용 및 훈련이 서로의 고유한 기능을 인식하고 이해하는 가운데 역할분담을 통해 상호 이익을 추구할 수 있어야 할 것이다.

여섯째, 사회구성원 모두가 학생들의 원활한 일의 세계로의 전환을 위한 책임을 공유할 수 있는 지역관계망이 구축되어야 한다. 학교와 기업뿐만 아니라 학부모, 시민단체, 노동조합, 지방자치단체, 그리고 중앙정부의 여러 행정부처들이 강력한 사회적 유대감과 책임감을 가지고 상호 협력할 수 있는 제도적 틀과 장이 마련되어야 한다. 그럼으로써, 학생들이 '스스로 알아서 하는(do-it-yourself)' 학교-일 전환이 아니라 사회 전체가 지원하고 도움을 줄 수 있는 체제를 확립하여야 할 것이다.

제7장

맥락 중심의 평생진로교육

1. 혼돈 속의 진로와 진로교육

현대인들은 자신의 길을 찾지 못하고 방황하고 있다. 청소년들뿐만 아니라 성인들마저 알 수 없는 길을 그저 걸어가고 있을 뿐이다. 자신이 가고 싶은 길이 어디 있는지, 자신이 지금 걸어가는 길이 어디로 가는지, 그 길을 가면 자신이 바라는 꿈이 이루어질지, 이 모든 것이 불확실하다.[1] 평생직장이 사라지고 경력 이동이 빈번해지는 상황에서, 더 안전한 공무원이나 교사의 길이 이 시대 우리 사회의 최고 직업으로서 인기를 누리기도 한다. 물론 공무원이나 교사는 매우 보람 있고 가치 있는 일이다. 그러나 단지 정년이 보장된 안정적 직업이라는 이유로 사람들이 몰려서는 그 일이 가진 본래의 가치를 이루지 못할 우려마저 있다.

이보다 더 심각하게, 근래 들어 많은 청소년들이 심지어는 '건물주'가 되는 것을 자신의 꿈으로 삼고 있기도 하다.[2] '조물주 위에 건물주'라는 말까지 유행이다. 이 말에는 일 안 하고도 잘 먹고 잘 살면 좋겠다는 바람이 들어 있다. 먹고 살기가 너무 힘든 세상이니 오죽하면 이런 말을 할까라고 이해할 만도 하다. 그럼에도 불구하고, 개탄스러운 현상인 것만은 틀림없다.

학생들을 대상으로 노동과 일에 대해 조사한 바에 의하면, 노동은 힘들고 괴로운 것일 뿐이었다. '노동'이라는 말을 긍정적으로 생각하는 초등학생은 110명 가운데 12명밖에 되지 않았다. 반면, 부정적인 인식은 69명(62.7%)에 달했다. 그 이유는 힘들다

1) 인기 그룹 god는 〈길〉을 통해 다음과 같이 청소년의 진로의 불안을 노래하였다. "내가 가는 이 길이 어디로 가는지 어디로 날 데려가는지 그곳은 어딘지 알 수 없지만 알 수 없지만 알 수 없지만 오늘도 난 걸어가고 있네…… 나는 왜 이 길에 서 있나 이게 정말 나의 길인가 이 길의 끝에서 내 꿈은 이뤄질까 나는 무엇을 꿈꾸는가 그건 누굴 위한 꿈일까 그 꿈을 이루면 난 웃을 수 있을까……."

2) JTBC(2016. 02. 29.). 〈탐사플러스〉 공무원 · 건물주가 '꿈'… 청소년들의 현주소. http://news.jtbc.joins.com/article/article.aspx?news_id=NB11183269. (2017. 07. 03. 확인).

는 생각(53명, 48.1%) 때문이었다. 노동이라는 말과 함께 떠오른 단어는 '돈 · 월급'(11명), '노예/천민'(7명), '공사장'(3명), '공장'(2명), '하기 싫다'(2명), '아프리카'(2명) 등이었다. 이런 경향은 중 · 고등학생들에게서도 마찬가지였다.[3)]

많은 사람들이 자신의 불안한 진로 문제를 해소해 주기를 호소하고 있다. 근래에는 학교에서뿐만 아니라 학교 밖의 공공과 민간부문에서도 청소년들을 위한 진로교육이 이루어지고 있다. 중학교 자유학기제를 통해 진로체험의 기회를 확대하기도 했다. 그럼에도 불구하고, 이들에게 진로를 탐색하고 준비하도록 도와주는 교육은 충분하지 못하다. 여전히 충실한 내용과 깊이 있는 경험보다는 형식적이고 겉치레뿐인 진로교육에 머무르는 경우가 많다.

진로교육은 개인의 특성과 일의 세계를 교육적으로 잇는 매우 광범위하고 종합적인 의미를 가진다. 교육과 일의 관계를 포괄적으로 접근하기 위한 개념이자 구체적인 실천 활동이다. 그럼에도 불구하고, 전통적으로 진로교육은 일의 세계를 주어진 것으로 보고 개인을 그것에 적응시키는 과정이라는 의미를 강하게 내포하여 왔다. 일에 대한 개인의 생물학적, 심리적 준비에 주로 관심을 가지는 진로발달이론과 개인에게 적합한 일이 무엇인지를 알기 위해 심리적 특성을 밝히는 적성검사나 흥미검사의 개발 등은 모두 진로교육의 이런 속성에서 나온 학문적 또는 실천적 산출물들이다. 이런 전통적인 진로지도의 도구들은 빠르게 변화하는 새로운 일의 세계에서는 더 이상 유용하게 작동하기가 어려워지고 있다. 진로교육이 고정된 일의 세계를 가정하고 여기에 개인의 적성 또는 흥미 등을 객관적 도구를 통해 찾아내서 배치, 준비시키는 교육이라는 전통적인 관념과 실천방식은 그 유효성이 떨어지고 있다(이영대, 2007). 한마디로, 일과 교육의 세계가 함께 변화함에 따라 전통적인 진로교육은 뚜렷한 한계를 가지게 되었다(장원섭, 2006).

특히, 일의 세계의 빠른 변화는 현대인들로 하여금 직업적 불확실성을 크게 증가시키고 있다. 이런 가운데 진로교육은 새로운 개념화와 실천방식을 요청받고 있다. 이 장에서는 그런 변화에 따라 전통적인 진로교육이 새로운 일과 교육의 세계에서 가지는 한계를 지적한다. 그러고 나서 진로교육의 새로운 패러다임을 제안한다. 마지막으로, 진로교육의 새로운 방향과 과제를 제시한다. 진로와 진로교육의 본질적인 의미는 변화하지 않을 수 있지만, 진로교육이 기본적으로 포함하고 있는 교육과 일의 세계의

3) 경향신문(2016. 04. 28.). [노동이 부끄러워요?] (1) "노동 생각하면 노예 떠올라…내 꿈은 노동자가 아니에요." http://news.khan.co.kr/kh_news/khan_art_view.html?artid=201604282240005&code=940702&s_code=as161 (2017. 07. 03. 확인).

변화는 진로교육의 맥락과 내용 및 방법 등을 변화시키기 때문이다.

2. 진로교육의 개념과 이론

1) 진로교육 개념

진로(career)란 개인이 삶을 살아가면서 가지게 되는 일의 총체를 말한다. 영어 단어인 career는 진로 또는 경력 등으로 번역되는데, 둘 다 마찬가지의 의미를 갖는다. 그럼에도 불구하고, 진로는 일의 세계로 진입하기 전인 아동과 청소년이 일을 준비하면서 나아가는 개념으로 사용하는 반면, 경력은 이미 노동시장에 들어간 성인이 자신의 일의 경로를 의미하는 단어로 쓰이는 경향이 있다. 이 장에서는 주로 진로라는 용어를 사용하지만 때로는 그 의미를 강조하기 위해 경력이라는 개념도 활용한다.

진로교육(career education)은 개인의 진로와 관련된 활동을 도와주는 교육을 의미한다. 각 개인이 자기 자신과 일의 세계를 인식하고 탐색하여 자신에게 적합한 진로를 찾고 선택한 일을 잘 수행할 수 있도록 가르치고, 지도하고, 도와주는 종합적인 활동을 말한다. 따라서 진로교육은 개인의 특성과 일의 세계를 교육적으로 잇는 매우 포괄적이고 종합적인 의미를 가진 개념이다.

진로교육은 직업적 발달 내지 성숙에 관한 연구가 진척됨에 따라 직업교육이 취직을 목전에 두고 실시되는 것으로는 불충분하다는 반성에서부터 비롯되었다. 가능한 한 이른 시기부터 어린이의 직업적 발달에 대응하면서, 각각의 단계에서 적절한 교육이 계속적으로 이루어지는 것이 바람직하다는 주장에 따라 발전하였다. 그 과정에서 실증적이고 계량화된 진로적성검사들이 개발되면서 과학적으로 인력을 배치할 수 있다는 신념도 대두하였다(Herr, 2001).

따라서 진로교육의 개념은 자신에 대한 이해와 일의 세계에 대한 지식을 포함한다. 자신에 대한 이해에는 주로 적성검사, 흥미검사 등과 같은 표준화검사 도구가 활용된다. 일의 세계에 대한 지식은 다양한 방법들을 통해 획득하게 된다. 결국, 진로교육은 다음과 같은 목적을 가진다. 첫째, 진로교육은 개인으로 하여금 일하고자 하는 동기와 이유를 가지게 한다. 둘째, 자신에게 적합한 일을 현명히 선택하게 한다. 셋째, 일을 하는 데 필요한 지식과 기술을 획득하게 하여 이를 수행할 수 있게 한다. 넷째, 일의 세계에 진출 가능하도록 한다. 마지막으로 일에 만족을 느끼며 행복한 삶을 영위하도록 한다. 결국, 진로교육이란 일과 관련된 교육으로서 일을 준비시키기 위한 목적을 가지는 것으로 개념화할 수 있다(정철영, 1999). 진로교육은 개인이 자신에게 맞는 직업을 선택하여 생계를 유지하고 사회적 역할을 수행하며 그 일을 통해 자아실현을 이루도록 지원한다. 그럼으로써 국가 · 사회적으로도 균형 있는 인적자원개발에 기여하게 된다(장석민, 1999).

그럼에도 불구하고, 이러한 진로교육 개념은 뚜렷한 한계를 가지고 있다. 그것은 일의 세계를 주어진 것으로 보고 개인을 그것에 적응시키는 과정이라는 의미가 강하게 내포되어 있다. 일에 대한 개인의 생물학적, 심리적 준비에 주로 관심을 가지는 진로발달, 개인에게 적합한 일이 무엇인지를 알기 위해 심리적 특성을 밝히는 진로검사, 흥미검사 등등은 모두 진로교육의 이런 속성에서 나온 학문적 또는 실천적 산출물들이다. 결국, 진로교육은 일에 대한 개인 교육적인 차원의 접근에 머무르고 있다. 다만, 인간의 주체적 의지가 배제된 진로발달에서 개인의 적극적인 의지적 행위개념을 가진 경력개발로 확대되거나 진화할 수 있는 가능성만을 가질 뿐이다.

2) 진로교육 이론들

전통적으로 진로교육은 개인의 진로에 관한 여러 이론에 기초하였다. 주요한 이론들을 살펴보면 다음과 같다(김충기, 2000; 한국진로교육학회, 1999). 먼저, 진로교육에 관한 특성요인이론은 개인의 생득적인 적성, 지능, 흥미, 가치관, 성격 등을 진로와 연결시킨다. 즉, 진로 발달은 개인의 특성요인들에 의해 영향을 받기 때문에 적성검사, 흥미검사, 직업선호검사와 같은 심리검사 등을 통해 개인의 특성을 밝히고 그에 맞는 직업 선택을 권고한다. 한마디로, 진로교육은 검사를 통해 밝혀진 개인의 특성에 관한 객관적 정보를 토대로 그 개인에게 적합한 진로를 찾아 주고자 한다.

또 하나의 중요한 전통적 진로교육이론인 진로발달이론에 의하면 개인의 진로선택은 일생을 통해 이루어지는 일련의 과정이다. 그 과정은 대체로 인간의 성장에 따라 일정한 단계를 거치면서 발달하게 된다. 인간의 진로발달은 환상기(11세 이전), 잠정기(11세~17세)와 현실기(17세 이후)를 거친다거나, 성장기–탐색기–확립기–유지기–쇠퇴기를 지난다고 설명한다. 이런 진로발달단계를 상정하기 때문에 진로교육은 이미 진로가 결정되어 현실에 참여한 안정기의 성인에게보다는 진로를 탐색하고 준비하는 청소년시기에 집중적으로 이루어져야 하는 활동으로 간주된다.

그 밖에도 전통적인 진로교육에서는 개인의 욕구나 인성에 따른 직업선택을 강조하기도 한다. 즉, 인간의 진로 성향을 유형화하여 그에 맞는 직업들을 제시하고 지도한다. 홀랜드(Holland)가 R(현실형), I(탐구형), A(예술형), S(사회형), E(기업형), C(관례형) 등으로 개인의 진로유형을 구분한 것이 대표적인 예이다.

이러한 진로교육이론들은 1960~1970년대 이전에 발달한 것들이 대부분이다. 그것은 비교적 안정된 일의 세계를 가정할 수 있었던 산업사회의 패러다임을 반영한다. 더군다나 전통적인 이론들에 근거한 진로교육은 진로를 탐색하고 준비하는 청소년기에 이루어지는 학교교육을 통하여 보다 더 효율적인 지도를 강조하는 텍스트와 테스트 중심의 진로교육을 강화하였다. 학교에서 주로 이루어진 전통적 진로교육은 직업과 관련된 교과목, 진학위주의 진로상담, 직업 관련 정보 제공, 그리고 각종 심리검사 등을 통해 학생들에게 직업과 진로에 대해 가르치고 지도한다.

일반적으로 우리나라에서 실시되는 학교 진로교육은 교과활동, 특별활동, 진로상담, 학교행사 등으로 구분하였다(한국진로교육학회, 1999). 교과활동은 각 교과목에서 진로와 관련된 내용 또는 배경적 지식을 부분적으로 습득하는 경우이다. '진로와 직업' 교과를 통해 체계적인 진로교육을 받을 수도 있다. 특별활동은 주로 담임교사에 의한 학급활동과 직업과 관련된 클럽활동을 포함한다. 진로상담을 통한 진로지도는 학생들이 당면하는 진학과 직업선택에 관련하여 다양한 진로정보의 제공과 진로계획, 그리고 진로의사결정을 돕는 일이다. 학교행사를 통한 진로교육은 진로의 날 또는 진로주간으로 불리는 집중적이고 의도적인 강조 기간을 정해 다양한 행사를 실시하는 것을 의미한다. 이때 학생들은 초청강연, 심리검사, 영상자료 감상, 견학 등 다양한 프로그램을 통해 진로교육을 받게 된다.

이러한 진로교육의 방법들은, 몇몇 예외적인 프로그램을 제외하고는, 여전히 학교 울타리 안에서 전통적인 방법에 의한 내용 중심의 진로교육이라고 할 수 있다. 이런 유형의 진로교육은 체계적이고 효율적으로 학생들에게 일의 세계에 대한 정보와 지식을 제공한다. 진로교육은 자신에 대한 이해와 일의 세계에 대한 지식을 포함한다. 표준화된 심리검사를 통한 자기 이해와 정보자료들에 기초한 일의 세계에 관한 지식을 획득하는 효율성 진로교육이다. 그러나 실제 교육현장에서는 그런 효율성마저 유명무실했다. 많은 고등학교에서 '진로와 직업'을 선택 교과로 채택하고 있다. 그렇지만 학교에서 그 교과를 채택하였다 하더라도 학생들은 학교에서 제시한 다양한 교과

중에서 선택을 할 수 있으므로 그 학교에 재학하고 있는 학생들이 모두 진로와 직업 교과를 선택했다고는 볼 수 없다. 따라서 실제로 진로와 직업 교과를 통하여 진로교육을 받은 학생의 수는 그보다 훨씬 낮을 것으로 추정된다. 더군다나, 교과가 형식적으로만 개설되어 있으며 실제로는 입시 과목이 운영되는 경우도 있고, 운영되는 경우라 하더라도 시간이 남는 교사들이 성의 없이 교육하고 있는 등 실질적인 교과 운영은 되지 못하고 있었다(임언, 2006).

결국, 전통적 진로교육은 학교에서 청소년들에게 제공되는 텍스트와 테스트 중심의 진로교육이었다. 그러나 이런 산업사회적 방식의 효율적 진로교육은 새로운 산업사회로의 거대한 시대적 변화의 흐름 속에서 그 유효성을 더 이상 유지하기 어려워지고 있다.

3. 새로운 진로교육 패러다임

일의 세계 변화는 새로운 진로교육을 요청한다. 진로의 개념 자체가 변함에 따라 진로교육 역시 새롭게 구성될 것을 요청한다. 그것은 시간의 연장으로서 평생경력개발적 진로교육과 공간의 확대로서 맥락체험적 진로교육으로 요약할 수 있다. 청소년 시기에만 이루어지던 학교 진로교육에서 일생에 걸친 경력개발을 위한 평생진로교육과 고정된 일의 개념에 기초한 전통적인 텍스트 중심의 교육으로부터 개인이 스스로 탐색하고 경험하는 맥락(context) 중심의 체험형 진로교육이 부상하였다.

1) 진로의 재개념화

경제사회의 변화와 그에 따른 일과 교육의 변화는 진로의 재개념화를 필요로 한다. 전통적 진로 개념이 종말을 고하고 새로운 진로의 개념이 등장한다. 진로의 재개념화는 적어도 다음의 다섯 가지 측면에서 찾아볼 수 있다.

첫째, 일의 비연속성에 따른 진로의 불안정성이다. 전통적으로 진로 개념은 직업적으로 중단 없는 전진(seamless progress)이라는 의미를 내포한 개념이었다. 그러나 노동시장의 유연성과 조직의 피라미드 축소는 이제 전통적인 진로의 이상이 실현 가능하지 않도록 하고 있다. 개인의 성취지향적이고 안정적인 임금근로에 기초한 전통적인 진로 이데올로기는 더 이상 유효하지 않다(Richardson, 2000). 고정된 직무 대신 일련의 프로젝트들로 채워진 비연속적인 일이 새로운 진로를 구성한다(Young & Valach, 2000). '진로 아나키(career anarchy)'(Collin & Young, 2000) 또는 '진로지진(careerquake)'(Watts, 2000)이라는 표현들은 그런 진로의 구조적 불안정성 현상을 잘 나타낸다. 더 극단적으로는 '진로의 죽음(death of career)'을 고하고(Riverin-Simard, 2000; Young & Valach, 2000) 진로 대신 일의 개념을 사용하자고 제안하기조차 한다(Richardson, 2000; Young & Valach; 2000).

둘째, 개인 주도적 진로의 문제이다. 평생직장의 시대에 진로는 한 조직에 머무르면서 한 가지 업무에서 전문성을 신장시켜 나가면서 승진하는 이상을 가지고 있었다. 그러나 조직은 더 이상 모든 직원들을 승진시킬 수 없고, 언제나 구조 조정과 변경에 직면하고 있다. 개인적으로 보았을 때도 자신이 몸담고 있는 조직은 평생직장이 될 수 없다. 여전히 전통적인 피라미드형 조직이 남아 있기는 하지만 그 대신 수평적 전문성을 강조하거나 자기 주도성과 창의성, 그리고 자율성을 가진 느슨한 구조의 조직이 더욱더 많아지고 있다(Brousseau et al., 1996). 이런 상황 속에서 조직의 진로 또는 경력개발보다는 개인 주도성과 책임이 강조된다. 따라서 새로운 진로는 개인이 일련의 일들에 대한 도전을 통해 '심리적 성취(psychological success)'를 이루면서 스스로 자신의 '진로 나이(career age)'를 쌓아 가는 '변화무쌍한 진로(protean career)'의 개념으로 바뀌게 된다(Hall, 1996).

셋째, 주관적인 구성적 진로의 중요성이다. 앞서 언급했듯이, 진로의 구조적 불안정성과 개인 주도성은 필연적으로 객관적 진로를 대신하여 주관적 또는 구성적 진로의 개념을 낳는다. 과거에는 순차적으로 올라가고, 객관적으로 지위가 정해지는 일반적이고, 정상적이고, 바람직한 진로가 정해져 있었다. 그러나 이제는 그런 규범이 침식되고 있다(Collin, 2000). 진로의 이상을 보여 주고 이끄는 명시적인 안내 지침 자체가 사라졌다. 무제한의 '탈경계적 진로(boundaryless career)'의 시대가 되었다(Littleton, Arthur, & Rousseau, 2000). 따라서 개인은 스스로 자신의 직업적 프로젝트들을 계속하여 재정의하고 재구조화하는 한편, 이를 준비하기 위해 스스로 새로운 학습과 진로를 끊임없이 계획하고 조직하여야 한다(Richardson, 2000).

넷째, 관계론적 진로의 관점이다. 새로운 진로 개념은 개인 주도성과 주관성을 강조하고 있기는 하지만, 그것은 다른 사람들과의 관계를 통해서 가능하다. 네트워크의 시대에 개인은 더 이상 자유로운 사회적 독립단위가 아니다. 그 대신 모든 일들은 서로 간에 연계하여 의존하고 협력하면서 이루어진다. 주관적인 진로 역시 상호의존적 의미 만들기의 과정 속에서 구성된다(Collin & Young, 2000). 결국, 개인의 진로는 다른 개인들과의 사회적 관계망에 놓여 있는 것이다.

마지막으로, 공간적 진로 개념의 부각이다. 전통적으로 진로는 개인의 일생에 걸쳐서 진행되는 시간의 개념만을 포함하는 수직적 차원의 개념이었다. 그러나 새로운 시대의 진로 개념은 공간의 개념에 터한 수평적 차원을 더하게 된다. 새로운 일의 세계에서 개인은 다양한 역할을 동시에 담당하게 될 가능성이 커지고 있다. 이에 따라 복수의 자아와 사회적 정체성을 형성하게 된다(Edwards & Usher, 2008). 이에 따라, 자신의 일의 세계에 대한 시간적 측면뿐만 아니라 공간적 측면의 진로계획(mapping)이 중요하다. 순차적이고 일방향적인 연속성을 가진 진로와 더불어 동시적이고 무방향적인 연속성의 진로에 더욱더 초점을 맞출 필요가 있는 것이다(Collin, 2000). 시간과 함께 공간의 진로 개념이 부상한 것이다.

2) 평생 경력개발적 진로교육: 시간의 연장

진로교육은 여전히 개인의 일의 시간을 효과적으로 구성하도록 돕는 활동이다. 그러나 새로운 진로교육은 과거보다 더 긴 시간 개념이 요청된다. 그것은 청소년기까지의 한정된 시간이 아니라 평생에 걸친 경력개발의 시간을 의미한다.

새로운 일의 세계에서 교육과 일은 서로 복잡다단하게 얽힌 방식으로 연계된다. 교육과 일의 세계가 모두 복잡화되는 가운데 양 부문 간의 연계 역시 불명확해지고 불확실성이 증가한다. 두 부문 간의 탈경계화도 증가한다. 따라서 과거의 단선적이고 일방향적이고 단선형적인 진로, 즉 안정적이고 순차적인 삶의 경로가 사라진다. 그 대신, 교육과 일 사이의 복잡하고 쌍방향적인 상호작용이 보편화되면서 개인의 진로는 불안정선과 유동성이 증가한다. 한마디로, 새로운 일의 세계에서의 진로교육은 모두에게 맞는 한 가지 방식(one size fits all)의 정형화된 틀이 아니라 복잡다단한 혼돈 속에서 각자에게 맞는 고유하고 독특한 전략에 터해 새로운 질서를 찾는 방식으로 이루어져야 한다(장원섭, 2006).

전통적 진로발달이론에서는 개인의 진로선택을 안정적이고 선형적인 일련의 과정으로 설정한다. 인간의 성장에 따라 일정한 단계를 거치면서 발달한다고 가정한다. 그 가운데 특히 청소년기는 진로를 탐색하고 준비하는 진로교육의 가장 핵심적인 시기로 간주한다. 진로교육에 있어서 청소년기의 중요성은 여전히 유효하다. 그럼에도 불구하고, 과거와는 달리 평생직업의 시대에 계속해서 새로운 직업을 찾아 이동해야 하는 현대사회에서는 평생에 걸친 경력개발을 지원하는 진로교육이 이루어져야 한다. 이미 진로가 결정되어 현실에 참여한 안정기를 사는 성인이 아니라 지속적으로 자신의 경력을 개발해야 하는 성인들의 진로교육도 중요하게 대두하고 있는 것이다.

이미 홀(Hall, 1996)은 21세기의 새로운 진로 개념으로서 유동적이고 '변화무쌍한 경력(protean career)'을 제안했다. 그는 그리스 신화의 프로테우스처럼 변화무쌍하게 자신의 진로와 경력을 변화시켜 갈 수 있어야 한다고 본다. 이제 진로는 나이 또는 생애발달단계를 통해 만드는 것이 아니라 일련의 단기적 학습단계들에 의해 이루어진다. 따라서 진로교육은 생물학적 나이가 아니라 '경력나이(career age)'에 기초하여 이루어져야 한다. 이때 경력개발을 위한 자원은 공식적 훈련 프로그램이 아니라 일과의 관계를 통해 여러 가지 일들에의 도전과 경험을 통해 이루어질 수 있다. 단순히 진로에 관한 지식을 갖고 안정적 직업으로 나아가는 방식에서 일생을 통해 지속적으로 탐색하고 학습할 수 있는 가능성을 제시하고 안내하는 '학습경력(learning career)'이 필요한 것이다(Hodkinson & Bloomer, 2002). 진로에서의 성공 여부 역시 과거와 같은 수직적 경력 이동의 지표가 아니라 심리적 성공으로서 일에 대한 자부심과 개인적 성취감이 중요하다.

새로운 일의 세계의 변화무쌍하고 복잡하며 쌍방향의 평생진로의 시대는 이미 개인의 삶 자체가 자신의 진로개발을 위한 하나의 프로젝트가 되도록 만들었다(Fenwick, 2001). 전통적인 시각에서 보면 매우 불명확해지고 불확실성이 증가하는 것이다. 학교를 마치고 안정적인 평생직장으로 이동하던 질서정연하고 정형화된 노동시장 진입 패턴으로부터 불확실하고 불안정한 그리고 비정형화된 삶의 진로 모형이 자리 잡아가고 있다.

결국, 새로운 진로교육은 청소년뿐만 아니라 성인학습자들까지 모두 복잡한 세계에서 현실을 이해하고 의미를 해석할 뿐만 아니라 그런 가운데에서도 자기 자신의 경력을 설계하고 관리할 수 있는 '경력지능(career intelligence)'을 가질 수 있도록 하는 교육이어야 한다(Roth, 2001). 한마디로, 진로교육에서 시간의 연장이 이루어지고 있다. 전통적으로 아동과 청소년기에 초점을 맞춘 전방중심(front-loaded) 모형으로부터 평생에 걸친 경력개발 모형으로 전환한다.

3) 맥락 체험적 진로교육: 공간의 확대

새로운 진로 개념은 공간의 중요성을 부각시키고 있다. 이에 따라 진로교육은 '공간의 교육학(pedagogy of space)'의 관점에서 새롭게 구성될 필요가 있다(Edwards & Usher, 2008). 시간의 연장과 더불어 공간의 확대를 통한 진로교육이 이루어져야 한다. 그것은 매일 매일의 모든 일상적 사회적 행위와 경험에 터한 진로 학습이고, 그런 행위와 경험을 통한 학습은 그것이 이루어지는 상황과 맥락에 기초한 의미 만들기이다(McMahon & Patton, 2006). 결국, 텍스트와 테스트 중심의 진로교육으로부터 컨텍스트 중심의 진로 학습으로의 전환이 필요하다.

전통적 진로교육은 고정된 일의 세계를 가정하고 객관적 검사 도구들을 통해 개인의 발달, 능력, 성격 등을 찾아내서 배치, 준비시키는 교육이었다. 즉, 이미 고정화된 일에 개인을 맞추어 가는 방식의 진로교육이었다. 그러나 이것은 최소한 두 가지 점에서 문제를 갖는다. 무엇보다, 일의 세계는 전통적 직무분석의 방식으로 파악되었던 고정된 상태로 남아 있지 않다(Hartley, 1999). 일들은 언제나 이미 변화하고 있다. 현대 사회에서는 일의 유연성과 다변성, 그리고 통합성 등이 극명하게 나타난다. 예를 들어, 비서라는 직업은 전통적으로 고등학교 수준의 교육 정도를 요청하는 일이었을지 모르지만, 이제는 대학졸업자들이 대부분을 차지하는 일로 그 내용과 수준이 전문화되었다. 따라서 어떤 일에 맞춰 교육한다는 것 자체가 어불성설이다. 오히려 교육은 일의 성격을 변화시킬 가능성마저 가지고 있다. 한마디로, 일과 교육은 공진화의 과정을 거친다.

다른 한편, 테스트에 의한 인간의 특성 규정은 인간을 온전한 인간으로 이해하는 것을 방해하여 진로의 열린 가능성을 오히려 저해할 수 있다. 진정한 의미에서 테스트는 우리에게 어떤 기회를 부여할 것인지를 결정하는 데 있어서 중요한 역할을 한다. 그러나 실제로 개인은 테스트들에 의해서 묘사되고 평가되면서 그것들에 의해서 만들어지는 존재가 된다. 테스트는 개인별 차이에 대한 '과학적인' 확정으로서 각자의 개별성을 고정하는 규격화를 시행하며, 그를 통해 새로운 인간으로서 테스트에 맞는 인간을 생산해 내는 것이다. 테스트 점수는 개인에게 꼬리표(label)를 붙임으로써 그들을 특정한 유형의 인간으로 규정하는 효과를 가지기 때문이다. 그런 외부의 규정은 내면적으로 영향을 미쳐 개인이 자기 자신을 취급하는 방식에도 적용된다. 즉, 테스트는 개인으로 하여금 스스로에 대한 기대와 행위 예측을 하게 만든다. 한마디로 테스트의 결과로서 나타나는 점수와 그것에 더한 외부의 평가는 사람들이 다른 개인뿐만 아니라 자기 자신을 취급하고 간주하는 방식에 영향을 미쳐 인간 개념을 새롭게 규정하고 생산해 내는 역할을 하게 된다(장원섭, 1999).

더군다나 테스트를 통한 개인의 이해는 근본적으로 소외된 자아인식일 뿐이다. 테스트라는 외부의 타자에 의해 밝혀진 자기 정체성이기 때문이다. 테스트는 인간의 비가시적 측면을 가시화하고 복잡한 현상을 단순화하여 측정한다. 인간의 총체성을 분리하여 파악하는 도구이다. 그러나 한 인간은 테스트가 측정한 모든 결과의 합 이상이다. 수많은 테스트 결과들의 합은 개인에 관한 수많은 정보를 제공할 수 있지만 아무리 많은 테스트를 통하여 나온 결과를 조합한다고 하더라도 개인의 총체적인 이해는 불가능하기 때문이다. 따라서 종합적인 인간을 분절화하고 질적인 의미를 계량화하여 나타내는 테스트를 통한 자기 이해는 파편화된 자기 인식일 뿐이다(장원섭, 1999).

이런 점에서 내용과 검사 중심의 전통적인 진로교육은 빠르게 변화하는 유동적인 일의 세계와 열린 가능성을 지닌 존재로서 인간을 오도할 가능성마저 있다. 이와 반면에, 진로교육에 대한 사회문화적 접근법(sociocultural approach)은 과업에 맞춰 준비시키는 교육의 한계를 넘어서 교육의 사회문화적 맥락을 강조한다. 개인과 상황, 집단, 일이 상호작용하면서 서로 변화하는 관계를 상정한다. 이런 관점에서 진로의 과정은 지식의 전환이 아니라 사회적 맥락의 부분으로서 참여과정의 패턴 전환이라고 설명한다. 그 전환의 기초가 되는 것은 사회 과정에 참여하는 일상이 된다. 이것은 상징적 체계로서 정신적인 인지적 부분뿐만 아니라 물질적 인공물이나 사회적 상호작용도 포함한다(Tuomi-Gröhn & Engeström, 2003).

이런 관계 설정은 학습자가 적극적으로 찾아 나서고 그 맥락에 참여하는 새로운 진로교육의 방법을 제시한다. 머리로 인지하는 전통적인 방식의 교실 진로교육으로부터 다양한 삶의 공간과 장소에서 여러 가지 일과 활동들을 직접 체험함으로써 마음으로 느끼고 몸으로 체득할 수 있는 상황과 맥락 중심의 탐험적 진로교육을 강조한다. 심리적 변인들 이외에 개인이 살아가면서 끊임없이 만나는 다양한 학습 경험의 중요성을 부각한다.

사회문화적 맥락에의 참여를 통한 진정한 진로 학습이 될 때 그것은 개인의 지식을 증가시킬 뿐만 아니라 중요한 정체성의 변화까지도 포함하는 유의미한 전이학습(consequential transition)이 된다(Beach, 2003). 진정한 학습이란 일과 관련된 실제 생활적인 학습의 과정을 제공하는 것이다. 이를 통해 단순히 성문화된 지식(codified knowledge) 또는 교수적 지식(pedagogic knowledge)을 넘어서 상황에 내재된 암묵적 지식(situated and tacit knowledge)을 습득할 수 있다. 결국, 새로운 진로교육은 추상적인 발달 대신에 연속적이고 진보적인 재맥락화의 과정인 것이다(Guile & Young, 2003).

결국, 전통적인 지필 방법은 진로교육의 맥락적이고 현실적용적인 측면을 간과한다. 교과서나 인쇄물에 실린 직업과 일에 관한 내용들을 수업시간에 배우고 시험을 위해 암기하는 방식으로는 실효성 있는 진로교육이 이루어질 수 없다. 삶의 여러 공간에서 다양한 활동과 경험들을 통해 스스로 생각해 보고 몸소 실천하고 느낄 수 있는 맥락 중심의 진로교육이 이루어진다. 한마디로, 텍스트 중심의 교실 진로지도를 넘어서 컨텍스트 중심의 탐험적이고 체험적인 진로교육으로의 전환이 확산한다. 그럼으로써 직접 보고, 느끼고, 행하는 진로체험교육이 더욱더 다양한 방식으로 나타나고 있다.

4. 진로교육의 새로운 길

새로운 일의 세계의 변화무쌍하고 복잡하며 일상적인 평생진로의 시대는 이미 개인의 삶 자체가 자신의 진로개발을 위한 하나의 프로젝트가 되도록 만들었다(Fenwick, 2001). 전통적인 시각에서 보면 매우 불명확해지고 불확실성이 증가하는 것이다. 학교를 마치고 안정적인 평생직장으로 이동하던 질서정연하고 정형화된 노동시장 진입 패턴으로부터 불확실하고 불안정한 그리고 비정형화된 삶의 진로 모형이 자리 잡아가고 있다. 따라서 산업사회의 패러다임 속에서 고정된 일의 세계를 가정하고 여기에 개인의 적성 또는 흥미 등을 객관적 도구를 통해 찾아내서 배치, 준비시키는 진로교육의 전통적인 관념과 실천방식은 더 이상 유효하지 않다(장원섭, 2006). 새로운 시대의 진로교육은 다음과 같이 새로운 길을 만들어 갈 수 있는 새로운 방안들을 적극적으로 모색해야 한다.

첫째, 아동과 성인의 진로 구성 역량을 신장시켜야 한다. 노동시장이 유연해지고 조직의 위계가 축소되며 더 이상 평생직장이라는 개념이 지속되기 어려워졌다. 경제사회 환경이 급변하며 개인의 가치관이 변화함에 따라 새로운 진로 개념이 제시되었다. 대안적 진로 개념으로는 주관적 진로(subjective career), 진정성 진로(authentic career), 만화경 진로(kaleidoscope career), 무경계 진로(boundaryless career), 프로티언 진로(protean career) 등이 있다(장원섭, 2021). 가장 대표적인 대안적 경력 개념 가운데 하나인 변화무쌍한 프로티언 진로는 개인 스스로가 주도성을 갖추고 가치를 반영하여 의사결정을 내리는 진로에 대한 태도를 강조한다.

따라서 폭넓게 진로를 학습할 기회를 지속적으로 늘려야 한다. 일의 세계의 유연화는 학습자들로 하여금 단일 전공과 직업을 준비하기보다는 다양하고 폭넓은 분야의 학습을 요청한다. 다기능을 요구하고 빠르게 변화하는 일의 세계에 적응할 수 있는 준비를 하여야 한다. 다양하고 폭넓은 학습을 통해 다기능의 유연한 능력을 갖추어야 한다.

실제로, 우리나라의 많은 근로자들이 평생을 통해 더듬어 탐구해 가는 진로의 새로운 양상을 보인다. 이들은 지속적으로 변화하는 환경과 자신의 요구에 대응하여 능동적으로 탐색하고 다양한 조건들과 협상하며 새로운 변화의 지점들을 만들어 낸다. 또한 진로적 창발성과 창의성으로 기존에 존재하지 않던 제3의 길을 모색해 간다. 단일한 적성과 직업역량, 단선적 진로 경로와 일의 안정성 등의 논의에서 벗어나 변화, 불안정성, 다중성, 창의성 등 새로운 일의 세계 요소들이 함께 고려되어야 하는 것이다(장원섭, 2021).

변화한 일과 진로 구성의 양상은 교육에 대한 요구를 변화시키고 있다. 변화무쌍한 환경 속에서 끊임없이 적응하고 변신해 가는 가운데 무형식적이며 비정형적인 학습 양상이 강조된다. 특히 새로운 직업과 직무, 변화하는 프로젝트와 협업 등에서 스스로 부딪쳐 학습해 가야 한다. 결국, 기존의 단선적이고 정태적인 진로관에서 벗어나 다양하고 유동적이며 창의적인 형태의 진로 구성 역량이 중요하다. 진로 구성의 다양한 실제를 반영한 장기적, 창의적, 변화무쌍한 차원에서 일의 교육이 필요한 것이다.

둘째, 일에 대한 유연한 사고방식을 길러 주는 진로교육이 활성화되어야 한다. 지금까지의 진로교육은 학교와 교실을 중심으로 한 진학과 취업지도에 국한되어 왔다. 학습자들이 충분히 일의 세계를 이해하고 준비할 수 있도록 하여야 한다. 진로교육은 더 이상 전통적인 정규직의 소위 '괜찮은 일자리'만을 고집하는 것이어서는 안 된다. 앞으로의 일의 세계에서의 삶의 유연화, 복잡화, 그리고 비선형적인 경력이동, 한 시점에서도 동시에 여러 직업(multiple jobs)을 가질 가능성, 그리고 새로운 일 개념으로서 시민활동이나 프리에이전트(free agent)로서의 삶 등을 인식하고 준비하게 하여야 한다. 학습자들이 복잡한 세계에서 현실을 이해하고 의미를 해석할 뿐만 아니라 그런 가운데에서도 자기 자신의 경력을 설계하고 관리할 수 있는 '경력지능(career intelligence)'을 가질 수 있도록 해야 한다(Roth, 2001).

셋째, 진로교육에서 창업교육 또는 기업가교육(entrepreneurship education)의 개념과 내용이 도입될 필요가 있다. 과거 소수의 대기업 및 제조업 위주의 경제체제와는 달리 소규모 상공인 및 서비스업 경영의 확산과 프리에이전트의 증가에 따라 창업교육의 중요성이 더욱더 부각되고 있는 현실이다. 체계적인 창업교육을 위해서는 창업교육과정과 교수학습 방법 개발과 더불어 여러 형태의 정규 및 비정규 창업교육 프로그램을 제공할 필요가 있다(장원섭 외, 2000). 창업교육은 실제로 창업을 할 사람들에게도 필요하지만, 라이시(Reich, 2000)의 주장대로, 단순히 문제를 능숙하게 해결하는 지식과 기술을 가진 지식근로자(knowledge worker)에서 더 나아가 미래의 시장에서 어떤 작업을 어떻게 해야 할지 꿰뚫어 볼 수 있는 능력을 가진 '창조적 근로자(creative worker)'가 요청되는 현실에서, 학습자들에게 적극적이고 창의적인 마인드를 길러 주는 데에도 기여할 것이다.

넷째, 어느 학교나 일터, 그리고 사회 곳곳에서도 지속적인 직업윤리 교육이 요청된다. 2014년 4월에 벌어진 세월호 참사는, 우리 경제와 사회의 구조적인 문제와 더불어, 개인의 직업윤리에 대해서도 다시 성찰하게 하였다. 혼자만 살겠다고 빠져나온 선장이나 비상상황에 대처할 준비를 갖추지 못한 승무원들은 모두 자신의 일에 대한 최소한의 윤리도 숙련도 없었다. 그러나 이런 문제는 비단 이들에게만 해당되지 않는다. 생계를 위해 시간과 공간을 때우는 방식으로 노동을 하는 사람들은 대부분 자신이 맡은 일에 대해 철두철미하지 못할 수밖에 없다.

자신이 맡은 일에 대한 신용은 직업윤리의 바탕이 된다. 직업윤리는 단지 개별 직업인들이 일하면서 직면하는 범죄나 도덕의 문제를 넘어선다. 직업에 대한 의식, 신념, 가치, 태도 등을 포괄한다. 한마디로, 직업윤리는 고객과의 관계에서 발생하는 윤리 문제와 고객을 위해서 행한 직업적 행위가 제삼자 등 사회 전반에 끼치는 영향 등을 포함한다(이관춘, 2000).

직업윤리를 실천하기 위해서는 외부로부터 주어진 요구나 기대에 맞춰 업무를 수행할 수 있는 직업적 능력이 필요하다. 즉, 일에 대한 최소한의 숙련도를 갖추어야 한다. 그래야만 맡은 일을 어긋남 없이 수행해 낼 수 있기 때문이다. 기능, 숙련 또는 전문성(expertise) 형성은 직업교육이나 훈련을 통해 가능하다.

직업윤리는 업무 수행이나 성과 이상의 그 무엇을 필요로 한다. 성과는 단지 높은 숙련도만을 필요로 할 뿐이다. 이것을 넘어 일에는 눈에 보이지 않는 유의미성이나 신념 같은 가치가 깃들어 있어야 한다. 일의 가치는 단순히 이윤을 창출하는 것을 넘어서 일 그 자체를 발전시키고 그 일을 통해 사회공동체에 공헌하려는 태도를 포함한다. 일을 충실하게 잘 해낼 수 있는 숙련도뿐만 아니라 그 일을 맡은 자로서의 도리와 이를 통해 일 그 자체를 철두철미하게 해내려는 마음가짐으로부터 직업윤리는 나온다. 한마디로, 일 그 자체의 의미와 가치를 발견하고 실천해야 한다.

문제는 이런 직업윤리를 어떻게 배양할 것인가에 있다. 단순히 머리로만 알게 하는 주입식 교육 방식만으로는 한계가 있기 때문이다. 매슬로우(Maslow, 1999)의 '정상경험(peak experience)' 개념은 한 가지 힌트를 준다. 그에 따르면, 한번 정상에 오른 자들이 느끼는 일의 희열은 그들로 하여금 또 다시 정상에 오르도록 노력하게 만든다. 따라서 학생들이 정상경험을 하도록 하면 자연스럽게 직업윤리를 실천하게 할 수 있을지도 모른다. 그러나 학생들은 일을 통한 정상경험을 할 수 있는 상황에 있지 않다. 따라서 간접적인 체험으로 만족할 수밖에 없을 것이다. 정상경험을 하고 직업윤리를 잘 실천하고 있는 모범적인 사례들을 통해 진로와 직업윤리 교육을 할 수 있는 방안을 찾아야 한다.

다섯째, 진로교육을 통해 진로 문해력(career literacy)을 배양해야 한다. 문해력(literacy)은 소극적 의미에서 문자 그 자체만을 해득하는 것을 넘어선다. 그것은 문자가 가지고 있는 사회적 맥락과 역사적 의미를 인식하고 그에 기초한 실천(praxis)의 가능성을 제시한다. 비판적 교육의 입장을 취한다면, 단순히 일의 세계가 변화하는 것에 개인이 재빠르게 변화하기만 해서는 곤란하다. 이것 역시 근본적으로는 산업계가 요구하는 바에 따라 교육이 효과적으로 대응할 뿐이라는 전제를 가지고 있기 때문이다.

진로 문해력은 단순히 자신의 적성과 일의 세계에 대한 이해를 바탕으로 양자를 적절히 매칭시키는 전통적 진로교육을 통해서는 육성하기 어렵다. 그런 지식뿐만 아니라 일을 둘러싼 사회적 관계와 구조에 관한 현실을 비판적으로 인식할 수 있는 교육을 강조한다. 최저임금, 노동법, 노사관계 등은 그런 구체적인 교육 내용들 가운데 일부가 될 수 있다. 여기에 더해 학력별, 성별 임금격차나 노동시장 차별 등도 포함할 수 있다.

결국, 진로 문해력은 노동시장 관계와 구조의 현실에 대한 비판적 의식화를 함양한다. 『진로와 직업』 교과는 중고교생이 일의 세계의 구조와 현실을 체계적으로 배울 수 있는 가장 적합한 교육과정이라고 보인다. 그러나 진로 문해력을 한 교과의 내용으로만 한정할 수는 없다. 다양한 교과와 교과 이외의 활동들을 통해 종합적이고 자연스럽게 배양할 수 있어야 한다.

여섯째, 새로운 진로교육은 교실 밖에서의 경험 학습과 사회적 맥락 속에서의 학습을 통한 전체적인 접근이 필요하다. 진로교육이 유의미성을 갖기 위해서는 사회적 지원체제와 교육적 의미화 작업이 동시에 필요하다. 이를 더욱더 효과적으로 이루기 위해서는 진로교육과 관련한 다양한 주체들 사이의 파트너십이 필수적이다(임언, 2006). "아이 하나를 키우려면 마을 전체가 필요하다(It takes a village to raise a child)."

이를 위해 진로 및 진로교육 관련 정보체제의 구축이 필요하다. 평생직장 개념의 붕괴와 평생직업의 확산, 직무와 전공의 불일치 등이 가중되는 현실에서 일의 세계와 관련한 정보의 생성, 확산, 공유는 중요하다. 교육 정보 역시 학생뿐만 아니라 성인을 포함한 모든 이에게 필요하다. 그래야만 평생학습을 통한 진로개발이 가능하다. 그러나 정보의 전제는 정확성에 있다. 빠르게 변화하는 일의 세계에서 직업정보가 정확하여야 한다. 교육정보 역시 마찬가지다. 특히 정보의 양보다는 질이 더 중요하다. 왜곡된 정보는 오히려 해가 된다. 국가적인 차원에서 교육과 일의 세계에 대한 전체적인 조망을 할 수 있는 정확한 정보가 양적으로 많아지는 것은 환영할 만하다. 그것을 각급 학교를 통해 효율적으로 확산하는 것도 필요하다. 동시에 정보의 질을 풍부히 하는 것도 중요하다. 신뢰할 만한 시민사회단체나 민간기관들의 노력을 더 적극적으로 지원하는 것이 필요하다.

끝으로, 진로교육이 새로운 일의 교육의 개념으로 인식될 필요가 있다. 일의 교육은 각각 구체적인 직무를 잘 수행하도록 준비하는 훈련(training for job)뿐만 아니라 일터에서 직접 체험하면서 겪는 직업을 통한 학습(learning through occupations)과 일과 그 일을 둘러싼 사회경제적 환경에 관한 교육(pedagogy about labor)을 포함한다. 일반적으로 일의 교육에서는 이 가운데 어느 하나를 특별히 강조하는 경향이 있지만, 총체적인 일의 교육적 진로교육이 되기 위해서는 이 세 가지 모두가 함께 이루어져야 한다(장원섭, 2006). 그래야만 진로에 대한 구체적인 준비와 비판적인 성찰, 그리고 이를 통한 진로 자활력(empowerment)을 가질 수 있게 된다.

대한민국헌법은 모든 국민이 일을 할 의무와 권리를 동시에 갖는다고 규정하고 있다. 진로교육은 혼란스럽고 유동적인 사회에서 자신의 삶을 스스로 계획하고 그 계획된 삶을 확신을 가지고 이끌어 가는 데 기여할 수 있도록 하여야 한다. 삶의 전 과정을 통해 이루어지는 끊임없는 진로의 선택과 준비를 효과적으로 돕는 진로교육이 될 수 있도록 새로운 시대의 새로운 패러다임이 절실히 요청된다.

제8장

현대적 장인 육성을 위한 직업교육

1. 새로운 인재상으로서의 장인

우리나라는 학벌 중심의 사회구조 속에서 청년층의 고학력화에 따른 문제를 야기하고 있다. 청년층의 취업난이 가중되는 동시에 기업의 기능 인력 확보가 어렵다. 이런 가운데 직업교육의 침체가 나타나면서 중등직업교육이 낮은 취업률과 높은 진학률로 인한 정체성의 위기를 겪었다. 이런 문제를 해소하고자 10여 년 전부터 고졸 취업 활성화를 위한 정책적 노력을 강화하고 있다(관계부처합동, 2010). 그 대표적인 성과 중 하나가 2010년에 도입된 마이스터고다.

이명박 정부가 역점을 두고 추진한 마이스터고는 직업계고의 새로운 역할모델을 정립하기 위한 시도였다. '한국형 마이스터'를 육성함으로써 직업계 고교에 대해 갖는 낮은 사회적 인식을 타파하는 동시에 산업계의 수요에 대응하는 취업 중심의 교육을 강화하고자 하였다(교육과학기술부, 2008). 이전까지의 형식적인 산학연계, 취업기피 등의 직업계고의 문제 해결을 위해 교육과정 및 교과서를 전면 자율화하는 등의 교육 규제를 개혁하고, 국가적 지원을 아끼지 않았다(김종우 외, 2009).

마이스터는 우리말로 장인(匠人)에 해당한다. 매우 오래전부터 사용된 전통적 개념인 장인이 지금 이 시대에도 여전히 일의 교육을 위한 인재상으로 제시된 셈이다. 지금은 소위 '4차 산업혁명 시대'라고 불릴 정도로 급변한 산업사회인데도 말이다. 제1장에서도 살펴보았듯이, 인공지능시대의 새로운 일의 세계는 이전의 산업사회와 다르다. 산업사회가 돈, 노동, 최적화, 안전성, 확정성, 결과 책임 등을 특징으로 한다면, 새로운 산업사회는 열정, 자유, 창조성, 사회적 가치, 공개성, 활동성 등이 특징이다(Torvalds et al., 2002). 산업사회가 소품종 대량 생산을 바탕으로 한 최적화에 초점을 맞췄다면 이제는 다품종 소량생산 혹은 맞춤형 생산(customization)에 초점을 맞춘다. 이제 정형화된 일은 인공지능과 로봇이 인간을 대신하게 된다. 이에 따라 변화에 대응할 수 있는 다기능 기술자와 고숙련 인력의 수요가 증가하게 된다. 통섭형 지식과 창조적 인재가 요구된다. 이렇게 변화한 새로운 산업사회에서의 개인과 기업, 사회는 생존과 성장을 위해서 장인을 다시 주목할 수밖에 없다(장원섭, 2017).

4차 산업혁명의 시대가 요구하는 교육 혁신은 전통적 교육이 추구했던 목표 및 내용과 완전히 단절되는 것은 아니다. 오히려 그 연속선 위에서 새로운 능력의 훈련이 추가돼야 한다. 4차 산업혁명을 통한 전환은 기존 산업의 토대 위에서 가능하기 때문에 여전히 더 많은 장인을 필요로 한다. 인공지능을 탑재한 로봇이 의사나 변호사 등을 대체한다고 걱정하지만 여전히 4차 산업혁명 시대에 필요한 생체·기계적 로봇을 만들기 위해 정밀기계와 복합재료에 대한 고도의 기술과 장인적 경험을 축적해야 한다는 점은 간과되고 있다. 이렇게 보면 여전히 장인을 키우기 위해 요구되는 오랜 각고의 노력과 숙련이 교육에 필수일 수밖에 없다. 새로운 시대가 요구하는 인재상은 완전히 새로운 것이 아닌 기존 산업을 떠받들던 장인의 확장된 버전이다(장원섭, 2017). 결국, 4차 산업혁명 시대에 일의 교육은 다시 장인에 주목하여 현대적 장인이라는 새로운 인재상을 추구해야 한다(장원섭, 2015b).[1)]

그렇다면, 중등직업교육은 장인을 육성하기 위한 역할을 충실히 수행할 수 있는가? 이 질문에 대한 대답을 위해 먼저 마이스터고의 교육과정을 살펴본다. 다음으로 도제형 교육제도에 대해 검토한다.

2. 마이스터고의 직업교육과정

1) 마이스터고 개관

마이스터고는 「초·중등교육법시행령」 제91조 제2항에서 산업수요맞춤형 특성화고등학교로 규정되어 있다. 산업계의 수요에 직접 연계된 맞춤형 교육을 통해 지금까지 중등직업교육이 가지고 있었던 현장성 부족, 취업률 저조 같은 문제들을 극복하여 강력하고 분명한 직업교육 목표들을 가진다.

2010년에 처음 도입된 마이스터고는 '유망 분야의 특화된 산업수요와 연계하여 안정적 취업을 통해 경력 개발이 가능한 영마이스터(young meister)를 양성'하자는 교육

1) 현대적 장인에 대해서는 제15장에서 상세히 다룬다.

목표를 갖는다. 궁극적으로는 한국형 마이스터를 육성하려는 목표를 가지고 있다. 마이스터고 졸업생의 성장 경로는 선취업 후 계속교육을 통한 학위 취득이다(장명희, 김종우, 최수정, 2011). 이를 통해 중등 단계 직업교육에 대한 부정적 인식을 타파하고자 한다. 교육과정 및 교과서를 전면 자율화하는 등의 교육 규제를 개혁하고, 학비 면제, 외국어 교육과 해외 연수 등 국가적 지원을 강화하고 있다(김종우, 장명희, 변숙영, 2009).

마이스터고는 2013년 34개에서 2019년 47개교로 증가하였다. 마이스터고의 취업률은 2018년 91.2%, 2019년 87.7%로 90% 안팎을 유지하고 있다. 이는 직업계고 전체 취업률인 34.8%에 비해 월등히 높은 수치다.[2] 마이스터고가 설치되고 졸업생을 배출한지 10여 년이 지나가고 있다. 정부의 강력한 의지와 지원으로 세워진 마이스터고는 초기부터 대체로 성공적인 정책으로 평가되어 왔다(배상훈, 오세희, 박종은, 2012; 배상훈, 최은옥, 장창성, 2013). 그러나 그런 평가는 주로 단순히 취업률 같은 가시적인 성과에 초점을 맞추고 있다. 마이스터고에서 이루어지고 있는 직업교육과정에 대한 더 세밀한 평가가 필요하다.

2) 마이스터고의 교육과정

마이스터고의 산업수요맞춤형 교육이란 산업계의 필요를 반영하는 교육과정을 말한다. 마이스터고의 교육과정은 특수목적고등학교 지정 및 운영에 관한 훈령[3]에 따라 전문적인 직업교육의 발전을 위하여 산업계의 수요에 직접 연계된 맞춤형 교육과정을 운영하며, 필요한 경우 교육부장관이 고시하는 교육과정 총론과 다르게 자율적으로 교육과정을 편성 · 운영할 수 있음을 명시하였다. 이를 위해 기본적으로 직무분석을 활용하여 산업수요에 맞게 교육과정을 개발한다.

이 절에서는 마이스터고의 직업교육과정이 실제로 어떻게 이루어지고 있는지를 살펴보고자 한다. 이를 위해, 교육과정의 세 개념에 기초하여 마이스터고의 직업교육과정이 어떻게 이루어지고 있는지를 검토한다(Billett, 2011).

---

2) 베리타스 알파(2019. 10. 08.). [2020고입잣대] 전국 마이스터고 취업률… 대구일 충북반도체 100%. www.veritas-a.com/news/articleView.html?idxno=171243

3) 특수목적고등학교 지정 및 운영에 관한 훈령 [시행 2010.02.29.] [특수목적고등학교의 지정 및 운영에 관한 훈령 제 182호, 2010.07.29., 제정]

(1) 교육과정의 세 개념

교육과정은 의도와 실행 그리고 경험의 본질들을 포함하고 있다. 글래트혼(Glatthorn, 1987)과 프린트(Print, 1993)는 이런 교육과정의 본질을 계획된 또는 의도된 교육과정, 전개된 또는 실행된 교육과정, 그리고 경험된 교육과정으로 구분했다(Billett, 2011). 이러한 교육과정의 세 가지 측면은 직업교육을 위한 교육과정을 총체적으로 이해하고, 교육과정의 각 부분들을 설명하는 데 유용한 틀로 적용될 수 있다.

먼저, 의도된 혹은 계획된 교육과정(intended curriculum)은 교수요목(syllabus), 학습목표, 학습결과와 같이 교육과정을 문서에 제시한 것으로 학생들을 가르치기 위한 계획을 의미한다(박일수, 2010). 의도된 교육과정은 교육과정 문서 또는 문서에 제시된 교과 교육 목표, 내용, 방법, 평가에 대한 계획들을 포함한다(민용성, 2013; 박일수, 2010). 직업교육에서 계획된 교육과정은 교육과정에 영향력을 미치는 산업체나 교육부 등에 의해 무엇이 의도되고, 교육과정이 적용된 결과 무엇이 일어나야 하는가를 지향한다. 교육과정은 계획 절차에 따라 실질적이고, 실현 가능하게 구성된다. 그리고 교육과정은 종종 교수요목(syllabus)과 같은 문서산출물을 만든다. 여기에는 교육적 목적과 목표가 기재되어 있고, 세부적으로는 무엇을 가르쳐야 하고 어떻게 가르쳐야만 하고, 어떠한 기준에 따라 평가되어야 하는지 기재되어 있다. 이러한 요소들은 주로 교수요목 등 공식문서에 제시된다.

정부 주도에 의한 의도된 교육과정은 산업수요에 대응하기 위해 이에 대한 통제권을 산업체에게 넘겨 실행되고(enacted), 배우는 것(learnt)이 정부와 산업파트너의 요구에 따라 충실하게 행해질 것을 가정한다(Billett, 2011). 이러한 방식으로, 정부와 다른 관련 기관들은 직업교육에서 학습경험과 결과를 통제하고, 관리하는 것을 매우 강조한다. 학생들은 의도된 교육과정을 통해 그들의 경험과 결과를 세분화한다. 의도된 교육과정의 개념은 선생님들이 학생들을 위해 수업을 계획하면서 경험하는 것을 포함하며, 이는 선생님들에 의한 실행된 교육과정에 반영된다.

다음으로, 실행된 교육과정(enacted curriculum)은 교육상황 속에서 교사가 해석하고, 전달하고, 운영하는 교육과정을 의미한다. 교육 장면에서 실제로 적용된다는 건 공식적인 문서가 교사의 해석에 의하여 학생들에게 실제로 전달되고 운영된 교육과정이라고 할 수 있다(박일수, 2010). 실행된 교육과정은 교사에 의해 해석 및 변형된 형태로 구현되며(박일수, 2010), 실행하는 것은 자료들의 접근가능성, 교사의 경험과 전문성, 무엇이 의도되는 것인지에 대한 교사의 해석, 교사의 가치와 학생들의 경험을 결정하는 상황적 요소의 범위에 의해 형성된다. 박종덕(2011)은 교육과정 운영의 핵심은 의도된 교육과정을 교사수준에서 재해석하여 재구성하는 데 있다고 밝히며, 실행된 교육과정의 의미를 강조하였다. 이 뿐만 아니라 실행된 교육과정은 '잠재적 교육과정(hidden curriculum)' 역시 포함하는데 이것은 교사가 직접적으로 의도한 것이 아니더라도 발생한 것을 의미한다.

의도된 교육과정이 단위학교 현장에 적용되는 과정에서 처음 의도했던 것과 다른 형태로 운영되거나 생각지 못했던 교육적 효과를 보이는 경우도 있는데, 이는 '의도된' 교육과정과 '실행된' 교육과정 간의 간극이 존재함을 보여주는 것이다(민용성, 2013). 실행하는 경험은 요소들을 포함함으로써 지지받고 공고하게 한다. 여기에서 요소들이란 ① 교사의 전문성과 경험, 무엇이 의도되었는지에 대한 충분한 이해이고, ② 학생들의 능력, 준비도와 흥미, ③ 경험을 제공하는 데 사용 가능한 자원과 학생들의 경험을 제공하기 위한 자원, ④ 지역사회로부터의 지지(일터실행계획들에 의해 제공되는 도움)이다. 이러한 지역적 요인들이 의도된 것을 정말로 실현 가능하게 만들 것이다.

끝으로, 경험된 교육과정(experienced curriculum)은 학생들이 실제로 이해하고, 경험하고, 참여하는 교육과정이다. 학교교육과정의 계획이 잘 수립되고, 지원과 실천이 적절했음에도 불구하고, 학교교육과정의 결과가 이해당사자, 특히 학생들에게 미친 영향이 미미하다면 그것은 이해당사자(학생)를 제대로 고려하지 못한 교육과정이라고 할 수 있다(박일수, 2010). 경험된 교육과정은 실제로 학생들이 경험하는 것은 무엇인지, 언제 그들이 참여하는지에 관한 것이다. 학생들은 교사가 가르치는 공식적인 교육과정을 배우지만 교육과정을 고스란히 수용하는 것은 아니다(김학준, 2011). 간단히 말해, 개개인들은 적극적으로 의미를 만들어 내는 주체들이지 단지 질문 없이 자극을 받아들이는 수용자가 아니다. 일찍이 듀이(Dewey, 1916)는 교육과정이 활동과 인간의 상호관계를 바탕으로 한다고 제시하였다. 이것은 학습자와 세계 사이의 상호작용, 즉 활동 사이의 상호작용으로써 경험이자 경험하고 반성하고 행동하는 것을 교육과정으로 바라보는 관점이다. 다시 말해, 교육과정은 개개인이 직면하는 것이고 개개인이 계획된 상황 하에서 활동하고 상호작용에 참여하는 것을 포함한다.

(2) 마이스터고 직업교육과정의 실제[4)]

① 마이스터고의 계획된 교육과정

마이스터고는 산업맞춤형고등학교로서 전문적인 직업교육을 위해 산업계의 수요에 직접 연계된 맞춤형 교육과정 운영을 목적으로 하는 명확한 교육목표를 제시한다. 직업교육에서 의도된 교육과정은 교육과정에 영향력을 미치는 산업체나 교육부 등에 의해 무엇이 의도되고, 교육과정이 적용된 결과 무엇이 일어나야 하는가를 의미한다. 따라서 교육과정은 계획 프로세스에 따라 실질적이고, 실현 가능한 모습으로 구성된다. 구체적으로 다음과 같이 정리할 수 있다.

첫째, 산업체와 연계된 교육과정 계획 수립이다. 마이스터고는 산업수요 맞춤형 교육을 위한 교육과정계획 수립에 산 · 학 전문가들이 다수 참여했다. 따라서 교육과정을 설계하는 데 있어 산업계의 요구를 충실히 반영하였으며, 이를 통해 학생들이 교육과정 이수 후에 바로 현장으로 투입될 수 있는 역량을 기르도록 계획되었다. 이러한 작업을 통해 교육과정계획 단계부터 산업계와 학교사이의 간극을 좁히려는 노력이 이루어졌다.

둘째, 산업체의 요구에 따라 변화하는 교육과정이다. 마이스터고의 교육과정은 산업계의 요구에 따라 계속적으로 변화하는 양상을 보인다. 즉, 교육과정은 산업계의 영향이나 요구, 변화에 매우 민감했고, 이러한 산업계의 흐름을 교육과정에 고스란히 반영하는 데 주력한다. 이를 위해 마이스터고 교사들은 산업계와 밀접한 관계를 맺고 있을 뿐만 아니라 주기적인 회의를 통해 산업계의 요구를 교육과정에 반영하면서 그에 맞춘 변화를 시도한다.

셋째, 간극을 좁히기 위한 기제로 방과후 수업의 활용이다. 마이스터고에서의 방과후 수업과정은 매우 중요하다. 정규교과시간에 일반적인(general) 전공역량을 함양한다면, 방과후 수업시간은 그보다는 좀 더 특정한 회사 혹은 산업과 연계되는 특수한(specific) 교육에 초점을 맞춘다. 또한 마이스터고의 자율적인 교육과정 편성 및 운영은 방과후 수업시간에 유연하게 적용된다. 방과후 수업시간을 통해 마이스터고의 궁극적인 목표인 졸업 후 취업에 더 가까워질 수 있는 교육과정을 제공하고 있었다.

---

4) 이 절은 2013년에 김지영 등과 함께 2010년 3월에 개교한 두 마이스터고에 재직 중인 전문교과 전공교사 네 명과 마이스터고 졸업생 네 명을 인터뷰한 연구 결과다. 따라서 그 내용은 마이스터고 설립 초기 상황을 반영한다.

② 마이스터고에서 실행된 교육과정

전문교과 교사들은 산업계의 요구 변화에 따라 가르치는 과목이 다양하게 나타났다. 이들은 각종 연수나 독학 등을 통해 끊임없이 지식을 재구성하고, 노력하는 과정을 거친다. 특히, 전문교과 교사들은 교재개발뿐만 아니라, 수업을 준비하고, 가르치는 행위 자체가 학생들의 경험에 영향을 주고, 이는 취업을 결정하는 중요한 상황적 요소로 적용된다.

첫째, 다양한 연수 및 독학을 통한 교육과정의 재구성이다. 전문교과 교사들은 산업수요에 맞춘 교육과정을 실행하기 위해 산업의 요구에 맞춰 끊임없이 공부하고, 교과를 재구성하는 과정을 거친다. 산업이 워낙 빠르게 변화하고 요구도 다양하기에 이를 충족시키기 위해서 선생님들은 산업계와 학교의 경계에서 부단히 노력하고 있었다. 그러나 무엇보다 전문교과 교사들은 수업 준비를 위해 많은 시간이 할애되어야 함에도 불구하고 행정적인 업무 때문에 수업을 준비할 시간이 실질적으로 부족하다는 어려움을 토로하기도 했다.

둘째, 교과서 부족으로 인한 어려움이다. 학교교육과정에서 교과서는 중요하다. 하지만 전문교과에 대한 교과서는 턱없이 부족한 것으로 보였다. 뿐만 아니라 교육부에서 일반교과 및 모든 교과서에 공통적으로 제시하는 교과서 요건에 직업교육을 위한 전문적인 내용을 담는 데는 한계가 있을 뿐더러 교과서가 산업계의 빠른 변화를 수용하지 못하는 것으로 나타난다. 이러한 교과서의 부재로 선생님들은 어려움을 겪고 있었다. 따라서 선생님들은 교과서를 자체 제작해서 활용하거나, 시중의 다른 자료들을 재구성해서 수업시간에 사용했다. 교과서가 있는 교과라 하더라도 교과서만으로는 그 내용이 불충분하기에 다른 자료들을 자체제작해서 사용하거나, 다양한 자료들을 활용하는 것으로 나타났다.

셋째, 실습의 중요성이다. 직업교육과정은 대체적으로 이론시간과 실습시간이 분리되어 있으나, 전문교과선생님들은 실습시간에 좀 더 중점을 두고 학생들을 지도했다. 이론도 중요하지만, 실습만이 산업현장에서 유용하게 쓰일 수 있다고 인식하고 있었으며 이를 바탕으로 수업 또한 프로젝트 식으로 한 가지 주제에 대하여 팀을 이루어 결과물을 산출하는 방식으로 이루어지고 있었다.

넷째, 수준별 맞춤 학습 진행의 가능성이다. 마이스터고는 한 반이 평균 20명 정도이기 때문에 학생 능력에 따른 수준별 맞춤 학습이 가능했다. 한 마이스터고의 프로그래밍 수업은 상, 중, 하로 나누어 수준별 수업을 진행하기도 했지만, 수업 참여관찰에서 선생님들이 수업시간에 학생 개개인에 대한 체크가 가능한 것으로 보였다. 굳이 분반을 하지 않더라도 한 반에서도 다른 이해속도를 보이는 학생들을 위해 난이도에 따라 과제를 다르게 내주는 노력을 하기도 했다.

③ 학생들에 의해 경험된 교육과정

학교에 의해 계획되고, 선생님에 의해 행해지는 교육과정과 함께 학생들은 그 속에서 그들만의 경험을 축적하고 그것을 교육과정에 적용하는 방식으로 학습하였다. 이러한 과정을 통해 학생들은 일터로 나가기 위한 다양한 교육을 받으며, 경험하고, 학습하였고, 실제로 이러한 교육과정은 회사생활에 도움을 주었다.

첫째, 얕고 넓게 배우기다. 서비스산업과 연계된 마이스터고의 학생들은 다양한 회사로 취업하게 된다. 이로 인해 마이스터고에서는 어느 곳에나 필요한 인재 양성을 위해 특수한(specific) 교육보다는 일반적인(general) 교육을 제공하고 있다. 이에 학생들은 실제 일터 현장에서 학교에서 배운 일반적인 지식을 바로 업무에 적용하지 못하고, 회사 특수적인 교육을 새로이 받는다. 그러나 일반적인 교육이 밑바탕이 되어 어느 업무에 투입되었을 때에도 금세 구체적인 업무 환경에 적응할 수 있었다고 한다.

둘째, 방과후 학교다. 마이스터고 역시 정규교육과정을 학교 차원에서 수정하여 운영하는 것은 불가능하다. 이에 학교에서는 방과후 학교라는 정규교육과정 이외의 교육과정을 통해 산업체 요구와 더불어 학생들의 요구를 반영하고 있다. 학생들은 정규교육과정을 통해 비교적 일반적인 지식을 습득하고 방과후 학교에서 산업체 요구에 따른 비교적 특수한 지식을 습득할 수 있었다.

셋째, 경험을 통해 배우기다. 마이스터고는 학생들을 프로젝트에 투입하여 산업체에서 일하는 방식을 직접 경험할 수 있게 하고 있다. 프로젝트 활동으로 학생들은 정규교육과정에서 습득했던 이론적 지식들을 스스로 팀원들과 하나의 결과물로 만들어내는 경험을 할 수 있었다. 학생들은 졸업 후 가장 기억에 남는 수업 혹은 활동으로 프로젝트 활동을 이야기했다. 실무에서 일하는 방식으로 팀원들과 의사소통하고 협력했던 경험은 그들을 더 큰 배움으로 이끌었다.

넷째, 회사생활에 대한 정보 결여다. 마이스터고는 기술에 대한 교육은 다양하고 폭넓게 이루어지고 있으나, 취업 후 회사에서의 생활에 대한 교육은 상대적으로 덜 이루어지고 있었다. 학생들은 고등학교를 졸업하자마자 일터로 나가기 때문에 회사나 회사생활에 대한 정보가 많지 않았다. 학생들은 학교 차원에서 기업 전반의 설명과 졸업 후 처우와 관련된 부분에 대한 정보를 제공해야 할 필요가 있음을 느끼고 있었다.

마이스터고에서 이루어지고 있는 교육과정을 분석한 결과를 요약하면 다음과 같다.

첫째, 마이스터고의 교육과정은 산업계의 요구를 적극적으로 수용함으로써 이를 교육과정에 반영하고 있었으며, 교육과정의 유동적인 운영을 통해 학생들은 중등직업교육과정 이수 후에 바로 취업할 수 있었다. 즉, 계획된 교육과정, 실행된 교육과정, 경험된 교육과정이 모두 졸업 후 취업이라는 목표 아래 긴밀하게 운영되도록 산업계와 학교가 노력하고 있음을 알 수 있었다.

둘째, 마이스터고의 교육과정에서 계획된 교육과정과 실행되는 교육과정 사이에 간극이 나타나고 있음을 발견할 수 있었다. 마이스터고는 산업계의 요구에 부흥하는 맞춤형 교육을 실시한다는 점에서 빠른 산업계의 변화와 요구들을 학교교육과정에 반영하기 위해 노력하고 있었다. 고시된 훈령에서 마이스터고는 자율적으로 교육과정을 편성 · 운영할 수 있음을 명시함에도 불구하고, 교육과정을 구성하는 교과서, 필수이수요건, 학생 평가 등은 교육부에 의해 관할되고 고정된 '계획된 교육과정'의 영향에서 벗어나지 못함으로서 발생하는 간극이 존재했다. 따라서 교사들은 이러한 고정되고, 공식화된 계획된 교육과정을 극복하기 위해 실행된 교육과정에서 자체적으로 교과서를 제작하고, 다양한 외부적 자료를 활용하는 방식의 비공식적 기제들을 통해 간극을 메우고자 노력하고 있지만, 여전히 어려움이 존재했다.

셋째, 학교와 교사는 방과 후 학교, 수준별 학습 등의 다양한 프로그램을 실행함으로써 산업계의 요구를 수용하여 학생들의 직무역량을 기르는 데 중점을 두고 있었다. 실행되는 교육과정과 학생이 실제 취업을 통해 산업현장에서 체감하는 학교에서의 경험된 교육과정은 어느 정도 일치하는 것으로 보이나 여전히 일치시키지 못하는 부분이 존재했다.

3) 마이스터고는 장인을 길러 낼 수 있을까

아직 마이스터고에 대한 평가를 하기는 이르다. 앞으로 마이스터고에서 이름 그대로 마이스터, 즉 장인으로 성장할 수 있는 인재들이 많이 배출되기를 바랄 뿐이다. 그럼에도 불구하고, 출범 단계부터 드러난 몇 가지 문제점들을 지적할 수 있다.

첫째, 마이스터고의 교육 분야가 산업 전반을 포괄할 만큼 다양하지는 못하다. 국가에서 전략적으로 중요하다고 판단되는 분야에 편중되어 있다. 소수의 학교들만 지정하여 집중적으로 육성하기 때문에 어쩔 수 없을지도 모른다. 그럼에도 불구하고, 우리 사회에서는 특정 분야에서만 장인이 필요한 것은 아니다. 장인은 우리 사회 곳곳에 모두 존재해야 한다. 이런 점에서 볼 때 마이스터고 제도가 장인은 마이스터 고교를 통해서만 육성된다든가, 장인은 특정 분야에만 한정되는 것으로 오해하게 할 수도 있다. 마이스터고에 제한하지 않는, 모든 학교와 교육제도를 통한 장인 육성 정책이 필요하다.

둘째, 마이스터고의 교육으로 장인이 육성될 수 있을지에 대한 문제다. 정부는 마이스터고에 교육과정 개편, 산학연계 강화 등과 같은 여러 가지 획기적인 교육정책들을 적용했다. 그럼에도 불구하고, 앞서 살펴보았듯이, 여전히 학교제도의 틀 내에서 교육의 과정이 운영될 수밖에 없다. 교사도 교과서도 제한을 받을 수밖에 없다. 따라서 기능적 숙련 이외에 장인으로서 가져야 할 장인성을 충분히 육성할 수 있을지는 의문이다. 많은 사람들이 '마이스터 고교에 마이스터가 없다.'는 농담을 하곤 하는 이유다.

셋째, 장인 육성을 위한 '선취업 후진학'의 구조가 확립되어 있지 못하다는 문제를 지적할 수 있다. 마이스터고 학생들은 학비를 면제받는 등의 혜택을 받는 대신에 졸업 후에 취업을 하도록 서약한다. 그래서 취업률이 매우 높을 수밖에 없다. 그러나 어쩔 수 없이 취업했던 많은 졸업생들이 짧은 기간 안에 직장을 그만두었다. 따라서 마이스터고의 졸업 직후 취업 성과에만 급급할 게 아니라 취업의 질을 개선해야 할 필요가 있다. 그러나 더욱 근본적으로는, 이런 강제적인 취업 같은 방식이 과연 장인이 육성되는 길일 수 있을지는 상당한 의문으로 남는다. 게다가, 마이스터고 졸업생들이 계속해서 학습할 수 있는 '후진학'의 체제가 우리나라 고등교육과 평생교육 제도에서 충분하게 확립되어 있지도 않은 실정이다.

3. 새로운 산업사회에서의 장인 육성 방법

1) 도제교육의 조건

이제 장인을 육성하는 가장 전통적이고 대표적인 방법으로서 도제교육에 대해 살펴보자. 실제로 도제교육은 동서양을 막론하고 장인을 육성하는 가장 전형적인 일의 교육 방식으로 여겨져 왔다. 부모의 일을 흉내 내며 배우기 시작한 가족 도제교육으로부터 일터에서 장인의 지도 아래 더 체계적인 도제교육으로 발전하여 왔다. 그러다가 산업화 이후 대량생산체제의 도입으로 대규모 노동력을 필요로 함에 따라 전통적인 도제제도는 생산체제로도 적합하지 못했고 일의 교육을 위한 주요한 방식으로도 더 이상 지탱할 수 없게 되었다(장원섭, 2006).

다시 학교와 일터를 오가는 도제교육은 교육의 현장성을 강화하여 궁극적으로는 장인을 육성하기 위한 주요한 방법으로 각광받는다. 학교에서만 이루어지는 직업교육은 이론과 실무 능력을 겸비한 인재를 양성하는 데 효과적이지 못하기 때문이다. 1960~1970년대에 우리나라에서는 직업학교와 직업훈련기관을 통해 효율적으로 대규모의 기능인력을 양성하였고 이들은 빠른 경제발전을 이루는 데 기여하였다. 그러나 그런 공장모형은 새로운 산업사회에 더 이상 유효하지 않게 되었다.

독일, 호주 등에서는 직업교육을 이수하는 학생들이 학교와 산업 현장을 오가면서 배우는 듀얼시스템이 오래전부터 체계적으로 자리 잡고 있다. 여러 선진 국가들의 유연한 도제모형을 통한 교육시스템은 모두 21세기 경제사회의 변화와 새로운 노동력의 요구에 적합한 시사점을 제공한다. 새로운 산업사회에서는 세분화된 직무 특수적인 기술을 요구하는 효율성과 공장모형 대신에 이론적 기반과 문제해결력, 일의 과정 전반에 대한 이해, 더 나아가 일에 대한 자부심과 공동체에 대한 기여 등과 같은 종합적인 역량을 지닌 고숙련 장인 육성의 모형이 필요로 된다.

우리나라 직업교육에서 학교와 일터를 오가는 도제교육의 경험은 그리 많지 않다. 1990년대 후반에 시행된 '공고 2+1 체제'가 가장 대표적인 사례였다. 공업계 고교생이 2년은 학교에서 정해진 교육과정을 이수하고 마지막 1년은 현장실습을 위해 일터에서 일하는 프로그램이었다. 그러나 이 제도는 그 당시에 부족했던 기능인력을 빨리 공급하려는 의도를 가지고 시작되었기 때문에 도제교육으로서의 의미를 충분하게 살리지 못했다(장원섭, 2006).

2010년대 중반부터는 '산학일체형 도제학교'라는 이름으로 독일과 스위스식 도제교육 프로그램을 확산하였다. 이것은 고교 단계의 일학습병행제도로서 특성화고 학생들이 학교와 기업을 오가며 이론과 현장실무를 배우도록 설계되었다.

특성화고 교육을 비롯한 직업교육에서 도제학습과 현장실습이 필요하기는 하지만, 성급한 확대에 대한 우려도 크다. 왜냐하면 성공적인 도제교육과 현장실습을 위해서는 학교와 기업 모두가 충분한 준비를 하고 있어야 하기 때문이다. 과연 학교의 교육과정은 학생들을 현장으로 내보낼 준비가 되어 있는지, 일터는 학생들을 받아서 가르칠 준비가 되어 있는지, 그리고 학교와 일터를 연계할 체제는 갖추어져 있는지 의문이다.

도제교육의 경험이 일천한 우리나라에서 더디더라도 차근차근하게 한국형 도제교육을 만들어 가는 것이 더욱 필요하다. 현 시점에서는 우리나라의 경제사회적 상황과 교육적 맥락에 적합한 도제교육의 모형을 구축하여 장인을 육성하는 길을 탄탄하게 닦아 나가야 한다. 성급하게 확산하는 방식으로 정부가 주도하여 정책을 추진해서는 그 본래의 교육적 목적을 달성하지 못할 뿐만 아니라 도제교육 그 자체의 취지에 대한 회의마저 초래할 우려가 크다.

더군다나, 도제교육이 지향하는 궁극적인 목표인 장인 육성을 반드시 도제교육의 방법으로만 이루려는 생각도 고집할 필요는 없다. 우리나라의 장인들은 반드시 도제공동체에 속해 있는 것만도 아니었고 스승으로부터 지도를 받으면서 일하고 배우는 체계적인 도제교육의 과정을 거쳤다고 보기도 어려웠다. 오히려 이들은 누구도 가르쳐 주려 하지 않더라도 어떻게든 배우려 했다. 여기저기 배움을 얻으러 다니는 편력(遍歷)의 학습을 하기도 했다. 이론과 경험의 통합적 학습을 하기는 하였지만, 그 둘 사이의 선후관계는 불분명하게 나타났을 뿐이었다(장원섭, 2015b). 따라서 도제교육은 장인을 육성하는 하나의 방법일 뿐이다. 도제교육이 장인 육성을 위한 만병통치약은 아니기 때문이다. 궁극적으로 도제교육이 지향하는 장인 육성은 그 밖에도 다양한 경로와 방법을 통해서도 이루어 나갈 수 있는 것이다.

결국, 새로운 산업사회에서도 직업교육에 있어서 도제교육과 현장실습은 필요하다. 그러나 선행되어야 할 조건들이 있다. 교육에 참여하는 각 주체들이 충분한 준비를 하여야 한다. 학교는 도제교육과 현장실습 교육과정을 충실히 마련하고, 일터는 현장학습을 지도할 태세를 충분하게 갖추며, 정부는 학교와 일터 사이의 매개를 할 체제를 구축하여야 한다.

끝으로, 가장 중요하게, 장인들이 배움과 성장에의 강한 의지를 바탕으로 깊은 숙련의 과정을 거쳐서 최고의 경지에 오른 것처럼, 학생들이, 도제교육을 받건 그렇지 않건, 장인으로 성장하려는 의지를 가져야 한다. 그러기 위해서는 무엇보다 먼저 학생의 자발적인 배움에의 길을 북돋우고, 이와 동시에 그런 장인으로 성장하는 길을 걸어갈 수 있는 일터와 경제사회적 여건을 함께 조성하여야 한다.

2) 깊은 숙련을 형성하는 직업교육

우리나라의 중등직업교육은 산업현장의 요구를 반영하여 학교에 적용함으로써 중등직업교육을 받은 학생이 졸업 후, 일터 현장으로의 원활한 이행을 돕고자 노력하고 있다. 교육 후 취업이라는 목표 아래 정부와 학교차원에서 의도되고 계획된 교육과정과 교사 차원에서 실행된 교육과정, 학생이 경험하는 교육과정 사이의 간극을 최대한 좁혀 중등직업교육의 활성화를 기대하고 있다. 앞서 살펴본 바와 같이, 마이스터고 설립의 취지에 맞게 산업계의 요구를 수용하여 계획된 교육과정, 실행된 교육과정, 경험된 교육과정 사이의 간극을 좁히고 긴밀하게 하고자 노력하고 있었다.

그럼에도 불구하고, 이러한 과정에서 일치시키려고 노력하고 있지만 일치되지 않거나, 일치될 수 없는 부분이 존재했다. 이는 학교와 산업현장이 기본적으로 상황이나 맥락이 다른 체제이기 때문에 일치될 수 없는 부분이기도 하며, 단순한 직무, 과업 등에 초점을 맞춘 교육과정을 통해 학교와 산업 두 체제 간의 간극을 좁히기란 더더욱 어렵다. 따라서 학생들이 중등교육과정 이수만으로도 원활한 노동시장으로의 진입을 위해서는 여전히 고정되고, 공식적이고 계획적인 기존의 상위체제로부터의 요구(top-down)에 의한 단편적인 직업교육과정의 접근방식에서 벗어나 아래로부터의 직업교육(bottom-up)으로의 접근방식을 제안한다. 이러한 시도는 기존의 중등직업교육에서 나타나는 다양한 문제들을 해결하는 데 실마리를 제공해 줄 수 있다.

인공지능 시대의 직업교육을 위해 임언 등(2017)은 다음과 같은 방안들을 제안하였다. ① 특수한 기능보다 폭넓은 경험을 제공하는 방향으로 선회, ② 다양한 기능을 포괄하는 직업교육 기관으로 변화, ③ 미래 직업변화에 조응하여 전공 조정, ④ 학생의 미래 경쟁력을 위한 직업교육, ⑤ 고교 직업교육 MOOC 개발, ⑥ AI 기술을 적용한 개별화 적응형 학습시스템 구축, ⑦ 교원 역량 변화에 따른 양성, 임용 및 배치 정책 변화, ⑧ 교육 평등의 가치 강조, ⑨ 직업교육에서 사회적 합의를 이끄는 플랫폼 구축 등이 그것들이다.

나는 이에 덧붙여서 깊은 숙련을 형성할 수 있는 맥락(context) 중심의 직업교육을 더욱 강조하고 싶다. 문제해결력, 대인관계 능력, 의사소통 능력, 창조력 같은 일반적 기초 역량의 형성도 일의 맥락과 관련될 수밖에 없고 맥락 속에서 의미를 가질 수밖에 없다(Sandberg, 2000). 그것은 깊은 숙련 속에서 맥락적으로 더 적절하게 형성될 수 있다.

장인은 넓고 일반적인 교육보다는 좁고 특수한 분야에서 고도로 숙련된 사람들이다. 깊은 숙련의 끝에서 창조적으로 일한다. 그런 결과는 맥락화의 지속적인 재맥락화를 통해 가능하다. 장인은 자신의 분야에서 깊이 숙련된 다음에 그 안에서 또 다른 인접 분야들을 접목시킴으로써 자신의 일의 범위를 넓히고 재맥락화한다. 재맥락화를 통한 창조적 일하기는 온 몸과 마음을 합쳤을 때 일어난다. 온 몸과 마음을 자신의 일에 깊이 담아낸 결과로 숙련도 창조도 이루어진다(장원섭, 2015b).

직업교육의 핵심은 실제로 일할 수 있는 역량을 기르는 데 있다. 이를 위해서는 일을 직접 경험하는 현장 중심의 교육이 반드시 필요하다. 그럼으로써 업무를 수행하는 데 필요한 지식과 기술뿐만 아니라 일터 현장의 생생한 맥락을 체득할 수 있기 때문이다.

제9장

전문대학의 위기와 평생직업교육[1)]

1. 성공에 이르는 다양한 길

『성공에 이르는 또 다른 대안적 진로(Other Ways to Win: Creating Alternatives for High School Graduates)』. 그레이(K. C. Gray)와 헤르(E. L. Herr) 박사가 1995년에 쓴 책의 제목이다. 그들은 이 책에서 고교 졸업생이 다양한 진로들을 만들어 갈 필요가 있는데 전문대학이 그런 대안이 될 수 있다고 주장했다. 일반대학에 진학하는 것만을 '성공하는 유일한 길'로 여겨 대학진학 열풍이 일어났지만, 아이러니하게도 그 주된 이유가 '좋은 직업을 얻기 위해서'였다. 실제로는 미국에서 4년제 대학 졸업의 전문직업인력은 과잉 공급되는 반면, 2년제 기술대학 또는 지역사회대학 출신의 고숙련, 고임금의 직업인력은 모자라는 형편이었다.

이와 같은 문제는 우리나라에서 더 심하게 나타나는 것으로 보인다. 대학진학률은 세계 최고 수준으로 여전히 70%대를 유지하고 있다. 취업이 잘되는 소위 '좋은 대학'에 진학하기 위해 치열한 경쟁을 벌인다. 다른 한편, 학령인구가 줄어들어 많은 대학이 정원을 채우지 못하는 현상이 벌어진다. '벚꽃 피는 순서대로 대학이 망한다.'는 말이 유행할 정도다.

대학의 위기 상황에서 전문대학은 이미 더욱 큰 어려움을 겪고 있다. 고등교육기관 전체에서 졸업자가 차지하는 비중을 보면, 2010년에 일반대학이 44.5%, 전문대학이 30.2%였던 것에서 그 격차가 계속 확대되어 2019년에는 각각 49.6%와 25.5%로 집계됐다. 2021년 수시모집 등록률에서 정원 내 수시모집 인원을 모두 채운 전문대학은 7개교에 그쳤다. 절반이 넘는 약 80여 전문대학의 충원율이 80%에도 미치지 못한

1) 이 절은 장원섭(2021)이『한국대학신문』1408호(2021. 3. 24)에 기고한「위기의 전문대학, 평생직업교육에 길이 있다」를 보완한 것이다.

것으로 조사됐다.[2] 정시모집에서도 일반대학들이 대규모로 추가모집을 하면서 많은 전문대학 합격생이 옮겨가는 현상도 벌어졌다.

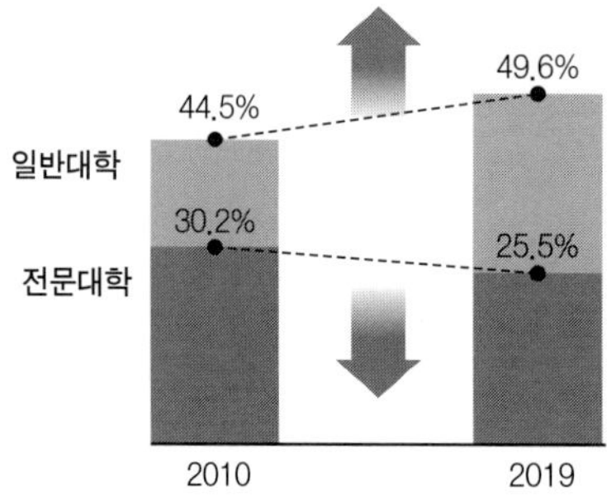

[그림 9-1] 고등교육기관 졸업자 비율

출처: 한국직업능력개발원(2020). 2020 한국의 인적자원개발 지표.

비수도권 전문대학은 더욱 심각하다. 지방 전문대학의 학생 모집 현황을 보면 신입생 충원율이 급격하게 하락 중이다. 2021년 신입생 모집정원 1,000명 이상 전문대학 중 비수도권 소재 37개 전문대학은 전부 신입생을 다 충원하지 못했다.[3] 서울 및 수도권 전문대학과 비수도권 전문대학의 신입생 충원율은 격차가 심화되고 있다. 전체 전문대학의 평균 충원율은 94.4%인데, 서울권은 100%, 수도권은 97.1%, 비수도권은 91.8%이다. 2019학년도 입시에서 전체 137개 전문대학 중 40.1%가 미충원되었는데,

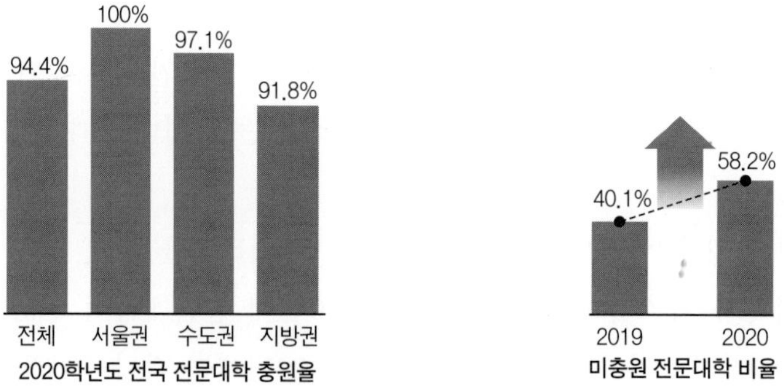

[그림 9-2] 비수도권 전문대학의 학생모집 현황

2) 한국대학신문(2021. 01. 12.). [단독] 올해 전문대 수시 등록률 '패닉'…80% 못 넘긴 대학 80개교 '충격'. news.unn.net/news/articleView.html?idxno=502922

3) 국민일보(2021. 03. 15.). 구미대학교, "전문대학 중 신입생 충원율 전국 1위". http://news.kmib.co.kr/article/view.asp?arcid=0015633607&code=61122022&cp=nv

2020학년도 입시에서 58.2%로 18.1%p 증가하였다. 특히 부산, 충북, 대전, 세종, 울산과 같은 지방 대도시 소재 모든 전문대학에서 미충원 현상이 발생하였다.[4)]

일반대학의 교육목적과 내용이 전문대학과 차별성이 없는 경우가 허다한 가운데 전문대학은 일방적으로 불리한 위치에 놓여 있다. 위계화된 고등교육 구조가 지속되는 상황에서 일반대학을 선호하는 경향이 더 강하기 때문이다. 더군다나 많은 일반대학이 취업에 도움이 될 만한 전공과 프로그램을 전문대학으로부터 베끼기까지 한다. 결국, 학령인구가 급감하는 가운데 한정된 입학자원만으로 일반대학과 경쟁할 경우 전문대학이 더욱 뚜렷하게 차별적인 교육프로그램을 발전시키지 않는 한 현재로서는 승산이 없어 보인다.

고등교육의 획일화는 우리 사회의 미래를 위해 결코 바람직하지 않다. 고등교육기관들이 다양화하고 서로 역할 분담을 해야 한다. 대학 유형에 따라 그런 차이와 협력이 존재하지 않는다면 우리나라 교육은 제 역할을 다하지 못하는 셈이다. 서두에 언급했던 '성공'의 개념이 무엇인지에 대해서는 논란이 있겠지만, 아무튼 다양한 길들이 탄탄하게 존재해야만 자라나는 세대가 삶의 가치와 사정에 맞게 자기만의 진로를 선택할 수 있다. 일반대학 진학만이 성공으로 가는 유일한 길이어서는 곤란하다.

2. 평생직업교육의 기회

입학생 부족 문제를 더욱 심각하게 겪으며 전문대학이 아사 직전의 위기에 놓여 있다. 그런데 그건 전통적인 입학자원만을 상정했을 경우에 해당하는 얘기다. 비전통적인 성인교육 대상은 오히려 그 비중이 크게 늘어나고 있기 때문이다.

저출생 추세로 학령인구는 급격하게 감소하고 있다. 전체 학령인구는 1980년 1,440만 명으로 정점을 찍은 이후 줄어들기 시작해 2017년에는 714만 명으로 절반 가까이 감소했다. 2035년에는 488만 명으로 더욱 줄어들 것으로 예측된다. 전체 인구 대비 학령인구의 비중은 1980년 37.8%였으나 2015년에 17.5%로 낮아졌고 2060년에는 11.1%에 불과할 것이다. 이제 전문대학은 학령인구의 전통적 입학자원을 찾기가 더욱 어려운 현실에 직면했고, 살아남기 위해서라도 학령 이후의 비전통적 교육대상에 주목할 수밖에 없다.

---

4) news1(2021. 02. 12.). 지방 전문대도 72% '정원 미달'…서울 · 인천만 100% 충원. news1.kr/articles/?4209830

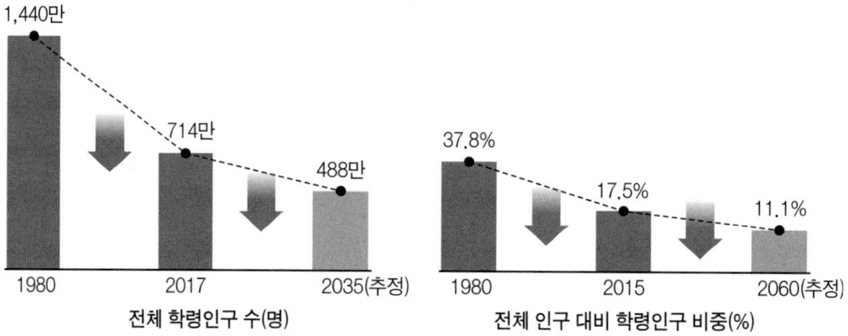

[그림 9-3] 학령인구 감소 추이

다행인 것은, 빠르게 변화하는 현대 사회가 누구나 배워야 하는 평생학습 시대로 전환했다는 사실이다. 전문대학은 성인의 계속학습 수요에 적극적으로 대응해야 한다. 비대졸자의 고등교육 진학 수요를 충족시켜 주는 것도 여전히 필요하다. 그렇지만, 오래전부터 고졸자의 대학진학률이 매우 높았기 때문에 향후 국민 대부분이 대졸자가 되어 가는 상황에서, 더 중요한 건 학력에 상관없이 전문대학에서 계속 교육을 받을 수 있는 다채로운 양질의 프로그램을 만드는 일이리라.

전문대학은 사람들의 삶의 경로가 총체적으로 달라지는 점에 면밀히 대처해야 한다. 전통적으로 아동과 청소년 시기에는 교육을 받고, 학교를 마친 후에는 일하고, 일정 연령이 되면 은퇴했다. 삶에서 각 역할을 수행하는 시기가 정해져 있고 그 전환의 시점도 상당히 명확했으며 그 순서를 역행하기도 어려웠다. 이제는 이런 표준화된 경로가 흐트러지고 있다. 교육과 일, 여가 활동이 복잡하게 얽혀 중첩적이고 불규칙적으로 나타난다. 한 예로, 대졸 학력자들이 전문대학으로 다시 편입학(reverse transfer)하여 자신의 직업적 필요와 교육적 요구를 충족시키는 경향이 증가한다(장원섭, 2006). 이건 교육제도들 사이의 순차적이고 일방향적인 관계가 아니라 쌍방적이고 복잡화된 현대 사회의 삶의 경로 패러다임을 잘 보여 준다(Bills, 2004).

고령인구가 크게 늘어나는 상황에도 주목해야 한다. 의생명 기술의 발전 등으로 수명이 더욱 연장되면서 인구구조가 빠르게 고령화되고 있다. 기대수명이 1960년에 54.9세에서 2019년에는 83.3세로 높아졌다. 2018년에 이미 인구의 14% 이상이 고령자인 '고령사회'로 진입했고 2026년에는 20% 이상인 '초고령 사회'가 될 것이다. 고령화가 가속화되는 상황에서 전통적인 근로 연령 기준만을 고수한다면 노동력의 절대 숫자가 크게 적어진다. 게다가 은퇴한 고령자가 많아져서 복지비용의 증가 등과 같은 문제를 야기할 수 있다. 이런 문제를 해결하기 위해서는 활동적 노년을 위한 평생직업교육이 크게 증대될 수밖에 없다.

다른 한편, 급격한 산업변화에 따른 신산업인력 양성 수요가 확대되고 있다. 빅데이터, 인공지능, 로봇 등의 등장과 같은 4차 산업혁명은 산업과 기술의 변화를 이끈다. 국가적 차원에서 디지털화, 학문적 융합, SW와 데이터 기술 기반의 새로운 직무교육이 요구되며, 나아가 고숙련 직업인을 지속적으로 양성해야 하는 시점이다. 따라서 현장의 변화를 신속하게 반영하여 교육과정을 개편할 수 있는 체계가 요구된다. 실무중심교육을 통해 산업체에게 즉각 활용할 수 있는 직업인을 양성하는 전문대학의 역할이 중요해지는 이유다.

첨단 과학기술의 발전으로 산업과 직업구조가 급변하는 가운데 불확실성이 크게 증가하고 있다. 더군다나, 2020년 코로나바이러스감염증-19의 확산은 디지털 전환과 에듀테크 도입 같은 변화를 너무나 잔인하게 그리고 가장 확실하게 실현하도록 만드는 필요충분조건이 되었다. 우리는 이제 이전에는 경험하지 못했던 새로운 세상을 살아가야 한다.

이런 급격한 변화의 물결 속에서 대학교육 역시 근본적으로 틀을 바꿀 수밖에 없다. 공유와 초연결의 시대에 교수들은 더 이상 지식을 독점할 수 없다. 무크, 유튜브 등을 통해 학생들은 언제 어디서든 지식을 습득하고 창출할 수도 있다. 그럼에도 불구하고, 대학은 전통적인 기능에 집중해 왔으며 사회 변화를 선도하기보다는 변화를 뒤따라가기에 급급했다. 저출생으로 인한 학령인구의 감소와 고령인구의 증가로 성인 재교육 및 평생교육의 필요성이 증대되고 있지만 기존의 경직된 학사제도와 기업 및 지역사회와의 연계 부족은 대학의 평생직업교육 기능을 제약한다. 기존의 대학의 역할에서 벗어나 학습자의 전 생애에 걸친 삶의 역량들을 개발하기 위한 평생직업교육과정을 확대해야 한다. 대학의 구조를 변화시키고 그 기능과 역할을 재검토해 봐야 할 시점이다.

결국, 저출생, 고령화, 4차 산업혁명 등 사회경제적 요인은 노동시장과 일자리에 대한 불확실성을 증가시킨다. 과학기술의 발달은 고숙련 일자리 증가, 기존 직업의 소멸, 융복합 분야 중심의 신규 일자리를 양산한다. 이 같은 변화의 흐름을 제대로 인지하고 효과적으로 대처할 수 있는 평생직업교육 체계를 구축할 필요가 있다. 국가 주도하에 평생직업교육체계가 구축되어야 하는 이유로 볼 수 있다. 충원율이 높은 학과(간호학과 포함 의료보건계열)를 중심으로 학과개편을 하고 있는 전문대의 현재의 전략은 단기적으로 전문대의 생존을 연장할 수 있을지 몰라도 적정 수준의 의료보건산업 인력수요를 충족하는 시점에서는 다시 전문대의 위기를 초래할 수 있다. 더욱 근본적으로 전문대만의 정체성을 드러낼 수 있는 전략을 취해야 한다. 법적으로 구분되어 있는 고등교육기관들이 각자의 역할을 명확하게 인식하고 이에 적절한 전략을 구사하는 것이 바람직한 길이다.

그럼에도 불구하고, 평생직업교육 체계 구축의 현실적 한계가 있다. 실제 여러 주체들이 운영하는 평생직업교육 프로그램은 대상, 교육내용, 방법 등이 지나치게 다양하다. 주무 부처도 교육부, 고용노동부, 행정자치부, 여성가족부 등으로 다양하게 운영되어 있다. 이러한 운영방식은 국가수준의 인력양성 체계와 동떨어진 부처 차원의 이슈에 기반한 인력양성 정책에 머무르게 되고, 교육환경, 교육의 질 관리, 교육성과에 대한 체계적인 모니터링을 어렵게 만든다. 여기에 지방자치단체 차원의 각종 일자리 관련 정책은 지역 내 수요에 대한 분석은 가능하지만 실제 인력양성을 위한 인프라 구축 및 운영에 한계를 보이고 있다.

3. 전문대학 교육 개편 방안

전문대학이 자라나는 세대에게뿐만 아니라 모든 국민이 필요로 하는 교육기관으로 거듭나기 위해서는 평생직업교육에서 그 길을 찾아야 한다. 평생직업교육을 향한 길은 전문대학이 교육의 틀을 근본적으로 바꾸는 것으로부터 시작해야 한다. 이를 위해 다음과 같은 몇 가지 방안을 제시하고자 한다.

첫째, 권역별 클러스터를 구성할 필요가 있다. 각 대학들이 가진 독특한 교육적 강점들을 연계하여 학습자가 원하는 교육을 어느 대학에서든 받을 수 있도록 해야 한다. 클러스터 내 대학들은 인적 · 물적 자원 공유는 물론 유연한 학점교환, 공동학위수여, 공동수업 및 집중강의 개설, 원격교육 등 다양한 수업방식을 활용한다. 이 클러스터가 진로 탐색부터 진로 선택과 취 · 창직, 그리고 취업 이후의 전문성 제고를 위한 평생 직업역량 강화까지 충실히 수행할 때 학습자들은 더욱 효과적으로 고용가능성을 높일 수 있을 것이다.

평생직업교육에 대한 권력별 클러스터 구성은 지역내 전문대학이 허브의 역할을 충실히 수행해야 한다. 그 이유는 다음과 같다. ① 기존의 전문대학이 보유한 현장실무중심 교육 시스템(교육과정, 교강사, 실습기자내 등)의 활용이 가능하다. 전문대는 일반대와는 다르게 취업중심, 진로중심에 특화되어 있는 학과가 대부분이고 산업체 경력이 풍부한 교수들도 다수 확보하고 있다. 무엇보다 실습교육이 가능한 실습실과 관련 기자재 활용도 가능하다. ② 전문대가 평생직업교육을 위해 활용할 수 있는 자원이 풍부하다. 산학협력단을 통해 산업체, 지방자치단체, 지역 상공회의소 등과의 연계방안을 마련할 수 있으며, 진로상담센터 등을 활용한 학습자들의 체계적인 경력설계를 지원할 수 있다. ③ 다양한 평생직업교육 프로그램 개발에 용이하다. 전문대는 NCS기반 교육과정 운영을 통해 환경 및 수요분석, 요구역량 도출, 요구역량에 따른 필요기술 · 지식 · 태도 도출, 교과목 도출, 교과목 프로파일 등을 구체화할 수 있는 프로그램 개발역량을 보유하고 있다. 이를 통해 학습자에게 맞는 모듈식 평생직업교육과정 운영이 가능하다. ④ 대학은 학적관리체계가 마련되어 있다. 모든 학생들의 입학관련 자료, 진로 희망분야, 이수현황, 장학현황, 상담기록, 취업현황 등이 체계적으로 관리 가능한 인프라를 구축하고 있다. 장기적으로 국가차원의 평생직업교육체계가 청소년, 대학생, 경력단절자, 이직 · 전직 희망자, 고령층의 경력경로와 연계된다고 가정할 때 이러한 인프라는 평생직업교육체계 구축에 상당한 자원이다.

둘째, 고숙련 역량 불균형 해소를 위한 전문석사학위 프로그램을 설치하여 운영하는 방안을 강구해야 한다. 점점 더 고숙련 전문기술인력의 필요성이 증대하는 가운데 산업계의 요구에 부합하는 전문적 직무역량을 갖춘 인력을 육성하기 위해서는 대학교육 이후의 추가적인 체계적 교육이 필요하다. 전문석사학위 프로그램은 산업에서 요구하는 실무능력을 갖춘 전문인력을 양성하는 심화학습 과정이므로 일반대학보다는 전문대학에 설치하는 것이 더욱 적합할 수 있다.

산업체 고경력자의 전문성이 인정되지 못하는 현행 고등교육 상황에서는 양질의 고숙련 전문기술인력 양성에 한계를 갖는다. 기존의 전문대학의 수업연한을 양성과정에 따라 확대하여 전문석사학위를 발급하는 것은 고숙련 전문기술인력을 양성할 수 있는 계기가 될 수 있다. 실제 국내의 한 전문대학은 대한민국명장회, 국가품질명장협의회 소속의 명장들을 대학의 석좌교수로 임명하고 이들을 중심으로 한 고숙련 전문인력을 양성하고 있다.[5)]

셋째, 고숙련자이거나 전문가인 직업인들 가운데 은퇴를 앞둔 시니어들을 대학생

5) 한국대학신문(2021. 03. 10.). [파워인터뷰] 이계철 군장대 총장 "미래 대학 '폿대' 역할 충실…사회서 필요로 하는 인재 양성 최선". http://news.unn.net/news/articleView.html?idxno=505617

들의 취업 또는 창업을 실질적으로 지도하고 돕는 멘토로 적극 활용할 필요가 있다. 고용노동부의 산업현장교수 제도가 고숙련 기능인을 대상으로 이루어지고 있으나 그 분야와 풀이 너무 제한적이다. 대학생이 취업 또는 창업하고자 하는 직업은 모든 분야를 포괄하므로 취·창업 학습 멘토는 모든 직업 분야를 대상으로 해야 한다. 대학과 연계된 산업체 또는 공공기관의 퇴직자들을 전문화 교육 인력으로 활용하면 아직 사회진출 경험이 없는 학생들에게 고숙련 직업교육과 직무경험을 체득하게 하고 이를 통해 산업현장에서의 적응을 도울 수 있을 것이다. 기업은 퇴직자를 학교에 파견함으로써 이들의 전직지원을 돕고, 학교는 이들 시니어의 전문지식을 후속 세대인 학생들이 전수받도록 할 수 있다.

넷째, 취·창업학습 지원을 위한 학교+기업 간 일 경험 센터를 설치할 필요가 있다. 대학생들의 진로 탐색과 선택, 그리고 전문성 개발을 위해서는 직업 세계에 대한 예비사회화가 요구되며, 해당 직무에 대한 실제적 직무 안내(realistic job preview)를 통해 직업 또는 창업 적합성 여부를 판단할 수 있어야 한다. 일 경험 센터의 구체적인 역할은 미국 베레아 대학(Berea College)의 일학습 프로그램인 '노동 프로그램(Labor Program)' 사례를 참고할 수 있다. 이 프로그램은 전체 재학생들이 교내 각 부서에서 주당 10시간 이상의 일을 의무적으로 수행하게끔 하는 제도다. 이를 통해 학생들은 대학 생활 중 학업능력뿐만 아니라 특정 직업기술 분야에 대한 실무경험을 습득하고 졸업하게 된다. 이를 응용한 일 경험 센터는 학생이 자신에게 친숙한 대학 내 자원을 활용하면서 진로 탐색과 선택에 영향을 줄 수 있는 실질적인 일 경험을 할 수 있게 한다. 대학은 조직 내 구성원으로서 학생의 역량을 온전히 활용하는 동시에 학생들의 취·창업 선택을 위한 실질적인 도움을 줄 수 있다. 기업이 이 프로그램에 참여할 경우에 지역 내 인재풀을 확보할 수 있고, 대학 내 교원과 인프라를 활용하며, 교육과정 개발에 참여함으로써 자신들의 기업에서 필요로 하는 인재를 육성할 수 있다.

다섯째, 지역 평생학습을 위한 다양하고 다채로운 교육프로그램들을 운영하는 개방대학이 되어야 한다. 지역산업 및 신산업 분야 내 재직자들의 재교육과 훈련 기능을 담당하는 전문화된 직업훈련기관으로서의 역할을 할 뿐만 아니라 지역 내 성인 학습자들의 평생학습 기관으로서 지역사회대학으로서의 기능도 수행할 수 있어야 한다. 구체적으로, 계절학교, 확장강좌 등을 통한 대학개방이 이뤄져야 한다. 그럼으로써 전문대학이 실질적으로 지역의 평생직업교육 중심 기관으로서 역할을 다할 수 있을 것이다.

제10장

청년실업과 대학의 취 · 창업교육

1. 대학의 기능 변화

사회 변화에 따라 대학의 기능도 변화한다. 중세 대학의 성립 이래 대학교육은 많은 변화를 겪어 왔다. 새로운 산업사회의 요구에 대학은 상아탑의 이상에만 머물러 있을 수 없다. 전통적으로 대학은 학문을 연구하고 진리를 탐구하는 학문의 전당이었지만, 고등교육이 보편화되면서 대학의 역할 역시 바뀌고 있다. 특히, 최근 청년 실업으로 대변되는 대학 졸업자의 일자리 문제가 장기화되면서 취업 및 창업교육에 대한 요구가 더욱 커졌다. 이제 대학은 졸업생의 고용을 촉진해 청년실업 문제를 해소하는 노력을 기울이지 않을 수 없다. 대학생의 전 생애적인 역량개발을 위한 진로 선택과 취 · 창업 지원 활동을 강화해야 한다. 이처럼 대학은 새로운 시대에 적합한 새로운 모습으로 새로운 역할과 기능을 수행할 것을 요청받는다. 그 변화들은 대학의 양적 팽창, 기능의 다변화, 학사 운영의 유연화, 대학유형의 다양화 등과 같은 현상으로 나타나고 있다.

첫째, 대학은 더 이상 소수의 엘리트만을 위한 교육기관이 아니다. 트로우(Trow)에 의하면, 고등교육은 엘리트 단계에서 대중화 단계를 거쳐 보편화 단계로 발전한다. 우리나라에서 고등학교 졸업자의 대학 진학률은 1980년 27.2%, 1990년 33.2%였으나 1995년 51.4%, 2000년 68.0%, 2005년 82.1%로 급상승하였고, 2010년대부터는 70% 내외를 유지하고 있다. 또한 인구 대비 학생 수로 산출하는 고등교육 취학률은 1980년 11.4%였으나 1990년 23.6%, 2000년 52.5%, 2010년 69.3%, 2020년 70.4%로 급속하게 상승하였다(e-나라지표 www.index.go.kr). 이런 사실은 우리나라에서 이미 고등교육이 보편화되었음을 알려 준다. 누구나 원하면 대학에 진학할 수 있는 시대가 도래했으며, 대학생이 더 이상 특권계층일 수 없다는 의미다. 또한, 최소한 양적인 측면에서는 모든 이를 수용할 수 있는 고등교육의 인프라가 구축되어 있다는 것을 뜻하기도 한다.

둘째, 대학교육이 빠르게 팽창하여 이미 보편화 단계에 들어섬에 따라 대학은 전통적인 기능뿐만 아니라 새로운 기능도 수행할 것을 요구받고 있다. 일반적으로 대학의 전통적 기능은 연구, 교육, 봉사의 세 가지로 요약된다. 새로운 지식을 창출하고, 그 지식을 학생들에게 전달하며, 동시에 사회에도 기여하는 것이 대학의 주요한 사명이다. 현대 사회에서도 대학의 이런 기능들은 여전히 유효하다. 이와 동시에, 대학은 새로운 기능들을 더 많이 수행하기도 한다. 이미 오래전부터 많은 대학들이 학생상담소 등을 운영하면서 학생생활지도와 상담활동을 하고 있다. 대학생들의 대학생활 설계, 학점 관리, 전공 선택, 진로정보 제공 등과 같은 학업상담과 진로지도를 하고 있다. 또한 취업지원센터를 통해 대학생들에게 직접적으로 취업 정보와 알선 서비스를 제공해 오고 있다. 근래 들어서는 대졸자의 취업 사정이 악화되고, 대학생들의 취업에 대한 관심이 크게 증가하면서 이런 취업지도 기능이 더욱더 강화되고 있다. 이처럼 대학은 대내외적 교육환경의 변화를 반영하는 새로운 제도적 장치를 통해 대학의 기능과 역할을 확대해 나가고 있다.

셋째, 대학의 수가 많아지고 대학 간의 경쟁이 심화되면서 모든 대학이 이런 기능을 전부 가지고 있을 수는 없게 된다. 대학들 사이의 분화와 특성화가 진행된다. 예를 들어, 이미 오래전부터 4년제 일반대학에 비해 보다 더 직업 중심인 단기고등교육기관으로서의 전문대학이 존재해 왔다. 또한 일반대학도 연구 중심 대학과 교육 중심 대학으로 구분하기도 한다. 다른 한편, 특수한 목적과 교육방식을 지향하는 다양한 유형의 대학들이 등장하고 있다. 방송통신대학과 사이버대학 등은 고등교육의 대중화 또는 보편화를 이끌었다. 독학사제도, 학점은행제를 통해 누구나, 어디서나 대학교육을 이수하고 학위를 취득할 수 있다. 게다가, 근래에는 무크(Massive Open Online Course, MOOC) 등과 같은 온라인 강좌가 확산하여 대학교육이 모든 사람에게 공개되기도 한다. 한마디로, 대학교육 수요자의 다양한 요구와 사정에 맞는 다양한 형태의 고등교육제도를 통한 대학의 개방이 가속화되고 있는 것이다.

넷째, 대학 내부도 닫힌 체제에서 열린 체제로 탈바꿈하고 있다. 고등학교를 갓 졸업한 20대 초반의 전통적인 대학생과 함께, 평생교육 프로그램에 등록한 성인들의 대학 출입도 늘어나고 있다. 정규직 교수뿐만 아니라 시간강사, 산학겸임교수, 객원교수 등과 같은 제도를 통해 다양한 형태의 새로운 계약직 교수들이 대학에서 가르친다. 산학협동센터, 창업보육센터 등을 통해 기업들도 대학에 입주하여 동거하고 있다. 이처럼 대학은 전통적인 학문성을 고수하는 상아탑이라기보다는 열린, 유연한 체제로 탈바꿈하는 방향으로 나아가고 있다.

한마디로, 대학도 그 내적인 논리와 대내외적 환경 변화에 영향을 받거나 주면서 변모하고 있다. 대학은 전통적으로 사회지도자를 길러 내는 엘리트 교육 또는 산업사회의 산업 요구에 필요한 규격화된 인력의 대량 배출을 위한 대중교육으로부터 탈피하여, 비록 전환기에서 교육 그 자체의 강한 보수성으로 인해 더디기는 하지만 다양화, 유연화, 통합화 등을 특징으로 하는 새로운 시대에 발맞춰 그 패러다임을 변화시키고 있는 것이다.

정리하면, 중세 대학의 진리와 학문에 대한 자유로운 탐구정신은 지금도 여전히 숭고한 가치를 가지고 있으며, 오늘날 우리 대학이 추구해야 할 덕목이기도 하다. 그럼에도 불구하고, 시대적 변화를 겪으면서 대학의 학문적 순수성과 자유로움은 퇴색해 가고 있다. 학문의 전당 또는 상아탑으로서의 대학의 정신은 시장이라고 하는 새로운 힘에 의해 흔들리고 있다. 이런 흐름 가운데 대학은 전통적인 정신을 잃지 않으면서도 시대 변화에 기초한 새로운 사명과 역할을 찾아가고 있다. 그 가운데 하나가 대학에서의 일의 교육과 대학생의 원활한 노동시장 이동에 대한 것이다.

2. 대학생의 취업 학습

대학생들의 일의 세계로의 전환을 지원하기 위해 대학은 다양한 프로그램들을 운용하거나 지원한다. 현장 체험 프로그램, 진로지도 및 취업정보 서비스, 경력개발 프로그램 등 다양한 형태로 나타난다. 이와 동시에 대학생들은 대학에 다니면서 이런 프로그램을 이용하거나 스스로 찾아서 다양한 방식으로 취업을 준비한다. 이 절에서는 그 구체적 사례로서 인턴십 참여와 취업동아리 활동을 통한 학습에 대해 살펴본다.

1) 인턴십[1)]

대학생의 인턴십 참가는 취업을 위한 '스펙 쌓기'의 필수적인 요건 중 하나로 꼽힌

1) 이 절은 강예지, 장원섭(2013). 대학생 경영컨설팅 인턴의 일터에서 실행공동체 참여를 통한 학습에 대한 질적 사례 연구. 직업교육연구 32(1), 63-82를 요약, 수정한 것이다.

다. 우리나라에서는 1984년 럭키금성그룹이 우수 인재를 조기에 확보하기 위한 채용 제도로 인턴십을 도입하였다. 그 이후, 1997년 외환위기로 대졸 실업률이 급증하면서 정부가 주도하여 고용창출 정책의 일환으로 인턴사원제를 본격적으로 시행하였다(이종구, 김병기, 2008).

인턴십은 단순히 '스펙 쌓기' 또는 고용 경쟁의 수단만은 아니다. 원래 인턴십은 일터 현장에 참여하여 생생한 경험을 함으로써 학교에서는 배우기 어려운 실무 능력을 기를 수 있는 교육적 목적을 가진 프로그램이다(Tovey, 2001). 인턴들은 실제 일터를 체험하면서 실무적용능력, 문제해결능력, 비판적 사고, 의사소통능력 등을 향상시킬 수 있다(Raymond, McNabb, & Matthaei, 1993; Perry, 1989), 또한 인턴십을 경험하면서 장기적으로 자신의 진로를 계획하고 선택할 수도 있다(Fenwick, 2001).

그렇다면 대학생들은 인턴십을 통해 일터에 참여하는 과정에서 구체적으로 무엇을 경험하고 어떻게 배우는가? 이 절에서는 경영컨설팅 인턴십에 참여한 대학생들의 사례를 통해 일을 경험하는 과정에서 무엇을 어떻게 배우는지를 살펴본다.

(1) 일터에서의 다양한 학습 방식들

대학생들에게 인턴십은 일터에서 배움을 얻는 과정이다. 일터에 참여하면서 인턴들은 공동체의 구성원으로서 다양한 방식들을 통해서 학습한다. 경영컨설팅에 참여한 대학생들에게도 일터는 배움과 성장을 가능하게 하는 학습의 장이자 공동체였다. 특히 경영컨설팅 업계는 일의 순환이 빠르고 도전적인 업무가 많다는 점에서 배움에 열려 있으며 많은 가능성을 가진 일터였다.

경영컨설팅 일터 선배들을 통한 학습의 방식은 두 가지로 설명될 수 있었다. 먼저, 인턴들은 일터 선배들로부터의 멘토링을 통해서 또는 역할모델링을 통해서 간접 경험을 하며 컨설팅 직업 세계에 대해 학습했다. 경영컨설팅 업계에서는 프로젝트에 따라서 업무 팀이 유동적인 경우가 많아 팀 내부에서 연차에 따라 자연스럽게 멘토-멘티 관계가 형성되어 일했다. 멘토와의 사적 유대 관계는 인턴으로서 일터 분위기를 더 잘 파악하고 적응하는 데 도움을 줄 수 있다.

> 팀 내에서 가장 가까운 부장님과 단둘이 밥을 먹으며 수많은 이야기를 들을 수 있었는데…… 컨설턴트로서 갖추어야 하는 자세와 덕목을 들을 수 있었으며, 앞으로 어떻게 경력을 쌓고 미래를 설계해야 하는지에 대한 이야기 또한 함께 나눌 수 있었다. 그리고 그러한 이야기 속에서 내가

어떠한 자세를 갖고 살아야 하는지에 대해 어렴풋하게나마 그려 볼 수 있었다.

다른 한편, 경영컨설팅 프로젝트에 참여하여 일을 직접 경험하면서 배웠다. 그것은 '스스로 배우기'와 '함께 배우기'의 방식이 동시에 이루어지는 과정이었다. 공식적으로 부여된 교육 프로그램을 통한 '친절한 가르침'은 없었지만, 인턴들은 일터의 실제 상황 속에서 팀으로부터 부여받은 업무를 나름의 방법을 찾아내는 과정을 통해 스스로 문제를 해결하고 터득하면서 배워 나가도록 요구되었다.

일일이 가르쳐 주는 건 절대 없어요…… 약간의 지시만 내려 주는 거예요. 그러면 혼자 찾고 하는 거죠. 추후에 피드백은 주니까. 가르쳐 주지는 않지만, 장기적으로 생각해 보면 혼자 발전하고 있는 거죠. 사람을 보고 배우는 곳이에요. 친절한 배움이 있는 곳은 아니죠. 불친절한 배움이에요.

또한, 인턴들은 팀 내부의 선배들에게 일을 직접 배우거나, 팀 구성원들과 함께 프로젝트를 수행하며 '함께 배우기'를 실천하기도 했다. '배운다'라는 말은, 즉 '……로부터 배운다'는 말이며, 타자를 전제하지 않은 배움은 없기 때문이다(장원섭, 2015a). 결국, 인턴들에게 있어서 일터는 배움과 성장을 실현할 수 있는 다양하고 중요한 학습 자원들을 제공하는 학습의 공간이었다.

(2) 실행공동체 참여를 통한 학습

인턴십 참여를 통해 대학생들은 공동체성을 학습한다. 경영컨설팅 일터는 그 나름대로의 고유한 문화와 행동양식이 형성되어 있는 하나의 실행공동체였다. 인턴들은 그 일터에 참여하면서 실행공동체 구성원으로서의 정체성을 형성해 갔다. 경영컨설턴트의 업무와 정보를 공유하고, 언어, 복장 등을 익히면서 마치 내부자인 것처럼 '컨설턴트다움'을 습득해 갔다. 한마디로, 인턴십은 실행공동체에의 참여를 통해 공동체의 구성원으로서 합의된 문화와 역사를 배우며 멤버십을 형성하게 하였다.

예를 들어, 한 인턴이 컨퍼런스콜 회의에 참여했다. 그는 팀원들을 보조하며, 회의 시작 전 자료를 번역하고 실시간 영어로 진행되는 회의의 내용을 듣고 요약했다. 인턴 초반이라는 긴장감과 함께, 업계에서 사용하는 전문 용어에 대한 낯섦, 부족한 실용영어 실력 등으로 인해 일을 하는 데 있어서 어려움을 겪었다.

그렇지만 인턴들은 시간이 지남에 따라 단순히 자료를 찾고 업무를 보조하는 것이 아닌 특정 역할을 부여받아 업무를 수행해 볼 수 있는 기회를 가졌다. 당면한 문제를 해결하기 위해 팀원들과 토론을 하는 과정은 사수와 인턴의 관계를 넘어 동료 관계를 형성하는 것으로 느끼게 했다. 그러면서 점차 경영컨설팅 일터가 가지는 독특한 문화로서 관습, 언어, 행동 양식들을 습득하며 내재화하는 과정을 거쳤다.

첫 번째로 레주메(resume) 내고, 리즈닝(reasoning) 테스트 보고, 핏(fit) 인터뷰, 그 다음에 케이스(case) 인터뷰 봤어요. (중략) 처음에는 컨설팅이 프로페셔널(professional)한 잡(job)인 줄 알았는데… 워낙 이 에어리어(area)가 워킹아워(working hour)가 길다 보니까 라이프(life)가 안 좋았어요.

어쨌든…… 전문가로서 보여야 하기 때문에, 약한 모습 보여 주는 거에 민감해요. 그러면서 모르는 걸 물어보는 것 자체를 터부시하는 것도 있어요. (중략) 컨설턴트들 자체도 되게 '있어 보이게' 하는, '있는 척' 하는 게 없지 않아 있어요.

(3) 불완전한 합법성

인턴은 공식적으로 컨설팅 회사에서 일을 할 수 있도록 허락받은 '합법성'을 가지고 있다. 그러나 인턴이기 때문에 회사의 기밀한 정보에는 접근할 수 없으며, 조직 내부자들만이 참여하는 회의에서는 배제되기도 한다. 이것은 인턴들이 실행공동체 내부에서 여전히 '주변부'에 머물러 있을 수밖에 없음을 보여 준다. 한마디로, 인턴들에게 부여된 실행공동체의 합법성은 '불완전한 합법성'에 불과하다.

실제로, 경영컨설팅 인턴들 역시 일터 공동체에의 '불완전한' 참여자일 뿐이라는 한계를 드러냈다. 경영컨설팅 일터에서는 인턴들이기에 제약받을 수밖에 없는 구조적인 문제들이 존재하고 있었다. 그럼에도 불구하고 참여자들은 자신이 완전한 참여를 제한받는 사실에 부당함을 느끼고 있지는 않았다. 그들은 자신이 속한 일터의 맥락을 타자화시키며 객관적으로 이해하려 했다. 오히려 조직 내부에서 벌어지는 차단과 배제는 그들 스스로에 의해서 '인턴이기에 그렇다'는 식으로 합리화되고 정당화되었다.

인턴들은 최종 보고에 못 들어가요. 사실 저도 그 일을 같이 한 거니까 보고 싶잖아요. 진짜 들어가 보고 싶었어요. 왜냐면 그걸 어떻게 발표하는지 알고 싶었거든요. 일이 어떻게 완성되는지를요…….

(정보 접근의 제한이 있는 것은) 너무 당연했어요. 되게 컨피덴셜한 거거든요. 사실 인턴들은 그곳 사람은 아닌 거잖아요.

결국, 경영컨설팅 사례를 통해 대학생의 인턴십 참여 경험이 갖는 학습의 가능성과 한계를 동시에 찾아볼 수 있다. 대학생 인턴십은 단순히 취업을 위한 일종의 스펙 또는 경력 쌓기만은 아니고, 대학생의 직업교육과 진로개발을 위한 중요한 프로그램이 될 수 있다. 인턴십은 일에 대한 지식과 기술 습득을 위한 프로그램이고 예비적인 일터 경험을 통해 조직에 빠르게 사회화하기 위한 학습과정이다. 이와 동시에 실행공동체의 일원으로서 일터의 문화와 역사를 배우고 정체성을 형성하기도 한다. 그럼에도 불구하고, 인턴십에 참여한 대학생들은 근본적으로 실행공동체에서의 불완전한 합법성이라는 구조적 한계를 갖는다. 즉, 인턴은 조직의 중심부로 진입할 수 없는, 완전한 참여에 제한받는 불완전한 위치에 놓여 있을 수밖에 없다.

2) 취업 스터디[2)]

취업 스터디는 대학생들의 다양한 취업준비 행동 중 하나다. 취업 스터디는 취업이라는 공통의 관심사를 토대로 형성된 취업준비생들의 학습공동체다. 근래에는 인터넷과 사회적 미디어 발달에 따라 취업 준비생들이 취업 준비를 위한 정보 공유의 장으로 온라인 커뮤니티를 형성하고 있으며, 그 안에서 온라인 또는 오프라인 형태의 취업 스터디가 활발하게 나타나고 있다.

취업 스터디를 통해 취업준비생들은 다른 사람들과의 관계를 형성함으로써 취업에 필요한 지식과 정보를 효율적으로 얻고 나누며 취업에 필요한 역량을 습득할 뿐만 아니라 취업 준비 과정에서 겪게 되는 심리적 불안감을 해소하고 안정감을 얻을 수 있다. 이러한 취업 스터디에서의 활동은 단순한 하나의 취업준비 행동 그 이상으로, 타인과의 관계를 통해 경력개발과 관련된 지원이 이루어지는 경력개발 행동으로 이해할 수 있다. 취업준비생에게 있어 취업 준비는 일과 관련한 경험을 하며 일과 관련된 지식과 정보, 필요한 역량을 획득하고 나아가 조직생활에 필요한 역량을 습득하는 중요한 시기로 경력개발의 시작점으로서 의미를 갖는다(성희진, 나승일, 2012; 장원섭 외,

2) 이 절은 김민영, 장원섭(2017). 4년제 일반대학 취업준비생의 취업스터디를 통한 경력개발에 대한 질적 연구. **진로교육연구** 30(2), 82-101을 요약, 수정한 것이다.

1999; Feldman, 1988; Greenhaus et al., 2000; Schein, 1971).

이 절에서는 취업 스터디를 통해 함께 배우는 모습에서 취업 준비생의 경력개발의 의미를 분석한다. 이를 위해 실제 취업 스터디에 참여하고 있는 4년제 일반대학 재학 이상의 취업 준비생들의 사례를 통해 이들이 어떻게 함께 배우며 경력개발을 해 나가는지를 살펴본다.

(1) 취업 스터디에서의 학습 방법

대학생의 취업 스터디에서 구성원들이 맺게 되는 관계는 모든 활동의 기반이 된다. 특히 온라인 커뮤니티를 중심으로 형성된 취업 스터디에서 학습은 낯선 관계에서 점차 경계를 허물고 관계를 형성하는 것부터 시작되어 함께 배우는 과정을 통해 학습이 이루어진다. 다양한 사람들의 정보와 경험이 학습 자원이 된다. 또한 실제처럼 함께 연습하고 경험하며, 또 피드백을 통해 경험을 성찰함으로써 학습하는 방식으로 실질적인 취업 역량의 향상시킨다.

> 처음에는 처음 2주간에는 별로 공유가 없었던 거 같아요. 어느 정도 잡히고 나서 한 한 달 정도 지나고 나니까 사람들이 서로 이제 친해지고 얘기하고 커피도 한잔 하다 보니까…… 이런 정보…… 오픈하니까 다 차례로 오픈하더라고요.

동료 관계도 공유의 정도와 신뢰 수준, 서로에게 미치는 역할에 따라 일부 구성원들과 '특별한 동료(special peer)'를 형성하는 등 관계의 질에 차이가 있기는 하다. 그렇지만 취업 스터디 구성원 간의 경계를 허물고 친밀감을 쌓음으로써 본격적으로 학습 활동을 하게 된다. 취업 스터디에서의 지식과 정보의 공유는 사회적 교환을 통해 이루어진다.

> 스터디를 하면은 집단 지성이 모이기 때문에 정보력도 좋구요. 네…… 정보가 진짜 생명이거든요. 정보력도 많이 모아져서 좋고 또 논작이나 이런 게 공유가 되잖아요. (중략) 논작 스터디나 브리핑 스터디도, 모여서 하는 게 훨씬 나은 것 같아요.

취업 스터디에서 두드러지게 나타난 또 다른 학습의 방식은 '실제처럼 연습하기'였다. 특히 면접과 같은 상황은 여러 번 반복 경험할 수 없고 소요되는 비용과 시간이 크기에 실제 현장과 유사한 상황 속에서 미리 연습하고 간접적으로 경험해야 할 필요가 있다. 또한, 반복 연습의 경험 과정에서 중요하게 작용하는 것이 바로 피드백이다. 피드백을 통해 취업준비생들의 연습 경험이 단지 경험으로 그치지 않고 성찰과 이를 바탕으로 개선이 이루어짐으로써 학습하게 된다.

> 피드백이 오니까 이런 면으로 나를 생각할 수 있겠구나, 아 이런 면에 나는 장점이 있을 수 있겠구나, 이런 걸 깨달을 때가 쪼금 있었어요. 전 그러면서 오히려 발견했다고 해야 하나?

이처럼 취업 스터디에서는 공유하기, 경험하기, 피드백을 통해 성찰하기라는 다양한 학습 방법을 통해 학습이 이루어지고 있었다. 이러한 취업 스터디에서의 학습 방법은 취업 스터디의 목적에 따라 가장 적합한 방법으로 개별적으로 혹은 동시에 반복적으로 활용되며 학습이 이루어진다.

결국, 취업 스터디는 취업을 준비하는 사람들이 함께 모여 학습하는 공동체로, 취업준비생들은 취업 스터디를 통해 나 개인의 학습을 넘어 '우리'라는 공동체로서의 학습이 가능해진다. '우리'라는 관계는 경쟁 관계가 아니라 함께 윈윈(win-win)하고자 하는 공동체의 관계를 의미한다. 그리고 이러한 공동체적인 관계는 서로에 대한 믿음과 지원을 바탕으로 취업 준비생의 경력개발 과정에서 필요한 지식, 정보, 자원들을 제공해 주는 지지적 관계가 된다.

> 저는 경쟁자라고 하기는 경쟁자라고 보기에는 너무 웃긴 게, 왜냐면 경쟁자는 천 명이거든요. 우리 팀이 잘되어야지 저도 잘될 수 있는 거잖아요. 그래서 공유할 거는 최대한 공유를 하고…….

(2) 취업 스터디를 통한 경력개발

취업 스터디는 단지 취업을 목적으로 하는 일회성 도구적 학습 모임을 넘어 경력개발 과정으로서도 작용한다. 취업 스터디에 참여하여 활동하면서 취업 준비생들은 보다 적극적으로 일의 세계로 전환을 위해 필요한 역량들을 향상시키고, 향후 직장 생활에 필요한 인맥을 형성하고 넓힌다. 취업 스터디에서 맺어지는 관계는 단순한 취업 준비 동료를 넘어 일과 관련된 인간관계로서, 나아가 경력개발에 도움이 되는 인맥으로서 관계망을 형성해 나간다. 한마디로, '개발지원 관계망'(developmental network)을 만들어 간다(Higgins & Kram, 2001).

실제로 많은 취업 준비생들이 취업 준비 과정에서 불안감을 겪거나 스트레스를 받고 있으며, 사회적 지지 관계는 이러한 스트레스 해소에 도움이 된다. 결국, 취업 스터디에서 형성된 관계는 사회적 지지 관계로서 취업준비생의 경력개발과정에서 필요한 도구적 기능의 지원뿐만 아니라 심리적 안정과 긍정적 정체성 및 정서 발달을 가능하게 할 수 있다.

> 저 혼자 하면은 내가 가는 방향이 맞는 방향인지 의문이 들고 불안해지고 (중략) 저 같은 경우는 정보도 너무 없다 보니까 다른 사람의 도움이 절실한 편이었고, 약간 마음의 위안도 있는 거 같아요.

취업 스터디는 취업이라는 공통의 목적을 가지고 만들어진 하나의 공동체지만, 필요에 따라 취업 스터디를 변화시키기도 하고 추가로 만들기도 하며 유연한 공동체를 형성해 나간다. 즉, 본래의 취업 준비 목적 외에도 추가로 요구되거나 바뀌는 목적에 따라 유연하게 공동체가 새롭게 구성되기도 하고 기존 스터디 내에서 파생되기도 하는 등 유동적인 모습을 보인다. 취업 스터디가 다양한 방법으로 확장되고 파생되고 활용된다는 것은 향후 경력개발 과정에서 언제든지 필요에 따라 뭉치고 흩어질 수 있는 유연한 협력체계인 '놋워킹(knotworking)'으로의 발전 가능성을 시사한다.[3)]

실제로, 채용 과정이 진행되면서 필요에 따라 전형별 합격자를 중심으로 또 다른 스터디를 구성하기도 하였고, 취업과 관련하여 추가적으로 필요한 부분이 생겼을 때 스터디 내에서 새로운 스터디 모임을 파생시키기도 하는 등 다양한 형태로 스터디를 활용하고 있었다. 다시 말해 취업준비생들은 취업 준비 과정에서 서로 느슨하게 연결되어 있다가 필요에 따라 매듭을 짓는 방식으로 공동체를 형성하고 있었으며, 그 공동체는 유연한 형태로 얼마든지 필요에 따라 변화하고 파생되며 확장되고 있었다.

> 합격한 사람들을 모아서, 그리고 같은 직군으로 합격한 사람들을 모아서 토론면접이랑 개인면접만 진행을 했구요. 한 달인가? 되게 짧은 시간 동안…… 자주 만났어요.

---

3) 놋워킹(knotworking)은 개별적인 놋(knot)이 필요에 따라 협력 체계를 구축하고 다시 흩어졌다 필요에 따라 모이는 방식의 협력하는 것을 의미한다(Engeström, 2008). 여기에서 놋(knot)은 우리말로 매듭이라 번역되는데, 매듭은 묶었다 풀었다 할 수 있는 것으로, 목표 달성을 위해 매듭을 묶었다가 다시 풀고 느슨한 끈의 형태로 연결되어 있는 유동성이 있는 협력의 집단 체계를 설명하는 것이다.

결국, 취업 준비생들의 취업 스터디를 통한 취업 준비 행동은 단지 구직 활동과 취업 역량향상의 수단에만 그치지 않는다. 그것은 더 장기적인 관점에서 대학에서 일의 세계로의 전환 과정에서 일과 관련된 경험들을 쌓아 가는 과정이 된다. 그럼으로써 취업 준비를 중심으로 자연스럽게 사회적 관계망을 형성, 확장하여 자신의 경력과 관련하여뿐만 아니라 학습과 성장에 도움을 줄 수 있는 '개발지원관계'를 만들어 간다.

3. 대학에서의 창업교육[4)]

빠른 기술변화와 불확실성의 증대, 그리고 '고용 없는 성장'의 위협 속에서 대학의 창업교육이 주목받는다. 정부도 이미 2013년에 '대학창업교육 5개년 계획'과 2017년에 '대학發창업활성화 방안' 등을 발표하며 대학의 창업역량 강화 정책을 펴 왔다. 이에 따라 대학 창업교육이 확대되어 창업교육을 이수한 학생 수가 크게 증가하고 있다. 이 절에서는 창업교육이 무엇이고, 그 현황은 어떠하며, 앞으로 어떻게 나아가야 할지에 대해 검토한다.

1) 창업교육의 의미

창업교육은 시장에서의 기회를 인식하여 위험 상황에 대비하면서 자원을 배분하여 기업을 설립할 수 있도록 지원하는 교육이다(Kourilsky, 1995). 꼭 기업을 설립하지 않더라도 직무수행에 긍정적인 태도와 창의적인 자세를 갖고 일할 수 있는 기업가적 마인드를 형성하는 교육으로 정의하기도 한다(최종열, 정해주, 2008).

우리나라에서는 1997년 IMF 외환위기 이후 대기업 위주의 산업 구조를 개편하기 위하여 중소벤처기업 육성 정책이 본격적으로 대두되기 시작하였다(박상원, 이한태, 2016). 또한, 급격한 사회경제적 변화로 인해 고용 안정성이 저하되면서 창업교육에 대한 관심이 증대하였다. 변덕스럽고, 불확실하며, 복잡하고, 모호한(Volatility, Uncertainty, Complexity, Ambiguity, VUCA) 사회에 대한 대응력을 기르기 위해서도 기업가 정신이 필요하다고 여겨졌다. 시대적 상황과 시장의 변화 흐름을 읽어 내는 새

4) 이 절은 이수용, 이종원, 이민영, 장원섭(2020). 대학 창업담당자들이 인식하는 창업지원 현황과 개선방안에 관한 연구. 직업교육연구 39(3), 67-86의 일부를 수정한 것이다.

로운 기업과 개인이 궁극적으로 국가경제와 사회발전을 위해 필요하다는 국가사회적 요구에도 부합했다.

창업교육의 목적과 내용은 다음 〈표 10-1〉에 제시한 바와 같이 창업에 관한(about) 교육, 창업을 위한(for) 교육, 그리고 창업을 통한(through) 교육으로 구분할 수 있다(정헌배, 2017). 그것은 실제로 창업을 준비하고 경험하면서 기술적인 역량을 습득하는 것뿐만 아니라 기업가적 태도를 형성하는 것에 이르기까지 다양하다. 여기서 창업가정신(entrepreneurship)은 혁신성, 진취성, 위험감수성, 자율성, 기민성 등과 같이 새로운 산업사회에서 필요로 되는 역량들을 포함한다(한국청년기업가정신재단, 2020).

〈표 10-1〉 창업교육 목적과 내용에 따른 창업교육 내용

구분	창업에 관한 교육	창업을 위한 교육	창업을 통한 교육
교육목적	• 창업을 인지 • 창업에 대한 인식 제고	• 창업가정신 함양 • 창업가가 될 의지 함양	• 실제 창업가 양성 • 실제 창업 지원과 창업 역량 개발
교육내용	• 창업가 정신 • 창업가 자질 및 행동 특징 • 창업가처럼 생각하기 • 기업과 정신 • 창업에서의 책임과 의무	• 창업역량 및 기술 • 창업성공 자신감 강조 • 창업단계별 과정 경험 • 사업성장, 마케팅 • 변화에 적응 • 플랜B 실패 예측	• 멘토링을 통한 제품/서비스 개선 • 잠재투자자에게 사업참여 설득 • 인큐베이팅 과정

자료: 정헌배(2017). 창업교육의 효율적 설계와 실천방안에 관한 고찰. **벤처창업연구**, 12(1), 123-132에서 발췌 후 재정리.

2) 대학의 창업교육 프로그램

창업의 고용 창출 효과는 지속되는 청년실업 문제를 해결하는 데 도움이 될 수 있다. 이에 따라서 정부는 고용 정책의 일환으로 창업 지원 정책을 펼치고 있다. 대학들도 창업을 대학생의 일자리 창출 대안으로 여겨 창업과 관련한 프로그램을 도입한다(노규성, 강현직, 2012).

먼저, 정부는 적극적으로 창업지원 정책을 추진하여 대학과 민간 기관으로까지 확대하는 역할을 하고 있다. 구체적으로 창업에 필요한 정보와 자본, 기술이 부족한 예

비창업자 및 초기 창업자를 대상으로 예비창업패키지와 초기창업패키지를 비롯하여 다양한 창업교육 프로그램과 사업화 프로그램을 운영한다. 또한, 창업에 실패한 경험이 있는 창업자들이 다시 도전할 수 있도록 재도전 성공패키지, ICT분야 재도전 창업 사업화 지원과 같은 재도전 프로그램도 있다. 이처럼 정부는 창업에 필요한 다양한 지원과 함께 창업 과정에서 발생할 수 있는 다양한 문제에 대비하기 위한 창업 정책을 운영하고 있다(장원섭 외, 2020). 정부의 이와 같은 창업 프로그램은 주로 청년을 대상으로 하지만, 현재 국내에서 추진하는 청년창업 정책의 연령은 40세 미만으로까지 확장하여 이루어지고 있어(양현봉, 박종복, 2011) 그 범위가 다소 포괄적이다.

대학을 중심으로 이루어지는 대학생 창업의 경우 실제 대학생들이 보다 더 많은 혜택을 누릴 수 있다. 교육부는 대학의 지식재산권 출원 및 등록, 기술이전과 사업화를 추진하고 산 · 학 · 연의 협력을 촉진하기 위하여 「산업교육진흥 및 산학연협력 촉진에 관한 법률」을 규정하고 있다. 대학창업지원사업의 경우 대학의 창업지원단과 같은 대학 내 인프라를 통하여 이루어지며, 교육부의 희망사다리장학금, 대학창업펀드, 실험실특화형 창업선도대학, 대학창업교육체제 구축사업 등이 있다. 이들 사업은 대학 내 창업친화적 학사제도를 확산하고 대학이 보유한 자원을 기반으로 창업을 지원하며 대학 중심의 창업 생태계 구축을 도모한다(장원섭 외, 2020). 그뿐만 아니라 각 대학에서는 정부의 창업지원제도와 함께 창업관련 과목을 개설하고, 창업휴학제도, 창업대체학점인정제도, 창업장학금제도, 창업특기생 선발제도, 창업강좌 학점교류제도 등 창업 친화적 학사제도를 도입하는 사례가 점점 더 증가하고 있다. 비정규 교과로 창업동아리를 보유하거나 창업경진대회, 창업캠프 등을 개최하는 비율 또한 높아지고 있으며 창업교육 전담조직을 보유하여 창업 정책을 적극 활용하기도 한다(중소벤처기업부 외, 2019).

대학에서 제공되는 이러한 창업교육은 대학생의 창업에 긍정적인 영향을 미치고 있다. 구체적으로 대학의 창업교육은 대학생들의 창업 동기 형성과 기업가 정신 함양에 유의한 영향을 미치고(양준환, 2015), 창업동아리 같은 비정규교과 또한 창업을 계획하고 네트워크를 형성하는 등 창업을 용이하게 하는 데 긍정적인 영향을 미친다(박동, 김수진, 이종선, 2013). 특히 창업교육 가운데 이론 중심의 수업보다는 체험형 강좌를 수강한 학생이 창업의도가 높고, 창업에 대한 인식이 보다 현실적이고 구체적이었다(김용태, 2018; 김춘호, 양동우, 2018; 박찬희, 2017).

이처럼 대학생을 비롯한 청년의 창업정책이 활성화되어 있고 창업제도가 실제로 대학생의 창업에 긍정적인 영향을 미침에도 불구하고 대학발 창업은 여전히 미흡한 실정이다. 대학발 창업이란 대학 구성원인 대학생과 교원이 대학이 보유한 기술이나 개인의 아이디어를 기반으로 한 창업을 말하며, 보다 광의의 개념으로는 대학생과 교원뿐만 아니라 대학 외부의 기업 또는 사람이 대학이 보유한 인적, 물적 자원을 통하여 한 창업을 의미한다(고혁진 외, 2019). 즉, 대학의 구성 주체와 대학이 보유한 기술 및 자원을 대학발 창업의 핵심 요소로 볼 수 있다. 국내 대학발 창업의 경우 창업지원 정책이 창업을 위해 충분히 지원되고 있지 않으며, 창업인을 직업인으로 인정하는 문화 형성이 취약하다는 지적이 있다(이주성, 2012).

또한 대학보유기술 기반 창업에 대한 정확한 실태가 파악되지 않았으며, 교육의 콘텐츠와 체계성이 부족하다. 선진국의 경우 '기업가적 대학(entrepreneurial university)'으로 대학의 패러다임이 변화하고 있으며, 대학과 기업이 적극적으로 협력하여 창업 생태계를 조성하며, 대학생과 교원의 기업가 활동을 장려하기 위하여 기업가적 마인드를 기반으로 연구성과를 사업화하는 등 운영 방향성을 자율적으로 결정한다. 이미 해외 유명 스타트업 단지에서는 지역 내 대학을 중심으로 기업가적 대학이 성장하고 있다(장원섭 외, 2020). 하지만 우리나라는 대학 내 산학협력센터를 통한 기업과 학생 간 네트워크가 부족한 실정이다(황성수, 류지영, 2012). 뿐만 아니라 대학에서 운영되는 교육도 대부분 기업가 정신 함양과 같은 이론 중심, 교양과목 중심으로 운영되고 있다. 이 외에도 대학 창업지원체계 구축 사업의 경우 사후관리체계의 부족으로 실제 창업으로까지 이어지지 못한다는 문제도 제기되고 있다(장원섭 외, 2020).

이처럼 대학에서의 창업교육이 2000년대 중반 이후 각종 정부의 정책을 통하여 각 대학에 창업지원단 및 창업교육센터가 설치되어 양적 성장을 이루었음에도 불구하고, 질적 성장은 아직 미흡하다(허선영, 장후은, 이종호, 2017). 대학발 창업 활성화를 위해서는 대학과 기업이 적극적으로 협력하여 기업과 학생 간 네트워크가 활발하게 이루어질 수 있는 창업 생태계가 조성되어야 하고, 이를 위한 대학의 제도적, 문화적 확립이 필요하다.

3) 대학 창업교육의 방향

대학생 창업 기업과 창업자 수는 증가하는 추세를 나타내고 있다. 2017년 기준 학생 창업자 수는 전년 대비 26.8% 증가한 1,684명이며, 학생 창업기업 수는 26.2% 증가한 1,503개로 나타났다(중소기업벤처부 외, 2019). 창업기업의 경우 기존 기업에 비해 고용 창출 기여도가 크며, 순고용 창출의 많은 부분을 차지한다(조덕희, 2014). 대학은 우수한 인력자원과 연구장비, 인프라를 보유하고 있으며, 산학협력을 통하여 창업 생태계 조성을 주도할 수 있어 창업지원에 큰 역할을 할 수 있다.

그렇지만, 대학생 창업은 신용불량이나 미취업을 양산하는 등의 문제로 이어지기도 한다. 노규성과 강현직(2012)은 뚜렷한 목적이 없고 준비가 미흡한 창업 또는 현실도피성 창업은 신용불량자를 양산하고 오히려 취업의 어려움을 가중시킨다고 지적하였다. 황성수와 류지영(2012)은 대졸 청년층의 창업이 대부분 서비스 업종의 자영업형 창업이고, 기술 창업의 비중이 낮기 때문에 추가 고용 창출을 기대하기는 어렵다고 보았다. 이러한 생계형 창업은 영세 자영업자의 비중을 높여 지속성장으로 이어지기는 어렵다고 지적했다. 유홍준과 김월화(2014)의 분석에서도 청년층의 창업 업종이 '교육 서비스업' '도매 및 소매업' 그리고 '숙박 및 음식점업' 순으로 나타났는데, 이들 업종은 진입장벽이 낮아 창업을 하기 쉬운 반면 폐업률 또한 높다. 게다가, 많은 창업자가 혼자서 창업 관련 정보를 얻거나 친구 또는 지인의 도움, 부모(가족, 친지)의 지원을 통하는 반면, 공공창업 센터에서의 도움을 받는 비율은 극히 낮았다.

결국, 우리나라 대학생들은 창업을 취업난의 대안으로서 생계형 창업을 선택하는 경우가 많으며 창업에 대한 정보도 체계적이지 않은 것으로 나타났다. 이에 대학의 인적, 물적 인프라를 충분히 활용한 창업이 보다 확산되어야 할 것이다. 대학생들이 창업에 대한 정보와 지원을 체계적으로 활용할 수 있는 대책이 마련되어야 한다. 그렇지 않다면 실제 대학의 창업지원이 소기의 목적을 달성하고 있고 가시적인 성과를 창출하기는 어렵다. 특히, 창업 관련 정부 정책 사업에 참여함으로 인해 장기적인 창업역량 강화보다 단기적 성과에 치중되어 있어 창업지원 내실화를 구축하는 데 어려움이 있다.

창업교육은 급변하는 미래 사회에 적합한 혁신적이고 진취적인 인재를 양성할 수 있다. 대학의 창업지원역량 강화는 대학의 기술기반 창업활성화를 이끌어 낼 수 있다. 이를 위해, 대학을 중심으로 한 정부 주도의 창업지원 정책의 내용이 장기적인 관점에서 보완이 되는 동시에 대학에서도 창업지원에 대한 내실 있고 장기적인 문화 정립이 필요하다. 또한, 대학 창업교육의 사각지대를 해소해 창업 관련 우수 역량을 보유한 대학이 중심이 되어 권역 내 다른 대학의 창업교육을 지원하는 정책이 마련되어야 한다. 끝으로, 중소벤처기업부를 비롯하여 교육부, 과학기술정보통신부 등 다양한 부처에서 실시하는 창업과 관련한 사업과 정책이 부처 간 협의와 연계를 통하여 사업의 중복을 방지하면서 실질적인 창업을 위한 창업지원정책이 이루어질 수 있도록 해야 한다.

창업은 성공보다는 실패할 가능성이 훨씬 큰 위험한 일이다. 그럼에도 불구하고, 대학생이 실패에 대한 위험을 최소화하는 동시에 실패를 하더라도 그 경험으로부터 배워 다음에는 더 잘 해낼 수 있는 기회를 제공할 수 있도록 해야 한다. 그래야만 창업의 교육적 의의를 제대로 실현할 수 있고, 그 결과로 개인적으로뿐만 아니라 국가 사회적인 경제 활력이 높아질 수 있게 된다.

4. 청년실업과 대학교육

청년실업 문제는 여전히 해결되지 않고 있다. 15~29세 청년실업률은 1990년대에 5%대를 유지하다가 1997년 IMF 외환위기 이후 급상승하여 1998년 12.2%까지 치솟았다. 그 이후 다소 떨어져 2000년대 들어서는 7~8% 수준을 유지하다가 2010년대 중반 이후 9%대로 올라갔고 2021년에는 10%를 넘어서고 있다.[5] 통계청이 발표한 2021년 4월 고용동향에 따르면, 청년실업률이 여전히 상승하는 가운데 특히 25~29세 실업자 수와 실업률이 많이 높아졌다. 취업 경험이 있는 실업자 수는 전년에 비해 4.0%p 줄어든 반면, 취업 경험이 없는 실업자 수는 30.1%p 늘어났다.

청년 일자리의 질적 문제도 심각한 수준이다. 청년 취업자 가운데 많은 수가 불안정한 상태에서 일한다. 앞의 통계청 자료에 의하면, 늘어난 청년 취업자 가운데 약 70%가 1년 미만 임시직에 고용됐다. 청년 근로자의 37%가 전공과 맞지 않는 일을 한다는 조사 결과도 있다(OECD, 2016). 이런 가운데 취업 후에 적응하지 못하고 조기 퇴사하는 신입사원의 비중도 크게 증가하고 있다(손정은 외, 2019). 더욱 심각한 건, 취업도 취업 준비도 하지 않고 그냥 쉬는 청년층 '니트(Not in Education, Employment or Training, NEET)'족이 늘고 있다는 것이다. 현대경제연구원의 2021년 보고서에 따르면 국내 니트족은 2020년 43만 6천명으로, 2019년보다 24.2%(약 8만5천 명) 증가했고 2016년(26만2천 명)과 비교하면 4년 새 약 1.7배로 늘었다. 이 가운데 전문대졸 이

5) e-나라지표. www.index.go.kr/potal/stts/idxMain/selectPoSttsIdxSearch.do?idx_cd=1063

상이 차지하는 비중이 더 커졌다.[6]

대부분의 청년이 대학에 진학하는 가운데 대학은 이제 청년실업 문제로부터 자유로울 수 없다. 대학교육은 청년이 직업 세계로 나아가기 위한 준비이자 성인으로 성장하도록 돕는 과정이다. 따라서 대학생이 졸업 이후에 곧바로 취업하도록 지원할 필요가 있지만, 이와 동시에 노동시장의 유연성이 크게 증가한 상황에서 장기적으로 고용가능성을 높일 수 있는 고용 및 경력개발 역량을 길러 줘야 한다. 평생직장이 아닌 평생직업의 시대에 단기적인 취업에만 몰두하는 것이 아닌 자신의 분야에서 전문성을 가지고 경력을 개발하고 지속적으로 학습할 수 있도록 교육해야 한다. 한마디로, 대학에서 체계적인 취업 및 창업 교육과 더불어 일하는 삶과 연계된 일의 교육이 필요하다.

대학은 취 · 창업교육의 목표를 '고용가능성(employability)'으로 삼아 현대적 장인을 육성하는 방향으로 나아가야 한다. 이를 위해 대학생들의 평생직업교육이 가능하도록 교육체제를 개선해야 한다. 대학 내 취업지원센터의 경우 대학의 우수한 행정 시스템으로 취업과 관련한 구직정보 획득과 취업 알선에 유리하지만, 종합적 경력지도에 대한 전문성을 더욱 높여야 한다. 고학년 중심의 취업지도를 저학년부터 체계적으로 직업, 진로지도가 이루어지도록 연계해야 한다. 대학생들이 대학 밖의 공공 · 민간기관을 통하기보다는 대학 취업센터를 통해 취업과 경력개발을 할 수 있도록 지원해야 한다. 대학이 창업의 기지로서 열린 공간을 제공하고 시장의 변화에 민첩하게 대응할 뿐만 아니라 시대변화를 선도해야 한다.

청년실업의 문제는 대학-일 전환의 차원에서 장기적이고 교육적인 관점에서 포괄적이고 종합적으로 접근해야 한다. 고학력 청년층의 유휴화 또는 대졸 실업 문제를 개인의 일하는 삶의 문제인 동시에 국가의 인적자원개발 측면에서 주요한 과제로 다루어져야 한다. 일의 교육의 관점에서 청년들의 기술적 훈련뿐만 아니라, 현장경험을 통한 학습과, 일과 일을 둘러싼 환경과 구조에 관한 교육을 포괄해야 한다. 반쪽의 직업교육경로가 아니라 평생에 걸친 일의 교육을 실현하기 위한 논의와 노력이 필요하다.

일은 인간 삶의 기반이고 중심으로서, 단지 한 개인이 먹고사는 문제 이상의 의미를 갖는다. 특히 청년에게 일자리는 경제생활의 초기 경험을 형성하여 장래 경력 성

---

6) 연합뉴스(2021. 03. 21.). 현대硏 "코로나로 그냥 쉬는 청년층 '니트족' 급증". https://n.news.naver.com/article/001/0012273165

장 경로의 발판이 된다. 청년층의 활력은 우리 사회의 미래를 좌우한다. 대학은 노동 시장에 막 진입한 청년들이 창의적이고 건강하게 일할 수 있는 역량을 길러내는 데 더욱 힘써야 한다.

제11장

조직의 채용과 육성

이 장에서는 조직의 채용과 육성에 대해 살펴본다. 그것은 조직 차원에서 인적자원에 대해 내려야 할 중요한 딜레마적 의사결정의 문제다. 우수한 인재를 확보하는 일은 한 조직이 생존하고 번영하는 데 가장 중요한 기반이 된다. 이를 위해 조직은 외부에서 직원을 채용할 수도 있지만, 내부의 구성원들을 육성함으로써 경쟁력 있는 인적자원을 보유할 수 있다. 이를 위한 조직의 구인 행위는 직원 채용 경로와 방법으로 나타난다. 그리고 그것은 조직이 필요로 하는 인적자원의 역량을 매개로 이루어진다. 그럼에도 불구하고, 조직에서는 구성원들을 육성하여 그들의 역량을 더욱 높인다. 이렇게 채용과 육성 사이에 이루어지는 복잡한 관계를 검토한다.

1. 채용과 육성의 딜레마

한 조직에서 인적자원과 관련한 가장 기본적인 의사결정의 문제 가운데 하나는, 유능한 직원을 새로 채용할 것인지 아니면 이미 보유하고 있는 구성원을 교육을 통해 더 우수한 인재로 육성할 것인지에 대한 것이다. 한마디로 인적자원의 '사오기(buy)와 만들기(make)'는 조직이 당면한 딜레마다(Chang, 2003).

일할 준비가 적절히 갖춰진 인재를 채용하면 조직에 이득이 된다. 그러한 직원은 특별한 교육 없이도 입사 즉시 업무를 잘 수행할 수 있을 것이기 때문이다. 그러나 능력이 떨어지는 사람을 채용하면 그들을 쓸 만한 인재로 만들기 위해 교육에 많은 시간과 비용을 들여야 할지도 모른다.

오래전부터 우리나라 기업들은 학교가 그들이 필요로 하는 역량 있는 인재를 배출하지 못한다며 불평해 왔다(강성원 외, 2001). 신입사원이 회사가 요구하는 수준의 지식과 기술을 익히기 위해서는 많은 교육을 받아야 한다고 말한다. 이런 이유로 기업은 신입사원보다는 이미 검증된 경력사원을 선호하기도 한다. 과거에 관행적으로 이루어진 신규 졸업자를 대상으로 한 대규모 정기 공개채용 대신 근래에는 필요할 때마다 경력직을 상시채용하는 제도를 채택한다. 이와 더불어 적절한 직원을 뽑기 위한 매우 엄밀한 선발 방법을 적용하기도 한다.

경력직을 고용하여 곧바로 현장에 투입하거나 더 역량 있는 신입사원을 채용한다면 조직의 직원교육은 줄어들 것이라고 볼 수도 있다. 이미 준비된 인재를 고용함으로써 그들을 육성하는 데는 투자를 덜 해도 되기 때문이다. 한마디로, 채용이 육성을 대체하는 것이다.

조직 내에서 자원을 합리적으로 배분한다는 전제를 한다면, 인적자원을 획득하고 개발하는 것은 중요한 선택의 문제가 된다. 채용 단계에서 직원의 업무수행력을 파악하는 데 드는 비용을 교육을 통해 직원들의 역량을 높이는 데 드는 비용과 비교할 수 있다. 채용 비용보다 육성 비용이 더 크다면, 조직은 채용 전략을 채택할 것이다. 물론 반대의 경우도 있을 것이다. 결국 채용과 육성은 한정된 자원 내에서 서로 대체 가능한 전략이 된다(Knoke & Kalleberg, 1994). 실제로, 오스터만(Osterman, 1995)은 많은 기업이 채용 단계에서 구체적인 기능과 지식을 강조함으로써 채용 후에는 직원들에게 교육을 덜 제공한다고 밝혔다. 그는 채용과 육성 사이에 확실한 선택이 존재한다고 주장하였다.

그럼에도 불구하고, 이와는 다른 입장도 있다. 예를 들어, 노동시장에 진입하기 전에 이미 더 많은 교육을 받았거나 더 나은 역량을 가졌다고 보이는 인재를 채용한 경우에 기업은 오히려 그들에게 더 많은 교육을 제공하기도 한다(Bills, 1998; Chang, 2003). 기업에서는 이들에게 더 높은 수준의 성과를 기대하기 때문이다. 이것은 조직에서의 의사결정이 반드시 채용과 육성의 대체관계로만 이루어지지는 않음을 의미한다. 채용과 육성에 대한 의사결정은 다른 조직행동들과 마찬가지로, 더 크고 복잡한 조직과 사회의 맥락 속에서 이루어지고 있기 때문이다(Knoke & Janowiec-Kurle, 1999).

2. 조직의 채용 방법

조직의 관점에서 고용은 필수적인 인적자원을 획득하는 과정이다. 조직에서 필요로 하는 적합한 역량을 가진 직원을 효과적으로 채용한다면 조직의 성과를 높이는 데 기여할 것이다(Marsden, 1994). 따라서 기업은 비용을 들여서라도 유능한 직원을 찾고자 한다.

조직의 직원 채용은 모집과 선발의 두 단계로 이루어진다. 이는 각각 광범위한 탐색과 집중적인 탐색이라고 표현되기도 한다(Marsden & Campbell, 1990; Wacker & Bills, 2000). 광범위한 탐색은 잠재적 직원을 발견하려는 모집의 과정이다. 이 단계에서는 채용 정보를 공개적으로 알리면서 지원자의 폭넓은 인력풀을 형성한다. 다음 선발 단계에서는 모집된 사람들 가운데 직무에 적합한 인재를 선별하기 위해 지원자들에 대한 집중적인 정보수집을 한다.

채용을 위한 각 단계에서 어떤 방법들을 활용하느냐 따라 지원자를 모으고 선택하는 데 드는 시간과 비용이 달라진다. 이러한 결정은 직원의 급여, 생산성, 이직률과 같은 채용 이후 결과와도 연관된다(Chang, 1996; Olian & Rynes, 1984). 따라서 더 효과적이고 효율적인 모집과 선발 절차를 채택하는 것은 기업에 매우 중요하다. 장기적으로 볼 때 부적절한 채용 결정으로 인해 조직에 부정적인 영향을 미칠 수 있다. 일단 채용을 하고 나면 해고하기 어렵기도 하고(Barron & Bishop, 1985), 구성원의 이직은 조직의 일상과 분위기를 해칠 수도 있기 때문이다.

직원을 모집하는 방법은 전통적으로 구직자와 고용주 사이를 매개하는 경로에 따라 구분한다. 그것은 공식적 경로, 비공식적 혹은 개인적 접촉, 자발적인 직접적 지원 등으로 분류할 수 있다(Granovetter, 1995; Marsden, 1994). 학교와 기업 사이의 준공식적인 제도적 관계망도 있을 수 있다. 이러한 채용 경로들은 학교에서 일의 세계로의 전환 과정에서 중요한 역할을 하게 된다(Kariya, 1988; Rosenbaum & Kariya, 1989; Rosenbaum & Binder, 1997). 이에 대해서는 제6장에서 이미 살펴보았다.

어떤 직원모집 경로를 활용할 것인가는 채용 정보를 얼마나 널리 보급할지, 채용에 얼마나 많은 비용을 들일지에 따라 달라질 수 있다. 그것은 또한 구직자와 기업이 각각 해당 정보를 얼마나 신뢰롭게 해석하게 될지에도 영향을 미친다. 이로 인해 일자리 연결의 만족도도 차이를 나타내기도 한다. 예를 들어, 채용 정보가 사회관계망 안에서 전달된다면 개인과 조직이 더 신뢰롭고 효과적으로 해석하는 경향을 갖는다(Datcher, 1983; Rosenbaum & Binder, 1997; Rosenbaum & Kariya, 1989; Rynes & Bourdeau, 1986; Wacker & Bills, 2000). 이러한 차이로 인해 기업 규모, 산업 형태, 조직의 공식성과 관료화 정도, 영리/비영리 같은 조직 성격, 채용 규모, 노동시장에서의 가시성 등과 같은 조직의 특성에 따라 특정 모집방법을 선택하거나 선호한다(Cohen

& Pfeffer, 1986; Granovetter, 1995; Marsden, 1994; Marsden & Campbell, 1990).

지원자를 모집한 후에는 선발절차가 이루어진다. 기업은 다양한 선별과정을 거치면서 지원자에 대해 더욱 집중적으로 정보를 구하고 검토한다. 필기시험을 활용하거나 이력서, 포트폴리오, 추천서를 살펴보고 여러 차례의 면접을 거치기도 한다. 이러한 방법을 통해 조직은 지원자에 대한 정보의 불확실성을 감소시켜서 더 정확하고 적절한 의사결정을 내린다. 지원자 풀로부터 가장 적합한 직원을 선발하는 데 있어서 대부분의 기업들은 위와 같은 방법들 가운데 최소한 한 가지 이상의 방법을 사용한다(Cohen & Pfeffer, 1986; Marsden & Campbell, 1990).

직원 선발 시 기업은 지원자의 역량, 성장 가능성, 그리고 인성이나 태도 등과 같은 기준을 적용한다. 기업은 직무와 관련한 전문적 지식과 기술, 좋은 업무 태도를 갖춘 직원을 원한다. 학습능력과 일반적인 능력, 적성은 급격한 직업환경의 변화에서 중요한 판단기준이 되기도 한다. 채용기준의 상대적인 중요성은 때로는 직위, 조직의 특성, 그리고 재정 상황 등에 따라 달라지기도 한다(Bishop, 1998; Osterman, 1995).

결국, 조직의 모집과 선발에는 다양한 변수들이 개입한다. 각각의 방법이 가지는 신뢰도는 개인과 조직 사이의 연결에 지대한 영향을 미친다. 또한, 얼마나 적합한 인재를 선발했는지에 따라 조직이 채용 이후에 교육을 제공하는 방식도 달라질 수 있다.

3. 역량의 개념과 변화

1) 역량의 의미와 특성

(1) 역량의 개념

역량은 개인과 일 사이를 연결하는 매개하는 고리다. 역량은 조직에서 업무를 수행하는 데 필요한 실제적인 능력을 말하기 때문이다. 그것은 구체적인 삶의 요구를 다루고 해결하는 능력이다. 실제 업무를 수행하는 상황에서 발휘된다.

한마디로, 역량은 어떤 일을 감당할 수 있는 능력으로서 지식, 기술, 태도가 결합한 개인의 내적 특성을 의미한다. 역량을 높은 성과를 창출한 고성과자로부터 일관되게 관찰되는 행동 특성으로 정의하기도 한다(이홍민, 김종인, 2003; Lucia & Lepsinger, 1999). 스펜서와 스펜서(Spencer & Spencer, 1993)는 직업에서 필요한 역량을 특정한 상황이나 직무에서 준거에 따른 효과적이고 우수한 수행의 기반이 되는 개인의 내적 특성으로 개념화했다. 그들은 개인의 내적 특성으로서 역량을 동기(motives), 특성(traits), 자아개념(self concept), 지식(knowledge), 기술(skill)의 다섯 가지 유형으로 구분했다.

(2) 역량의 특성

역량은 총체성, 수행성, 성과성, 맥락성, 학습가능성 등과 같은 특성을 갖는다.

첫째, 역량은 기술이나 인지적 측면뿐만 아니라 동기, 태도, 판단, 의지와 같은 다양한 인간 특성을 포괄하는 능력의 총체적인 측면을 포함한다([그림 11-1]). 각각의 구성요소들은 별개로 구분되어 존재하는 것이 아니라 구조적이고 유기적으로 연결되어 있다. 따라서 한 요소가 작동할 때 다른 요소도 함께 움직이는 역동성을 나타낸다. 따라서 역량을 측정하거나 개발하려면 지식이나 기술과 같이 상대적으로 관찰가능하고 수행적으로 드러나기 쉬운 측면뿐만 아니라 동기와 태도와 같이 인간의 심층적 특성을 함께 고려하여야 한다.

둘째, 역량은 수행성 또는 가동성을 갖는다. 다른 능력의 개념들과는 달리, 역량은 실제 업무를 수행하는 상황에서 가동되는 구체적인 행동이다. 능력은 일반적으로 기술, 지식, 지능, 성격특성 등으로 생각되지만, 역량은 직무수행에서 나타나는 행동을 중심으로 파악한다. 수행성 또는 가동성은 역량을 이루는 능력요소들의 내용 그 자체보다 구체적인 역량이 움직이고 적용되는 기제와 관련된다. 예를 들어, 구체적인 수행상황은 매번 상황에 맞게 자신이 가지고 있는 역량을 변환시킬 것을 요구하는데, 이러한 요구에 맞게 기존의 역량과 새롭게 요구되는 역량의 간극을 해결할 수 있는 길은 적응을 통해 가능하다. 적응은 자신이 가지고 있는 지식, 기술, 전략 등을 능동적이고 반성적으로 사용하며, 새로운 상황을 분석하여 자신이 가지고 있는 역량을 새로운 상황에 맞는 형태로 번역하고 재조정하는 모든 과정을 포함한다(Rychen & Salganik, 2003).

셋째, 역량은 구체적인 상황에서 드러난 행동의 결과로서 성과를 강조한다. 고성과를 얻기 위한 행동을 뒷받침하는 것이 전문지식과 기술이고, 역량은 그 사람의 의욕과 사고방식 등이 더해져 발휘된 구체적 행동을 의미한다. 역량은 그런 행동의 결과로서 성과에 초점을 맞춘다. 역량은 고성과자에게서 일관되게 관찰되는 핵심적인 성과 예측 요소로서 사업성과 증대에 강조점을 둔다. 이런 결과로 역량은 조직의 성과와 변화를 지원한다(이홍민, 김종인, 2003).

넷째, 역량은 특정 맥락에서 우수한 수행자가 취하는 행동의 특성을 통해 도출된다는 점에서 수행의 맥락을 강조한다. 역량은 실천 안에 스며 들어가 맥락화되어 구체적인 상황에서 드러나는 것이다. 한마디로, 상황 대응적이고 직무 특수적이다. 개인의 역량은 조직이 제시하는 업적 기준과 직무수행 환경에 따라 달라진다. 업적 기준에 의해 고성과자가 규정될 수 있고, 상사와의 관계, 권한위임 정도, 팀 구성원의 협력과 정보 공유 정도 등 직무수행 환경에 따라 개인의 행동이 달라진다. 따라서 같은 조직 내에서도 역량 규명의 토대가 되는 행동은 당연히 다르게 인식되며, 동일한 명칭의 역량일지라도 직무마다 다르게 정의되고 발휘된다. 결국, 역량이란 사회적 환경이나 맥락과 결부된 인간의 능력이며, 사회적 맥락 내에 내재되어 있는 가치와 기준을 고려하여 발휘되는 능력이다. 역량은 '성공적' 수행과 연관되기 때문에 역량의 개념에는 가치의 개념이 포함되어 있기도 하다. 역량을 발휘하는 상황은 타인과 함께 하는 과정이며 그 안에 추구해야 할 가치와 질서를 포함하고 있는 상황이라는 점에서 역량은 타인과 사회의 질서, 해당 맥락에서 요구하는 가치까지 요구하는 능력인 것이다.

다섯째, 역량은 학습가능성을 중요한 특성으로 한다. 역량의 의미는 유전적으로 결정되는 인간의 능력과는 구분된다. 오히려 역량은 경험에 의해 형성되고 학습을 통해 습득할 수 있는 능력이라는 인식을 전제로 한다. 스펜서와 스펜서(Spencer & Spencer, 1993)의 역량의 모형에서 가시적으로 드러나는 역량의 측면인 지식과 기술은 교육 가능한 능력으로 볼 수 있지만, 비가시적 영역인 자아개념, 특질, 동기 등은 가르침으로

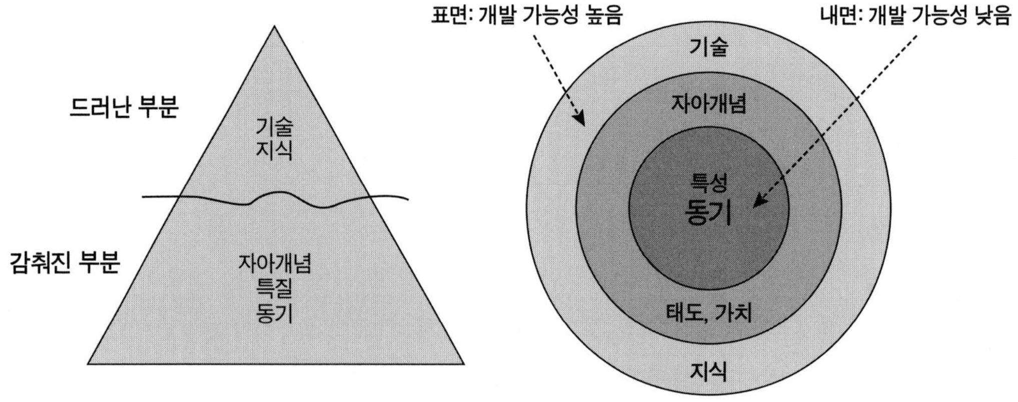

[그림 11-1] 역량의 구성요소와 특성

출처: Spencer & Spencer (1993).

써 습득되는 역량이라기보다는 수행과정 속에서 겪게 되는 다양한 경험을 통해 한 개인의 내면에 체화되는 것으로 볼 수 있다. 결국, 역량은 학습되는 능력이고 따라서 개발이 가능하다. 구체적으로 역량은 교육, 코칭, 도전적 직무, 높은 목표 설정, 유의미한 피드백 등을 통해 개발, 학습될 수 있다.

(3) 역량의 유형

역량의 개념은 개인의 특성을 넘어서 더 넓게 적용되기도 한다. 역량은 어떤 기준을 적용하는가에 따라 다양하게 유형화할 수 있다.

첫째, 역량을 가진 주체에 따라서 크게 개인역량과 조직역량으로 나눈다. 개인역량은 개개인이 가진 역량을 일컫는 반면, 조직역량은 한 조직이 발휘하는 총체적인 역량을 의미한다.

둘째, 역량의 적용 대상에 따라서 조직 공통의 기본역량과 각 직무에서 요구되는 직무역량, 리더십 역량처럼 각 직위에서 요구되는 역량을 구분하기도 한다.

셋째, 역량의 성격에 따라서 기본공통역량과 핵심역량으로 나누어질 수도 있다. 여기서 기본역량은 조직 구성원 전체로부터 나타나는 행동을 말한다. 그것은 모든 조직 구성원들에게 보편적으로 적용되는 특성, 즉 그 조직의 모든 구성원들에게 기본적으로 요구되는 자질 요소를 말한다. 핵심역량은 조직 내부의 구성원들이 보유한 총체적인 기술, 지식, 문화 등 조직의 핵심을 이루는 능력이다. 그것은 단순히 그 조직이 잘하는 활동을 의미하는 것이 아니라 경쟁 조직에 비하여 훨씬 우월한 능력, 그래서 경쟁 우위를 가져다주는 조직의 능력을 말한다. 예를 들어, 소니의 소형화 기술, 나이키의 제품 디자인과 마케팅, 월마트의 강력한 물류 시스템 등이 여기에 해당한다(박동건, 2001; Lucia & Lepsinger, 1999).

2) 필요 역량의 변화

(1) 직업기초능력

일하는 방식이 변화하고 일을 잘한다고 인정받는 사람들의 특성과 기준이 달라졌다. 이에 따라 일터에서 요구하는 역량도 변화한다. 과거에는 주로 하드 스킬(hard skill)을 강조한 반면, 최근에는 소프트 스킬(soft skill)을 강조하는 추세다. 여기서 하드 스킬이란 해당 직무를 수행하는 데 필요한 기술적인 요구사항으로 체계적 학습에 의해 향상시킬 수 있는 능력을 말한다. 전문 지식이나 직무 스킬 등이 그것들이다. 소프트 스킬은 자아와 타인을 다루는 능력, 직무를 수행할 때 필요한 전공 기술 이외의 기술, 교육을 통해 획득하기 어렵기는 하지만 학습이 가능한 능력을 말한다. 대인관계, 팀워크, 협업, 리더십, 감성지능, 변화관리, 협상 능력 등이 그것들이다. 직업기초능력이라는 개념은 이런 변화 가운데 등장하였다.

직업에서 필요한 능력은 한 근로자가 자신의 직업에서 성공적으로 수행하기 위해 요구되는 능력의 총체를 의미하는데, 그것은 직업기초능력과 직무수행능력으로 구분할 수 있다. 직업기초능력은 대부분의 직종에서 직무를 성공적으로 수행하는 데 기본적으로 요구되는 지식, 기술, 태도 등을 말하고, 직무수행능력은 특정 직종 또는 직업에서 직무를 성공적으로 수행하는 데 필요한 전문적인 지식, 기술, 태도, 경험 등을 의미한다.

직업기초능력의 중요성이 강조되는 이유는 빠르게 변화하는 일의 세계에 더 효과적이고 능동적으로 대응하기 위해 필요한 역량들을 기르기 위해서다. 특히, 국가적인 차원에서 일터에서 공통적으로 필요한 직업기초능력을 선정하여 학교교육과정에 반영하는 정책에 따라 부각되었다. 역량중심 교육과정은 학교교육과 일터를 연결하는 국가 차원의 인적자원 육성 기반을 마련하기 위한 시도다.

예를 들어, 미국 노동성 장관 위원회인 SCANS(Secretary's Commission on Achieving Necessary Skills, 1992)의 '일터에서의 능력(workplace know-how)'은 폭넓은 지식과 기술을 강조하면서 부각한 역량 모형이었다. SCANS는 세 가지 기초 기술과 다섯 가지 역량을 제시하였다. 세 가지 기초 기술(foundations)은 ① 읽기, 쓰기, 수리, 듣기, 말하기 등의 기본적 기술, ② 창의력, 의사결정력, 문제해결능력, 사물관찰능력, 학습능력, 합리적 사고력 같은 사고 능력, ③ 책임감, 자존감, 사회성, 자기관리능력, 성실성, 정직성 등의 개인적 자질이다. 다섯 가지 역량은 자원활용, 대인관계, 정보처리, 시스템, 기술활용과 관련한 능력을 일컫는다.

국가적 차원에서뿐만 아니라 기업들도 이미 그런 직업기초능력을 강조하였다. 미국훈련개발협회(ASTD, 1990)의 '일터에서의 기초 능력(Workplace Basics)'이 그 대표적 예다. ASTD는 7가지 기초 능력으로서 학습 능력, 읽기, 쓰기, 셈하기와 같은 기본적 능력, 말하기, 듣기 등의 의사소통 능력, 문제해결과 창의적 사고 같은 적응 능력, 자기관리, 경력개발 등의 개발 능력, 대인관계, 협상, 팀워크 등 다른 사람과 함께 일하면서 집단의 효과를 창출하는 기술, 조직 효과성 향상, 리더십과 같은 영향력 기술 등을 제시하였다.

이런 직업기초능력에 대한 논의는 우리나라를 포함하여 세계 각국에서 그 명칭과 하위 역량의 내용을 조금씩 변형하면서 지금도 계속 이어지고 있다. 제4장에서 살펴본 국가직무능력표준(NCS)은 그 대표적인 정책사례라고 할 수 있다. 직업 생활에 필요한 기본적인 능력의 총체로서 직업기초능력의 지향점과 그 내용은 거의 유사하다. 대부분의 국가 주도적 직업기초능력 설정은 일터에서의 기본적 역량을 제시하여 교육정책과 일자리정책과 연계를 목적으로 하고 있다. 새로운 시대 변화에 따라 일의 세계에서 요구하는 능력의 내용도 달라지고 있다고 하지만, 실제 직업기초능력의 내용은 유사하다. 의사소통 능력, 수리 능력, 문제해결 능력, 자기개발 능력, 대인관계 능력, 자원관리 능력, 정보 능력, 기술 능력, 조직이해 능력, 직업윤리 등이 그것들이다.

(2) 메타 역량

인공지능과 로봇 등이 등장하는 새로운 산업사회에서 인재상은 그에 걸맞게 또다시 변화하고 있다. 이제는 '제4차 산업혁명' 시대라고 불릴 만큼 더욱 발전한 기계와 컴퓨터, 인공지능이 인간의 일자리를 빼앗아 갈 위협에 처하게까지 됐다. 이런 가운데 인간과 기계 사이의 협업이 더욱 중요해질 것이다. 이와 동시에, 기계가 대체할 수 없는 인간만의 고유한 지식과 창조력이 필요하다. 인간은 이제 더욱 복잡한 문제를 해결하고, 비판적으로 사고하며, 창조적으로 일할 수 있는 역량을 갖출 것을 요구받고 있다. 다른 사람과 함께 협력하고, 감성적이며, 냉철하게 판단할 수 있는 능력도 있어야 한다(Gray, 2016). 한마디로, 새로운 산업사회가 대두하면서 미래에 필요하다고 새롭게 강조되는 역량들이 다시 대두하고 있다.

미래 핵심역량으로 강조되는 것으로는 창의성, 도전정신, 감성지능 등이 있다. 기존의 직업기초능력과는 다소 다른 역량들이 등장하고 있는 것이다. 그러나 실제 교육현장에서는 주입식 교육과 치열한 경쟁 환경으로 갈수록 안정성을 추구하는 경향이 나타난다. 또한, 기업 현장에서 역량 검사 및 체계적 교육만으로 미래 역량을 단기적으로 습득하는 것은 현실적으로 어렵다. 더군다나, 동일한 역량일지라도 일터 현장의 맥락(context)에 따라 다르게 정의되고 발휘된다. 또한, 역량을 개인적 특성으로 생각하는 것이 옳을 때도 있으나, 직무의 특성 또는 근로자 집단의 특성으로 보는 것이 맞을 때도 있다. 역량 수준은 한 개인이 아니라 그 맥락이 가진 특징과 맞물려 있으며, 사람들은 맥락과 동떨어져 역량을 가질 수 없기 때문이다. 더군다나, 역량은 구체적 행동에 초점을 맞추고 해당 영역에서만(domain specific) 발현될 수 있기 때문에 다른 상황에 적용이 어려운 문제점도 있다. 역량은 평생에 걸쳐 발휘되며 맥락에 따라 역량 발휘에 동원되는 요소가 다르다.

결국, 공통 역량을 추출하여 그것을 갖추면 성과를 낸다고 가정하는 것은 잘못된 접근일 수 있다. 결과 요인들이 똑같은 결과를 담보하지는 못하기 때문이다. 사람들이 일하면서 처한 상황과 맥락이 미묘하게라도 다 다르기 때문이다. 따라서 이제는 스스로 상황에 맞게 역량을 새롭게 습득하고 변용하여 발휘할 수 있어야 한다. 한마디로, 역량에 대한 역량이 필요하다. 그것을 메타 역량이라고 한다.

맥킨지 앤 컴퍼니(Mckinsey & Company, 2019)는 미래에 필요한 역량으로 디지털 역량과 휴먼 역량뿐만 아니라 메타 역량이 필요하다고 보았다. 메타 역량이란 역량에 대한 역량 또는 역량을 얻을 수 있는 역량을 뜻한다. 그것은 ① 불확실성에 대처하는 능력, ② 학습과 성찰을 준비하는 능력, ③ 역량에 대해 고민하는 역량이다. 구체적으로, 적응력, 자기 주도성, 리더십, 기업가 정신 등을 포함한다. 불확실성이 증대되는 일의 세계에서 개인은 자신의 주체적인 성장을 위해 더 큰 관심을 가져야 하는데,

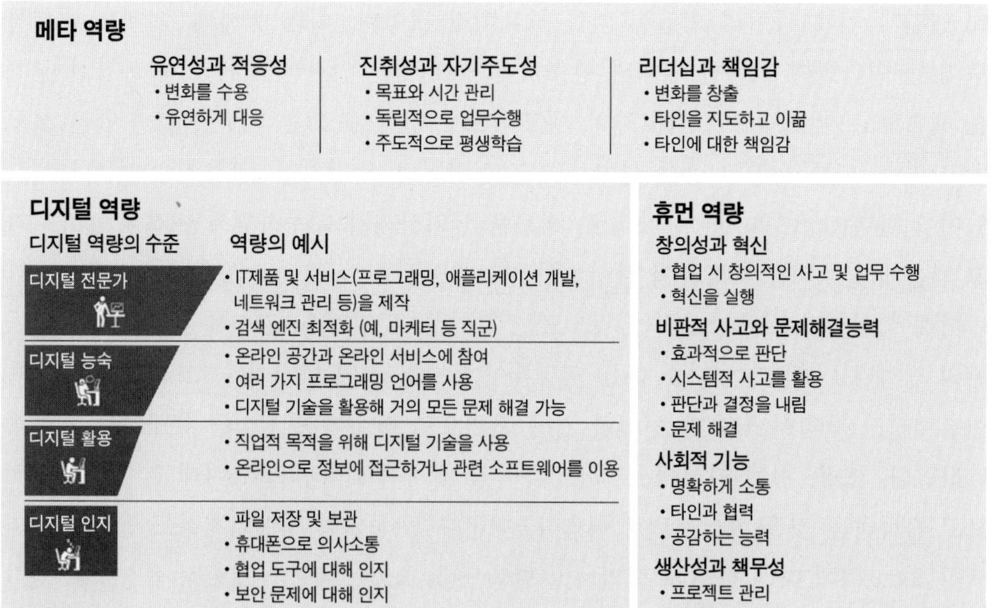

[그림 11-2] 미래 역량으로서 디지털 역량, 휴먼 역량, 메타 역량

출처: Mckinsey & Company(2019).

이를 위해서는 단순한 지식이나 기술이 아니라 끊임없이 새로운 것을 배울 수 있는 학습 능력과 지속적인 혁신 노력이 미래 인재의 핵심역량이 된다(손정은, 2021).

결국, 변화무쌍한 현대의 일터에서 필요한 역량은 단순한 숙련성을 넘어선 것이다. 자신을 지속적으로 교육하여 성장시켜 나가며 일하는 삶의 방식이 필수적이다. 이런 자기 갱신성이야 말로 연결과 자동화의 시대에 기업가, 노동자, 그리고 새롭게 일을 구하는 젊은이 모두에게 필요한 요소라 할 수 있다(이준웅, 장원섭 외, 2019). 결국, 새로운 산업사회에서는 끊임없이 스스로를 성장시킬 수 있는 메타 역량을 가진 인재를 필요로 한다. 일터에서의 메타 역량을 갖춘 새로운 인재상으로 현대적 장인과 장인성에 대해서는 제15장에서 상세히 논의할 것이다.

4. 인적자원 육성 체계

업무를 수행하는 데 필요한 역량을 기르기 위해 조직은 구성원에게 교육을 제공한다. 체계적이고 효율적으로 인적자원을 개발을 위해 전사적인 교육체계를 수립하여 운영하기도 한다. 이를 위해 가장 기본적으로 활용되는 방법이 직무분석과 역량모형 개발을 통한 교육체계 수립이다.

1) 직무분석

직무분석은 일의 교육을 위한 중요한 기초가 된다. 직무(job)는 일을 구성하는 기본적인 단위의 하나다. 전통적으로 직무는 일의 교육을 위해 미리 분석되어야 할 중요한 대상이 되어 왔다. 그것을 직무분석(job analysis)이라고 한다. 직무분석은 일반적으로는 인간의 노동력을 과학적이고 합리적으로 관리하기 위한 기초작업으로 직무의 내용을 체계적이고 과학적으로 조사하는 절차를 의미한다. 직무분석을 통하여 우리는 그 직무에 어떤 작업들이 포함되어 있으며, 직무를 잘 수행하기 위해 갖추어야 할 지식, 기능, 능력, 책임에는 어떤 것이 있는지, 그리고 그 직무가 다른 직무와 어떻게 구분되는지를 알 수 있다(이무근, 1999). 다시 말해서, 직무분석은 직무에 관한 정보를 수집하고 분석하는 체계적인 과정이다. 직무분석은 업무환경, 해당 직무에서 수행되는 일, 직무들 간의 관계, 기본적인 훈련에서 요구되는 필요조건 등과 같은 다양한 정보를 제공한다. 직무분석은 여러 가지 분석방법으로 개발할 수 있는데, 일반적으로 각각의 직위 혹은 직책에 따른 책무와 책무에 수반한 작업, 작업의 하위 영역인 작업 요소를 표 형식으로 작성하여 보여 준다(Hartley, 1999).

대표적인 직무분석의 방법으로서 데이컴(DACUM)이란 'Developing A Curriculum'의 줄임말로 교육과정을 개발하는 데 활용되어 온 직업분석기법을 말한다. 1960~1970년대에 발전한 이 방법은 교육목표와 교육내용을 비교적 단시간 내에 추출하는 데 효과적이다. 데이컴은 다수의 분석협조자로 구성된 데이컴 위원회를 중심으로 이뤄진다. 이 위원회는 실무자가 사전에 준비한 장소에 집중적인 워크숍으로 데이컴 차트를 완성함으로써 작업을 마친다.

직무분석은 지금까지도 많이 활용되고 있으나, 현대 사회에서 일의 유연성과 다변성, 그리고 통합성 등이 빠르게 나타나기 때문에 그 유용성이 감소하고 있다. 일반적인 정의와 기능에서도 짐작할 수 있듯이, 직무분석은 매우 산업사회적인 패러다임에 기초한 아이디어다. 즉, 일을 잘게 나누고, 세분화된 각각의 일들이 어떤 특성을 가지고 있는지에 대해 파악하며, 구체화된 각각의 업무에 대해 체계적으로 노동력을 준비·배치하고, 그것들을 어떻게 통합할지에 대해 면밀한 계획을 세우는 것은 모두 산업사회의 테일러주의와 포드주의에 기초한 것으로 대량생산을 위한 분업체제에 적합한 개념이다.

2) 역량모형개발

역량모형개발(competency modeling)이란 직무에 요구되는 역량을 모형화하고 정형화하여 업무에서 고성과를 이루게 하기 위해 직무나 개인이 가진 역량 특성을 파악하고, 업무수행에 필요한 핵심 능력을 규명하며, 조직의 목적 달성에 필요한 기술과 행동 등을 정의하는 체계적 과정을 말한다. 역량모형을 개발하기 위해서는 먼저 해당 조직의 업무상 고성과자와 평균적 성과자 등을 대상으로 한 광범위한 자료 조사가 필요하다. 또한 개발한 역량모형의 타당성을 검증하는 단계에서는 규명된 모형이 현업 수행자들에게서 인정받는지와 우수성과 예측 지표를 충족하는지를 검증받아야 한다(Spencer & Spencer, 1993).

역량분석은 다음과 같은 점에서 직무분석과 차이를 갖는다. 역량분석은 조직을 구성하는 사람들의 행동 특성에 더 큰 관심을 가진다. 즉, 직무분석이 업무 절차나 단계와 그 구성요소 등과 같은 직무와 과업 중심인 것에 비해, 역량분석은 직무와 연계된 사람의 능력과 태도에 초점을 맞춘다(박동건, 2001). 또한 역할, 위계, 전략 등 개인과 조직의 다양한 특성들과 개별 직무뿐만 아니라 공통직군 또는 개별직군도 고려한다. 직무수행에 필요한 최소요건보다는 고성과자의 특성을 분석함으로써 최상의 성과를 지향한다. 직무분석이 경직되고 구조화된 조직의 체제를 가정하기 때문에 빠른 변화에 대응하기가 어려운 반면, 역량분석은 환경 변화에 유연하고 조직의 상황과 업무 맥락을 고려한다. 직무분석이 현재에 초점을 맞춘다면, 역량분석은 미래를 더 지향한다.

역량모형은 업무를 수행하기 위해 어떤 기술이나 지식, 특성이 필요한지, 업무의 수행에 가장 직접적으로 영향을 주는 행동이 무엇인지에 대한 해답을 제공함으로써 채용에서 교육, 경력개발, 성과 관리에 이르는 인적자원과 관련한 전 과정을 일관성 있게 연결하는 기본 틀로 활용될 수 있다(이홍민, 김종인, 2003; Lucia & Lepsinger, 1999). 채용과 배치 부문에서는 역량 중심의 적합한 인재 채용, 역량 중심의 배치, 사업 전략과 연계된 인력 수급 계획, 질 중심의 인력 확보가 가능하다. 교육에서는 역량 중심의 교육체계개발, 역량 중심의 교육 요구 조사와 과정 설계, 교육 프로그램 효과성 측정, 조직 문화와 경영 리더십 개발을 할 수 있다. 육성과 경력개발 부문에서는 직무 프로그램 중심의 육성 계획, 사업과 연계된 역량 및 경력개발, 인재 관리, 자율적 후계자 계획 수립, 역량 향상 중심의 경력개발을 위해 활용할 수 있다. 성과 관리와 보상을 위해서는 연공서열이 아닌 능력과 성과 중심의 평가, 목표 관리(MBO)와 연계한 역량 중심의 성과 관리, 역량 중심의 보상을 시행하기 위한 기초가 된다.

실제로 많은 조직들이 역량모형개발을 통해 교육체계를 수립하고 있다. [그림 11-3]은 역량 중심 교육체계도다. 이것을 보면 조직에서는 일반적으로 핵심가치와 공통역량을 위한 기본교육, 리더십 역량을 육성하기 위한 계층별 교육, 직무에 따른 전문적 역량을 신장하기 위한 전문교육, 그리고 법정의무교육, 어학 능력 등의 교육 프로그램들로 구성되어 있는 것을 알 수 있다.

이런 특성과 유용성에 따라 최근에는 조직에서 역량분석과 역량모형개발의 중요성이 더 부각하고 있다. 특히 급변하는 환경에서 기업과 개인 경쟁력의 기초로서 역량 개념은 매우 중요하게 간주한다.

그러나 역량분석과 역량모형개발의 접근법은 역량의 개념을 합리주의적 패러다임 속에서 파악함으로써 한계를 보이고 있다(Sandberg, 2000). 어느 조직, 어느 업무에서나 일관성 있게 나타나는 공통된 역량이 존재한다는 믿음을 가지고, 역량을 미리 정

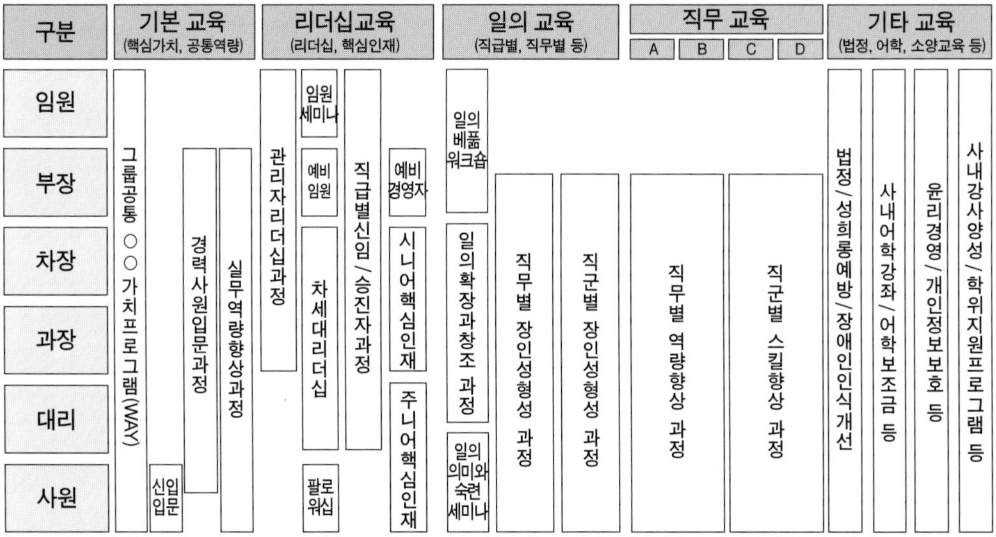

[그림 11-3] 미래 역량 형성을 위한 기업교육체계 예시

해진 속성으로 파악한다. 성과가 우수한 사람이 그런 속성을 많이 소유한 것이라고 당연시한다. 그러나 이런 가정은 일과 일터, 그리고 일하는 사람을 분리하는 이원론적 세계관에 기초한 것이다. 이와 대조적으로 해석적 접근에서는 그것들이 분리될 수 없는 하나의 실체라고 가정하기 때문에 성과와 역량이 상황과 맥락에 따라 달리 나타날 수밖에 없다고 본다. 이 접근에서는 똑같은 역량을 소유하고 있다고 가정되는 두 사람일지라도 특정 상황에서 서로 다른 업무수행도를 보일 수 있다고 주장한다. 결국 합리주의적 관점에서 역량을 분석하고 모형을 개발하는 방법은 본래의 역량 개념이 가진 맥락 의존성과 잠재된 측면을 무시하고 추상화, 단순화하는 오류를 범하게 된다고 비판받는다.

이런 점을 어느 정도 고려한 인적자원 육성체계도 가능하다. 그것은 공식적인 교육 프로그램들을 통한 육성뿐만 아니라 일터에서의 경험과 학습을 통한 육성을 하나의 축으로 제시할 수 있다. 실제로 일 경험을 통한 무형식적 학습은 인적자원 육성의 중요한 축이 될 수 있다.

결국, 조직의 교육체계는 한 조직의 전체적인 인적자원 육성 전략을 보여 준다. 그것은 인적자원 전략에 따라 여러 가지 방식으로 수립될 수 있다. 그러나 그것은 대부분 리더십 역량을 향상시키는 직급별/계층별 교육, 직무능력을 제고하기 위한 전문교육, 조직의 가치와 문화를 공유하기 위한 공통 교육, 전산, 어학 등 기본 역량 교육,

차세대 리더를 육성하기 위한 핵심 인재 교육, 그리고 일과 삶의 균형을 위한 여가와 문화 교육 등을 포함한다.

이에 더해, [그림 11-3]에서 제시한 바와 같이, 일의 의미와 가치, 그리고 일하는 방식 등에 대한 교육을 또 다른 한 축으로 고려할 필요가 있다. 일의 교육은 일터가 일을 하기 위한 장이므로 어쩌면 당연한 교육내용이어야 함에도 불구하고 그동안 소홀히 다루어져 왔다. 게다가, 앞 절에서 언급했듯이, 필요한 역량을 스스로 개발할 수 있는 역량으로서 메타 역량을 기르기 위해서는 일에 대한 근본적인 의미와 가치를 인식하고 일에 몰입할 수 있도록 학습하는 것이 그 어느 때보다 중요하기 때문이다.

5. 채용과 육성의 관계

이 장에서는 조직에서의 직원 채용과 육성에 대해 살펴보았다. 기업의 채용과 교육은 각각의 실행뿐만 아니라 그 둘 사의 관계에 있어서 역시 조직의 중요한 의사결정이 필요하다.

채용과 육성의 관계에 대해서 서로 대조적인 주장들이 있다. 먼저, 기업의 합리성을 강조하는 경제이론에 의하면, 인재를 사 오거나 만드는 전략은 서로 대체될 수 있다고 본다. 이런 주장은 부족한 자원을 합리적으로 배분한다는 가정으로부터 시작한다. 기업의 관점에서 인적자원을 획득하고 발전시키는 것은 선택의 문제다. 기업은 비용이 드는 이 모든 절차를 통해 생산적인 노동자를 확보하려는 노력 중 가장 값싼 방법을 선택한다. 만약 직원 채용 단계에서 직원의 업무수행력을 살펴보기 위한 비용이 매우 크다면, 다른 조건들이 동등하다고 가정할 때, 기업은 직원모집을 교육으로 대체할 것이다. 반면, 교육을 통해 직원이 전문성과 능력을 갖도록 하는 비용이 매우 비싸다면 기업은 채용에 더욱 중점을 두게 될 것이다. 결국, 채용과 육성은 제한된 자원 내에서 서로 대체 가능한 것이다(Knoke & Kalleberg, 1994).

이와는 대조적으로, 기업이 인재를 채용해서 육성할 수 있다는 주장도 있다. 더 많은 교육을 받은 직원이 회사의 부가적인 교육을 받는다는 연구 결과도 있다. 높은 수준의 학교교육을 받은 직원이 채용 후에도 회사에서 더욱 많은 교육을 받는 경향이 있다(Bills, 1998; Chang, 2003). 이 경우 '채용과 육성(buy and make)'이 '채용 또는 육성(buy or make)'보다 올바른 것이 된다.

이러한 대조적인 주장은 조직이 원하는 역량의 내용 차이에서 기인할 수도 있다. 기업이 특정 기술을 가진 사람을 채용하면 그만큼 교육이 덜 필요한 반면, 일반적인 기술을 가진 사람을 선발하면 특정 직무를 수행하기 위한 기술교육이 필요할 것이다. 이 같은 해석이 그럴듯함에도 불구하고, 교육에 관한 구체적인 내용과 이것이 채용 기준과 과정의 다양성에 어떻게 연관되는지에 대해 더 깊이 고찰해 볼 필요가 있다. 교육이 동질한 것으로 간주된다면 기업에서 실시되는 교육 프로그램이 특정 기술 습득을 위한 것이라는 가정을 할 필요가 없다. 반면, 다양한 종류의 교육이 존재한다면(Craig, 1996) 그러한 가정은 가능해질 것이다. 따라서 직원들이 채용될 당시 가지고 있던 능력과 태도의 수준에 근거해 다른 내용의 교육이 제공될 것이라는 가정을 할 수 있다.

직원모집 방법 역시 교육에 영향을 미친다. 예를 들어, 베일리와 발딩거(Bailey & Waldinger, 1991)에 따르면, 기업은 외부의 노동시장에서 신뢰할 수 있는 직원을 채용하고 기꺼이 그들의 교육에 투자하려고 한다. 이것은 기업들이 내부 노동시장이 발달하지 않은 2차 노동시장에 놓여 있다 하더라도 사실이다. 그 이유는 신뢰할 수 있는 비공식적인 관계망을 통한 채용이 기업에게나 직원에게나 기술 획득에 있어서의 위험을 줄여 주기 때문이다. 신뢰할 만한 제삼자의 매개는 채용에 있어 양측 모두를 위한 구체적이고 정교한 정보를 제공해 준다. 또한 채용에 있어 불확실성의 감소는 기업이 신입사원을 위한 교육을 제공할 수 있는 기반을 제공한다. 대조적으로, 기업은 의심스럽고 우연적인 과정을 통해 모집된 직원에게는 교육의 기회를 제공하려고 하지 않을 것이다. 요컨대, 직원 채용방법에 있어서 신뢰도의 차이는 채용 이후 교육 제공 여부의 차이로 나타나게 된다.

이처럼 채용과 육성은 다양한 측면에서 서로 복잡하게 얽혀 있다. 교육의 제공은 채용 단계에서부터 절차의 광범위성과 모집 경로에 대한 신뢰 정도, 기업에서 강조하는 선발의 기준에 따라 달라진다. 기업에서 제공하는 교육의 내용 또한 이러한 변수들에 따라 달라진다. 게다가 채용과 육성은 모두, 조직의 특성, 문화와 관행, 외부와 내부 노동시장의 여건 등에 의해 영향을 받기 때문에 그 관계는 더 복잡해진다(Frazis et al., 1998; Knoke & Kalleberg, 1994; Osterman, 1995).

조직에서 채용과 육성의 문제는 인적자원과 관련한 딜레마에 중요한 함의들을 제공한다. 먼저, 채용과 육성은 단순하지 않고 매우 복잡하게 연관되어 있다. 조직이 제공하는 교육의 형태와 수준은 채용 행위와 관련되어 있다. 대부분의 채용 변수들, 즉 어떠한 모집 방법이 사용되는지, 모인 잠재적 직원들을 어떻게 선별하는지, 어떠한 기준이 선발을 위해 사용되는지 등은 공식적인 교육의 제공 여부와 교육의 내용에 영향을 미친다. 이는 인적자원에 관한 문제들을 생각할 때, 채용과 육성의 문제들을 함께 살펴보아야 함을 의미한다.

하지만 채용과 육성 사이의 관계가 뚜렷하다고만 결론지을 수는 없다. 교육은 조직 내에서 채용이 강조되었을 때 최소화될 수 있다. 그러나 조직이 제공하는 교육이 직원 채용 시에 중점을 두는 요소들로 이루어지기도 한다. 특히 교육 프로그램의 내용은 채용 시 사용된 선발 기준을 더 강화시킨다. 조직은 일반적으로 자신의 조직이 필요하다고 여기는 구성원의 자질을 보는 고유한 관점과 기준을 갖고 있다. 그것이 경영 전략 중 하나일 것이고, 채용과 육성은 이러한 목표를 달성하기 위해 실행된다. 따라서 직원을 선발하는 조직의 기준은 채용과 교육의 모든 단계에서 적용될 수 있다.

요약하면, 채용과 육성의 관계에서 단순명료한 결론을 도출하기는 어렵다. 인적자원의 '채용 그리고 육성(buy and make)' 전략이 '채용 또는 육성(buy or make)'이라는 양자택일의 자원배분 전략보다 더 적절한 설명 방식이 될 수도 있다. 그것은 채용과 육성에 대한 의사결정이 더 크고 복잡한 맥락 속에서 이루어지고 있음을 시사한다 (Knoke & Janowiec-Kurle, 1999).

이러한 복잡성은 채용과 육성을 둘러싼 폭넓은 조직 행동과 관련되어 있다. 각 조직에는 독특하고 복잡한 조직 구조와 문화 그리고 관행이 있고, 채용과 육성은 이러한 과정에 속하기 때문이다. 예를 들어, 어떤 경우는 채용이나 육성과 관련된 요인들에 대한 합리적인 고려 없이 직원들에게 교육을 제공하는 과거의 관행을 계속 유지하기도 하고, 어떤 경우는 특별히 우수한 신입사원들이 입사하였을 때 그들을 더 탁월한 핵심 인재로 만들기 위해 더 많은 교육 투자를 하기도 한다. 따라서 채용과 육성이라는 조직의 핵심적인 인적자원 활동은 시장 환경과 조직 상황 등과 같은 더 큰 맥락 속에서 함께 고려하여야 한다.

제12장

일터에서의 교육적 관계

1. 열린 정체성과 교육

교육은 미래를 향해 열린 활동이다. 어린아이들은 두말할 나위 없고 어른들에게조차 마찬가지다. 사람이 새로운 기회와 가능성을 찾아가도록 돕는 활동이 바로 교육이다. 따라서 교육은 언제나 가능성의 언어와 희망의 시각을 갖게 된다(Freire, 1995).

그러나 교육은 매우 위험스러운 활동이다. 아무리 좋은 의도를 가지고 철저한 사전계획을 세우더라도 교육의 과정과 결과는 항상 열려 있다. 사람들 사이의 관계는 본질적으로 비결정적인 특징을 갖듯이, 교육적 관계맺음 역시 마찬가지이기 때문이다. 이런 이유 때문에 교육은 배움을 위한 끊임없는 반추여야 할 뿐이다.

닫힌 교육은 그런 위험한 열린 가능성을 최소화하고자 한다. 훈련은 닫힌 교육의 전형이다. 모두를 정해진 기준에 맞추어 똑같게 만들려고 하기 때문이다. 또한 '이기적 유전자'의 자기 보존을 위한 복제성의 욕구는 가르침을 통해 인간의 본능을 실현하려고 한다(Dawkins, 1989). 자신과 동일한 또는 닮은 존재들을 만들어 내고자 한다. 훈련을 지향하는 교육은 그런 닫힌 욕구의 실현을 위해 봉사할 뿐이다.

그러나 가르침의 문제는 학습의 열린 양상으로 인해 언제나 불확실한 결과만을 초래한다. 교실에서든 일상 속에서든 교수자와 학습자는 항상 상호작용하지만 교수자의 의도와 기대는 언제나 학습자의 이전 경험 상태와 현재 살아가고 있는 삶의 상황, 그리고 더욱더 중요하게, 교수자와의 관계의 열림 정도에 따라 교육에 대한 서로 다른 수용가능성을 가질 뿐이다. 이런 이유 때문에 집단 학습조차도 언제나 개별 학습의 양상만을 나타낼 수밖에 없다.

한마디로, 교육은 언제나 이미 열린 가능성을 가진 주체들 사이의 관계맺음을 통해 이루어진다. 가르치는 사람과 배우는 사람들 사이의 관계를 통해 발현한다. 그러나 그런 관계맺음은 결코 완벽하게 맞닿아 있지 않고, 항상 틈새를 가지고 있다. 따라서 주체들 사이의 불명확한 의미창조를 하게 만든다.

다시 말해서, 훈련을 통한 복제와는 달리, 교육은 미래를 향해 열린 활동이다. 언제나 변신하는 열린 주체들 사이의 불확정적인 관계들 속에서 이루어지는 가르침과 배움의 기능적 또는 갈등적 양상이야말로 교육의 본질인 것이다.

2. 관계 맺는 존재로서의 인간

인간은 관계 맺는 존재다. 관계맺음은 인간의 조건이다. 인간은 다른 사람들과 함께함으로써 비로소 인간인 것이다. 이런 인간의 공동체성 또는 간주관성은 '나' 대신 '우리'라고 하는 관계 맺음의 현상으로 발현된다.

'우리'라고 하는 정신과 관점, 의식이 형성되기 위해서는 물적 토대와 경험의 공유가 전제되어야 한다. 물적 토대가 의식을 형성하고 그 의식은 다시 현실을 구성한다. 따라서 '우리'를 형성하는 관계맺음은 그런 시간을 필요로 한다. 시간의 경과를 통해 관계는 발아하고 배양된다. 그러나 그런 과정은 순탄하게만 이루어지지는 않는다. 사람들 사이의 관계에는 항상 갈등과 경쟁, 권력과 정치, 그리고 감정과 정서적 역학도 포함한다(Kasl, Marsick, & Dechant, 2000). 따라서 하나의 최선의 관계 맺는 방식은 존재하지 않는다. 사람들 사이의 관계 속에 놓여 있는 문화, 역사, 과업의 성격에 따라 서로 다른 방식들만이 존재할 뿐이다.

인간의 삶은 '우리'라고 하는 공동체에의 참여가 필수불가결하다. 그런 공동체성이 피치 못할 인간 또는 인간 형성의 조건이다. 이런 공동체성의 득은 자명하다. 상호주관적 가능성이 그것이다. 사람들은 서로 의존적인 가운데 혼자서는 이룰 수 없는 큰 가치를 '우리'를 통해 함께 이루어 나갈 수 있다.

'우리'로서의 득과 더불어 집단화의 실도 존재한다. 그것은 '우리'가 '나'들의 외재성의 영역이라는 특징 그 자체에 기인한다. 몰렌하우어(Mollenhauer, 1983: 47)에 의하면, "이러한 많은 '나'들은 육체와 내면의 세계에서 모두 상이하지만, 그럼에도 단지(또는 적어도) 관점들이라는 점에서 공통된다. 그러므로 그들을 이제 '우리'라고 말할 수 있다. ……그러므로 '우리'의 영역은 여러 '나'의 공통적인 외재성의 영역이다." 따라서 '우리'는 전체주의로 나타날 수 있다. 외재적으로 실체화된 전체가 오히려 그 전체를 창조한 개인의 가능성을 억누를 수 있기 때문이다. 사람들은 자신의 주체성을 잃고 전체의 일원으로만 기능할 수 있기 때문이다. 이런 점에서 일상적으로 나타나는 '부족적 사고' 또한 '우리'라고 하는 집단화의 결과다. 사람들은 개인적으로는 알지 못하는 누군가를 자신의 어렴풋한 생각으로 재단하고 분류하여 그가 어떤 사람이고 어떻게 행동할 것이라고 무조건 범주화하는 오류를 범하기 쉽다(Berreby, 2005). 한마디로, '우리'는, 그것이 집단이라고 불리든 또는 공동체라고 불리든 상관없이, 멤버십의 제한으로 인한 귀속 의식과 구속, 그리고 권력과 관련된다.

근대사회에서 '개인의 발견'(Dülmen, 1997)과 현대사회에서 정보통신의 급속한 발달은 이런 강제적인 집단이나 규범적인 공동체 대신에 멤버십의 경계를 허물고 사람들 사이의 의미 있는 상호작용을 강조하는 대안적 개념들을 제시한다. 예를 들어, 셔키(Shirky, 2008)는 조직되어 있지 않은 사람들이 관심 사안에 따라 소통하면서 '끌리고 쏠리고 들끓기'를 반복하는 새로운 대중 조직화의 현상을 그린다. 엥게스트룀(Engeström, 2008)은 안정된, 그러나 상호 감시와 압력을 행사하는 팀(team) 대신 임시적인, 그러나 일련의 유동적이고 분산된 협력을 가능하게 하는 '놋(knot)'이라는 개념을 제안하였다. 그리고 지(Gee, 2005)는 하나의 물리적인 장소에 모인 집단이 아니라 의미 있고 친밀한 관계를 통해 상호 교류하고 학습을 공유하는 '동호 공간(affinity space)'을 제시하였다.

결국, '우리'가 함께한다는 것은 한 장소에 동시에 모여 있는 것이 중요한 것이 아니라 얼마나 서로 공유하고 친밀한 관계에 있는가에 달려 있다. 더군다나, 공간은 집단(group)이나 물리적 장소 또는 위치(location)가 아니라 끊임없는 전위(dislocation) 속에, 하나의 멤버십이 아니라 복수의 정체성들(plural identities)을 갖도록 제공되는 장들을 제공한다. 더군다나, 새로운 일의 세계에서 개인은 고유한 취향에 따라 소수자 집단인 '디아스포라(diaspora)'를 동시다발적으로 형성하면서, 한 시점에서도 다양한 일 또는 역할을 수행하고 있다. 이에 따라 복수의 자아와 사회적 정체성을 형성하게 된다(Edwards & Usher, 2008).

이런 새로운 패러다임의 무리 짓기 현상은 인터넷 기반의 사회적 미디어(SNS)를 통해 촉발되었다고 할 수 있다. 사회적 미디어는 광범위한 개방과 공유, 그리고 참여를 가능하게 하기 때문이다. 그러나 첨단매체와 차가운 연결망(cool connections)의 시대에 따뜻한 만남을 어떻게 이루어 나갈 수 있을지는 의문이다. 진정한 배움의 공동체는 여전히 인간이 가진 고유한 감성적 기초, 즉 따뜻하고 진실한 만남과 접촉을 통해 형성될 수 있기 때문이다. 더군다나, 인간으로서 포기할 수 없는 가치를 지켜 냄으로써 난무하는 표피적 정보들을 더 깊고 비판적으로 성찰할 수 있어야 한다(장원섭, 2021). 한마디로, 공동체성을 포기하고 난 후의 대가는 어떨지, 소속감 없이 학습은 얼마나 가능한가의 문제를 더 고민해야 한다.

인간이 비로소 인간이 되기 위한 관계 맺음은 전인격적인 관계로 나타나는 것이 가장 이상적이다. 부버(Buber, 1954)에 의하면, '나', 그 자체란 없으며 오직 근원어 '나와 너'의 '나'와 또 다른 근원어 '나와 그것'의 '나'가 있을 뿐이다. 전자가 '나와 너'의 전인격적 관계를 의미하는 반면, 후자는 '나와 그것'의 도구적이고 수단적인 관계를 말한다.

지금의 현실은 '나와 너' 관계보다는 '나와 그것'의 관계가 더 두드러지고 있다. 수단적 관계가 형성되는 일이 허다하다. '나와 그것'의 수단적 관계의 현실성을 인정할 수밖에 없고, 그런 관계조차 인간의 도구적 지식이나 기술의 습득에는 도움이 된다고 볼 수도 있다.

그럼에도 불구하고, 앞서도 언급했듯이, 이런 도구적인 관계맺음을 경계해야 한다. 전인격적인 관계맺음이야 말로 인간이 되기 위한 더 근본적인 조건이다. 이런 점에서 교육적 관계는 더 윤리적이고, 당위적인 전제를 갖는다(Kofman & Senge, 1993).

'나와 너'의 전인격적 관계는 '나'를 넘어선 '우리'가 인간을 해하는 전체주의가 아니라 인간됨을 더욱더 부추기게 한다. 그것은 열린 대화와 인격적 만남 속에서의 관계맺음이다. '나'는 단지 '나'일 뿐이라기보다는 다른 사람들과 유의미한 관계를 맺는, 그럼으로써 더욱더 자유로우며 가치로운 '우리'의 공동체성을 형성해 나가는 인간으로 존재할 수 있게 된다.

3. 가르치고 배우는 관계

사람들 사이의 관계맺음의 핵심은 교육적 관계다. 교육은 사람의 성장을 가능하게 하는 인간 본연의 관계맺음 활동이다. 서로 배우고 성장하도록 돕는 교육적 만남은 인간을 인간되게 한다. 실제로, 교육은 사람과 사람의 가르치고 배우는 관계를 통해 이루어진다. 따라서 교육학적 관계론은 가르치고 배우는 존재로서 인간을 상정한다.

인간의 발달은 어머니의 태중에서 어머니를 통해 영양분을 받으면서부터 시작한다. 세상에 태어나서는 다른 사람들과의 관계를 넓혀 간다. '나'는 '나'와 직접 또는 간접적으로 관계를 맺은 수많은 다른 사람들로부터 영향을 받으면서 커 간다.

인간은 수많은 경험들을 통해 배운다(Dewey, 1938). 그런 경험들은 다른 사람들과 더불어 살면서 이루어진다. 다른 사람들과 직접 접촉하고 대화하면서 배운다. 다른 사람들이 만들어 놓은 결과물들을 읽고, 보고, 들으면서 감동하기도 한다.

사람들의 관계는 언제나 가르치고 배우는 관계를 형성한다. 사람들은 필연적으로 누군가가 누군가를 이끌고 가르치며 따르고 배우는 관계를 맺는다. 그것은 반드시 일방적이고 고정적인 사제 관계만으로 나타나지는 않는다. 서로의 역할은 상황에 따라 얼마든지 바뀔 수 있고, 공식적으로 선생이라고 명명된 경우조차 그의 학생으로부터 언제나 이미 배우고 있다.

이처럼 '나'는 다른 사람들의 영향을 받고 배우며, 그들과의 관계 속에서 많은 경험을 겪으면서 지금의 내가 되었고, 되어 간다. '나'는 새로운 열린 가능성 속에서 또 다른 '나'로 변해 가는 것이다. 이런 점에서 '나'는 온전히 '나'이기보다는 다른 사람과의 관계를 맺는, 그리고 그들의 자아가 '나'의 자아를 형성하는 '나'의 정체성으로 존재할 뿐이다. 한마디로, '나'의 정체성은 온전히 '나'의 것만은 아니다. 오히려 그것은 '나'와 관계를 맺은 수많은 다른 사람들로 구성된다.

결국, '우리'가 '나'들이 외재화된 영역이라고 한다면, '나'는 그런 '우리'들이 서로 가르치고 배우는 관계맺음을 통해 구축한 내재화의 영역인 것이다. 이런 점에서 일터에서의 학습은 '우리'라는 공동체성을 형성하는 외재화와 동시에 '나'라는 정체성을 구성하는 내재화를 이룬다.

이제, 가르치고 배우는 행위에 대해 더 구체적으로 살펴보자. 먼저, 배우기의 문제부터 시작한다. 인간은 배움으로써 비로소 인간이 된다. 배움은 인간의 본능이자 본성이다. 배우는 존재, 즉 '호모 에루디티오(Homo Eruditio)'로서 인간은 다른 사람들과의 배움의 공동체를 형성하고 공유된 믿음을 만들어 간다. 그럼으로써 삶의 의미와 유용성을 더해 간다(한준상, 2001).

배움은 삶의 유용성을 획득하기 위한 도구적인 활동을 포함한다. 동시에, 그것은 인간 존재의 실현을 위한 전인격적인 만남의 과정이다. 존재론적 배움의 과정은 생텍쥐페리(Saint-Exupéry, 1943)가 쓴 『어린 왕자』에서 여우와 어린 왕자의 상호 길들이기 과정에서 잘 드러난다.

"〈길들인다〉는 게 뭐지?" 어린 왕자가 말했다. "그건 너무 잘 잊혀지고 있는 거지. 그건 〈관계를 만든다……〉는 뜻이야." 여우가 말했다. "관계를 만든다고?" "그래." 여우가 말했다. "넌 아직 나에겐 수많은 다른 소년들과 다를 바 없는 한 소년에 지나지 않아. 그래서 난 너를 필요로 하지 않고. 난 너에겐 수많은 다른 여우와 똑같은 한 마리 여우에 지나지 않아. 하지만 네가 나를 길들인다면 나는 너에겐 이 세상에 오직 하나밖에 없는 존재가 될 거야……."

어린 왕자는 끊임없이 질문하고 여우는 계속 조언해 주지만, 그들의 길들이기는 '나와 너'의 만남 속에서 배움을 이루어 간다. 두 존재 사이에 어떤 매개체도 끼어들지 않는 즉각적이고 비매개적(im-mediate)인 이상적 배움의 관계를 형성한다.

근래 들어, 공급자 중심의 교육 패러다임이 수요자 중심의 학습 패러다임으로 전환하였다. 학습 패러다임은 기존의 교육학이 간과해 왔던 학습(learning)에 주목했다. 기존의 패러다임이 비록 학습자를 전제하였지만 그 주도권을 교육자에 두었다는 점에 의문을 제기하였다. 학습 패러다임은 가르침보다 더 우선적인 배움의 중요성을 발견해 냈다.

그러나 학습주의의 과잉의미화를 경계해야 한다. 인간은 배우는 존재인 동시에 가르치는 존재이기 때문이다. 배움의 본능을 가지고 있지만, 이와 동시에 가르치는 또는 가르치고자 하는 욕구도 가지고 있다. 사람들은 다른 사람이 성장하도록 돕는 이타적인 마음을 갖는다. 또는 정반대로, 그 욕구가 이기적인 자기 복제성의 표출일 수도 있다(Dawkins, 1989). 이타적이든 혹은 이기적이든 그것은 사람들로 하여금 가르침의 본능을 실현하도록 강요한다.

학습으로만 경도한 패러다임은 이런 가르침의 본능을 간과하는 오류를 범함으로써 이전의 교육학이 가진 가르침과 배움의 분리의 문제를 되풀이할 수 있다. 실제로, 학습이 강조되는 패러다임은 방임주의적 반교육(反敎育)이 될 수 있다. 자유주의적 학습 패러다임은 선생은 지식 서비스의 공급자이고 학생은 소비자가 되어 버리게 만든다. 이 경우에 그들의 관계는 단지 지식을 팔고 사는 상업적 관계, 즉 '나와 그것'의 수단적이고 도구적인 관계로만 형성된다. 더군다나, 학습만을 강조하다 보면 개인주의, 심리학적 환원주의, 또는 상대주의에 빠져들 위험마저 있다.

학습의 패러다임은 교육의 '사사화(私事化)'를 전제한다(장원섭, 2006). 교육 활동을 개인이 학습하는 활동으로만 여기는 현상이 발생한다. 학습은 개인의 일이고 따라서 개인의 책임일 뿐이라는 인식을 강화한다. 특히, 무한경쟁시대에 개인은 학습을 통한 경쟁력의 책임을 감수한다. 그 결과, 인간의 성장은 모두 개인의 책임으로 치부되는 문제를 낳는다.

교육에서 학습으로 패러다임이 전환하였다고 하지만 이제 다시 가르치고 배우는 활동을 함께 인식하는 교육학이 필요하다. 가르치고 배우는 일을 일상의 삶 속에서 발견해 내고 그 동등한 가치를 인정하여야 한다. 교육적 관계맺음은 인간의 배움에의 본능뿐만 아니라 가르치고자 하는 본능이 동시에 실현되는 일상적 현상이기 때문이다.

이제는 다시, 배움에 가려 간과되었던, 가르침의 문제를 좀 더 주목해 보자. 물론, 가르침의 강조는, 배움의 상대주의적 문제처럼, 절대주의의 오류에 빠질 수 있다. 그럼에도 불구하고, 실용적인 차원에서조차 가르침은 중요하다. 만약, 정답 또는 적어도 임시적인 정답이 있다면, 또는 간주관적 가치가 존재하는 것이라면, 학습주의는 '잘못된' 습관의 형성 가능성을 방치하는 문제를 야기할 수 있다(Fuller & Unwin, 2002).

실제로, 배우려는 의지가 발생하는 순간 누군가의 도움 또는 가르침은 학습을 극대화할 수 있다. 일터에서 직접 또는 간접적인 가르침의 증거는 많다(Fuller & Unwin, 2002). 멘토링, 코칭, 현직훈련(OJT) 같은 무형식적인 것부터 강의, 세미나 등 형식교육 프로그램까지 가르침의 방식은 다양하게 존재한다.

'소여(affordance)'는 '일터에서의 교육(workplace pedagogy)'을 설명하는 또 다른 개념이다(Billett, 2002). 소여란 유기체와 생태계 사이의 관계로서 유기체를 행동하도록 만드는 환경들을 말한다. 일터에서 그것은 상사, 선배, 멘토 같은 사람과 성과기준, 규칙, 업무범위, 프로젝트, 직위, 역할, 학습기회, 학습동아리, 프로그램 같이 사람이 만들어 낸 사물이 될 수도 있다. 그것들이 비록 긍정적 강화 또는 부정적 제약 요인이 될 수도 있지만, 의도했든 의도하지 않았든 사람들은 그런 소여에의 참여를 통해 소여를 발견, 해석, 의미화할 수 있는 가능성을 갖는다. 따라서 소여를 통한 가르침은 '안내된 학습(guided learning)'으로 나타난다(Billett, 2001).

바닥이 없는 늪에서도 자신의 손으로 머리채를 끌어당겨 올려서 스스로 빠져나올 수 있다고 거짓말하는 '뮌히 하우젠 효과'는 존재하지 않는다(Mollenhauer, 1983: 159). 비고츠키가 말하는 비계 설정(scaffolding)으로서 가르침은 배움을 더욱더 드높인다(Moll, 1990). 교육적 관계는 서로가 서로에게 디딤판의 구실을 함으로써 더 잘 배우고 더 크게 성장할 수 있게 한다.

결국, 모든 교육적 관계맺음 활동은 사람들 사이의 가르치고 배우는 상호의존적(interdependent) 과정이다. 서로가 서로에 대한 지원과 도움의 관계를 통해 구현된다. 일터에서 이루어지는 멘토링 관계망이나 실행공동체는 이런 가르침과 배움의 동시적 도움 관계를 잘 보여 준다.

교육적 관계맺음은 가르치고 배우는 공동체로 발현된다(French & Bazalgette, 1996). 그러나 그 공동체성을 유지하고 서로 간의 가르침과 배움이 지속적으로 이루어지기 위해서는 공동체의 조건들을 갖추고 이를 더 잘 유지하기 위한 전략이 필요하다. 현실적으로 그런 배움의 공동체는 주기적인 변화를 겪게 마련이기 때문이다. 현대 사회에서 공동체의 생명력을 너무 길게 계획하기보다는 짧은 생명의 연속으로 계획하고 지속적으로 변경시키는 것, 그러면서도 그 기저는 계속되도록 하는 것이 좋은, 현실적 전략일 수 있다. 그것은 결국은 유동적인이고 일시적인 무리 짓기로서 '놋워킹(knotworking)'과 지속적으로 넓혀가는 '확장학습(expansive learning)'일 수 있다(Engeström, 2008).

결론적으로, 가르침과 배움의 동시적 관계맺음을 인식해야 한다. 이를 위해, 교육주의뿐만 아니라 학습주의도 탈피하여야 한다. 더 구체적으로, 닫힌 훈련도 방임적 학습도 배제하여야 한다. 교육적 관계의 관점에서 개인의 형성 가능성과 사람들의 관계를 통한 함께 배우기에 대한 믿음은 가공이나 변형 같은 '제작'의 관점도, 감상적이고 무책임한 '반교육학'도 아니다. 그것은 '스스로 발전하는 힘에 대한 지원, 대화적 관계, 호출과 응답'으로 나타난다(Mollenhauer, 1983).

그럼에도 불구하고, 그 어떤 가르침과 배움의 관계라 할지라도 그것은 미래를 향해 열려 있다. 교육적 관계 속에서는 항상 가르침과 배움의 현상이 동시에 발생한다. 가르침은 배움의 열린 양상으로 인해 언제나 실패와 성공을 불확실하게 만든다. 그 두 현상을 합치시키려는 의도가 있지만, 항상 틈새가 존재하기 마련이다. 따라서 가르침과 배움은 기능적 관계로 나타날 수 있으나 필연적으로 긴장적 또는 모순적 관계의 양상을 띨 수밖에 없다(Engeström, 2008). 그런 열린 양상이야말로 교육적 관계맺음의 본질인 것이다.

4. 일터에서 함께 배우기

교육학적 관계론은 함께 배우기다. 함께 배우기는 '함께'라는 단어와 '배우기'라는 단어가 결합한 개념이다. '함께'란 우리됨을 의미한다. '우리'는 조직, 집단, 팀, 공동체 등으로 구체화된다. '배우기'는 삶의 의미와 유용성을 더해 가는 과정이다(한준상, 2001).

배움은 필연적으로 '……로부터' 배운다는 말이다. 가르치는 사람이 공식적으로 정해져 있지 않고 스스로 인식하지 못하더라도 배우는 사람은 아무튼 그로부터 배운다. 그 사람의 주요한 역할이나 기능이 배우는 자로 정해진 사람뿐만 아니라 가르치는 사람도 가르침을 통해 배운다. 한마디로, 배움은 관계맺음을 하는 사람들 사이의 가르치고 배우는 활동을 통해서 나타난다.

결국, 함께 배우기란 가르치고 배우는 관계에 참여한 사람들 사이의 관계맺음 활동을 의미한다. 그럼으로써, 교육적 관계맺음은 '나'가 외재화된 '우리'의 공동체성 형성과 다시 '우리'가 내재화된 '나'의 정체성 구성이 순환 반복적으로 이루어지는 과정이다.

가르치고 배우는 인간의 공동체는 기본적으로는 개인들로 구성된다. 물론 공동체는 개인들의 합이 그 이상이 된 경우를 일컫지만, 그 개인들이 자아를 불확정적인 열린 가능성으로 가지고 있을 때 비로소 전체주의가 아닌 공동체성, 특히 배움의 공동체성을 형성할 수 있다. 이런 점에서, 함께 배우기는 서로가 영향을 주고받으면서 공동의 학습을 하지만, 그와 동시에 각자의 고유한 배움의 과정을 갖는 것을 일컫는다.

교육적 관계는 함께 배우기를 가능하게 한다. 그 기본적인 전제는 인간의 형성 가능성에 있다. 이것은 교육학적 신뢰 개념이다. 신뢰란 아직 구체화되어 눈에 보이지는 않지만 미래에 실현될 것이라고 믿는 기대를 의미한다. 개인에 대한 교육적 신뢰가 형성 가능성이라면, 그런 형성 가능성의 구체적이고 직접적인 공동체적 결과는 교육적 자본이다. 교육적 자본은 함께 배우기를 통해 눈덩이처럼 축적된다. 만약 교육적 신뢰 관계가 구축되지 않은 사람들 사이의 인위적이고 형식적인 모임으로서 집합이 이뤄진다면 그건 사실상 학습공동체가 아니다. 따라서 진정한 함께 배우기가 일어나기 어렵다. 그건 단지 함께 배우기를 겉으로 흉내 내고 있을 뿐이다.

사람들이 함께 배우는 모습은 어디서나 흔하게 발견된다. 사람들은 모여서 서로 이야기를 나누고, 그러면서 경험과 정보를 공유한다. 이러한 만남과 상호작용을 통해 개개인은 앎의 영역을 확장하고, 그렇게 획득한 지식을 통해 실제 행동과 삶의 변화도 이룬다. 자기 자신의 정체성과 그들이 속한 집단 전체의 변화까지도 이끌 수 있다. 이런 점에서, 함께 배우기는 일터에서만 이루어지는 활동은 아니다. 삶의 모든 현장과 과정에서 일어난다.

그럼에도 불구하고, 일터는 함께 배우기의 중심에 있다. 그것은 일이 여전히 삶의 '중심성(centrality of work)'을 갖기 때문이다(장원섭, 2006). 실제로, 사람들은 일터에서 일함으로써 생계를 유지하고, 공동체에 참여하며, 삶의 의미를 갖는다. 특히, 현대

사회에서 일과 일터의 변화는 협업과 집단지성 등을 통하여 사람들로 하여금 더, 또는 적어도 이전과는 다른 방식으로 함께 일하고 배우도록 요구하고 있다.

일터에서 함께 배우기는 다양한 현상과 여러 가지 방식으로 나타난다. 집단학습, 팀학습, 학습조직, 실행공동체, 그리고 최근의 새로운 사회적 학습 등은 모두 일터에서 함께 배우는 현상을 이해하기 위해 사용된 용어들이다(Bingham & Conner, 2010; Kasl, Marsick, & Dechant, 2000; Lave & Wenger, 2000; Wilson et al., 2007). 이 개념들은, 앞서 언급했듯이, '함께'를 구체화한 조직, 집단, 팀 또는 공동체라는 단어와 '배우기'를 의미하는 학습이라는 단어가 결합되어 있다. 어떤 용어를 통해 표현하든, 그것은 본질적으로 사람들이 함께 배우는 현상이자 실천 방식이다. 집단학습은 집단의 구성원들이 하나의 사고체계를 형성하는 과정을, 공동체학습은 공공성의 체득을 강조한다. 반면, 함께 배우기는 서로가 영향을 주고받으면서 공동의 학습을 하지만 동시에 각자의 고유한 배움의 과정을 의미한다. 또한 그것은 집단학습이나 공동체학습을 모두 포괄할 수 있는 광의의 개념이다.

일터에서 함께 배우기는 각자 자신의 업무와 개별 학습에만 집중하는 '파편적 방식(fragmented mode)'이 아니다. 개인들 사이의 정보와 지식 교류의 양적 변화를 추구하는 '짜깁기 방식(patchwork or mosaic mode)'도 넘어서고자 한다. 궁극적으로는 여러 색들을 섞어 완전히 새로운 색깔을 만들어 내는, 즉 질적 변화를 창조하는 '시너지 방식(synergistic mode)'을 지향한다. 그럼으로써 공동체적 정체성과 우리 의식(we-ness), 그리고 집단적 깨달음(group aha!)을 얻고자 한다(Kasl, Marsick, & Dechant, 2000).

이를 위해서는 무엇보다 시간의 역할이 중요하다. 시간의 공유를 통한 경험과 역사의 공유는 함께 배우기의 필요조건이다. 그런 가운데, 합리적, 인지적 측면뿐만 아니라 대인관계, 갈등, 권력, 감정 등의 정서적 역학 측면도 고려해야 한다. 즉, 하나의 최선의 길은 없다(no one best way). 교육적 관계에 참여하는 사람들과 그들의 공동체가 갖는 문화, 역사, 과업의 성격에 따라 서로 다른 방식과 방법, 전략만이 있을 뿐이다(Kasl, Marsick, & Dechant, 2000).

함께 배우기에 관한 기존의 논의들은 '함께'와 '배우기'를 바라보는 서로 다른 입장에 따라 다양한 접근법들로 구분된다(장원섭, 2021; Barton & Tusting, 2005; Huysman, 1999; Patriotta, 2006).

첫째, 함께 배우기의 효율성을 강조하는 기능주의적 관점이 있다. 이 관점에서는 조직이나 집단의 목적을 달성하기 위한 더 효율적이고 효과적인 수단으로서 집단적 학습을 강조한다. 경영관리적 관점을 취하여, 조직 내에서 개인들이 조직의 과제들을 경험하고 조직을 위해 그 상황을 탐구함으로써 조직 생산성을 높여 나가는 과정을 강조한다. 결국, 함께 배우기는 더 효과적이고 효율적으로 지식을 획득하고 업무성과를 달성하기 위한 하나의 수단인 것이다(Argyris & Schön, 1996; Wenger, McDermott, & Snyder, 2002; Wilson, 2007).

둘째, 함께 배우기의 공동체성을 강조하는 해석적 관점이 있다. 이 관점은 사회적 과정으로서 함께 배우기의 과정과 그를 통한 공동체적 정체성 형성에 초점을 맞춘다. 구성원 각자의 성장을 우선시하는 동시에 그를 통한 공공적 가치의 달성을 이루고자 한다. 학습은 사회적 과정이므로 그 자체로 필연적인 공동체적 속성을 가지고 있기 때문에, 학습은 곧 함께 배우기의 과정으로 간주한다(Brown & Duguid, 2000; Lave & Wenger, 2000).

셋째, 함께 배우기의 갈등과 모순을 강조하는 입장이 있다. 이 입장에서는 함께 배우기의 과정이 순조롭고 평화롭게 이루어지는 것만은 아니라는 점에 주목한다. 함께 배우는 과정에서 나타나는 구성원들 사이의 상호 감시와 경쟁, 그리고 갈등의 문제를 제기한다. 실제로 학습팀은 서로를 감시하는 하나의 '쇠우리(iron cage)'가 될 수 있다. 단순한 통제, 기술적 통제, 관료적 통제를 넘어선 제4의 통제 방식으로서, 실체가 없는 억압의 기제가 될 수 있다. 원형감옥처럼 동료 간의 압력과 상호 감시를 하는 '총화적 통제(concertive control)'의 도구가 될 수 있는 것이다(Barker, 1993; Elkjaer, 2001).

실제로, 함께 배운다는 것은 사람들 사이의 관계맺음의 현상이기 때문에 그 안에서는 언제나 이미 권력 관계를 통한 정치적 협상의 과정이 존재한다(Coopey & Burgoyne, 2000; Dovey, 1997). 결국, 함께 배우기 활동은 서로 다른 입장을 가진 사람들 사이의 상호작용을 통한 관계맺음의 과정이며 그 활동이 이루어지는 상황 속에서 발생하는 모순과 갈등, 그리고 그것의 해소 과정이다(Engeström, 2001; 2008).

여러 관점들이 일터에서 함께 배우기의 실천적 현상들을 타당하게 설명하고 있음에도 불구하고, 어느 하나의 관점이 함께 배우기를 전부 다 설명할 수는 없다. 앞서 언급했듯이, 일터에서 함께 배우기는 참여하는 개인들과 그들이 이루고자 하는 목적, 그리고 그들이 함께 배우는 상황과 맥락 등에 따라 다양한 양상들로 나타날 뿐이다.

5. 교육적 관계의 딜레마

현대로 올수록 인간은 개인이 된다. 그렇다고, 현대 사회에서는 홀로 존재하는 개인만이 있다고 보아서는 곤란하다. 다른 사람들과 관계를 맺는 일은 생존을 위한 어쩔 수 없는 본능이기도 하기 때문이다.

다만, 그 양상은 달라졌다. 개인화된 현대 사회에서는 그 관계성이 개인은 없는 또는 일방적으로 집단에 희생하는 과거의 집단적 관계성과는 다른 양상으로 전개된다. 개인이 있는, 그리고 장기적이든 단기적이든 개인의 이익을 전제하는 가운데 서로 조화하고 협력하고 소통하는 방식으로 나타날 뿐이다.

이에 따라, 집단 또는 공동체를 생각할 때 우리는 항상 개인과 집단의 우선성의 문제에 당면하게 된다. 조직 안에서의 일의 교육은 조직과 그 조직의 구성원인 개인 사이의 관계에 기반하고 있다(장원섭, 2021). 일터학습, 특히 일터에서 함께 배우기는 바로 이런 딜레마 상황을 언제나 내포하고 있다.

그럼에도 불구하고, 개인과 집단은 둘 다 포기할 수 없는 가치이다. 따라서 부버(Buber, 1947)는 이미 오래전에 "개인주의는 인간을 자기 자신에 대한 관계에서만 보고 집단주의는 인간 일반을 보지 못하고 단지 사회만을 볼 뿐이다. 전자에서 인간의 얼굴은 일그러지고 후자에서 인간의 얼굴은 가려져 있다."고 설파했다.

앞서 언급했듯이, 배운다는 말은 '……로부터 배운다'는 말일 뿐이다. 타자를 전제하지 않은 배움은 없다. 그 타자는 사물이나 역사일 수도 있다. 타자와의 관계성은 학습의, 그리고 교육의 필연적인 전제이다. 그리고 그런 함께 배우기를 위한 가장 중요한 기반은 진솔한 만남의 관계와 열린 대화이어야 한다. 이것이 교육학적 관계론의 근본 가정이고 방식이다.

제13장

경력개발의 새로운 양상들

일하는 삶의 방식과 경로가 다양화하고 있다. 학교를 졸업한 후에 한 기업에 고용되어 일하다가 정년퇴임을 한다거나, 월요일부터 금요일까지 일주일 내내 아홉 시부터 다섯 시까지 온종일 시간을 채우는 방식으로 일하는 시대가 지나가고 있다. 그 대신 여러 가지 일을 병행하거나 일하면서 배우고, 배우면서 일하기 때문에 직장인이라는 정체성을 분명하게 규정하기도 힘들게 됐다. 이런저런 직장을 옮겨 다니거나 혼자 프로젝트를 기반으로 일하는 사람들도 많아졌다. 한마디로, 산업사회의 전통적인 방식으로는 생각하기 어려운 새로운 형태의 경력개발 방식들이 대두하는 시대다.

경력(career)이란 개인이 일생에 걸쳐 일과 관련하여 겪는 모든 경험을 의미하고, 경력개발(career development)은 그런 개인의 경력을 성장, 발전시키는 활동을 말한다(장원섭, 2021).[1] 이런 경력과 경력개발의 양상은 평생직장에서 조직 구성원으로서 조직이 관리하던 개념에서 이제는 유연하고 유동적인 일의 세계에서 각 개인이 스스로 책임져야 하는 새로운 방식으로 변화하고 있다(Arthur & Rousseau, 1996). '경력의 죽음(death of career)' '경력 아나키(career anarchy)' '경력지진(careerquake)' '무경계 경력(boundaryless career)' '변화무쌍한 경력(protean career)' '만화경 경력(kaleidoscope career) 등이 그런 새로운 경력개발의 현상을 잘 나타내 준다(Young & Valech, 2000; 장원섭, 2021).

이런 새로운 경력개발의 양상에 대해서는 이미 제I부에서 새로운 일의 세계 변화를 살펴보면서, 그리고 제7장에서 평생 경력개발을 준비하는 진로교육을 제시하면서 언급하였다. 이 장에서는 이런 새로운 경력개발의 현상을 보여 주는 특징적인 사례들을

1) 제7장에서는 영어 단어 career을 진로라고 번역했는데 이 장에서는 경력이라고 부른다. 그 이유는 우리말의 진로는 앞으로 나아갈 길이라는 의미를 담고 있는 반면, 경력은 이미 겪어 쌓아 온 일들이라는 뜻을 갖기 때문이다. 따라서 전자가 학교에서의 진로교육과 같이 아직 일의 세계로 진입하지 않은 학생을 위한 교육활동에 적합하게 쓰이지만, 후자는 이미 일의 세계에서 직업인으로서 일을 경험하고 있는 사람들의 일과 관련한 학습과 성장을 위한 활동으로서 경력개발 같은 용어에 적용하는 것이 더 적절하다.

좀 더 구체적으로 살펴본다. 그것은 일하면서 배우는 병행적 경력개발, 자발적 이직을 통한 경력개발, 그리고 독립근로자의 관계적 경력개발이다.

1. 일하며 배우는 병행적 경력개발[2)]

1) 직장인의 대학원 학업 병행

불확실한 사회경제적 환경은 누구나 계속 학습하기를 요구하고 있다. 노동시장의 유연화로 인해 직장 및 직업의 이동이 빈번해지고, 학교에서 배웠던 지식과 기술의 반감기가 짧아짐에 따라 성인의 자기주도적인 평생학습이 필수적이다. 특히 직장인들은 대부분의 시간을 일터에서 보내는 가운데에서도 추가로 다양한 교육에 참여한다. 이는 사회적으로 인적자원 및 직업능력 개발에 대한 중요성이 증대하고 있을 뿐만 아니라 불안정한 고용 구조로 인해 학습을 통한 개인의 경력개발에 대한 관심이 높아지고 있기 때문이다. 다기능 전문화된 근로자와 창의적 인재가 각광받으면서 새로운 자격과 전문성을 충족할 평생학습에 대한 사회적 필요성이 증대하고 있는 것이다. 전문적 지식과 고도의 기술적 역량이 더욱 중요해지면서 고학력에 대한 요구가 커지는 가운데 이수해야 하는 고등교육의 수준도 더 높아지고 있다.

이에 따라 일하면서 학교에 다시 진학하여 직업능력을 개발하려고 계속 학습하는 직장인들이 늘어나고 있다. 일터와 학교를 오가며 일과 학업을 병행하며 경력을 개발하는 것이다. 이러한 가운데 대학 이후의 학위과정인 대학원에 대한 관심이 높아졌다. 제10장에서 살펴보았듯이, 우리나라 대학교육은 이미 보편화 단계에 들어서 대학졸업자 수가 크게 증가하였다. 따라서 대학원에 진학할 수 있는 대졸자도 그만큼 많아졌다. 이런 가운데 이미 고학력자인 많은 직장인이 대학원 교육을 통해 일-학업을 병행하며 계속 학습하고 경력을 개발한다.

실제로 대학원은 고등교육의 보편화 현상으로 인하여 기존에 고도의 학술연구를 추구하기 위한 교육기관이라는 틀에서 벗어나 학습자의 요구에 부응하는 다양한 역할과 기능을 수행하게 되었다. 「고등교육법」 제29조 제2항에 따르면 대학원은 일반대

---

2) 이 절은 김지영, 장원섭(2017). 특수대학원에 재학하는 직장인의 학습체계와 모순에 대한 연구. **평생학습사회** 13(4), 1-23의 일부를 수정, 보완한 것이다.

학원, 전문대학원, 특수대학원으로 나뉜다. 학문의 기초이론과 고도의 학술연구를 목적으로 하는 일반대학원과는 달리, 전문대학원은 전문 직업 분야의 인력양성에 필요한 실천적 이론 적용과 연구 개발을, 특수대학원은 직업인 또는 일반 성인을 위한 계속교육을 주된 목적으로 한다. 이 가운데 특수대학원은 2016년 현재 805개 대학에 4,517개 학과가 설치되어 전체 대학원의 약 2/3를 차지한다(한국교육개발원, 2016b). 게다가 전공이 매우 다양하고 주로 야간이나 주말에 수업을 진행하여 직장인의 자기계발에 가장 적합하다. 한마디로, 특수대학원은 직업인 또는 일반 성인을 위한 계속교육을 주된 교육목적으로 하는 고등평생직업교육기관이다.

2) 대학원에서의 병행적 학습

이 절에서는 특수대학원에 재학하는 직장인 성인학습자들의 학습 과정에 대해 살펴본다. 설명을 위한 틀로 문화역사적 활동이론을 사용한다. 이 이론은 인간의 활동을 구성하는 주체, 객체, 도구, 규칙, 공동체, 분업, 결과의 일곱 가지 요소를 하나의 활동 체계로 보고, 요소들 간의 상호작용을 분석함으로써 학습 과정을 설명한다. 학습을 개인의 차원을 넘어 집단의 차원에서 분석하고, 각 요소들 내에서 또는 사이에서의 모순을 통해 학습이 확장되어 가는 과정을 보여준다. 그럼으로써 학습의 사회문화적 맥락을 이해하고 개인과 사회의 상호작용을 분석하여 다차원적인 관점을 제공한다(Engeström, 2008).

(1) 대학원에서의 학습활동 체계

대학원에 재학 중인 직장인들은 복합적인 목적과 동기를 가지고 학업을 병행한다. 어떤 사람은 새로운 지식 습득을 통한 자기계발과 학위 취득을 목적으로, 또 다른 사람은 배움에 대한 욕구, 학위 취득, 주변의 추천 등 다양한 동기와 목표로 진학한다.

> 뭔가 계속 부족하다는 느낌이 들더라고요. 조금 더 배워 보고 싶다 하는 게 일 번이었고, 솔직히 학위에 대한 욕심도 있었어요. 이쪽 근무하시는 분들의 학위를 보면 석 · 박사 하시는 분들도 많고, 주변 동료들도 석 · 박사 하는 분들도 많거든요. (중략) 오롯이 공부만은 아니었어요.

물론 이들은 직장에서의 업무와 관련된 분야를 전공함으로써 직장에서의 일과 학교에서의 학업이 밀접하게 관련된 경향이 있다. 특히 자신의 업무가 대학 전공과 일치하지 않는 경우에 일과 관련한 전공 분야의 대학원 공부는 더욱 필요하다. 막연히 대학원 진학에 대한 꿈을 가지고 있었으나 현재의 일을 통해 학업 계획을 구체화하고 학부 전공과는 다른 전공을 선택하여 대학원 학업을 병행한다.

대학원은 예전부터 생각은 했어요. 저는 전공이 교육학이 아니어서, 경영이어서, 살면서 공부는 더 해야 할 텐데 언제 어떤 걸 더하지 생각했었고, 이전 직장에서는 영업 관리직이다 보니까 시간을 낸다는 것도 전공을 생각하는 것도 사실상 힘들었고, 이 일을 하다 보니까 이 일로 공부를 더 하고 싶다는 생각이 들었어요.

이와 같이 직장인 대학원생들은 직업능력 향상, 자기계발, 학위 취득 등과 같은 다양한 목적을 가지고 학업을 병행하며 계속 교육을 통해 자신의 경력을 개발한다. 이들은 학업을 병행함으로써 단기적 · 장기적으로 일과 관련한 자신의 경력을 지속적으로 개발하기 위해 대학원에서 학업 활동을 한다. 그들이 가지고 있는 다양한 동기는 이들이 일과 함께 학업을 병행하도록 이끄는 원동력으로 작용한다.

일-학업 병행자들의 학습활동 체계에서는 전공수업, 전공 관련 세미나, 학교 사람들과의 모임 등을 기반으로 이루어진다. 특히 다양한 학교 활동 중에서도 전공수업과 관련된 활동이 중시된다. 이와 함께, 전공 관련 세미나, 전공 모임 등 전공 관련 행사들도 대학원 생활을 위한 주요 활동들이 된다. 수업, 세미나, 모임 등은 다른 사람들과의 관계를 돈독히 하여 네트워크 확장에 중요한 역할을 한다. 이들은 전공이라는 관심사는 비슷하지만, 다양한 일의 배경을 가지고 있기 때문에 각자의 일의 경험을 공유할 수 있는 정보의 장으로 활용된다.

대학원 들어와서 느낀 게, 물론 지식들도 중요하지만, 사람들과의 네트워크. 네트워크에서 사적인 자리에서 얘기해 주는 것에 대해 굉장히 많은 도움을 받아서 사람들과의 네트워크를 쌓을 수 있는 자리를 제일 좋아했던 것 같아요. 물론 수업이 기본이 되지만 그 외에도 사람들 만나고, 관계를 쌓을 수 있는 자리를 많이 가지려고 노력해요. 스터디 그룹 같은.

수업을 선택하거나 전공 활동 참여를 결정하는 데 가장 큰 역할을 하는 것은 대학원의 학점이수 요건, 커리큘럼, 전공 졸업 요건, 전공 시스템, 전공 분위기 등을 꼽을 수 있다. 이러한 요건은 활동 체계의 규칙이라고 할 수 있다. 활동 체계에서 규칙은 객체를 향한 주체의 행동을 규제하거나 이끄는 역할을 한다. 학업과 일을 병행하기에 물리적으로 시간이 부족한 경우가 많음에도 불구하고, 해당 학기에 열리는 과목, 수업이 열리는 요일과 시간뿐만 아니라 명시적, 암묵적으로 존재하는 전공 내의 분위기 등은 이들의 대학원 활동들에의 참여 또는 비참여를 결정하는 중요한 요인으로 작용한다.

나에게 도움이 되는 과목, 주제별로 뽑아 보고, 저는 솔직히 시간도 좌지우지 많이 했어요. (중략) 내가 얼마나 학교를 열심히 다닐 수 있을지. 적은 돈이 아니기 때문에 최대한 저의 스케줄상 학교를 많이 갈 수 있는 날로 시간표를 작성해서 스케줄을 잡죠.

저희 학교가 보통 학기당 세미나도 있고, 뭐 이렇게 막 있어요. 학기에 서너 번 정도 있는 건데. 예를 들어, 호프 데이 같은 거. 그래도 절반 이상은 참석했던 것 같아요. 분위기가 뭐냐면 전반적인 분위기가 다 같이 참석하는 분위기라 많이 갔던 것 같아요.

활동 체계 내에서 전공 교수, 동료, 선후배 등은 직장인 학습자들이 학교생활을 하는 데 있어 중요한 부분을 차지했다. 이들과의 공동체 형성과 상호작용을 통해 서로 학습활동을 지원한다. 그것은 전공 관련 지식을 학습하는 데에 있어서뿐만 아니라 해당 분야의 다양한 정보를 얻고 도움을 받기도 한다.

이게 혼자 파서 공부가 되는 부분이 있지만, 대화하면서 알게 되는 것들이 엄청나더라고요. 관심사도 더 뻗어 나가기가 쉽고. 그래서 사람들을 좀 따로라도 찾아서 많이 만나려고 하는 것도 있고.

공동체에 속한 구성원, 즉 동료, 선후배, 전공 교수 및 자신에게 주어진 과업, 역할, 책임 등을 나누는 분업이 이루어지기도 한다. 활동 체계에서 분업은 공동체에서의 역할 수행으로 나타난다. 교수는 가르치는 행위를 통해 대학원생의 학습활동을 촉진하고, 대학원생은 수업에 참여함으로써 배운다. 그 밖에도 수업 활동 및 전공 행사에 참여 정도에 따라 각자의 역할이 세분화된다.

목요일 2교시는 1학기생부터 5학기생까지 다 모여서 발표를 해요. 돌아가면서 자기가 가지고 있는 지식도 발표를 하고, 회사에서 습득한 기술 공법이라든지 이런 것도 발표를 하고, 아니면 외부에서 초청을 해 가지고, 외부강사님들 모시고.

지금까지 서술한 대학원에서의 학습활동을 문화역사적 활동이론의 분석 틀에 따라 정리하면 다음과 같다. 활동체계의 주체(subject)인 대학원에 재학하는 직장인은 도구(tool)인 전공수업, 세미나, 전공모임 등을 매개로 하여 객체(object)인 계속교육을 통한 경력개발을 한다. 여기서 규칙(rule)은 학점이수 요건, 졸업 요건, 커리큘럼, 전공시스템 등이고, 공동체(community)는 함께 공부하는 전공 동료 및 선후배, 전공 교수진이며, 분업(division of labor)은 가르치고 배우기, 수업과 전공 행사 참여 및 역할 분담 등이 된다. 대학원에 재학하는 직장인들의 학교에서의 학습 활동체계를 요약하면 [그림 13-1]과 같다.

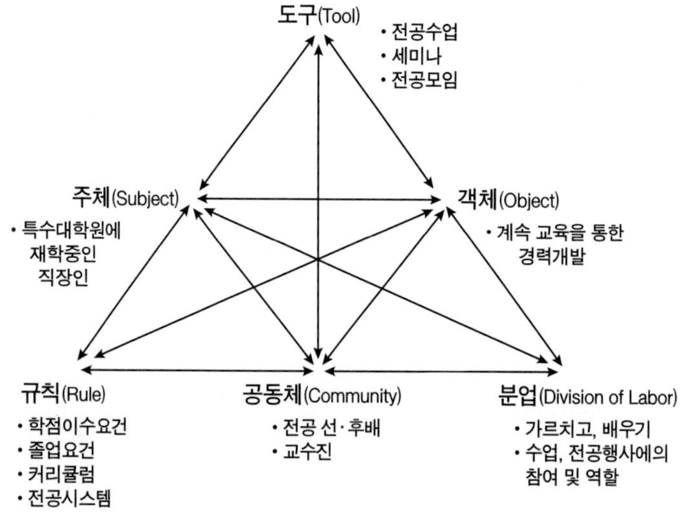

[그림 13-1] 특수대학원에서의 활동체계 분석 결과

(2) 대학원 활동 체계에서의 모순과 해결

대학원에서의 학습활동 체계에서 각 요소들은 서로 협력적으로 연계되어 있지만은 않다. 학업을 병행하는 직장인들이 대학원에서 활동하는 데 있어 그것들은 구조적 갈등에 놓여 있기도 하다. 그런 요소 간의 갈등은 이들이 달성하고자 하는 목표를 방해할 수 있다.

먼저 규칙과 객체 사이에 모순이 발생한다. 규칙인 과목들의 커리큘럼이나 학점이수제도 등은 이미 고정적으로 규정되어 있다. 이는 학생들이 과목을 선택할 수 있는 범위를 한정하거나, 수업 시간 및 수강할 수 있는 강의 수를 제한함으로써 대학원에서 충분하게 학습하지 못하도록 한다. 학부 수준과 별 차이 없는 기본 수업을 또 이수해야 하기도 하고, 과목 선택의 폭이 넓지 않아 어려움을 겪기도 한다.

자율적으로 들을 수는 있게 되지만, 학점이 정해져 있어요. 내가 더 듣고 싶어서, 더 공부를 하고 싶어도 수업이 안 열려 있어요. 그게 되게 답답해요. 전공은 4학점까지밖에 못 들어요.

대학원에서는 학부 때와 같은 전공으로 심화 학습을 위해 진학한 대학원생들뿐만 아니라 전공에 대한 지식 없이 들어온 대학원생들 모두에게 동일한 커리큘럼이 적용된다. 이와 같은 구조는 활동 체계에서 도구와 객체 사이에서도 모순으로 드러난다. 학부 때와 동일한 전공으로 심화 과정을 위해 학업을 병행하는 이들은 기대보다 낮은 전공 수업 수준에 대한 불만을 표출하는데, 전공수업이 자신의 경력을 개발하는 데 있어 크게 도움이 되지 않기 때문이다.

이게 일반대학원을 가르치는 수준하고, 특수대학원을 가르치는 수준이 너무 다른 거 같아요. 저는 내가 부족했던 지식수준을 업그레이드시키고, 학술세미나도 많고, 이런 걸 할 줄 알았는데, 그런 게 하나도 없고, 학부 수준하고 수준이 너무 비슷한 거예요.

위와 같은 모순들은 분업과 객체 간의 모순과도 관련되어 있다. 특히 강의를 맡은 교수의 수업 준비 미흡으로 인한 수업의 질 저하는 직장인 대학원생들이 학습하는 데 있어서 방해요소로 작용하기도 한다.

또한, 객체와 공동체 사이에서 나타나는 모순도 있다. 이것은 대학원의 전공집단이 기본적으로 전공에 대한 관심을 공유하지만, 각자가 다르게 가지고 있는 기존 학습 경험에 대한 차이가 있기 때문이다. 게다가 공동체 구성원 중 누군가는 학습 자체에 중점을 두는 반면 누군가는 학위 취득을 위한 도구로서 대학원 활동에 참여하는 데서 오는 갈등도 존재했다.

이게 이제 전공자와 비전공자가 동시에 수업을 받다 보니까 전공자는 좀 더 그런 얘기를 듣고 싶은데, 비전공자들은 그러면 수준이 너무 높다고 하고, 그러니까 교수님들은 그 수준을 못 맞추시는 거예요.

이런 다양한 모순에도 불구하고, 그런 모순들을 극복하기 위한 노력과 실마리도 존재한다. 그것은 새로운 활동을 제안하거나 적극적으로 참여함으로써 활동 체계 내의 요소들을 변화시켜 나간다. 그런 지속적인 활동을 통해 객체를 지향하는 학습이 가능하도록 만들어 간다.

구체적으로, 기대와 다른 수업으로 인해 어려움을 겪은 직장인 대학원생들이 학교에서 이루어지는 공식적인 활동 외에 비공식적으로 스터디 그룹을 결성하여 수업에서 충족하지 못하는 학습을 보완한다. 또한, 적극적으로 갈등을 타개하기 위해 새로운 활동들을 제안하거나 교수에게 직접 문제를 건의하고 상황을 조절하는 방식으로 문제를 해결하고자 노력하기도 한다.

예를 들면, 세미나 같은 걸 한다거나, 원우들하고 이런 거 저런 거 만들어서 토론회를 해 보자 그런 제안을 많이 해 보죠. (중략) 지도교수님이나 친하게 지내는 교수님들한테 따로 이와 관련된 걸 좀 더 알려 주셨으면 좋겠다고…….

자신들이 겪고 있는 문제에 대해서 학과에도 찾아가서 문제에 대해 건의하고 해결 방안을 모색하는 등의 적극적인 방식을 통해 실제로 수업 내용에 변화가 나타나기도 한다. 이런 노력에도 불구하고 대학원에서의 구조적인 문제를 획기적으로 변화시키는 데는 무리가 있는 경우가 많다. 공동체와의 갈등은 대화를 통해 어느 정도 조정 가능하지만, 대학원 내부적으로 이미 오래전부터 정해져 내려오는 규정이나 규칙 등을 변화시키기는 쉽지 않다. 지속적으로 문제제기를 했으나 결국은 문제를 해결하지 못하는 한계를 인식하고 순응하기도 한다.

제일 처음에 항의도 하고 하다가 나중에는 지쳐서 ……. (중략) 나머지는 교수평가를 할 때 거기에 썼죠. 근데도 아무도 읽지도 않는 거 같아요.

결국, 직장인의 병행적 학습과 이를 통한 경력개발을 위해서는 대학원 제도가 더욱 성인 친화적으로 유연하게 운영될 필요가 있다. 특히 직업인의 계속교육을 위해 설립한 특수대학원은 평생교육의 차원에서 성인학습자가 일터에서 일하면서 업무역량을 높이고 지속적인 경력개발을 지원하는 책임을 다할 수 있어야 한다. 그럴 때 일의 세계 변화에 적절하게 대응하면서 그 역할을 다할 수 있는 고등평생직업교육기관으로서 존재의의를 살릴 수 있게 된다.

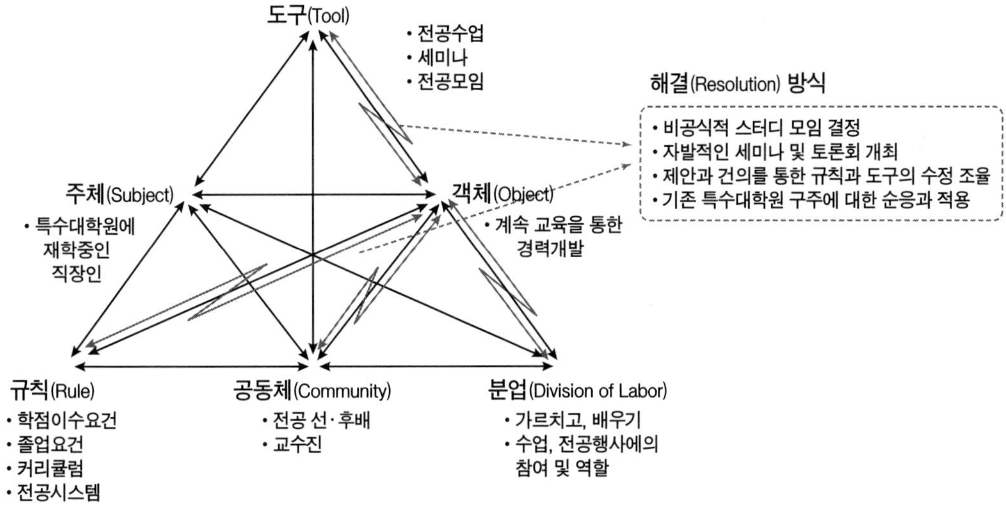

[그림 13-2] 특수대학원에서의 모순과 해결 방식

2. 이직을 통한 경력개발

1) 경력개발과정으로서 이직

평생직장이 소멸하고 있다. 우리나라 근로자들은 일하는 동안 이미 4회 이상 직장을 옮기고 있다(박상철 외, 2010). 근래 들어서 이직률은 더욱 높아지고 있다. 경력직의 이직이 과거에 비해 꾸준히 증가하고 있는 동시에(김혜원 외, 2008), 초기 경력자의 이직은 더욱 빈번하게 이뤄진다. 첫 일자리 경험이 있는 대졸자 10명 중 6명은 2년 후 시점에서 첫 일자리를 그만둔 경험이 있다고 보고된다(김하영, 2015). 기업의 인사담당자들을 대상으로 한 조사에서는 지난 1년간 퇴사자 중 절반가량인 약 49%가 입사한 지 1년 미만인 신입사원인 것으로 드러났다.[3)]

3) 한국경제(2018. 03. 06). 퇴사자 절반이 입사 1년도 안 된 신입사원. https://www.hankyung.com/society/article/201803065111g

전통적으로 이직은 해결해야 할 문제 상황으로 인식하며 논의가 이뤄져 왔다. 조직의 입장에서 '어떻게 하면 근로자의 이직을 낮출 수 있을까'가 주된 관심사였다. 이직률이 높다는 건 그만큼 조직에 대한 불만족과 낮은 충성도를 나타내는 지표로 여겨졌다. 게다가 이직은 채용 및 초기교육 비용의 손실로 이어지기 때문에 이를 줄이려 집중하였다. 개인 차원에서도 잦은 이직은 조직적응 실패로 낙인되곤 했다. 특히 노동시장에 갓 진입한 초기 경력자의 이직은 일자리 탐색 과정에서의 시행착오나 직장 생활에서의 적응 실패로 볼 수도 있다(장서영, 장원섭, 2008).

그러나 이직은 조직과 개인에게 필연적인 현상이고 늘 부정적인 영향만을 주지는 않는다. 한 개인은 불만족스러운 회사를 떠나 새로운 조직에서 더 나은 기회를 찾을 수 있고, 조직 역시 새로운 구성원을 통해 침체된 조직의 분위기를 쇄신시킬 수 있기 때문이다(Greenhaus et al., 2000).

과거에는 부정적으로 여겨지던 이직이 이제는 경력개발의 새로운 과정이 되었다. 노동시장의 유연화로 인해 이직이 빈번하게 이루어지면서 직장을 옮기는 것이 새로운 경력 기회를 찾는 것으로 인식된다. 이직 경험을 개인적 차원에서 해석한 연구들은 자발적인 이직이 갖는 경력개발 측면의 긍정적인 효과에 대한 시사점을 얻기도 하였다(이수연, 박순용, 2012; 신현경, 2016). 따라서 평생직장의 개념이 사라지고 이직이 빈번히 일어나는 경력개발 환경의 변화에 따라 이직에 대한 기존의 부정적 관점에서 벗어나 개인의 경력을 구성하는 방식에서 바라볼 필요가 있다. 개인의 일에 대한 인식과 변화가 일어나고 있는 만큼 그 속에서 직장을 바꾸거나 직업을 바꾸는 이직 경험을 경력개발 차원에서 개인의 경험을 통해 들여다봄으로써 그 의미를 새롭게 해석해 볼 필요가 있겠다.

실제로 경력개발로서의 이직과 관련한 현상은 국내의 '퇴사학교' 열풍으로 잘 드러난다. 소위 '학교'라고 불리는 이곳에서 퇴사를 고민하는 사람들이 함께 모여, 원하는 일을 찾고 체계적으로 이직을 준비하기 때문이다(장수한, 2016). 이직은 이만큼 익숙한 것이 되면서 자신이 더 성장하기 위한 계기로서 일의 교육적 의미를 담고 있다.

특히 근로자 개인에 의해 주도되는 자발적 이직은 현 직장에서의 불만족이나 수동적 의사결정 행동이 아니라 적극적인 개인의 경력개발 활동의 일환이라고 할 수 있다. 여러 일터를 경험하여 장기적으로 자신의 경력 성장을 도모할 수 있다(강예지, 장원섭, 2017). 또한, 현재보다 더 나은 미래를 위한 희망으로 경력 목표를 설정하고 이직 준비 과정에서 학습과 노력을 통해 배우고 성장할 수 있다. 결국, 이직은 현재에 안주하지 않고 미래를 위해 끊임없이 경력을 개발하며 지속적으로 자신을 발전시키는 활동이 되고 있다(손정은, 박재한, 김성혜, 장원섭, 2019). 다음 절부터는 이런 관점에서 지식근로자와 초기 경력자의 이직 경험을 통한 경력개발의 사례들을 구체적으로 살펴본다.

2) 지식근로자의 이직과 경력개발[4)]

지식근로자는 주로 정보를 가공하고 새로운 지식을 창출하는 업무를 한다. 이들은 고학력과 고스펙이라는 특성을 갖는다. 따라서 그렇지 않은 근로자들에 비해 이직 시 더 나은 직위로의 변화, 경력 인정, 유리한 임금 협상과 같은 위치에 있을 수 있다(김성훈, 2008). 이 절에서는 여러 차례 자발적으로 이직을 한 경험이 있는 지식근로자들의 사례를 통해 그 경력개발의 의미를 찾아본다. 이들은 중소 규모나 외국계 기업과 같이 외부노동시장이 비교적 잘 발달된 경우에 해당한다. 그럼에도 불구하고, 점점 노동시장이 유연화되고 이직이 빈번해지고 있으므로 이들의 사례가 다른 많은 근로자에게도 적용될 가능성이 커진다고 보인다.

(1) 지식근로자로의 아비투스 형성

모든 근로자는 일하는 삶을 통해 나름대로 고유한 아비투스를 형성하게 된다. 그것은 직업인으로서 일터에 진입하고 일하면서 형성하는 특정한 성향 체계와 행동 습성을 의미한다. 이 절에서 살펴보는 지식근로자들도 자신의 일터에서 요구하는 아비투스를 형성해 나갔다.

먼저, 지식근로자들은 자신만의 차별화되는 경력을 형성해 나가고 있었다. 학력과 학벌 같은 교육자격증을 통해 노동시장에서 돋보이는 '신호(signal)'를 얻기 위해 석사·박사학위 과정을 이수하기도 했다(Bills, 2004). 그러나 무엇보다 자신만의 고유한 전문성을 계발하는 것이 필요했다. 누구에게나 지식근로자의 길은 열려 있어서 개인의 능력이 출중하지 못하면 쉽게 도태되고 뛰어난 능력을 가진 이들로 대체될 수밖에 없기 때문이다. 이들의 '전문가 되기'는 지식근로자로서 일터에서 남들과는 구분되는 역량을 쌓고, 자신만의 확고한 전문 분야를 계발하는 것을 의미한다.

---

4) 이 절은 강예지, 장원섭(2017). 지식근로자의 경력개발과 이직 경험에 대한 내러티브 탐구. **직업교육연구**, 36(6), 1-26 중 일부를 수정 보완한 것이다.

> 전문 분야를 만들자. 언제 다시 옮길지 모르니까요. 회계 기준법 공부하는 것도 다 미래를 대비하는 거예요. 이 바닥이 워낙에 변수가 많고, 제가 전문성을 갖추지 않으면 안 되니까요. '리스크' 하면 딱 제가 떠오를 수 있게…….

이런 가운데 지식근로자들은 타인과 '구분되는' 이력을 갖출 필요가 있었다. 탁월한 이력 쌓기를 위해 이직 시 회사를 선택할 때 기업의 '네임밸류'를 매우 중요하게 고려했다. 그것은 자신이 어떤 일 경험을 했는지 그리고 자신의 소속이 어느 정도였는지를 '드러내기' 때문에 또 다른 이력을 쌓을 때 수월하도록 돕는 경력 자본으로 기능한다.

> 브랜드요. 기업 브랜드를 안 볼 수 없는 것 같아요. 이건 넥스트 커리어를 위해서도 정말 중요한 것 같다는 생각을 해요. 왜냐하면 일을 조금 하다보니까 결국 어딜 가나 어느 산업군이나 일을 하는 건 비슷하기 마련이라서 무엇을 배우겠다……보다도 과연 내 결정이 '이력서를 보기 좋게 만들 수 있나'라는 고민은 하는 것 같아요.

이력이 타인을 의식해 외적으로 드러내는 방식인 반면, 일 경험은 스스로의 내적 만족을 만들어 가는 기반이었다. 지식근로자들이 선호하는 일 경험은 하나의 일터나 부서에 국한되는 것이 아니라 다양한 조직이나 프로젝트 경험이었다. 그것이 더 자신의 경력이나 성장에 도움이 된다고 인식했다. 일터는 일을 통해 학습할 수 있는 기회의 장이므로 직접 일을 경험하여 배우고자 하는 의지가 매우 높았다. 특히 여러 조직을 거치면서 다양한 업무를 경험하고자 했다. 만약, 그런 배움이 제한된다고 느낄 때 그것은 이직을 선택하는 이유가 됐다.

> 컨설팅 처음 일할 때 경력적으로 많이 성장했다는 느낌을 받았어요. 그때 한 7개월 정도인가…… 아마 제가 투입된 프로젝트가 10개는 되는 것 같아요. 좋았던 점은 10개 프로젝트를 하면서 프로젝트 성격이 조금씩 달랐는데 프로젝트마다 PM들이 모두 다르고 같이 일하는 사람들이 달라요. 그 말인즉슨 프로젝트마다 배울 사람들이 다 다르다는 거예요.

(2) 자발적 이직을 통한 경력 성장

여러 차례 자발적으로 이직한 지식근로자들은 그 과정 자체에서 배움과 경력 성장을 경험했다. 한 번의 이직에는 다양한 요인들이 영향을 미칠 수 있지만, 반복되는 이직 행위를 위해서는 경력개발에 대한 적극적인 의지와 주체성이 필요하다. 이들은 경력을 철저하게 개인의 몫으로 인식했다. 특히 스스로가 판단하였을 때 '좋다'라고 느낀다면 그것은 자신을 양적으로나 질적으로 향상시킬 수 있기 때문이었다.

I에 있을 때는 외국계였고, 경력관리 프로그램이 잘 되어 있었어요. (중략) 그런데 한계가 있어요. 저는 늘 제가 원하는 게 있으면 적극적으로 찾아가서 요구하는 편이었어요.

이 지식근로자들은 새로운 일터에서 신선한 자극을 통해 성장하기 위해 자발적 이직을 감행했다. 성공적인 이직은 언제 찾아올지 모르는 기회를 대비하여 일상 속에서 지속적으로 이력을 관리하고 있었기 때문에 가능한 일이었다. 현 조직에 불만이 없더라도 이직을 준비하고 계획했다는 점은 이직이 이들의 성장과 발전을 위한 경력개발 활동의 일환임을 잘 드러낸다.

평소에 습관적으로 레주메를 업그레이드시켜요. 이건 언제든지 저를 필요로 하는 사람들 예를 들면, 헤드헌터라던가……. (중략) 이건 딱히 이직 생각이 없더라도 내가 잘 하고 있는지 경력관리의 일환인 거죠.

물론 이들도 '회사가 나를 버리기 전에, 내가 나간다'와 같은 비자발적인 자발적 이직을 하는 경우도 있었다. 그렇지만 여러 차례의 이직 과정 중에는 정규직 근무를 하다가 자발적으로 단기 계약 근로를 선택하기도 했다. 이런 변칙적 경력 경로는 원하는 직무 역량을 키울 수 있는 일터에 직접 진입하여 학습하기 위해서 또는 대학원 진학을 위해 근무시간과 업무강도를 유연하게 사용하기 위해서 선택하곤 했다.

처음부터 계약직 위주로 알아봤었어요. 8시 출근 5시 퇴근. 제가 정규직으로 매여 있으면 공부하는 데 방해가 될 것 같으니까요. 그 시기에는 대학원이 메인이었고, 경제적인 부분이나 경력이 단절되면 안 되니까 제 상황과 조건에 맞는 걸 찾기 위해서 구직을 했어요.

결국, 여러 차례 이직을 경험한 지식근로자들에게 자발적 이직은 배우고 성장하는 시간이었다. 여러 차례의 이직 과정에서 각각의 일터는 학습의 유용한 자원이 되었다. 모든 조직은 고유의 역사와 문화, 규칙을 보유하며, 그곳에 참여한 개인은 그것을 습득하는 과정에서 정체성을 형성하고, 다른 구성원들과의 상호작용을 통해 성장한다. 이직자들에게 자신이 경험한 각각의 일터는 거기에 귀속되어야만 습득할 수 있는 국지적 지식을 제공했고, 그 지식이 쌓여 해당 분야의 전문가로 인정받을 수 있는 성장 기회가 될 수 있었다.

이렇듯 직장 이동은 이들이 설정한 경력 목표를 달성하기 위한 '경력 징검다리'의 역할을 하기도 했다. 이때 징검다리가 되는 직장은 원하는 최종 직장 혹은 직무를 위해 잠시 머물다가 나올 곳으로 인식됐다. 원하는 경력 목표에 맞춰 '징검다리 건너기'와 같은 경력 행동은 개개인의 경력 목표를 구체화시키고, 일터 내에서 해당 직무를 직접 경험해 봄으로써 새롭게 탐색할 수 있는 기회를 마련한다는 점에서 개인의 학습과 성장에 직접적으로 영향을 미친다.

자발적 이직자들은 한 조직 내에서 업무적으로 느끼는 매너리즘을 극복하기 위해 이직을 선택하기도 했다. 그러나 이것은 단순히 무료함이나 답답한 감정이 아니라, 경력적으로 더 성장하고 배우고 싶은 학습의 의지와도 같았다. 현재 일터에서 만족하며 일하고 있지만, 그럼에도 불구하고 또 다른 일터에 참여했을 때 얻을 수 있는 새로운 자극을 찾아 이동하는 것이다.

> P에서 5년 정도 일했을 때였어요. 일도 너무 편했고, 나름 제 방도 있고 대우도 좋았던 편이었죠. (중략) 만약 그곳에 있었더라면 (부서장 승진이) 약 3~5년 더 있어야 했을 거예요. 그때 마침 C에서 연락이 온 거죠.

이 지식근로자들의 여러 번의 직장 이동은 개개인의 경력 목표를 지속적으로 재구성하는 데 큰 영향을 미쳤다. 경력 초기에 모호했던 목표들을 구체화하기도 하고, 때로는 기존에 경험하지 못했던 것들을 갈망하며 변주하는 양상을 보이기도 했다. 예를 들어, 한 지식근로자는 'IT 엔지니어'로 일했지만, 직장 이동을 통해 사람을 만나는 'IT 영업직'이 더 잘 맞는다는 것을 알게 되었고, 보다 장기적으로는 'IT 컨설턴트'라는 경력 목표를 가질 수 있었다.

결론적으로, 이직은 그 자체가 개인의 적극적인 경력 의사 결정을 바탕으로 한 경력개발 과정으로서 의미를 가진다. 이직 과정은 한 개인이 직업인으로서 자신의 전문 분야에서 더 나은 위치를 차지하기 위한 자리매김 과정으로 볼 수 있다. 이런 점에서 특히 자발적 이직은 경력의 혼란이나 정체가 아니라 개인의 성장과 발전에 도움을 주는 경력개발로서 해석될 수 있다. 물론 한 개인의 이직 행동은 노동시장의 상황과 사회문화적 맥락 속에서 형성되고, 개인이 어떤 집단에 속하는지에 따라 구조화된 행동 양식들이 경력 의사결정에 서로 다른 영향을 미칠 수 있다. 따라서 이직은 그 자체로 학습이나 성장이라기보다는 이직 행위가 일어나는 맥락 속에서 그것을 직접 경험하는 근로자 개인들의 존재와 이들의 지속적인 자기성찰과 반성을 통해 학습과 성장의 과정이 될 가능성을 갖게 된다.

3) 초기 경력자의 이직과 경력개발[5)]

(1) 취업난 속 퇴준생

‘첫 단추를 잘 끼우는 것만이 능사일까?’ 사회에 처음 진입하는 초기 경력자들에게 첫 직장 선택의 중요성을 언급하는 주변의 조언은 누구나 한 번쯤 들어봤을 것이다. 하지만 설렘과 기대로 들어온 첫 직장 생활에서 직면하게 되는 이상과 현실의 괴리감은 누구에게나 오기 마련이다. ‘첫 단추를 잘못 끼웠더라도, 다시 잘 꿰어 나갈 수 있는 것 아닌가?’ 힘든 취업난을 뚫고 사회에 첫발을 내딛는 사회초년생들의 직업 선택에는 우연적 요소들이 많이 개입해 있다. 경험의 부족에서 오는 회사 선택의 기준과 입사 후 마주하는 사회생활의 어려움의 요소들이 복합적으로 작용하는 경우가 많다. 엄청난 경쟁률을 뚫고 들어온 첫 직장에서 마주한 입사 초기의 현실적 적응의 문제들은 신입사원의 조기 퇴사로 이어지는 경우도 흔히 볼 수 있다.

최근 취업난 속에서 어렵게 들어간 회사를 떠날 결심으로 퇴사를 준비하는 퇴직준비생들이 늘어나고 있다. 직장인이면서 구직자인 퇴직준비생은 일하면서 동시에 자격증 취득 등 이직 준비를 한다.[6)] 이들은 퇴사하고 싶지만 당장 회사를 그만두는 것이 아니라 자신이 원하는 것을 하기 위해 퇴근 후 남는 시간을 할애하거나 주말 또는 여가 시간을 활용하여 재취업 준비를 한다. 이들은 직장에 대한 불만으로 과감히 사직서를 내는 것이 아니라, 현재 직장 생활에 충실하면서 자신에 대해 충분히 공부한 다음 퇴사 이후의 삶을 준비하는 과정을 거쳐 더 나은 직장으로의 재취업을 도전하게

5) 이 절은 손정은, 박재한, 김성혜, 장원섭(2019). 초기 경력자의 자발적 이직 경험에 관한 현상학적 연구. 교육문화연구, 25(5): 641-660 중 일부를 수정, 보완한 것이다.

6) 시빅뉴스(2018. 04. 09). 취업난 시대에 퇴직 꿈꾸는 ‘퇴준생’ 급증…‘퇴직학교’까지 등장. https://blog.naver.com/billbernbach/221248466861

된다.

이 절에서는 실제 이직을 경험한 대졸 초기 경력자들의 경험을 자세히 들여다보고자 한다. 이들이 경력 불이익을 감수하고서라도 힘들게 들어간 첫 직장에서 이직을 결심하게 된 경험과 관련된 개개인의 목소리에 주목하여 자발적으로 이직을 경험하게 된 전반의 과정을 살펴본다. 특히 '이직 준비과정'에 주목한다. 회사에 다니면서 이직을 준비했던 경험과 이직 후 자신의 그 경험을 돌이켜 보는 이야기들을 들어 본다. 이직을 결심한 순간부터 어떻게 이를 준비했으며, 이직 후 자신을 되돌아보았을 때 어떤 변화를 거쳤는지 성찰해 봄으로써 이직 준비와 과정에 관련된 경험을 심층적으로 들여다보고자 한다. 초기 경력자의 이직 또는 이직 준비 경험을 심층적으로 이해하기 위해 대학 또는 대학원 졸업 후 회사에 입사하여 5년 미만의 경력을 가진 초기 경력자들의 사례를 살펴보자. 청년 취업난 속에서 힘들게 들어간 회사를 그만둘 결심을 하고, 무작정 나오는 것이 아닌 치열한 준비과정을 거쳐 이직 성공 후에 나오는 이러한 초기 경력자들의 경험을 생생하게 담고 그 속에 담긴 이직 경험의 의미를 드러내 보자.

4) 초기 경력자의 이직 경험

경력에 있어서 초기경력 단계는 교육의 세계에서 일의 세계로 전환되는 시기다. 초기 경력자들은 낯선 환경에 새롭게 적응해야 하는 힘든 경험을 하게 된다. 자신에게 맞는 첫 직장 선택을 한 사람들은 이직에 대해 고민을 하지 않겠지만, 이 절에서 다루는 초기 경력자는 첫 직장 선택의 실패 또는 불만족을 느껴 스스로 이직 준비를 하는 경우다. 이들은 과감히 회사를 그만두는 것이 아닌 현재의 업무에도 충실하면서 한편으로 자신의 부족한 역량을 채워 나가면서 다음 단계의 경력을 위해 노력하고 있었다.

이들 초기 경력자의 이직 경험은 '성장의 한계' '성장에 대한 열망' '남다른 학습 의지 발현' '배움을 통한 만족' '배움을 통한 성장' '계속되는 성장에 대한 열망'으로 범주화할 수 있었다. 즉, 초기 경력자들은 첫 직장에서 성장의 한계를 느꼈고, 스스로 더 성장하고 싶다는 희망으로 지독한 학습의 과정을 거쳐 다시 새롭게 이직을 하면서 경험을 통해 배우고 성장하는 모습을 보여 주었다. 그리고 이들은 현재에 안주하지 않고 끊임없이 경력을 개발하며 지속해서 발전시키려는 모습을 확인할 수 있었다([그림 13-3] 참조).

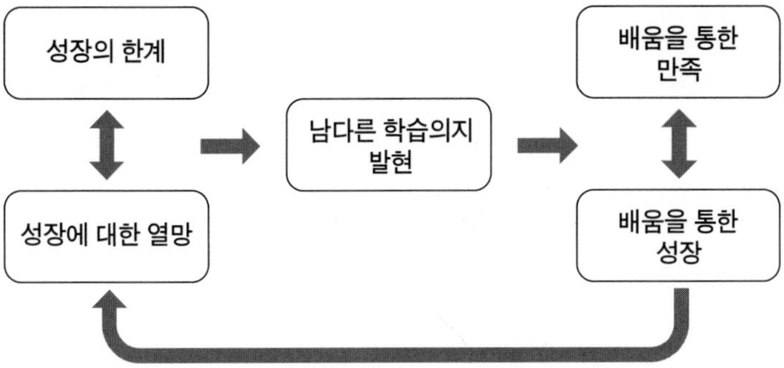

[그림 13-3] 초기 경력자의 이직 경험의 구조

초기 경력자의 이직은 첫 직장에 대해 만족하지 못했기 때문에 선택한 도전이라 볼 수 있다. 이들은 이직을 결심하기까지 스스로에 대한 성찰의 과정을 거쳤고, 이를 바탕으로 이직 준비에 대한 기회비용을 고려하여 명확한 목표 설정 후 자신의 경험을 활용하는 모습을 공통적으로 보였다. 자발적 이직은 개인에게 선택권이 주어진다. 이들의 이직에 대한 고민에서 보듯, 이들의 이직은 스스로가 처한 문제의식에 대한 깊은 성찰의 과정을 거쳤다고 볼 수 있다.

'내가 왜 이렇게 하고 있어야 하나?' 생각이 들었어요. 내가 앞으로 대기업 어디를 가든 이렇게 고과에 시달리고 사람한테 치일 바에야 그냥 이직하자고 결심했어요. …… 일단 업계의 성장성에 대한 의문, 회의감이 있었고요. …… 좀 더 멋있는 사람이 되고 싶고, 똑똑한 사람이 되고 싶은데 거기 있다 보면 금세 그런 의지 꺾이겠다 싶었어요.

초기 경력자들의 이직 경로를 살펴보면, 처음 들어간 기업보다 좋은 근무 환경의 조건을 찾아 이직을 성공한 경우가 대부분이다. 이는 개인의 생애주기 경력단계에 있어서 사회초년생들에게 특징적으로 나타날 수 있는 경력 전환의 경로라고 볼 수도 있다. 이 시기를 지난 이후의 경력단계에서는 점차 이직의 유동성이 줄어들면서 더 좋은 근무 환경으로 이동할 기회나 가능성이 줄기 때문이다. 첫 직장에서 조직의 임무를 수행하기 위한 시행착오의 과정을 거쳤기에 이들에게 습득된 경험들이 여러 차원 중 본인이 추구하는 조직적합성에 초점을 두고 이직을 위해 노력한 경우들이라 볼 수 있다. 실제 이들의 이직 준비과정은 첫 구직 활동보다 좀 더 구체화된 목표와 전략으로 학습을 해 나간 것을 확인할 수 있다.

확실히 6개월 경력이 있으니까, 경력이 아예 없는 것보다 6개월 경력이 있는 것으로 서류도 많이 붙고 면접도 많이 붙고 그러더라고요. 경쟁력을 더 올리기 위해 준비했던 건 토익이랑 오픽 점수를 더 올리는 데 집중했어요. 금융공기업 준비를 위해서는 한국사랑 경제학, 필기시험을 보거든요. 경영학 시험 보기 위해서 인터넷 강의를 듣고. 스터디 그룹 많이 참여했죠. 면접이나 시사상식도 공부해서 일주일에 한 번 정도 모여서 토론하고 얘기 나누고 했었어요.

첫 직장에서의 경험을 통해서 이전보다 더 나은 직장을 선택했던 초기 경력자들의 전반적인 이직 과정을 통한 현재 직장 생활의 만족도는 높은 편이었다. 하지만 이들에게 있어 이직은 경력개발의 일환으로 여겨지면서, 현재에 안주하지 않고, 앞으로 더 많은 경력개발 기회를 얻겠다는 자기개발 의지가 강한 모습을 보이기도 하였다. 이는 이직을 경험해 보았기 때문에 가질 수 있는 프로티언 경력 태도와 무경계 경력개발의 성향이 더 강한 모습을 보이기도 하였다.

나에게 일의 의미는 내가 더 나은 사람이 되고, 발전하는 거예요. ……그냥 어떤 사람에게 기획서는 그냥 노동이니까 다 노동이지만 기획서 쓰면서 어떻게 하면 더 좋은 표현을 쓰고 어떻게 하면 좀 더 자연스럽게 글을 쓰고 쉽게 읽히는 글을 쓸까를 계속 고민하면서 쓰다 보면 한 1년 전에 쓴 기획서 보면 고칠 거 되게 많거든요. 지금 그런 거 같아요. 계속 일하면서 보면…… (실력이) 향상되는 느낌, 향상되는 거. 현재 직장에서는 제가 일을 잘하면 알아주는 사람이 있어요. 인정욕구가 자기개발 욕구랑 비슷한 거 같아요.

최근의 조직들이 이미 사회초년생이라도 일 경험이 있는 인재를 선호하는 채용 현상이 나타나고 있다. 이는 사회초년생들의 이직에 대한 선택과 기회가 많아지고 있다는 의미가 된다. 조직에서도 이직을 더는 부정적 측면으로만 인식하는 것이 아닌 경험 있는 인재를 확보하는 통로로 보는 시각으로 점차 넓혀졌음을 알 수 있다. 특히 이제는 젊은 세대를 중심으로 한 조직에만 더 이상 머물지 않고, 다양한 조직에서 일 경험을 하기를 원하며, 스스로가 개인의 경력을 관리하는 경력에서의 주도성과 주체성이 강해졌다(Hall, 1996).

하지만 여전히 초기 경력자는 다른 연령대와 달리 한 개인이 사회의 온전한 구성원으로 자리매김하는 것이 더욱 중요한 시기에 있다. 따라서 조직 차원에서 초기 경력자들의 입사 후 이들의 학습과 성장에 대한 욕구를 인식할 필요가 있으며, 조직과 개인이 바라보는 목표의 불일치를 최소화하기 위한 활동이 필요함과 동시에 이들의 개인적 선택과 경력개발에 대해 존중할 필요가 있다.

3. 독립근로자의 관계적 경력개발[7)]

새로운 일의 세계에서 독립근로의 등장과 그 의미에 대해서는 이미 제1장에서 다룬 바 있다. 이 절에서는 독립근로자가 자신의 경력을 개발하는 양상에 대해 살펴본다. 독립근로자의 비전통적인 노동 형태와 작업방식, 그리고 약화된 고용관계는 새로운 경력개발의 모습으로 나타난다. 전통적으로 조직에 속한 구성원에게 경력이란 곧 승진을 뜻하고 승진은 연공에 대한 보상이라는 의미를 가졌지만, 독립근로자에게 이런 경력개발은 무의미하기 때문이다. 임금근로자와는 달리, 독립근로자는 일에 있어서 자율성과 통제권, 그리고 유연성의 수준이 높은 반면 성과에 대한 책임도 크다. 따라서 이들의 스스로 자신의 학습과 성장을 지속적으로 도모해야만 한다. 안정적 직장과 정년퇴직 등을 보장할 수 없는 가운데 독립근로자의 경력개발은 '무경계 경력(boundaryless career)', '변화무쌍한 경력(protean career)' 같은 새로운 경력개발의 양상을 적나라하게 보여준다(Arthur & Rousseau, 1996; Hall, 2002). 이 절에서는 스스로 독립근로를 선택해 일하는 삶을 살아가고 있는 사람들의 사례들을 통해 새로운 경력개발의 모습을 구체적으로 살펴본다.

1) 일의 넓이 확장

전통적으로 경력개발은 시간이 지나가면서 일과 관련한 경험들을 누적해 가는 개념으로 여겨졌다. 이와 반면에 독립근로자에게 경력개발은 수평적으로 일의 영역을 확대하는 의미가 더 강하게 나타났다. 한 가지 업무에서 깊이를 추구하기보다는 여러 프로젝트들을 통해 일의 넓이를 확장하는 것이 더 의미 있는 경력발전이라고 여기는 것이다.

독립근로자는 전문성을 기반으로 일하지만 일정 수준을 넘어서면 특정한 고유 업

---

7) 이 절은 이수용, 장원섭(2013). 독립근로자의 경력개발 의미와 과정에 관한 질적 연구. HRD연구 15(4), 27-48을 요약, 수정한 것이다.

무를 고집하기보다는 일의 경계를 넘나들며 자신의 업무 범위를 확장하고자 한다. 자신의 직종 내에서 가급적 다양한 프로젝트를 많이 경험해 봄으로써 자신이 감당할 수 있는 분야가 점점 넓어지도록 한다. 많은 업무 경험을 바탕으로 자신의 업무 영역을 확장하고 다양한 프로젝트들을 수행할 수 있어야 고객과의 계약에서 유리하기 때문이다. 이런 확장이 독립근로자에게는 자신의 경력을 발전시키는 과정이 된다. 계속적인 역할 확장을 이루어 나가는 과정이 자신의 진화과정인 셈이다.

늘상 했던 거, 익숙한 거를 (하게 되는데) 물론 내가 안 했던 것을 그쪽에서도 제안을 하지도 않겠지만. 산업군도 다르면 어려워요. 근데 전 그걸 너무 많이 해서 싫습니다. 전 다른 쪽 해보고 싶네요. 다른 산업을 해보고 싶네요. 그러면 금융 쪽으로 도전을 해서 성공적으로 프로젝트를 마치면…… 그것이 바로 경력개발이 되는 거예요. 이러면 내 경력에 추가가 되는 거잖아요. 애드가 되는 거죠. 애드에 대한 크기가…… 늘상 했던 것에 대해 블록 하나가 쌓아진다면, 금융을 했다면 블록 두 개가 쌓이는 그런 효과를 갖고 오는 거죠.

결국, 독립근로자는 자신만의 독자적인 영역을 구축한 전문가로서 인정받아야 하는 동시에, 빠르게 변화하는 시장 상황과 고객의 요구에 대응하여 스스로 '변화무쌍'하게 앞서 변신할 수 있어야 한다. 자신만의 고유한 상품을 지속적으로 개발하는 일은 계속 업무 성과를 내서 시장에서 인정받으며 경력발전을 이루어 나가기 위한 중요한 기반이 된다.

내가 컨설턴트 나와서 첫 번째 했던 프로젝트랑 두 번째랑 일하는 방식이 계속 달라져요. 그만큼 내가 진화하는 거지. 그래서 다른 사람들로부터 일하는 방식도 배우고, 논리를 전개하는 방식도 배우고, 채우는 거지.

2) 느슨한 관계의 이용

독립근로자들은 말 그대로 독립적으로 일한다. 그럼에도 불구하고, 사회적 관계를 통한 비독립적 경력개발을 한다. 실제로, 독립근로자의 사회적인 관계는 단순한 관계 그 이상이다. 이들의 사회적 관계는 도구적인 성격이 강하다. 독립근로자들은 자원과 정보에의 접근성이 상대적으로 불리한 위치에 놓여 있기 때문에 다른 사람들과의 넓은 관계를 이용해 이를 획득하는 경향이 있다.

가장 중요한 건, 컨설팅 비즈니스에서 네트워크가 가장 중요하기 때문에…… 기존에 자기가 갖고 있던 네트워크를 프리랜서가 되든 정규직이 되든 똑같이 네트워크를 활용한 정보의 획득, 이런 게 가장 중요하죠.

개인이 보유하고 활용할 수 있는 지식이나 능력이 제한적이라는 사실은 모든 인간으로 하여금 사회적 관계를 형성하게 하는 중요한 이유가 된다. 그런데 독립근로자는 한 회사 내에서 동료들과 장기적이고 강한 관계를 구축하지 못한다. 따라서 학연, 혈연, 지연 등을 바탕으로 한 일차적 집단이나 직업 또는 직장생활에서 이어진 직연 등을 매개로 한 사회적 관계가 더욱 중요하다. 그런 관계는 단순한 정보교환 차원을 넘어서 직접적인 계약 체결을 위해서도 필요하다.

독립근로자들은 특히 느슨한 관계 구조를 형성하는 것이 효과적이다(Granovetter, 1973). 다른 개인들과의 관계를 연결하는 '가교(bridging)'를 많이 만들어야 자신의 관계망을 넘어선 외부적 연결이 가능하기 때문이다(Burt, 2005). 이를 통해 새로운 지식과 정보의 확장을 도모할 수 있다.

기존에 제가 잘 알고 지내던 사람들한테 잘하면…… 조금씩 조금씩 확장되고 소개시켜 주고…… 일 때문에 누굴 또 만나게 되고. 그 사람이랑 코드가 맞으면 친구 또는 고객이 늘어나게 되고. 그렇게 되는 것 같아요.

사회적 관계는 독립근로자 자신에 대한 홍보와 계약 체결을 위해서도 필요한데, 몇몇 키맨과 빅마우스의 역할은 긍정적인 레퍼런스를 형성하는 데 지대한 영향을 미칠 수 있다. 특히 이전 직장의 동료들은 정서적 지지뿐만 아니라 독립근로자가 초기에 시장에 안착하고 계속해서 프로젝트를 수주할 있도록 실제적인 도움을 주는 중개자로서 역할을 수행하기도 한다. 이처럼 학연, 직연 등과 같은 사회적 관계는 독립근로자들의 경력개발을 위해서뿐만 아니라 거래와 수입을 높이기 위해서도 중요하게 이용된다.

그 전에 저랑 같이 일을 했던 친구들이 저랑 같이 성장을 했으면…… 같이 팀을 이뤄서 디자이

너, 개발자 이런 사람들이 같이 일을 하거든요. 그 사람들이 전에 다니던 직장에 있기도 하고 회사를 딴 데로 옮기기도 하고. 그 사람들이 지금은 과장급이나 대리급이란 말이에요. 그러면 그 사람들이 저한테 일을 주죠. 그 사람들이 저랑 같이 성장을 했기 때문에. 그렇게 소개를 많이 받았죠.

3) 성공 척도로서 성과와 인정

프로젝트 계약을 기반으로 일하는 독립근로자들에게 있어서 자신의 경력개발 정도와 수준은 곧 수주하는 일의 질과 내용뿐만 아니라 수입의 안정성과 타인으로부터의 인정 등을 통해 알 수 있다.

내가 프리로 알려지고…… 돈은 많이 주지만 어설픈 애 세 명의 몫을 혼자 하더라, 시장의 평판이 좋으면, 그러면 비싸고 좋은 프로젝트가 오는 거죠. 해 주세요 해 주세요, 그런 것에서 '내가 이쪽 세계에서 인정을 받고 있구나'라는 느낌을 막연하게 받아요. 프로젝트의 질과 횟수죠. 얼마나 비싸고 크고 중요한 프로젝트가 오느냐. S전자 프로젝트가 오는 것과 저기 지방의 중소기업의 프로젝트가 오는 것과는 몸값이…… 아예 내 사는 세상이 다른 거거든요.

이렇게 독립근로자로서 성공적인 경력개발을 하게 되면 들쭉날쭉이던 수입도 안정적으로 유지된다. 수입이 안정된다는 건 자신의 스케줄을 공백 없이 채운다는 것을 의미한다. 이와 반대로, 수입이 없는 시기가 있다는 건 생계 측면에서뿐만 아니라 할 일 없이 시간을 보내야 하는 매우 힘들고 불안한 일이다. 따라서 수입의 안정성은 업계에서 독립근로자의 수준을 알 수 있는 가장 확실한 척도다.

수입수준도 달라지고. 수입의 안정성, 캐시플로우가 얼마나 안정되었는가가 중요해요. (중략) 매달 일정 수준은 들어와요. 일이 꾸준히 있다는 거. 예전에는 내 고객은 컨설팅 회사니까, 이 회사에서 한 번, 저 회사에서 한 번, 찔끔찔끔 들어왔어요.

독립근로자의 경력이 발전하고 있다는 걸 알 수 있는 또 다른 지표는 타인으로부터의 인정이다. 여기서 타인은 다양한 사람들을 포함한다. 그들은 고객일 수도 있고, 같은 업종에 종사하고 있는 경쟁자일 수도 있다. 또한, 해당 분야에서 영향력 있는 인물

일 수도 있다. 승진과 같은 객관적인 지표로 경력 성공을 평가받는 직장인들과는 달리, 독립근로자들은 전문성과 성실함을 바탕으로 이런 사람들로부터 인정을 받는 것이 더욱 중요하다. 자유로운 경쟁시장에서 사회적으로 인정받음으로써 그에 따른 더 많은 책임과 권한을 위임받게 된다. 이를 통해 독립근론자는 자신이 그만큼 더 성장했음을 인식하게 한다.

굳이 표현을 하자면 역할 확장이라고 할 수 있죠. '아. 내가 괜찮구나' 그거에서 만족을 하는 것 같아요. 자주 전화가 와요. 클라이언트나 선배들한테 전화가 와요. 이런 프로젝트가 있는데 네가 좀 해 줬으면 좋겠다, 그런 이야기를 들으면 내가 인정받고 있구나. 성장하고 있구나. 괜찮네. 죽지 않았어. 이런 느낌을 받는 거죠. 그런데 다른 공식적인 조직에서 느끼는 승진이나 이런 형태의 경력개발은 기대하지도 않고 있을 거라 생각하지도 않아요. 시장의 인정과 그에 따른 보상, 그게 프리랜서를 동기부여 하는 것 같은데요.

결국, 독립근로자의 경력개발은 전통적인 임금근로자와는 상당한 차이가 있음을 알 수 있다. 그것은 '무경계 경력'이나 '변화무쌍한 경력' 같은 새로운 경력 개념으로 잘 설명될 수 있다. 이와 동시에, 주목할 만한 점은 독립근로자가 결코 독립적인 존재가 아니라는 것이다. 역설적으로, 독립근로자의 경력개발에서는 비독립적인 특성이 강하게 나타난다. 조직을 떠나 '독립'하지만 이들이 처음 시장에 진입해서 안착하고 성공에 이르기까지에는 사회적 관계가 필연적으로 개입되어 있다. 이러한 비독립성은 독립근로자의 경력개발 과정 역시 다른 사람들과의 관계 속에서 이루어지고 있음을 보여 준다. 이들의 경력개발은 업무 숙련도나 개인적인 학습을 위해서뿐만 아니라 경쟁적인 시장에서 자신의 생존 자체를 위해서라도 사회적 관계에 의존할 수밖에 없는 것이다.

제14장

일하는 여성의 삶

1. 여성 노동시장과 경력개발

일하는 여성의 수는 크게 늘어났지만 그들의 일하는 삶은 여전히 고달프다. 1970년 39.3%였던 여성의 경제활동참가율은 2020년 52.8%로 증가했다.[1] 특히, 고학력 여성의 노동시장 진출이 두드러진다. 우리나라 여성의 대학 진학률은 1980년 21.6%에서 2009년 82.4%로 급격히 치솟았고 이때부터 남성의 진학률을 넘어섰다. 고학력화 속에서 이뤄지는 경제활동참여율 증가는 여성 자신의 일하는 삶의 질을 높이는 데 있어서뿐만 아니라 국가사회적인 인력 활용을 위해서도 긍정적인 변화라고 할 수 있다.

그럼에도 불구하고, 우리나라 노동시장은 여전히 여성들에게 불평등하다. 여성의 고용률은 2009년 47.8%에서 2019년 51.6%로 다소 증가했지만 여전히 남성의 70.7%에 크게 못 미친다.[2] 여성 취업자 중 전문직 비율이 지속적으로 증가하고 남녀 임금격차도 감소하는 추세지만, 2019년 여성 임금근로자의 시간당 임금은 남성의 69.4%에 그치고 있다.[3] 2019년 대졸 이상 졸업자 가운데 여성의 취업률은 65.2%로 남성 69.0%에 비해 3.8%p 낮았고, 그 격차가 2016년 2.6%p, 2017년 3.0%p, 2018년 3.6%p로 계속 벌어지고 있다(교육부, 2020b). 특히 국내 200대 상장사 등기임원 가운데 여성은 4.9%에 불과하고, 여성 중간관리자 비율 역시 15.4%로 OECD 평균인 33.2%의 절반도 안 되는 최하위 수준이다. 중앙부처 고위 공무원 중 여성 비율도 8.5%에 불과하다. 그 결과로 고등교육과 남녀 임금격차, 기업 임원과 여성 국회의원 비율 등을 종합해 여성들이 조직 내의 보이지 않는 성차별을 깨고 성장할 수 있는 환경이 어느 정도인지를 측정하는 '유리천장지수'에서 9년째 OECD 국가 가운데 최하위

1) 경제활동참가율이란 15세 이상 인구 중에서 취업자와 실업자를 합한 경제활동인구의 비율을 뜻한다.

2) 고용률은 15세 이상 인구 중 취업자의 비율을 뜻한다.

3) 여성가족부(2020). http://www.mogef.go.kr/nw/enw/nw_enw_s001d.do?mid=mda700&bbtSn=708663

였다.[4)]

남성 중심의 일터 상황에서 여성이 경력을 개발하고 성장하기에는 불리할 수밖에 없다. 특히, 조직 내 비공식적 관계망이 남성 중심으로 이뤄져 여성들이 경력개발에 필요한 정보를 공유받거나 심리사회적인 지원을 받기 어렵고 여성 롤모델을 찾기도 쉽지 않기 때문이다. 한마디로, 일터에서 여성은 경력개발을 위한 멘토링 또는 개발지원관계를 형성하는 데 있어서 불리한 위치에 놓여 있다(이민영, 장지현, 장원섭, 2018)

게다가, 30대 여성의 경력단절은 여성 노동시장의 후진성과 경력개발의 불리함을 단적으로 보여 준다. 근래 들어 경력단절 여성의 수와 그 기간이 줄어들었고, 30대 여성의 경제활동참가율과 고용률도 높아지고 있다. 이에 따라 비교적 완만한 곡선을 그리고 있지만, 여성의 연령대별 고용율은, 역U자 형태인 남성과는 달리, 여전히 M자 모양을 유지하고 있다.

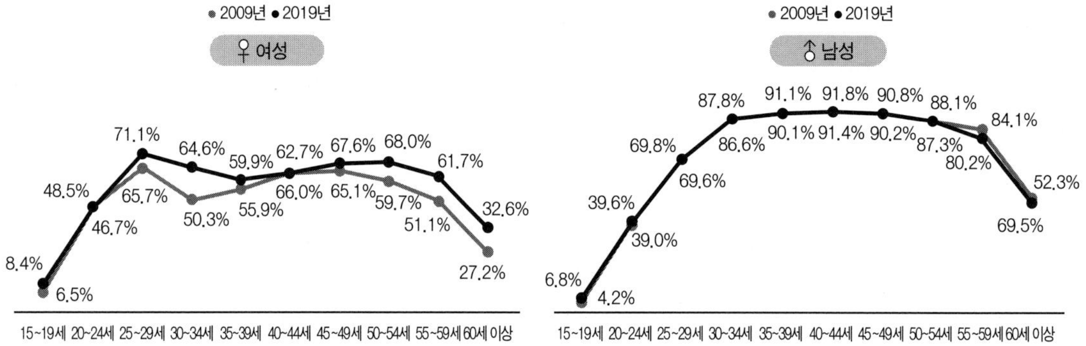

[그림 14-1] 성/연령별 고용률

출처: 통계청 경제활동인구조사.

여성이 결혼, 임신, 출산, 그리고 육아 등의 이유로 직장을 그만두고 노동시장에서 퇴장한다는 건 여성 개인의 경력개발을 위해서 큰 손해다. 특히 경력단절 후 노동시장에 재진입하고자 하는 경우에 이전보다 더 열악한 처우에 직면하게 된다. 경력단절 기간이 길어질수록 취업성과에 부정적인 결과를 초래한다(문한나 외, 2021). 다른 한편, 10년 이상 경험을 쌓은 30대 여성의 경력단절은 기업에 적응하고 업무에 대한 지

4) 여성신문(2021. 03. 10.). 한국, 유리천장지수 9년 연속 OECD '꼴찌'. https://n.news.naver.com/article/310/0000085147

식 및 노하우를 가진 인력의 손실을 초래한다. 그로 인해 기업이 여성인력에 대한 투자와 지원에 대한 부정적 인식을 초래하여 초기 진입단계에서부터 여성인력을 기피하는 현상으로까지 이어질 수 있다. 특히 고학력화된 여성 인력의 노동시장 진입과 경력 유지에서의 어려움은 국가 차원의 인적자원 활용 측면에서도 막대한 손실이라고 할 수 있다.

결국, 개인, 기업, 국가 차원에서 여성의 경력개발은 중차대한 문제라고 할 수 있다. 이 문제를 해결하기 위해서는 여성의 다중역할 책임과 경력 지속에 대한 더 깊은 탐구와 대안 논의가 절실히 요청된다. 다음 절들에서는 일하면서 육아를 병행하며 이중고를 겪고 있는 워킹맘과 그런 어려움을 헤쳐나가며 경력을 지속한 고경력 여성의 사례들을 통해 이에 대한 시사점을 찾아본다.

2. 워킹맘 되기[5)]

일 · 가정 양립 정책이 시행되기 시작한지 20년 이상이 지났지만 "육아부담"은 여성의 경력 지속을 저해하는 주요 요인이 되고 있다(이정희, 2014). 특히 어린 자녀를 둔 워킹맘은 직장 일을 하면서도 가사와 육아까지 도맡아야 하는 심한 '이중고'를 겪고 있다(김영미, 2013; 조혜영, 2012). 우리나라 여성의 일과 육아 병행의 어려움은 고학력 여성이라고 하여 예외가 아니다. 이 절에서는 일과 육아를 병행하는 30대 후반의 고학력 워킹맘들의 이야기를 생생하게 들어 본다. 특히, 개인의 심리적 고충을 넘어 문화역사적 맥락 속에서 일과 육아를 병행하는 삶의 과정을 알아본다.

1) 일과 육아의 경계 짓기

워킹맘들이 경험하는 어려움은 일과 육아 활동의 순조로운 병행을 위한 분명한 '경계 만들기', 남들에게 이해받지 못한 채 직장인과 엄마의 주체성을 오가는 '변신하는 힘겨움', 그리고 본질적으로 예측 불가능하고 통제하기 어려운 속성을 갖는 일과 육아 활동 체계의 '통제되지 않는 일과 육아의 경계'라는 구조적 모순들이 드러났다.

---

5) 이 절은 구유정, 장원섭(2018). 고학력 여성의 '워킹맘되기'에 대한 문화역사적 활동이론적 접근. **여성연구** 98(3), 5-34를 수정보완한 것이다.

(1) 일과 육아의 경계 만들기

아이를 출산하기 전과 후, 일하는 여성으로 살아가는 과정은 분명하게 달라졌다. 출산휴가 또는 육아휴직의 공백 이후 달라진 일터 환경에의 적응뿐 아니라, 가정 구성원들 간의 새로운 역할 분담, 그리고 주 양육자가 바뀌거나 기관에 다니게 되는 등 자녀가 경험하는 변화에 대한 적응을 지원하는 것까지 고려되어야 한다. 워킹맘들은 만반의 준비를 해 두었음에도 불구하고 복직, 혹은 이직 후에 일과 육아를 병행하는 삶이 안정화되기까지 수개월의 시간이 걸렸다.

> 한 3개월은 걸렸죠. 휴직도 처음, 복직도 처음 해 보고 애기 어린이집 보낸 것도 처음이고 부모님 모시고 사는 것도 처음이고 애기 아빠도 여기로 이사하면서 장거리 출퇴근하는 게 처음이어서, 새로운 환경에 적응하는 게요. 그리고 처음으로 학부모가 되서 애기 보내는 여러 가지가 복합적으로 그런 시기였어요.

워킹맘으로의 삶에 적응한다는 것은 이와 같이 일과 육아 활동을 순조롭게 병행하기 위해 일과 육아의 경계를 설정하고 그것을 지키고자 하는 데 목적이 있다. 워킹맘들은 일과 육아의 활동 체계 간의 경계를 재정비하고 조정함으로써 일과 육아 활동 각각을 잘 수행하고자 했다. 한편으로는 일터에서 워킹맘들은 자신에게 주어진 역할과 위치에 맞게 자리매김하기 위해 할 일이 많았다. 새롭게 바뀐 조직의 제도나 직무를 숙지해야 했으며 조직 구성원으로서 잘 융화되고자 의지를 갖고 노력했다. 이러한 양상은 출산 후에 전혀 새로운 일을 시작한 경우뿐 아니라 복직한 경우에도 마찬가지였다.

다른 한편으로, 가정에서는 새롭게 구성된 육아공동체가 잘 가동되도록 가족 간의 조율이 필요했다. 가족과의 협력적 육아활동은 거기에 함께 참여하는 남편, 친정어머니 등의 모든 주체들에게 익숙하지 않은 일이었기에 서로 간의 마찰을 해결하고 순조롭게 협력해 나가기 위한 분업체계를 변경하거나 규칙들을 만들어 나가야 했다.

적응의 과정에서 가장 신경 쓰이는 것은 아이였다. 아이가 엄마의 출근 자체를 받아들이기까지 얼마간의 시간이 걸렸다. 아침마다 출근길에 아이가 엄마를 붙잡는 상황 때문에 워킹맘들은 내적 갈등과 어려움을 느끼고 때로는 출근이 늦어지기도 했다. 아이가 엄마의 출근을 받아들이고 익숙해지는 것이 워킹맘 스스로 인식하는 적응 기간을 구분하는 중요한 기준이 되었다.

(아이를 돌봐 줄) 사람을 알아봐야 하나 했는데 진짜 한 달쯤 지나니깐 애도 그냥 받아들이게 됐는지, 그 전에는 밤에 잘 때 '엄마 내일은 일찍 와 꼭 일찍 데리러 와야 돼' 그런 얘기 하면서 잤어. '아빠 꼭 일찍 와' 막 그렇게 얘기하니깐 막 미치겠는 거야. 그래서 지금은 좀 가벼워졌는데 그때는 정말 심각하게 고민을 했었지. 일을 왜 다녀야 되지, 일을 계속해야 하나 말아야 하나 이런 거…….

(2) 경계를 넘나드는 변신

워킹맘의 삶에서 일과 육아의 두 활동은 시간과 공간을 기반으로 철저히 분리되는 방식으로 공존했다. 이들은 일터에서는 직장인, 집에 와서는 엄마로 변신했다. 그것은 마치 직장인으로서의 정체성과 엄마로서의 정체성 간의 모드 전환을 하는 것과 같았다. 이와 같은 변신의 과정은 소모적이었다. 워킹맘의 삶에는 여가가 끼어들 틈이 없이, 삶은 일과 육아로 포화상태였다. 이렇게 반복되는 일상의 지침과 고됨을 하루살이, 쳇바퀴 도는 일상으로 표현하기도 했다.

이제 퇴근하면서 변신하는 거죠. 엄마로 변신해서 이제 애 잠들 때 같이 잠이 들고, 그러니깐 그래서 저는 아침에 8시에 출근을 해서…… (중략) 하루가 지나고 나면 뿌듯함보다는 힘들다, 지친다. 그렇다고 해서 제가 뭔가를 만들어 가는 게 아니고 똑같은 일상에서 내 체력만 방전되는구나.

하지만 이러한 삶의 고단함은 일터에서나 가정에서 제대로 이해받지 못했다. 함께 일하는 공동체 안에서 워킹맘들은 남들과 다른 이질적인 존재들이었다. 좀 더 빠르게 일하고 집중하는 대신 퇴근 시간을 지키는 식의 다름은 조직 내에서 인정되거나 전달되지 못했다. 일과 육아로 포화상태인 삶이었기 때문에 워킹맘의 입장에서는 출산 전보다 더 많은 에너지를 쏟고 있는 것이었음에도 불구하고 그에 대하여 부정적인 인식들만이 존재했다. 워킹맘이라는 특수한 삶의 맥락에 대한 이해로부터 그들의 삶을 지지하고 지원하는 문화나 인식은 찾아보기 어려웠다. 이것은 가정에서나 일터에서나 마찬가지였다.

저는 임신했을 때부터 그랬는데요, 내가 가진 역량의 120을 해도 남들이 봤을 때는 80, 70 하는 걸로 보는 거예요. 나는 120을 해도……. 정말 힘들더라고요.

그래서 야근을 뺀다고 얘기하고 그렇게 했는데, 근데 남들이 보기에는, 다른 대리 아닌 계장들이 보기에는 대리나 됐는데 일을 안 해서 다른 직원이 힘들겠구나, 이러겠죠.

일, 또는 육아 활동을 함께 하는 사람들과의 관계에서 발생하는 갈등은 단순한 대인관계의 문제를 넘어서 일, 또는 육아 활동이 협력적으로 이어지지 못하도록 하는 방해로 작용했다. 특히, 워킹맘의 일과 육아 활동에서 이러한 갈등은 일시적인 것이 아니다. 직장생활을 하는 과정에서 주체들 간의 서로 다른 목소리와 입장이 지속됨에 따라 누적되고 심화되는 갈등이었다.

(3) 통제되지 않는 경계 구분

워킹맘들의 일과 육아 활동은 예측불허, 통제 불능의 과정들이었다. 이와 같은 활동의 특성은 적응 기간을 지난 후에도 계속 이어졌다. 이들은 소속된 조직, 업무의 내용과 방식이 바뀌거나 새롭게 추가되는 것을 경험했다. 육아에서도 뜻밖의 조정과 비상상황은 예측하기 어려운 것들이었다.

워킹맘들은 직장 일에서 자율적으로 일할 수 있는 주도권을 갖고 있는 경우라고 할지라도 고객이나 조직의 요구에 맞추어 움직여야 했다. 근무시간 외에 고객의 요청에 따라 업무가 발생하면 그에 따라 움직여야 하고, 회사에서 새로운 사업을 시작하면 그 필요에 따라 움직여야 한다. 지금까지 해 왔던 일에서 범위가 넓어지고 일하는 방식도 다양해졌다. 이러한 일들은 워킹맘이 육아에 집중하는 시간으로 설정해 놓은 경계를 침범하는 일들이었다.

육아를 침범하는 것들이 생깁니다. 예를 들자면, 갑자기 프로젝트가 생긴다든지 굉장히 우선순위가 높아지는 일이 생기는 비정기 업무들이 생깁니다. 조직 차원에서는 뭔가 기획을 하고 만들어 내면서 거기에 걸맞게 몇 가지 사업들을 많이 하고 싶어 하는데 처음 기획하는 것들에 따라서 일을 하는 방법들이 조금 다양해졌어요. 회사 외부에서 만나는 사람이 좀 더 다양해지고 하는 업무도 일의 내용이 조금 더 다양해졌어요.

육아의 과정에서도 언제 어떤 상황에 직면할지 예측하기 어려웠다. 아이가 갑자기 아프거나, 어린이집에 등원하지 못하는 경우, 그리고 아이의 부정적인 반응들이 워킹맘들에게 '비상상황'이었다. 구축해 놓은 육아 체계는 비상상황에 따라 일시적으로 목표가 바뀌고 그에 따라 육아 체계가 일시적으로 변경되었다.

> 아침에 소아과 갔더니 구내염 맞다고 그래서 바로 팀장님한테 연락드렸지……. 팀장님 애들도 구내염 자주 걸렸거든…… 화요일부터 쭉 못갈 것 같다고……. 근데 다음 주 월요일이 다행히…… 공휴일인가 그랬어. 쉬는 날…… 딱 1주일 앓고 화요일날 나 출근하고 애기도 어린이집 갔어. 구내염 같은 거는 옮는 거라 격리돼야 되잖아.

이처럼 워킹맘들은 일과 육아를 병행하는 과정에서 위기의 순간들에 직면하고 순발력 있게 대처해야 했다. 그러한 위기의 순간들은 구조적인 차원에서 볼 때 애초에 일과 육아를 병행하는 자신만의 경계와 구획을 설정했지만 그러한 것들이 무너지고 일이 육아 활동을, 육아가 일 활동을 침범하는 형태로 이해할 수 있었다. 그리고 그러한 구조적 모순은 일과 육아 활동이 정적이고 일관되게 유지될 수 있는 성격을 갖고 있지 않다는 것에서 기인한다.

2) 일하는 삶의 학습 과정

일과 육아 사이의 경계 속에서 여러 가지 제약과 충돌을 경험하면서 워킹맘들은 맺고 끊기의 일하는 방식과 경계 짓기와 허물기의 삶의 방식을 학습했다. 워킹맘으로 유연하게 살아가는 주체성을 배워 가고 있었다.

(1) 요령껏 맺고 끊기

워킹맘들은 일 활동에서 발생하는 여러 모순들을 적극적으로 해결하지 못한다. 일 활동에서 이들이 겪는 어려움은 함께 일하는 다양한 주체들의 목소리들 중 하나에 불과하기 때문이다. 워킹맘들은 적극적으로 자신의 입장에 대한 정당한 인정과 존중을 요구함으로써 구조적 모순을 해결하는 대신 몇 가지의 소극적 전략들을 통해 대응했다. 이러한 대응 방식은 매우 자연스럽고 당연한 것이었다. 워킹맘들은 일에 관한 활동들에 대해 최소한으로 하기, 욕심내지 않고 미루기, 모르는 척하기의 전략을 통해 자신의 영역을 설정했다. 아이가 어린 현재의 상황에서 워킹맘들은 선택의 여지가 있는 일에 관하여 필수적이지 않은 일들은 포기해 버렸다. 한마디로, 육아를 병행하면서 소화할 수 있는 일의 범위를 '최소한'으로 좁혔다.

정말 최소한만 하고 사는 것 같아요. (중략) 뭐라고 한들 저 사람이 나한테 윤리적인 규탄을 할 수 없게 최소한만 잘하자……. 그걸 잘하면 되잖아요. 최소한 욕은 안 먹잖아요.

이와 같이 워킹맘들이 '욕심내지 않고' 보류하는 일들에 해당하는 것 중 대표적인 것은 일에 관한 학습활동이었다. 워킹맘들은 일의 전문성을 위해 공부할 것도 많고 경력개발을 위해 자율적으로 학습할 여지가 많지만 그러한 새로운 활동들을 추가하지 못하고 있었다. 공식적인 교육의 경우에도, 승진 시험을 위한 선수 과정을 이수하기 위해 연수를 떠나는 것은 생각할 수 없다. 직장에서 보내 주는 연수를 함께 일하는 동료에게 양보해야 하는 것이 오히려 당연시 여겨졌다. 승진을 위해 자율적으로 열심히 준비해 왔던 동료와 아이를 대신 돌봐 주시는 친정엄마, 그리고 아이, 누가 봐도 욕심을 부리는 것 같았다.

필수로 하는 것 말고 더 하면 좋은데 그걸 못해서……. 하면 좋은데 시간이 없고, 지금 하는 일이 수출입인데 공부해야 할 양이 엄청 많은데 시간이 없어요. 야근 못하고 뭔가 일을 더 추가를 못하는 거죠. 지금 상태에서 그냥 딱 돌아가는 정도로만 해 놓는 거죠. (중략) 잘하고 싶죠. 마음은 맨날 그런데 현실이 투자를 할 수 없으니깐……. (중략) 그러다 보니 그럴 때는 내가 밀리는 거지.

워킹맘들의 개인플레이 때문에 동료, 선후배들 간의 관계에 갈등이 초래되기도 했다. 일 공동체의 다른 주체들과 다른 이질적인 태도로 인해 동료, 선후배들과 갈등을 빚었지만 그에 대해 적극적으로 관계를 개선하고 상황을 해결하려 하기보다는 '모르는 척'하는 방식으로 대응할 수밖에 없었다. 아이에 대한 우선순위를 포기할 수 없다면 실질적으로 그러한 문제를 해결할 수 없다고 판단하고 갈등을 회피하는 것이다.

내가 대출을 빠지니깐 남자 직원 한 명이 씩씩대면서 제 자리로 왔죠. 이미 그때부터 엄청 눈치가 보이죠. 그래서 그때부터 개인금융 업무도 해 주고, 대출 외의 다른 업무는 내가 다 가져오고 지금 이런 상태예요. 그들의 입장에서는 내가 남자 직원이었으면 나눠서 1/n 하면 될 것을 하는 거니깐……. 그런 미안한 걸 그냥 생각을 안 해 버리는 거죠. (웃음) 진짜…… 나는 모르쇠 이렇게요. 말을 못하겠어요.

(2) 비상 통로 만들기

일과 삶의 균형이란 일정한 상태가 아닌 불안정하고 끊임없는 협상의 과정이다(Wattis, Standing, & Yerkes, 2013). 이러한 과정은 워킹맘의 일과 가정의 균형잡기에서도 나타났다. 워킹맘들의 일상에서 일과 육아는 시간과 공간에 따라 경계 지어졌지만, 일과 육아의 변화무쌍한 성격 때문에 그 경계를 침범하게 될 때 이들은 갈등을 경험했다. 일과 육아의 경계를 명확히 구분하는 전략들을 통해 최대한 일과 육아 활동 간의 충돌을 해결하고자 했지만 그 외에 어쩔 수 없는 '침범'이 발생할 때는 그 경계를 계획적으로 허물어 버리는 방식으로 해결했다. 특히 이러한 일과 육아의 방식은 워킹맘이 일에 대한 주도권과 책임감을 갖고 있는 위치에 있을 때 더욱 분명하게 나타났다.

> 사실은 나도 걔를 재워 놓고 내 생활을 하려고 하는데, 왜냐하면 사업이다 보니깐 집에서도 연장선이야. 집에 가서도 블로그 관리를 한다거나 생각을 하거나 기획, 본사와의 왔다갔다하는 문서가 있으면 그걸 해야 되거든. 그렇게 해서 할 수 있는 일도 엄청나거든.

이와 같이 일과 육아 활동이 경계를 넘나드는 현상에서는 일의 내용이 구분된다는 특징을 보였다. 일과 육아의 경계가 허물어지는 것은 일과 육아 사이에 쌓아 놓은 벽을 무계획적으로 아무렇게나 무너트리는 듯한 모습이 아니라 일과 육아 간의 경계를 넘나드는 방식과 일의 내용을 위한 비상 통로를 만들어 놓은 것과 같은 모습이었다. 즉, 특정한 일들을 집에서 하는 일로 구분한다든가 좀 더 개인적인 일을 집에서 처리하는 해결 방식이었다.

> 그냥 센터에서 못다 한 일들을 집에 가서 하는 거야. 그러니깐 항상 이래. 아, 요 일은 집에서 해도 되는 일, 이런 게 있어.

워킹맘들이 이런 전략들로 대응한 것은 보다 근본적인 구조적 모순을 해결하기보다 개인적 차원에서 주어진 과업을 해결하기 위한 자구책이었다. 이들이 경험하고 있는 구조적 모순은 문제로서 인식되지 않고, 워킹맘 개인이 표면적인 행위 수준에서 처리되는 학습의 형태를 띠었다. 문화역사적 활동이론에서 활동 주체의 목소리는 개인의 위치와 동기의 표현이다. 하나의 활동을 공유하는 주체들은 서로 다른 목소리의 차이를 드러내고 해결함으로써 상호 협력적으로 확장학습을 이룰 수 있다(Engeström,

2008). 하지만 워킹맘들은 힘을 잃고 자신들의 목소리를 내지 못하는 모습이다.

결국, 워킹맘으로서 겪는 일과 육아 병행의 어려움들이 여러 가지 사회구조적 제약들로부터 기인함에도 불구하고 여성 개인이 해결해야 할 문제로 치부되고 있다. 이런 가운데 일과 가정의 두 세계를 넘나들며 변신하던 모습에서 이제는 자신만의 독특한 주체성을 확립하게 되었다. 이런 워킹맘의 사례는 경력단절의 기로에서 경력 유지를 선택하고 일과 육아를 병행해 온 일하는 여성의 고단한 삶의 모습이었다. 이들은 삶에서 공식적으로 제도적인 불이익을 당하고 있지 않았지만 이들이 일하며 살아가는 방식을 선택하는 과정에는 암묵적이고 문화적인, 비공식적인 억압의 기제들이 존재했다. 이들이 경험한 구조적 모순을 그들이 일하고 살아가는 방식, 즉 그들만의 '워킹맘'으로서의 주체성을 형성하도록 하는 학습의 발단으로 이해할 수 있다. 따라서 여성의 경력유지방안으로서 공식적인 제도적 지원보다는 사회적 인식이나 문화와 같은 비공식적인 맥락의 개선이 더욱 중요함을 시사한다. 육아 활동을 유급노동과 마찬가지로 가치있는 일로 여기고 일과 육아의 병행을 지지하는 사회적 인식이 공유되어야 할 것이다.

3. 경력 만화경 돌리기[6)]

여성의 일을 단지 생계 수단으로만 한정 지을 수는 없다. 여성의 일하는 삶 속에는 그들이 학습하고 성장해 온 역동적 과정이 내재되어 있기 때문이다. 따라서 일이 여성 개인을 어떻게 성장, 발전시키는지를 교육학적으로 탐색할 필요가 있다. 특히, 일을 일 이외의 삶과 철저히 분리한 채 생계를 위한 경제적 이익 추구 수단으로만 여기는 경향이 커지는 현실에서, 더군다나 앞 절의 워킹맘의 사례에서 보았듯이, 일을 다른 삶의 활동들과 경계 지으려는 여성의 경우에는 더욱더 일이 가진 의미와 가치를 되살리는 노력이 필요하다(장원섭, 2018).

이 절에서는 경력을 유지하기 어려운 여러 사회구조적 제약에도 불구하고 자신의 일을 지속해 온 고경력 여성들의 경력과정 속에서 일의 의미를 찾아보고자 한다. 그럼으로써 불리한 일터 환경 속에서 여성이 어떻게 경력을 유지할 수 있을지, 그리고

---

6) 이 절은 구유정, 조혜나, 장원섭(2020). 고경력 여성의 경력 만화경 돌리기. 안드라고지 투데이 23(2), 1-26을 수정 보완한 것이다.

그 과정에서 여성에게 일이 가진 교육적 의미는 무엇인지를 살펴보고자 한다.

1) 만화경 경력

여성의 경력개발 과정은 전통적인 남성 중심의 경력개발 모형으로는 설명하기 어려운 부분이 존재한다. 전통적 경력모형은 개인이 학교를 마치고 한 조직에 취직하여 승진 사다리를 타고 얼마나 빨리, 얼마나 높이 올라가느냐와 같은 일직선의 과정으로 그려졌다(김나정, 차종석, 2014). 그러나 제13장에서 살펴봤듯이, 새로운 경력개념은 조직과 직업들의 경계선을 넘나들고, 일과 일 이외의 삶의 구분을 허무는 등과 같은 다양하고 변화무쌍한 양상들을 보여 준다. 특히 여성의 경력개발은 초기 성역할 지향성, 고용 불평등, 가족 책임 등과 같은 여러 가지 장벽으로 인해 남성보다 훨씬 더 역동적이며 복잡한 경험 속에서 이루어진다(Coogan & Chen, 2007).

만화경 경력모형(kaleidoscope career model)은, 전통적인 선형적 경력모형과 달리, 경력 형성자의 주체성을 강조하며 비선형적이고 통합적인 관점으로 경력개발에 대해 다룬다. 만화경의 관(tube)이 회전하면서 유리 조각이 새로운 배열로 변화하는 패턴을 생성해 내는 것처럼, 만화경 경력모형은 개인이 그들의 관계와 역할을 새로운 방식으로 결정하여 나가기 위해 자기 삶의 측면을 다양하게 회전시킴으로써 경력 양상을 어떻게 변화하는지 묘사한다(Mainiero & Sullivan, 2005). 개인은 만화경 렌즈를 통하여 경력 선택을 평가하고 관계와 개인적 가치 및 관심과 더불어 경력 요구, 제약, 기회 중에서 가장 잘 맞는 것을 선정한다. 한 가지 결정이 내려지면, 그것은 만화경 경력 양상의 결과에 영향을 미친다. 만화경이 세 개의 거울을 사용하여 무한한 무늬를 만들어 내듯이, 개인은 결정을 내릴 때 '진정성(authenticity)' '균형성(balance)' '도전성(challenge)'이라는 세 가지 경력요구에 집중하여 자신의 경력 만화경 무늬를 만들어 낸다(Mainiero & Sullivan, 2005). 한 개인의 인생에서 자기 삶의 특성과 맥락을 일치시키는 최적의 접점을 찾는 동안, 만화경 경력모형의 ABC 변수는 특정 시기에 우선시되는 요소에 따라 하나의 요소가 전경(foreground)으로 이동하고 강화된다. 다른 두 요소는 강도가 감소하고 배경(background)으로 물러나가지만, 개인의 현재 삶과 경력의 양상을 만들기 위해 세 가지의 경력 요구가 모두 필요하므로 여전히 존재하며 활동적이다(Sullivan et al., 2009). 예를 들어, 마이니에로와 설리반(Mainiero & Sullivan, 2006)에 따르면, 남성과 여성의 경력 양상은 초기에 모두 도전성을 추구한다. 그렇지만 남성은 중기에 자신들의 경력경로에 집중하는 진정성에 집중하고 후기에 삶의 균형성을 추구하는 반면, 여성은 중기에 균형성에 초점을 맞추어 가족과 관계적 요구에 집중하는 경력 양상을 보이며, 후기에 진정성을 추구한다.

다음 절부터는 만화경 경력모형을 기반으로 15년 이상의 오랜 경력을 유지한 40~50대 고경력 여성들의 사례를 통해 이들이 역동적인 경력 과정을 거치면서 각 경력의 단계별로 어떤 경력 요구를 우선시하는지를 살펴본다.

2) 진정성: 경력 전반의 지지대

만화경 경력모형에서 진정성이란 개인의 내적 가치를 자신의 외부 행동과 소속한 조직의 가치와 일치시키는 정도를 말한다. 즉, 자신의 흥미나 신념, 의지에 따라 일하고자 하는 욕구다. 이는 '자신에게 솔직해지는 것(being true to oneself)'이라고 볼 수 있다(Shaw & Leberman, 2015).

고경력 여성들에게 진정성은 경력의 전반적인 과정에서 끊임없이 고려되는 중요한 요소였다. 특히 경력의 과정에서 어떤 위기에 봉착할 때마다 자기 자신이 진정으로 원하는 것이 무엇인지 질문하고 자기 스스로에 대해 성찰하는 방식으로 돌파하고자 했다. 가령, 입직 초기에 조직문화나 직무가 자신과 잘 맞지 않거나 부당함을 경험하고 그것을 자신의 진정성을 탐색하는 기회로 삼기도 했다. 이직의 과정에서도 연봉과 같은 외부적인 조건들보다도 자신이 정말 사명감을 갖고 원하는 일인지, 자신에게 잘 맞는 자리인지를 더욱 우선시하도록 했다.

> 제가 책상에 전화기가 한 5대 정도 있어서 초기에는 정말 전화 받고 차 드리는 것만으로도 끝났었는데, 근데 제가 스스로 그 자존심이 있었던 게 회장님이 되게 책을 많이 읽으시고 정보를 많이 보시는 분이에요. 스크랩을 많이 하시는 분인데, 스크랩을 주실 때도 저는 내가 그냥 내가 단순하게 카피하는 사람이 아니라 '난 정보 프로파일러야!' '난 모든 사람에게 정보를 주는 사람이야!' 스스로 그렇게 했던 것 같아요.

경력 중기 이후에도 진정성은 지속되며 끊임없이 변경되고 확장되었다. 경력 초기에 자신의 독특성과 고유성에 집중하며 인정받고 경력을 쌓아가는 데 두어 왔던 초점을 점차 타인, 조직 더 나아가 사회에 영향력을 끼치고자 하는 차원으로 확장하고자 했다. 경력 초기의 진정성이 자신이 추구하는 것, 즉 자기 자신의 내면의 소리에 집중되어 있었다면, 경력의 중기를 넘어서면서부터는 조직이, 사회가 원하는 자신에 대한 기대나 요구까지도 수용한 형태로 확장된 것이다. 한마디로, 진정성이 자아의 확장을 동반하는 방식으로 나타났다.

……육체적으로 사실 힘들죠. 근데 이제 그래도 뭔가 스스로 약간 자기 최면, 자기 주문 이런 걸 하는 것 같아요. 네가 힘들지만, 이거 보고 마케터들이 좋아하잖아. 이제 또 네가 이런 거로 또 잘난 척했잖아 뭐 이러고. 내일은 또 내가 뭘 해야 되지 뭐 이런 거. 다음 달에는 어떻게 해야 되고 내년엔 어떻게 해야 되고 여기 운영은 어떻게 해야 되고……. (중략) 그리고 또 저랑 같이 일했던 분들이 또 인제 다른 사이드에서 아 여기서 이렇게 했더니 이렇게 좋더라 그러면 이 공간에 대한 가치도 올라가게 되고 조금 더 선순환이 될 수 있고…….

3) 균형성: 일 지향적 통합

균형성이란 경력 과정에서 개인이 일을 가족, 친구, 여가 등 일 외의 삶의 영역들과 균형을 잡기 위해 노력하는 정도를 말한다. 여성들의 경우 가사와 돌봄 노동이 일 외의 삶의 영역에서 매우 큰 비중을 차지한다. 특히 앞 절에서 보았듯이, 출산과 육아가 여성의 경력 변화에 크게 영향을 끼친다.

기혼이고 자녀가 있는 고경력 여성들은 출산 후 자녀들이 어느 정도 독립적인 생활을 하는 대략 10세 전후 시기까지 큰 고비들을 넘겼다. 이때는 짧게는 몇 개월, 길게는 몇 년 단위로 진정성과 도전, 균형이 우선순위를 다투는 역동적인 시기였다. 경력개발과정을 경력의 초기, 중기, 후기로 구분하기보다는 출산 전, 출산 후 육아 집중기, 그리고 육아로부터 어느 정도 해방된 재몰입기의 세 단계로 보는 것이 더 적절한 구분이었다.

그 어린이집에 애를 맡기고 돌아오는 순간 애는 울고불고 난리를 치잖아요. 그거를 집에서 나오면서 그거를 매일 연속 전쟁을 치르면서 '뭐 이제 어린이집만 끝나면 관둘까?' 뭐 이런 그런 일과 삶의 양립 때문에 고민이 많았던 시기가 있었죠. 애가 지금은 열네 살인데 열 살쯤 전후까지 정말 매해 고민했던 것 같아요.

일과 육아를 양립하면서 어느 정도 안정궤도에 들어서면 자신의 전문성을 좀 더 심화하기 위한 도전을 하기도 한다. 이러한 경력의 과정은 균형성에서 도전의 추구로 경력 요구가 변화한 것으로 볼 수 있지만, 진정성을 실현하기 위해서 학업과 같은 또 다른 균형성을 찾아가는 과정이기도 했다.

학업이 끝나고 작년 올해 정말 바쁘게 일하고 계속해 보고 싶은 것들을 다 해 보고 하면서…… 그 전에 본격적인 학업을 하기 전에 100킬로로 달리고 학업할 때 50~60킬로로 달렸다면, 다시 또 속도를 160킬로, 150킬로로 가고 있어요.

고경력 여성들은 이렇게 진정성과 균형성, 도전성을 우선시하는 역동적인 경력 과정 속에서 점차 일과 일 외의 삶을 하나로 수렴해 가고 있었다. 일과 학습, 가정생활은 제각기 작동하는 것이 아니라 톱니바퀴처럼 함께 같은 방향으로 돌아가는 것이었다. 그리고 그 방향은 일 지향적이었다. 가정생활은 경력 활동에 긍정적인 에너지와 영감을 제공하는 학습의 자원이었다. 일하면서 경험했던 일상들을 가족과 공유하고, 아내이자 엄마로서의 역할이 자신의 일을 더 잘 해내는 데 도움이 되기도 했다. 예를 들어, 한 고경력 여성은 워킹맘으로 경력을 유지해 오면서 문제의식을 느끼고 있던 주제를 사업 아이템으로 승화시켰다.

저는 진짜로 충전지가 가정이거든요. 남편이고 아이고. 그러면 배터리가 다 돼서 잠시 집에 있는 주말이나 그때 인제 하는 기간이 물론 애들 뭐 뒷바라지하느라고 육체적으로 힘들기는 하지만 정서적으로는 그게 되게 충전이 돼서 나오거든요.

제가 사실 직장생활을 18년 그렇게 하면서 제일 어려웠던 게 아이를 셋을 낳고 키우면서 직장생활을 한 거죠……. 너무 힘든데 저는 그냥 어떻게 꾸역꾸역 했거든요……. 그런데 도우미 구하는 게 이렇게 어렵단 걸 처음 안 거예요. 진짜 개선이 필요하다. 근데 이제 마침 사업 제안을 할 기회가 있었고 이런 것도 개선해 보면 좋겠다. 그래서 발의가 되었고 사람들도 비슷한 생각하시는 분들이 많으니까 오케이가 되었었죠.

4) 도전성: 한 걸음씩 가다 보니

만화경 경력모형에서 도전성은 일에 자극을 주기 위한 승진, 과업 수행, 교육 등 다양한 활동들에 대한 필요성의 정도를 의미한다. 고경력 여성들은 경력 과정에서 체계적인 계획이나 목표, 야망을 갖고 학습 목표를 구성하고 진취적으로 일했다기보다는 주어진 삶의 여건 속에서 때마다 요구되는 역할에 부응하기 위해 성실히 노력하는 학습자들이었다.

> 그러니까 인제 그런 거는 끊임없이 해 왔던. 그러니깐 이거를 거창하게 도전이라고 하면 좀 그런데. 어쨌든 끊임없이 한발씩 가는 거는 포기하지 않고 안주하는 거는 최소한 안 했던 것 같아요.

때로는 비자발적이고 우연적으로 주어지는 도전적 과제들에도 그것을 회피하거나 소극적으로 대응하기보다는 이전의 경력 요구 우선순위를 변경하여 도전의 요구를 앞세워 열정을 갖고 그 과정에 뛰어들기도 했다. 도전을 위해 필요한 실천들을 스스로 탐색하고 발굴한 것은 아니지만 자신에게 주어진 도전의 기회를 적극적으로 수용하고 그에 맞춰 자신의 경력 요구로 도전의 렌즈를 앞세운 것이다.

> 2년 지나니까 나를 이제 인정해 주니까 그때부터는 이제 바쁘게, 회사가 엄청나게 성장했거든요. 그러니까 회사가 성장하면서 저도 같이 바빠지잖아요. 그냥 바쁘게 바쁘게 산 게 10년 이상 되었던 것 같고……. 다만 '나에게 주어진 일 그리고 시키는 일 차원이 아니라 그 이상으로 나에게 맞게 역할을 위해서 좀 잘해야겠다.'라는 생각은 하고 있었지만, 단계 단계별로 어떤 계획을 철저하게 세워서 이렇게 가진 않았어요.

고경력 여성들도 생애주기의 영향을 받으며 경력을 지속했다. 자녀 돌봄 노동으로부터 해방되는 시점이 되자 진정성뿐만 아니라 확대된 진정성과 더불어 끊임없이 도전하려는 모습도 포착되었다. 단순히 자신의 고유성과 독특성의 고찰에서 머물지 않고 성장의 의지를 지니고 있었다. 진정성과 균형성, 그리고 도전성의 욕구 사이에서 무게중심을 옮기며 경력을 형성해 가는 과정을 통해서 자신에 집중하기보다 사회로 영향력을 전하고자 하는 진정성이 확대되면서 그것에 맞게 새로운 도전을 시도했다. 예전과 다른 차원의 계획과 목표를 수립하고 그것을 준비해 가는 실행력에는 도전의 욕구가 밑받침하고 있었다. 자신이 쌓아 온 경력을 계기로 후진 양성, 사회에의 환원 등 활동들을 하기 위하여 그에 맞는 학습과 배움들을 실천했다.

> 그런 관련된 코칭 같이 도와주고 싶고……. (중략) 기술 컨설턴트들이 있어요. 일종의 프리랜서들인 거죠. 제 생각에는 원래 가르치는 걸 좋아하고 적성에 맞으니까 좀 더 나이가 되고 체력이 되고 한다면 그런 쪽으로 제2의 경력을 생각하고 있어요.

지금까지 고경력 여성들의 이야기를 정리해 보자. 사실, 여성의 경력단절 현상이 만연한 사회구조 속에서 '고경력 여성'이 된다는 것은 경력 형성과정에서 존재했을 다양한 허들을 무사히 넘었음을 의미한다. 그 고비는 출산과 육아뿐만 아니라 남성 동료들과의 경쟁, 여성이라는 선입견을 없애고 인정받는 과정, 진정한 삶의 행복과 의미를 추구하는 것까지 포함한다. 고경력 여성들은 경력 과정에서 자신에게 주어진 요구와 제약, 기회들을 다루는 과정에서 진정성과 균형성, 도전성 간의 경력 요구 우선순위를 끊임없이 변경시키고 타협, 조정해 나갔다.

이런 변화무쌍한 경력 과정의 양상 속에서 고경력 여성은 단순히 오랜 시간 경력을 유지해 온 여성들이 아니라 일과 일 외의 삶의 장을 넘나들며 성장해 온 성인학습자들이었다. 이들은 일을 통해 자신의 정체성을 확장하고 삶을 더욱 의미 있게 살아가도록 방향성을 정립하며, 그 속에서 끊임없이 학습하고 성장하였다. 가령, 출산과 육아는 단순히 여성 경력의 단절을 초래하거나 경력개발의 방해요인에만 그치는 것이 아니라, 구체적으로 경력 요구의 우선순위 설정과 경력 형성 과정의 유동성과 역동성에 긍정적인 영향을 끼치기도 한다. 육아를 포함한 일 외의 삶의 경험들, 진정성과 도전성, 균형성 간의 무게중심을 옮기며 일했던 과정들은 단순히 심리적인 고충과 스트레스, 역할 갈등만을 일으키는 것만이 아니라, 실제로 일에 대한 진정성을 확장하고 새로운 도전을 추구하도록 하는 발판 역할을 해 주었다.

더 많은 여성이 경력을 지속하고 그 과정에서 학습, 성장하기 위해서는 이들의 다양한 일과 학습, 삶의 경험들을 경력개발의 자원으로서 수용하고 지원하기 위한 제도적, 문화적 지원이 필요하다. 여성의 경력을 지원해야 하는 당위성은 경제적 차원에만 머무르지 않는다. 여성은 일 속에서, 그리고 일과 일 외의 삶의 상호작용 속에서 학습하고 성장하는 과정을 통해 더욱 의미 있게 일할 수 있다는 점은 여성의 경력 지원에 대한 또 다른 당위성을 부여한다. 특히, 여성이 일과 일 외의 삶의 경계를 넘나들며 자신의 경력을 더욱 풍성하게 하고 가정생활 경험을 학습의 자원으로 승화시킬 수 있었던 열쇠가 자기 자신의 주체성에 있었음을 고려해야 한다. 즉, 자신의 경력 만화경을 어떤 방식으로 돌릴지 스스로 결정하고 행동할 수 있어야 한다. 사회, 혹은 일터가 원하는 일하기의 방식에 맞추도록 강요하기보다는 여성 스스로가 경력 요구의 우선순위를 바꿔 가며 자신의 내재적 필요와 외재적 요구를 조율해 갈 수 있도록 지원하고 격려해야 한다. 경력 여성이 다양한 삶의 경험을 통해 지속 학습, 성장하는 학습자임을 인식하고, 스스로 자신의 경력 경험과 생애 경험들을 엮어 나가는 주도성을 가질 수 있도록 그들의 삶의 방식을 이해하고 여성의 학습지향적 일하기를 지지하는 문화적, 제도적 토대가 마련되어야 한다.

제 IV 부

일의 교육의 미래

제IV부에서는 일의 교육의 미래를 전망한다. 먼저 일과 배움의 전범(典範)으로서 장인을 통해 일의 교육적 회복을 위한 방향을 설정한다. 또한, 일의 교육이 학문적으로 단단한 토대를 구축하기 위한 한 가지 접근법으로서 일의 교육학 연구를 위한 행위자-관계망 이론적 관점을 제시한다.

제15장

‘오래된 미래’를 향한 일과 배움[1)]

‘제4차 산업혁명’으로까지 불리는 새로운 산업사회가 도래하였다. 인간은 어떻게 평생 동안 일하며 배우는 삶을 살아가야 할까? 그에 대한 답을 ‘오래된 미래’(Norberg-Hodge, 1992)인 장인(匠人)으로부터 찾아보자.

1. 효율이 아닌 의미의 시대

일은 인간 삶의 기본적 활동이고 중심에 있다. 지금까지 그래 왔고, 인공지능과 로봇 등과 같은 첨단 디지털 기술이 확산하는 소위 ‘제4차 산업혁명’ 시대에도 그럴 것이다. 기계가 사람의 일을 대체할 것으로 전망되기도 하지만(Schwab, 2016; 정민, 2016), 인간의 욕구는 무한하고 그런 욕구를 충족시켜 줄 미지의 새로운 사업과 일들은 끊임없이 창출될 수 있기 때문이다(허재준, 2018). 따라서 독일의 〈노동 4.0〉에서 “기본적으로 노동은 신성하며 인간에게 주어진 소명이기 때문에 노동 없는 사회는 생각하지 않는다.”고 전제한 것처럼(이명호, 2018: 8), 인간의 일은 사라지지 않을 것이다.

다만, 일의 개념과 세계는 그 양태가 달라져 왔고 앞으로도 계속 달라질 것이다(장원섭 2006). 인공지능, 로봇 등을 기반으로 하는 자동화는 그 변화의 핵심이 될 것이다. 이런 자동화가 인간이 하던 일을 일부 대체하겠지만, 이와 동시에 인간의 능력을 확장시키는 하나의 최적화 도구로서 기능할 것이다(이경전, 2017). 따라서 인간은 새로운 기계를 이용하면서 첨단기계들과 함께 일하며 살아가야 할 것이다. 앞서 언급한 독일의 〈노동 4.0〉 전망처럼 말이다.

---

1) 이 절의 내용은 주로 장원섭(2015b). 『장인의 탄생』 중 일부를 요약하거나 보완한 것이다.

> 하루 8시간과 주 36시간의 노동, 근무 조건의 개선과 보장, 아동 노동의 금지. 이런 사항이 미래 노동의 이상향으로 그려지던 때가 있었다. 그러나 오늘날의 바람은 완전히 다르다. 시원한 바닷가에 편안히 앉아 노트북을 무릎에 놓고 일하는 창의적 지식 노동자, 혹은 컴퓨터 어플리케이션을 이용해 원하는 작업 스케줄을 짜는 생산직 노동자 등이 현재 우리의 이상향이다(이명호, 2018: 22).

그렇다면, 누가 새로운 욕구를 충족시켜 줄 수 있는, 지금은 알지 못하는 새로운 일들을 만들어 갈 수 있을 것인가? 어떤 역량을 갖추어야만 인공지능과 같은 새로운 기술들을 부리면서 더 깊고 더 넓게 인간다운 일을 해 나갈 수 있을까? 그런 역량을 가진 인재들을 어떻게 육성할 수 있을까?

실제로, 인공지능 시대에는 직업세계가 크게 개편될 것이다. 사무 및 행정 지원, 서비스직, 판매, 제조, 건설 관련 직업 등은 상대적으로 변화가 큰 반면, 교육, 법률, 예술, 사회서비스 관련 직업은 자동화 대체 가능성이 낮다(임언 외, 2017). 결국, 단순 반복적이고 정교함이 떨어지는 동작을 하며 사람과 소통하지 않는 직무들은 인공지능과 로봇에 의해 대체될 가능성이 크지만, 중요한 의사결정이나 감성에 기초한 직무들은 여전히 인간이 담당할 것이다(고용노동부, 2016).

따라서 새로운 산업사회에서는 기계가 대체할 수 없는 인간만의 고유한 지식과 기술, 창조력이 필요하다. 인간은 이제 복잡한 문제를 해결하고, 비판적으로 사고하며, 창조할 수 있는 역량을 갖출 것을 요구받고 있다. 다른 사람과 함께 협력하고, 감성적이며, 냉철하게 판단할 수 있는 능력도 있어야 한다(Gray, 2016). 앞서 살펴본, 임언 등(2017)의 연구에서도 미래를 위한 역량으로 가드너(Gardner)가 강조한 다섯 가지 마음, 도야적 사고, 종합적 사고, 창의적 사고, 존중하는 마음, 도덕적 마음의 중요성을 제시했다. 한마디로, 대량생산의 효율성을 위한 철두철미한 관리보다는 창조적 생산을 위한 고유하고 특별한 정성과 의미를 담은 일하기가 더욱 필요한 시대다.

한마디로, 과거 산업사회에서 새로운 산업사회로의 이행은 '효율'에서 '의미'의 시대로 일에 대한 관점을 변화시키고 있다. 이미 신으로부터 부여받은 직업적 소명의식과 의무를 따르면서 이를 금전적인 보상으로 확인하는 노동의 시대는 지나갔다. 철창과 같은 조직에서 주말만 바라보며 고통스러운 노동을 참아 내는 방식으로 일해서는 곤란하다. 스스로 일하는 사람이 일의 재미와 의미를 찾고, 자신이 주체적으로 일의 과정을 관리하고 통제하며, 자기 자신을 쏟아부으면서 열정적으로 일해야 한다

(Torvards et al., 2002). 그렇게 남이 아니라 자신의 리듬에 따라 일할 때 비로소 기계가 하지 못하는 인간만의 고유하고 독특한 생산과 서비스가 만들어 질 수 있게 된다. 아주 작은 일이라고 여겨질지라도 정성을 다하여 진심을 담아내고 스스로 의미를 찾으면서 다른 사람들에게도 인정받는 일하기가 필요하다. 한마디로, 자신의 일하는 삶을 스스로 꾸려 갈 수 있는 능력을 가진 사람이어야 할 것이다.

의미 있게 일하는 것(meaningful work)은 일을 하는 사람에게도, 일의 결과물을 소비하는 사람에게도 중요하다. 따라서 조직이나 기업의 입장에서도 치열한 시장 경쟁에서 이기려면 구성원들의 이런 일에 대한 열의와 창의성을 이끌어 낼 수 있어야 한다. 그래서 다른 경쟁업체에서는 흉내 낼 수 없는 고유성 또는 전혀 새로운 '특이점(singularity)'을 갖는 제품을 생산하거나 서비스를 제공하여야 한다(Kurzweil, 2005). 결국, 대량생산의 효율성보다는 창조적인 일이 더 중요한 현대 사회에서는 일하는 사람도, 그리고 그것을 소비하는 사람도 모두 자신만의 고유한 의미를 담는 것을 선호한다. 한마디로, 일의 의미가 더욱더 강조된다.

세계에서 가장 뛰어난 바둑 기사인 이세돌과 커제마저도 이미 인공지능 알파고에게 졌다. 오래 전에 인간의 육체적 힘을 초월한 기계가 이제는 인간의 지력을 넘어선 것이다. 더 이상 수 싸움만을 계속해서는 인간의 일의 미래는 없다. 그렇다고 절망할 필요는 없다. 인간의 일에서 새로운 길은 여전히 열려 있다. 진정성을 담아내는 일이 바로 그것이다. 인간의 일은 이런 진심 싸움이라는 '오래된 미래'(Norberg-Hodge, 1992)를 찾아 나가야 한다. 우리는 그것을 '장인'으로부터 배울 수 있다.

2. 일과 배움의 전범으로서의 장인

새로운 산업사회에서 우리는 어떤 인재를 육성해야 하는가? 이에 대한 답으로 '장인(匠人)'을 주목한다. 여기서 장인은 수공업자에 한정된 개념이 아니다. 더욱 확장된 의미의 현대적 장인을 뜻한다(장원섭, 2015b). 나는 한복, 도자기 같은 전통 분야와 보일러, 자동차, 양복, 제과 등 기능 분야에서 일하는 사람들뿐만 아니라 변호사, 의사, IT 전문가, 조각가, 배우 등을 포함한 현대적 장인들의 일하고 배우는 삶에 대해 연구했다. 이들이 하는 일의 내용과 직무를 수행하는 방법 등은 상당히 달랐지만, 자기 일을 대하는 태도와 일하며 살아가는 방식에 있어서는 매우 유사한 특성을 나타냈다.

그것을 '장인성(匠人性)'이라고 한다.

장인은 일터의 또는 일하는 사람의 본보기 또는 롤모델이라고 할 수 있다. 장인은 일을 통하여 존재의 의의를 실현하는 사람을 의미한다. 그 어떤 이차적 보상에 대한 추구 동기에 의해서가 아닌 일 자체에서 삶의 목적과 존재의 의미를 발견하며, 그 일을 통해 공동체에 기여를 하고자 하는 사람을 말한다. 한마디로, 장인은 소명의식을 바탕으로 평생 동안 한 분야의 일에 몸담으며 자신이 속한 활동세계에 근거하여 끊임없이 새로운 영감을 발견하며 이를 통하여 능동적으로 존재의 의의와 기능적 깊이를 확장시켜 나가는 일터에서의 또는 '일하는 사람의 전범(典範)'이라 불릴 수 있다(장원섭, 장인온, 2013; 장원섭, 2015b).

일하는 사람의 전범으로서 장인들을 대상으로 한 연구들(장원섭, 김지영, 2013; 장원섭, 장인온, 2013; 장원섭, 2015b)에 의하면, 장인은 일터에서 부단히 배우는 고통스러운 노력 끝에 최고의 결과를 만들어 냈다. 이들은 친절하거나 체계적인 가르침이 아니라 어깨너머로 힘겹게 기술을 배우기 시작했고 무수한 시행착오를 겪으며 스스로 자기주도적인 학습을 하여 초기 숙련을 형성했다. 고숙련의 과정에서는 경험을 통한 학습뿐만 아니라 이론을 먼저 습득한 후에 실행으로 옮기는 사고 기반의 학습 방식도 강하게 나타냈다. 이들이 획득한 다수의 자격증과 포상은 이들이 사회적으로 인정받았다는 외적 보상으로 작용하는 동시에 더 높은 목표를 향해 배울 수 있는 개인적 성장요인으로도 작용했다. 그러나 더 중요한 것은, 장인들이 현재에 안주하지 않고 일의 지평을 더 넓히기 위해 학습의 확장을 끊임없이 시도했다는 점이다. 한마디로, 일터에서의 부단한 배움은 이들이 역경과 어려움을 극복하고 필연적으로 최고 숙련의 위치에 오를 수 있게 하였다. 장인들에게 있어서 일은 단순히 먹고 살기 위한 생계유지의 수단을 넘어선다. 처음에는 그렇게 시작했을지 몰라도 장인의 길을 가는 동안 자신의 정체성과 가치를 발견하고 자기를 실현하며 종국에는 사회 공동체에 기여하는 길로 이어진다. 따라서 장인은 일에 대한 본질적인 가치와 기능을 드러낼 뿐만 아니라 교육적으로도 유의미한 시사점을 제공한다. 한마디로, 장인은 일터의 전범인 동시에 배움의 전범이기도 하다.

장인을 강조한다고 해서 전통사회로 회귀하자는 건 아니다. 현대적 장인이어야 한다. 현대적 의미의 장인은 수공업자를 넘어서 모든 일하는 사람들에게 적용되는 개념이다. 즉, 현대적 장인은 전통의 계승자나 자기 것만 고집하는 외골수라기보다는 창조적으로 일하며 확장적으로 배우는 사람이다(장원섭, 2015b). 그래야만 시장 경쟁 상황 속에서도 일하는 사람의 전범으로서 살아갈 수 있다.

3. 장인성 형성의 평생학습

1) 장인성이란 무엇인가

어떤 분야에서든 오랜 기간 동안 한 분야에서 일해 온 장인은 자신만의 고유한 행동 특성을 갖기 마련이다. 오랜 경험을 통해 축적하여 몸에 밴 습성이다. 앞서 언급했듯이, 장인의 이런 특성을 '장인성(匠人性)'이라고 부른다(장원섭, 2015b).

장인성은 일반적으로 떠올리는 장인정신과는 다르다. 그것은 장인정신을 포함할 수도 있으나 그보다는 더 물질성에 바탕을 둔 다른 차원의 개념이다. 장인은 정신세계가 아니라 현실세계의 존재이고, 따라서 장인의 일은 머리로 아는 것이 중요한 게 아니라 실제로 훌륭한 결과물을 만들어내는 것이기 때문이다.

이제 일하는 사람의 이상적인 특성인 장인성을 어떻게 형성할 수 있는 것인지의 문제가 남았다. 장인성을 형성할 수 있다면 '누구나' 장인이 될 수 있을 것이다. 그러나 그 지난한 과정을 견뎌내야만 한다는 점에서 '아무나' 될 수 있는 것은 아니다.

과연 장인은 타고난 자인가, 아니면 만들어진 자인가? 다시 질문하면, 장인성은 태어나면서부터 가지고 있는 천부적 재능일까? 아니면 태어난 이후에 학습과 경험을 통해 형성된 특성일까? 나는 장인성이 소수에게만 허락된 천재성이라고 보지 않는다. 장인 또는 장인성은 선천적으로 타고나기보다는 후천적으로 형성될 수 있다고 믿는다.

물론 사람마다 타고나는 소질과 능력이 다 다르고 남보다 더 잘하는 분야가 다양할 수 있다. 어떤 분야건 자기 분야에서 최고의 경지에 오르기 위해서는 그 분야에서 필요로 하는 타고난 재능이 뒷받침되어야 할 수도 있다. 그러나 이런 천부적인 특성은 단지 최고가 되기 위한 하나의 조건일 뿐이다. 아무리 천부적인 능력을 갖고 태어났더라도 그런 능력만으로는 장인이 될 수는 없다. 오히려 장인성은 천재성과는 상당히 멀리 떨어져 있는 대척적 개념이다. 장인이 되고 장인성을 보이기 위해 더 중요한 측면은 그것들이 어떻게 형성되는가에 있다.

장인이 태어나기보다는 만들어지고, 장인성은 선천적으로 타고나기보다는 후천적으로 형성된다는 나의 주장을 뒷받침할 많은 증거들이 있다. 우리가 잘 알고 있는 유명 인물들의 사례들은 장인성이 형성되는 것임을 더욱 확실하게 보여 준다.

누구나 인정하는 천재라고 할 수 있는 모차르트조차도 재능만으로 위대한 음악가가 된 것은 아니다. 그는 다섯 살에 작곡을 시작했고 여덟 살에 피아노와 바이올린 공연을 했으며 짧은 생애 동안 수백 곡의 위대한 작품을 만들었다. 타고난 능력이 있었음에 틀림없다. 그러나 흔히 간과하는 부분이 있는데, 그것은 그의 아버지 레오폴트 모차르트가 당시에 유명한 작곡가이자 연주자였고 동시에 훌륭한 음악 교육자였다는 점이다. 아버지 모차르트는 아들에게 세 살 때부터 작곡과 연주 훈련을 강도 높게 시켰다. 더군다나 아들 모차르트의 초기 작품들은 공개되기 전에 아버지가 악보를 고쳐 주었다. 이와 유사하게, 골프계의 모차르트라고 불리는 타이거 우즈 역시 그의 아버지로부터 어릴 때부터 철저한 훈련과 지도를 받았다. 20세기 최고의 경영자 중 한 사람인 잭 웰치는 젊을 때는 특별한 사업가적 기질을 보이지 않다가 나중에야 비로소 가장 영향력 있는 경영자가 되었다(Colvin, 2010).

사실 천재냐 아니냐가 그리 중요하지는 않다. 그저 단순히 말해서, 장인은 천재와는 다른 개념이다. 사과와 배가 다른 것처럼 말이다. 따라서 장인성도 천재성과는 다른 의미를 갖는다. 이미 세상에 태어나서 살아가는 우리에게 더 중요한 것은 자신의 길을 최고의 숙련 수준으로까지 이끌어 올릴 수 있는 힘에 관한 것이다. 이런 점에서 장인성과 천재성은 근본적인 접근법의 차이가 있다. 창조성과 최고의 경지에 오르는 내용에 있어서, 그리고 그 의미와 시사점에 있어서 그 둘은 전혀 상반된 관점을 제공한다. 장인성은 일상과 실제에 더 밀착되어 있다. 그럼으로써 모든 사람에게 더 중요한 의미를 가지는 개념이다. 한마디로, 장인성은 천재성에 비해 더 실제적인 시사점을 제공한다. 특히 그 교육적 의미가 크다. 그렇기 때문에 우리에게 희망적으로 다가온다.

결론적으로, 장인이 된다는 것은 타고난 능력에 장인성이 더해져야 가능할지도 모른다. 그러나 분명히 장인성은 타고난 것이라기보다는 만들어져 가는 것이다. 따라서 장인은 그리고 그들의 몸에 배태된 장인성은 타고난 것이라기보다는 형성되는 것으로 보아야 한다. 장인의 탄생은 오랜 시간의 축적과 넓은 공간의 확장이라는 지난한 형성 과정을 거쳐 비로소 만들어져 간다. 일하는 사람의 전범(典範) 또는 우리가 본받아야 할 이상적인 롤모델로서 장인은 장인성을 가진 사람이고, 그런 장인성은 일을 하는 과정에서 스스로 형성해 나가야 하는 특성을 가지고 있다. 그것은 단지 머리로만 아는 것을 넘어선다. 장인의 행동습관을 몸에 배고 있어야 한다. 그건 타고난다기보다는 오랜 기간에 걸쳐 형성되는 것이다.

2) 장인성의 여덟 가지 요소

그렇다면 장인성은 구체적으로 어떤 것일까? 장인성은 다음과 같은 장인의 여덟 가지 특성들로 이루어져 있다. 전통 수공업 분야의 장인과 대한민국에서 명장으로 선정된 기능 분야 장인뿐만 아니라 IT, 전문직, 문화예술 분야 장인들의 사례를 통해 구체적으로 살펴보자(장원섭, 2015b).

(1) 성장에의 의지

장인의 길은 상당히 우연적인 출발점으로부터 시작되었다. 장인들은 자신의 분야에서 수십 년 이상 종사한 고숙련 기술인 또는 전문가였지만, 자신의 직업 분야에 입문하는 과정에는 우연적 사건의 영향이 컸다. 계획적이거나 의도적이지도 않았고 체계적인 준비 과정도 별로 없었는 경우가 많았다. 이들이 직업에 입문하게 된 계기가 우연한 만남을 통해서이거나 예기치 않은 경험들이었음에도 불구하고 이러한 우연적 사건들이 기회로 작용하여 자신의 분야에서 최고의 장인이 되었다. 우연을 필연의 길로 만들어 낼 수 있는 열의와 힘을 가지고 있었기 때문이었다.

예를 들어, 보일러 명장인 성광호는 고향을 떠나 태권도 사범으로 일을 하고 있었는데, 태권도장 아래층에는 대중목욕탕이 있었다. 거기서 숙식을 해결하던 중에 보일러 기관장을 만나서 처음 보일러 일을 알게 되었다.

> 태권도 도장은 1층이고 밑에 대중목욕탕 목욕탕 있잖아요. 목욕탕에서 당시 40, 50된 기관장이 보일러를 하셨는데 그분이 보일러 관련된 자격증 공부를 하고 계시다고. 어깨너머로 보일러 이론적인 공부를 하고 어깨너머로 보일러를 배우고. 그렇게 해서 시험을 볼 때 저는 장난삼아서 시험을 봤고, 그분은 꼭 필요해서 다른 자격증이 필요해서 봤는데 그분은 불합격이 되고 저는 합격이 되고. _성광호

변호사 김갑유는 아르바이트를 하던 중에 국제 업무에 관심을 가지면서 판사보다는 변호사를 선택했다. 그 이후에 해상 전문가의 길을 걷다가 우연한 계기로 국제중재 전문 변호사로까지 나아갔다.

시험 합격하고 바로 연수원을 안 들어가고 대학원을 다니면서 아르바이트를 하다가 그 과정에서 로펌이라고 하는 프랙틱스가 있구나, 국제 업무를 하는 곳이 있구나 했고, 국제 업무를 하고 싶어서 제가 변호사의 길을 선택했고. _김갑유

이처럼 장인들이 장인의 길에 들어선 것은 처음부터 일에 대한 소명을 가졌기 때문이 아니었다. 계획했던 사건이라기보다는 우연한 기회에 그 길로 접어들고 빠져들어 일의 여정을 구성해 온 것이었다. 이들의 성장은 삶에서의 우연한 만남과 경험, 계획과 실천 사이에 가로놓여 있었고 이것들이 상호작용하며 독특한 형태의 일과 배움과 삶의 여정을 만들어 내는 양상을 보였다. 삶의 과정에서 일하고, 배우고, 경험하며, 이것을 눈덩이처럼 부단히 굴려 더 큰 하나의 덩이로 통합해 가는 모습이었다. 전혀 계획하지는 않았지만 일과 학습의 예기치 않은 경험들이 우연한 기회로 작용하여 긍정적인 결과로 만들어간 것이었다. 한마디로, '계획된 우연(planned happenstance)'일 뿐이었다(Krumboltz, 2009).

(2) 지독한 학습

장인들은 우연한 계기로 일을 시작했더라도 그 일에 입문한 이후에는 최고의 기술인 또는 전문가로 성장하였다. 이 과정에서 장인들은 부단히 노력하고 열심히 학습했다. 그런 숙련의 형성 과정은 결코 쉽거나 편한 길이 아니었다. 장인들은 친절하거나 체계적인 가르침이 아니라 어깨너머로 힘겹게 기술을 배우기 시작했다. 무수한 시행착오를 겪으며 스스로 주도적으로 배움으로써 숙련을 형성했다. 가르쳐 주는 사람이 없더라도 여기저기 이리저리 다양한 자원들을 동원하고 독학으로 해답을 찾아갔다. 자기 스스로 목표를 수립하여 무엇을 배워야 하는지 명확히 인식하고, 이를 위해 다양한 경험을 스스로 자초했다. 그런 경험들 속에서 다양한 문제 해결 과정을 통해 자신만의 노하우를 터득할 수 있게 되었다. 한마디로, 장인은 지독한 학습자다. 아무것도 모르는 상태에서 일을 시작했을지라도 장인은 그 일에서 성장하기 위해 하나하나 배워 나갔고, 이는 혹독한 숙련의 과정이었다.

예를 들어, 소프트웨어 개발자 권찬영은 우연히 유용성을 알게 된 컴퓨터 언어에 스스로 동기부여를 하여 독학으로 배웠다. 자동차 명장 박병일은 여기저기 돌아다니며 배우는 편력(遍歷)의 학습을 하였다.

사실 파이썬 언어가 유럽에서는 많이 써도, 우리나라에서는 거의 쓰이지 않는 언어예요. 게다가 제가 담당했던 업무상 굳이 그 언어를 쓸 필요가 없었죠. 그런데 데이터의 성질에 따라 크기가 작은 프로그램을 여러 가지 만들어야 할 때가 있는데, 파이썬이 이런 경우에 매우 적합하다는 것을 우연히 알게 됐어요. 그 다음부터는 전적으로 독학했어요. 혼자 매료되어서 공부한 거죠. _권찬영

기술자들을 정말 많이 찾아다녔어요. 우리나라에서 최고의 기술자들 대구의 누구, 대전의 누구, 신설동의 누구, 청계천의 누구……. 사실 기술 하나하나는 자신의 밥그릇이니까 절대 가르쳐 주지 않아요. 그러나 직접 찾아오기까지 하니까 성의를 봐서 하나씩 알려주는 거예요. 이렇게 해서, 하나씩 하나씩 배우고. _박병일

고숙련을 형성하는 과정에서 주목할 만한 것은, 손으로 일하는 기능인들이 고숙련의 과정에서는 이론을 먼저 습득한 후에 실행으로 옮기는 사고 기반의 학습 방식을 강하게 나타냈고, 머리로 일하는 전문직 종사자들이 실전에서 몸소 경험함을 통해서 배웠다는 사실이다. 한마디로, 손과 머리 또는 실천과 이론이 통합적으로 고숙련과 전문성을 형성하는 데 중요하게 작용하였다. 장인은 '생각하는 손'(Sennett, 2009)인 동시에 '수고하는 머리'를 가졌다.

에릭손(Ericsson, 2008)에 따르면 최고 수준으로의 전문성을 개발하기 위해서 장기간의 의도적이고 '집중적인 실행(deliberate practice)'이 필요하다. 이는 뚜렷한 목표를 세우고 지속적으로 자신의 수행을 되돌아보고 개선해 나가며 또다시 새로운 목표를 세우는 선순환적인 학습과정이다. 단순히 경력의 기간이 길다고 하여 전문성이 발달되는 것이 아니라 보다 집중적이고 의도적인 노력이 중요하다. 장인들은 최고 수준 전문가로서 장기간에 걸친 의도적이고 집중적인 실천 속에서의 경험학습이 분명하게 드러났다.

결국, 장인으로의 길은 비록 우연하게 일을 시작했을지언정 일터에서의 부단한 배움은 이들이 역경과 어려움을 극복하고 필연적으로 장인의 위치에 오를 수 있게 하였다. 한마디로, 장인의 길은 우연으로부터 시작했을지라도 그것을 필연으로 만들어 갔다는 특징을 보여 주었다.

(3) 주체적으로 일하기

장인은 일을 회피하지도 않고 일로부터 도피하지도 않는다. 오히려 일 그 자체에 몰두한다. 그럼으로써 일의 기쁨과 보람을 느끼고 일 그 자체에서 성장한다. 따라서 장인들에게 있어서 일은 단순히 먹고 살기 위한 생계유지의 수단을 넘어선다. 처음에는 그렇게 시작했을지 몰라도 일을 하면서 자신의 정체성과 가치를 발견하고 자기를 실현하며 종국에는 공동체에 기여한다. 일의 즐거움, 의미와 가치는 그들에게 행복감을 준다. 일로부터의 자유는 일에서 떨어져 있을 때가 아니라 일에 더욱 깊이 들어갔을 때 얻어지는 것이다. 한마디로, 장인은 일의 참된 본질을 발견하고 그 일의 리듬을 자신의 리듬으로 만들어 행함으로써 일 그 자체를 해방시키는 일의 주인이자 해방자가 된다. 예를 들어, 뮤지컬 배우 이석준은 자신이 하는 일인 연기를 사랑하고 그 일을 통해 행복을 느꼈다.

> 배우는 연기를 정말 사랑해야 할 수 있어요. 이것은 …… 느낌이 '마누라' 같은 사랑? 오만 가지 감정이 함께하지만 도대체 버릴 수가 없는 거죠. 다채로운 행복감이 있어요. _이석준

일의 주인이 된다는 건 단지 주인정신만을 강요하는 것을 넘어선다. 그것은 공정한 보상과 안전한 근로 여건 같은 일의 조건이 기반이 되어야 한다. 장인들은 그들이 가진 최고의 숙련과 전문성을 통해 구조적인 문제들을 극복할 수 있었다. 즉, 탁월한 숙련도와 전문성을 가진 장인들은 독립적으로 또는 자율적으로 자신의 일을 할 수 있었다. 예를 들어, 제과 명장 안창현은 거대 자본을 앞세운 프랜차이즈 제과점의 위협을 이겨냈다.

> 나름대로 기술을 가지고 10년, 20년 오랫동안 다져 온 우리 같은 이런 데는 쉽게 안 무너져요. 오히려 우리 집에 앞에 있는…… (중략) 우리 집 길 건너편 옆에 프랜차이즈가 하나 들어온 거야. 망했습니다. _안창현

(4) 창조적으로 일하기

현대적 장인은 단순히 전통을 계승하는 사람이 아니다. 일의 전통을 새롭게 창조하거나 새로운 일의 전통을 창조한다. 시대의 변화에 맞춰서 또는 앞서서 자신의 일을 끊임없이 새롭게 만들어 간다. 전통을 고수하고 전승하기보다는 오히려 새로운 전

통을 창조하고 확장한다. 새로운 일을 찾기보다는 자신의 일에서 새로움을 만들어 낸다. 그럼으로써 일의 지평을 넓히고 새롭게 창조하는 힘을 발휘한다. 한마디로, 장인은 창조적으로 일하는 자다.

그것은 IT 같은 첨단 산업 분야뿐만 아니라 전통수공업 분야에서도 마찬가지였다. 예를 들어, 도자기 장인 김진현은 자신의 일에서 끊임없이 새로운 시도를 하였고, 한복 장인 백애현은 디지털 프린팅 기법을 활용하기도 하고 가죽으로 한복을 만들기도 했다.

전통만 고수하는 것은 지금 이 시대에는 맞지 않는 것 같아요. 전통의 방식을 갖추되 그 이외에 뭔가 더 얹어지는 것이 있어야 사람들이 좋아하고 우리 도자기도 더 발전할 수 있다고 생각해요. 전통의 방식을 고수하는 그 자체로도 충분히 의미가 있지만 저는 그보다 한 발짝 더 나가고 싶은 거죠. _김진현

남들이 시도하지 않은 거, 이런 걸로도 한복을 만들 수 있을까? 이런 시도를 좋아하는 것 같아요. 그래서 가죽으로도 한복을 만들어 보고 서로 다른 원단을 사용해서 만들어 보기도 하고, 창의적인 거일 수도 있고 무모한 것일 수도 있고……. _백애현

이러한 장인의 창조력은 첫째, 자신의 기술을 한 길로 하여 최고 수준으로 숙련한 이후에 나타났다. 둘째, 최고의 숙련 단계에서는 자연스럽게 내적, 외적인 일의 확장과 그에 따른 학습이 이루어지고 그런 과정의 전, 중, 후에 창조력이 발휘되었다. 셋째, 거기에는 자신만의 일에 대한 열정과 몰입이 기반이 됐다. 이렇게 창조력을 발휘하였기에 그들은 최고의 위치를 계속 유지할 수 있었다.

(5) 배움을 계속 넓히기

장인들은 최고의 숙련과 전문성 수준에 올랐음에도 불구하고 끊임없이 배우고 있었다. 자신의 일의 분야를 유지하면서 더 넓은 확장을 시도했다. 장인에게 있어서는 일 자체가 성장의 주요한 발판이 되고 느슨하지만 열린 관계 맺음을 하면서 배우기도 한다. 그럼으로써 틀을 바꾸어 나간다. 일의 확장과 창조는 이런 배움의 넓힘을 통해 가능하다. 그럼으로써 더욱 창조적이면서도 그 깊이를 더해 갔다. 한마디로, 장인은 배움을 넓히는 자다.

장인들의 새롭고 지속적인 배움의 과정은 일 그 자체와의 대결, 느슨한 학습 관계망, 전환적 확장 등으로 나타났다. 예를 들어, 자동차 명장 박병일과 주조 명장 임용환은 자신이 지금까지 쌓아 온 지식에 집착하기보다는 새로운 틀로 바꾸는 시도를 하면서 전환적이고 확장적으로 배움의 과정을 이어갔다.

지식도 고이면 썩어요. 아무리 좋은 기술도 몇 년만 지나면 벌써 한물간 이전의 기술이 되어 버리잖아요. 내가 얻은 것에 집착하지 말고 또 다른 것을 개척하면 돼요. _박병일

실제로는 저는 금속 쪽 일만 하고 왔었는데 최근에부터 업종이 새로 늘어났어요. 플라스틱 사출. 우리가 하는 자동차에 보면 플라스틱이 상당히 많아요. 차를 타면 눈에 딱 보이는 대부분의 것들이 플라스틱입니다. _임용환

(6) 배움을 널리 베풀기

장인은 배움을 베푸는 자다. 장인은 평생에 걸쳐 힘겹게 얻은 배움을 공동체와 후속 세대를 위해 기꺼이 내놓는다. 자신의 기술과 노하우를 나누고 남김으로써 일의 세계를 배려한다.

실제로, 장인들은 최고 수준으로 일하면서 친사회적인 일 가치감을 형성하였다. '나'가 아닌 '우리'에 관한 관심과 목표를 갖고 자신의 영역을 확장시켰다. 개인적인 차원에서의 학습 목표가 사회적 차원으로 확장되면서 더욱 배움을 넓히고 베풀기 위해 노력하였다. 또한, 이들은 자신들이 평생에 걸쳐 어렵게 배운 지식과 기술을 자신의 속한 공동체와 인류를 위해, 그리고 후세를 위해 기꺼이 나누고 있었다. 일과 배움의 영역과 목표를 개인 차원에서 사회적 차원으로 넓혀서 나눔과 세대 잇기를 위해 노력했다. 예를 들어, 한복 장인 백애현은 국가와 사회에 대한 기여를 매우 자랑스럽게 생각하면서 널리 베풀기 위해 애썼다.

내가 하는 일로, 그래도 뭔가 이 나라에 조금이나마 도움이 된다고 생각하면 정말 가슴 여기 끝에서부터 뿌듯함이 밀려와요. 사실 이런 게 얼마나 행복한 일이에요. 제가 하는 일이 저한테만 좋은 게 아니고 다른 사람들도 즐겁게 해 줄 수 있고, 그게 또 이 나라에 도움이 된다고 생각하면…… 저는 정말 기분 좋은 거죠. _백애현

(7) 일에서의 정상 경험

장인은 정상에 오른 자다. 자신의 분야에서 가장 높은 수준의 숙련도와 전문성을 가진다. 그 결과는 일에 있어서 큰 성과와 최고의 지위로 나타난다. 장인은 그 정상의 기쁨과 희열을 경험한다.

실제로, 장인들은 일 그 자체에서의 성취감과 기쁨 같은 절정의 쾌감을 경험했다. 일하는 사람으로서의 희열, 즉 '워커즈 하이(worker's high)'(장원섭, 2018)는 매슬로우(Maslow, 1999)가 말한 '절정 경험(peak experience)'에 해당한다. 장인들은 일 자체에 몰입하는 과정과 그 결과를 통해 기쁨을 느끼는 최고의 순간들을 경험하였다. 예를 들어, 김갑유 변호사는 사회정의를 위해 반드시 이겨야 한다고 생각하는 재판에서 이겼을 때 그런 기분을 느꼈다고 하였다.

> 그거 말고도 뭐 다른 사건에서 인제 뭐 이겨서 돈을 많이 번 사건들은 있습니다만, 이기면 저희 뭐 보수 좀 더 받고 그렇게 해서…… (중략) 사실 도덕적으로…… 그러니까 그냥 돈이 문제가 돼서 생긴 사건이 아니라, 이런 거는 그냥 넘어가면 안 된다, 그런 사건에서 이기면 진짜 진짜 기분이 좋아요. _김갑유

장인들은 자신이 한 일을 통해 사회적으로 인정받고 자신이 최고의 위치에 있다는 사실을 인식함으로써 정상의 경험을 하기도 하였다. 예를 들어, 주조 명장 임용환은 상을 받고 박수를 받은 순간을 잊을 수 없다고 하였다.

> 그때 이제 상을 받고 돌아서서 나오는데 내 눈앞에 보이는 사람들이 다 내가 이제 입사해가지고 나한테 OJT를 했던 사람들이나, 대졸 사원들이지만 다 나보다 입사가 늦는 사람이 대부분다…… 거의 한 99%가 다 늦거든요. 이제 이야기를 듣고 박수를 치는데, 저는 이제 상만 받고 나와야 되는 자리예요. 거기 중역들이 또…… 하는 자리니까. 상 받고 나와서 옆문으로 계단 내려서 한참 걸어 나오는데 그때까지도 계속 박수를 치는 거야. _임용환

(8) 고원에서의 삶

장인의 삶을 총체적으로 설명하기 위해서는 정상의 기쁨과 희열만으로는 불충분하다. 그들은 끊임없이 자신과 경쟁하면서 자신을 극복해 나가는 고통스런 삶을 기꺼이 살아가고 있기 때문이다. 그것을 '고원에서의 삶'이라고 표현할 수 있다. 한마디로, 장

인은 고원에 사는 자다.

고원의 메타포는 장인들이 자기 성장과 일 가치관을 형성하는 과정을 더욱 잘 이해할 수 있게 한다. 그들이 왜 고원에서 힘겨운 삶을 살아가는지의 이유는 두 가지로 요약할 수 있다.

첫째, 정상에 올랐던 장인들에게는 주변의 기대가 생겨나고 그들은 그 기대를 쉽게 저버리지 못한다. 다른 사람들로부터 인정을 받은 장인들은 스스로에 대해 자부심을 갖게 되는데 그것이 그들을 더욱 노력하도록 강화한다. 정상에 계속 머무를 수는 없겠지만 적어도 고원 아래로는 내려오지 못하도록 만든다. 즉, 장인에 대한 사회적 인정으로 인해 여러 사람이 그들을 바라보는 시선이 생겨나고 그것이 그들을 부담스럽게 한다. 한마디로, 사회적 투명성(visibility)과 그로 인한 사회적 강화 기제가 작용한 셈이다.

예를 들어, 대한민국 명장으로 뽑힌 장인들은 선정 전보다 그 이후에 태도나 행동면에서 다른 사람들의 본보기가 되려고 더 노력하게 되었다고 회상했다. 명장이라는 칭호는 단지 개인적인 영예일 뿐만 아니라 직업 분야 내에서도 그에 걸맞은 사명감을 갖게 만들었던 것이다.

일단 명장이 된 이후에, 사실 저를 바라보는 시각이 바뀐 것은 사실이에요. 하지만 이것이 끝은 아니죠. 그에 걸맞은 행동이 있다고 생각해요. 그리고 사람이 어느 위치에 올라가든 자신의 약점과 단점 즉, 항상 부족한 점을 가지고 있다고 생각합니다. 때문에 명장이 되었기 때문에 앞으로는 부족한 부분을 더 열심히 찾고 더 열심히 배우고, 내가 해 온 일보다 더 가치 있는 일들을 찾아서 해야 한다고 봅니다. 그것이 명장이란 타이틀에 맞는 책임이라고 생각해요. _안창현

저는 어떨 때 보면 명장이고 기능한국인이고. 지금 교수고. 이런 것들 때문에 뭘 할 수가 없는 거예요. 우리 아들이 하는 말이 '아버지는 지금 모든 명성을 가졌지만 아버지한테 이득 되는 게 뭐냐' 나한테 그래요. 이제 저도 어떤 시점에서 가야 될까? 중저가 브랜드를 하나 만들어서 가야 될까, 어떻게 해야 될까. 사실 고민이 많아요. 그래서 이게 이제 양복 업계에서도 또 말이 많고 사실 고민이 많아요. 나는 이제 내가 사명이 그거 아니냐고 이렇게 생각을 하는데 그렇다고 제가 무슨 정부에서 훈장을 받겠어요? _백운현

둘째, 장인이 고원에 거주하는 이유는 일 그 자체에서 느끼는 개인적 희열감을 잊

지 못하기 때문이기도 하다. 장인은 일을 확장하고 창조함으로써 일의 과정에서 만족감을 얻고 일의 결과에서 성취감을 얻는데, 일의 절정에 올랐을 때 느끼는 희열감을 잊지 못한다. 예를 들어, 조각가 오광섭은 절정의 맛을 잊지 못해서 힘겹더라도 작가로서의 삶을 살아가고 있고, 편물 명장 김영희는 일 자체에서 느끼는 성취감과 희열로 인해 몸이 힘들더라도 기쁜 마음으로 계속해서 일하고 싶다고 했다.

그 무한의 세계, 그 우주를 알고 경험했기 때문에 그 맛을 끊을 수 없어요. 이 세계는 모든 열정과 집념을 바쳐 90도로 직면해야만 넘어설 수 있는 세계예요. 그래서 계속 그 너머의 세계로 들어가기 위해서 노력할 수밖에 없어요. 이러한 원동력이 생활고와 같은 극심한 어려움을 인내하고 작가로서의 삶을 살게 하는 거죠. _오광섭

그…… 보람이라는 게 물론, 하나의 완성된 옷을 봤을 때, 다 만들었을 때의 성취감이 제일 크죠……. 정말로 하나를 완성했을 때의 성취감은 무엇으로도 바꿀 수가 없어요. 그래서 그런 성취감 때문에 평생을 그렇게 속아서 산 거예요. _김영희

장인들은 계속해서 그런 일의 기쁨을 누리고 싶어 한다. 따라서 장인은 현실적으로 어려운 환경일지라도 계속해서 자신의 일에 직면하여 자신이 처한 어려움을 극복해 내려고 한다. 결국, 이런 절정의 경험이 장인들로 하여금 끊임없이 자기성장과 일의 가치를 추구하는 긍정적 전환을 하도록 만드는 것이다. 한마디로, 그것이 사회적 기대에 부응하기 위해서든 아니면 일 자체에서 느끼는 희열 때문이든, 정상을 경험한 이후에 장인은 자기 자신과의 경쟁을 통해 끊임없이 배우고 성장하려 한다. 정상 주변의 높은 지대에 머물며 거기서 언제든 정상에 오를 준비를 하고 있다. 그런 고원에서의 고통이 있을지라도 그 고통을 기꺼이 감내하고 즐긴다.

계속 진행형이에요. 뭔가 타도한 목표를 놓고 또 잡으러 가고, 목표를 놓고 또 잡으러 가고, 또 잡으러 가고, 끊임없이, 제가 돌이켜 보니까 그렇다면, 그러고 나서 제가 이제 꿈을 접었느냐, 아니 꿈이 또 있어. 그러니까 사람이 목표점을 이루면 새로운 꿈을 또 만들어요. 그런데 저는 또 어떤 것을 생각했냐 하면 그 해에 뭔가 목표점이 있어야 즐거운 거야. 그리고 살아가는데 살아가는 느낌이 나요. (중략) 그런 게 없으면 제가 뭔가 허무한 거야. 이런 게 없으면 뭔가 재미가 없는 것 같아. 그래서 중독성 있는 것 같아. 뭔가 이렇게 따고 내가 만족하고, 희열을 느끼고, 중독성

이…… 목표도 중독성이 있더라고. _박병일

3) 장인성 형성의 긍정적 순환 모형

이 여덟 가지 장인성의 요소들은 서로가 서로에게 영향을 주면서 장인 성장을 북돋는다. 긍정적 순환의 발판으로 작용하면서 더욱더 장인성을 높여 간다. 어느 것이 먼저고 어느 것이 나중이라는 순차를 따지는 것은 무의미할지도 모른다. 그저 서로 간에 선순환의 영향력을 미칠 뿐이다. 조직에서 이런 긍정적 순환 모형을 만들어 낼 수 있는 구조와 문화를 형성하고 개인이 그 속에서 장인성의 여러 요소들을 경험하면서 장인은 육성되어 갈 수 있다.

구체적으로, 성장을 향한 의지와 숙련을 위한 노력은 상호작용하면서 선순환을 이루어 낸다. 즉, 성장 의지는 지독한 학습을 하게 만든다. 이와 동시에, 학습의 성취감은 성장 의지를 솟구치게 하고 더 부추긴다. 게다가 그 과정에서 경험한 작은 정상 경험들, 즉 일에서의 성취감과 주변의 공식적, 비공식적 인정은 성장 의지를 더욱 강화하고 일의 기쁨과 보람 그리고 가치를 인식하게 한다. 물론 이 과정에서 정상에 오른 후 내리막의 굴곡도 극복해 낼 수 있게 한다. 그럼으로써 더욱 열심히 학습하여 기능을 숙련하고 전문성을 획득하게 만든다. 그런 지독한 학습의 습관은 장인을 평생학습인으로 만들어서 최고의 숙련과 전문성을 가진 이후에도 배움을 계속 넓히도록 한다.

다른 한편, 자격증을 취득하건 포상을 받건 아무튼 사회적으로 인정받는 크고 작은 정상의 경험은 장인으로 가는 길을 이끌 뿐만 아니라 장인이 된 이후에도 여러 가지 측면에서 중요하게 작용한다. 절정 경험들은 일을 지속하고 성장할 수 있게 하는 원동력이 된다. 그것은 일회성도 아니고 객관적 최고도 아닐지 모른다. 어쩌면 주관적 최고이고 그 당시의 최고였을 뿐이다. 이런 정상의 경험으로 인해 절정의 최고도는 계속 높아진다. 그것이 성공 의지를 계속 북돋운다. 왜냐하면 정상의 맛은 일의 해방감을 느끼게 만들기 때문이다. 또한 그것은 계속 그 희열을 느끼기 위해 고원에 살도록 한다. 또 다른 정상의 경험은 새롭게 일을 창조함으로써 이룰 수밖에 없었으므로 일의 확장을 이끈다. 이를 위해서 장인들은 배움을 넓혀 나간다. 물론 일의 창조 그 자체가 또 다른 배움을 낳기도 한다. 게다가 사회적 인정 같은 정상의 경험은 그들이 공동체에 더욱 기여해야겠다는 배움 나눔의 가치를 갖게 한다. 이러한 측면은 개인적

'몰입'의 개념에 그치는 것이 아니라 그 경험을 끊임없이 나누려는 의지에서 동력을 얻고 더욱 성장한다.

또한 정상 경험 이후에 갖게 된 고원에서의 삶은 높고 넓은 지평에서의 배움에 기여한다. 게다가 높은 지대에 거주하기 때문에 쉽게 받게 되는 주위의 많은 시선은 장인으로 하여금 고원에서 내려오지 못하게 만들고 계속 고원에 거주하면서 배움을 넓게 베풀도록 한다. 배움의 나눔과 남김의 과정은 또한 그들이 더욱 성장하도록 북돋운다. 그러면서 더 많이 베풀고 더 넓게 나누는 데 기여한다.

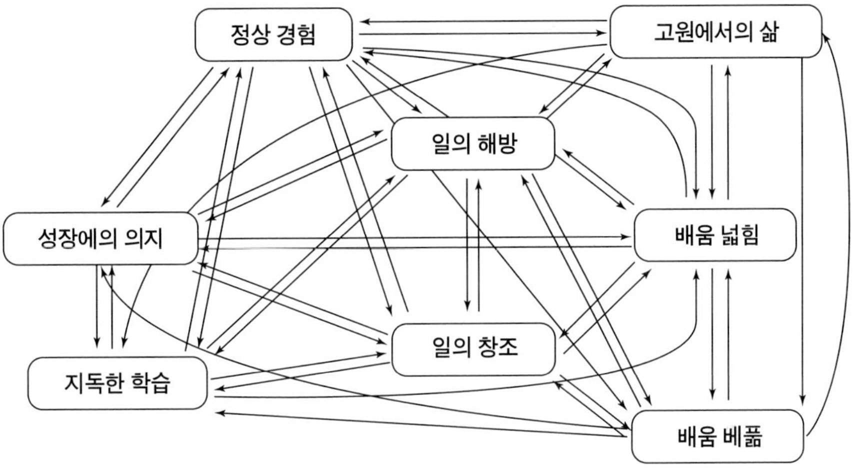

[그림 15-1] 장인 성장의 긍정적 순환 모형

출처: 장원섭(2015b).

이처럼 장인의 탄생은 이 모든 요소가 뒤얽혀 서로서로 영향을 미치면서 이루어진다. 어느 한 가지 요소도 순수하게 독립변수라거나 종속변수는 아니다. 일과 배움의 모든 요소가 모든 요소에 상호작용하면서 선순환을 만들어 장인으로 성장하는 데 긍정적 발판으로 작용한다. 그것은 정상을 향해 그리고 고원에서 걷는 한 걸음 한 걸음을 통해서 나타난다. 한마디로, 일과 배움의 긍정적 순환 작용을 통해 장인은 조금씩 성장해 나가는 삶을 살아간다.

4. '오래된 미래'와 장인성

1) 새로운 장인의 시대

새로운 산업사회에서는 글로벌 경쟁력 강화를 통한 지속가능한 경제성장 동력을 창출할 수 있는 일과 학습의 새로운 틀이 요구된다. 스스로 학습하고 새로운 지식과 가치를 창출하는 자기주도 학습 역량을 키우는 것이 미래 인재 육성의 핵심 과제다.

새로운 산업 시대가 요구하는 교육 혁신은 전통적 교육이 추구했던 목표와 내용으로부터 완전히 단절되는 것은 아니다. 오히려 그 연속선 위에서 새로운 능력의 육성이 추가돼야 한다. 새로운 산업사회로의 전환은 기존 산업의 토대 위에서 가능하기 때문에 여전히 더 많은 장인을 필요로 한다. 인공지능을 탑재한 로봇이 의사나 변호사 등을 대체한다고 걱정하지만 여전히 생체 · 기계적 로봇을 만들기 위해 정밀기계와 복합재료에 대한 고도의 기술과 장인적 경험을 축적해야 한다. 이렇게 보면 여전히 장인을 키우기 위해 요구되는 오랜 각고의 노력과 숙련이 교육에 필수일 수밖에 없다. 새로운 시대가 요구하는 인재상은 완전히 새로운 것이 아닌 기존 산업을 떠받들던 장인의 확장된 버전이다. 이런 가운데 현대적 장인과 장인성은 일과 배움의 '오래된 미래'(Norberg-Hodge, 1992)의 답이 될 수 있다.

실제로, 인공지능이니 로봇이니 하는 디지털 시대지만 인간의 정성과 감성을 담은 물건은 더욱 각광을 받는다. 세상에 하나밖에 없는, 그래서 많은 사람들이 자기 자신에게는 특별한 의미와 가치를 가진 물건에 더욱 주목한다. 디지털 시대의 역설인 것이다.

YTN 사이언스에서 2020년 1월부터 2월까지 방영한 3부작 다큐멘터리 〈더 메이커스〉에서는 지금 다시 장인의 시대가 오고 있는 이유와 젊은 장인들이 일하는 모습을 잘 보여주었다.[1] 나는 이 다큐멘터리에 직접 출연하여 젊은 장인들을 만나면서 다음과 같은 점들을 배울 수 있었다.

그것은, 첫째, 젊은 장인들이 자신의 좋아하는 일을 즐기면 새로운 일에 도전했다. 기존에 우리가 가져왔던 고정관념이나 편견을 깨고 하고 싶은 일이면 주저 없이 선택했다. 전통적인 사회적 기준이나 시선보다는 자신이 즐기면서 할 수 있는 일을 선택한다. 예를 들어, 여자가 목수인 반면 그 남편은 가죽공방을 운영했고, 만년필 공방의

1) https://science.ytn.co.kr/program/program_list.php?s_mcd=1397

직원은 대기업 같이 안정적인 직장을 그만두고 자신만의 일에 도전했다. 그러면서 장인들은 떠나보내고 싶지 않은 자신의 작품을 만든다. 단순히 고객이 원하는 제품이 아니라 하나하나 정성스레 자신을 담은 작품을 만들기에 자식과도 같은 물건이다. 그건 자신이 만든 게 자신에게는 낯설어지는 소외된 노동과는 대척점에 있는 일의 방식이다. 창의적인 제품은 그렇게 생각하고 손수 작업하는 과정을 통해서 이루어진다. 단지 생각만으로 새로운 걸 떠올린다고 해도 그게 실제로 유용하지 않다면 창의적인 제품이라고 할 수 없다. 또 실제로 해 보고 또 해 보면서 새로운 아이디어가 떠오르거나 처음 생각했던 것과는 전혀 다른 새로운 결과물로 발전하기도 한다. 그래서 '생각하는 손'(Sennett, 2009)이어야 하는 동시에 '수고하는 머리'여야 한다(장원섭, 2015b).

둘째, 그렇게 원하는 일이기에, 그리고 그것에 자신의 꿈을 걸었기에, 설사 누가 가르쳐 주지 않더라도 어떻게든 스스로 배운다. 그건 SNS나 유튜브 같이 뭐든 원하면 배울 수 있는 초연결의 학습 조건이 갖추어졌기에 가능하다. 예를 들어, 시계 장인이나 만년필 장인은 중요한 건 배우고자 하는 의지와 목표이고 간절하게 배울 대상을 갖는 것이라는 사실을 보여 줬다. 그렇다고 배우는 과정이 결코 쉬운 건 아니다. 1만 시간 또는 10년이라는 오랜 시간 동안 꾸준히 경험을 쌓고 숙련할 필요가 있다. 일상적 루틴을 지키는 것도 중요하다. 그렇다고 단순히 1만 시간을 보냈다고 전문가가 되는 것만도 아니다. 고통스럽지만 집중적인 훈련 또는 숙련의 기간이 필요하다. 의식적인 연습이 중요하다. 뚜렷한 목표를 가지고 새로운 방식들을 동원하면서 조금씩 높은 수준으로 올라갈 수 있다. 그 동안에는 밤잠을 자지 않더라도 직접 해 보면서 익히고 많은 시행착오를 거치면서도 배우는 게 재밌어서 온통 빠져든다. 여자목수는 낮에 직장에 다니며 퇴근 후 새벽 1시까지 목공에 빠져서 배우던 시간을 가졌다. 그렇기에 젊은 장인들은 지금까지 그랬던 것처럼 앞으로도 더욱 깊고 넓게 나아갈 것이다. 그 길은 계획을 가지고 있기도 하지만 얼마나 더 넓고 깊게 펼쳐질지 그 누구도, 심지어 자신조차 아직 모른다.

셋째, 초연결의 시대는 폭넓은 배움의 기회를 제공할 뿐만 아니라, 장인들이 생존하기 위해서도 중요하게 작용한다. 자기 일에 빠져 있는 '덕후' 같은 장인들이 있고, 그들의 제품을 알아보고 좋아하는 마니아들이 있다. 그런데 산업사회에서는 이들이 드러나기도 연결되기도 어려웠다. 대량생산하는 대기업의 상품들만이 두드러졌고 장인들은 숨겨져 있을 뿐이었다. 그런데 지금은 전 세계 어디서나 장인과 마니아들이 서로서로 연결되어 생산과 소비가 이루어진다. 초연결사회가 장인들이 다시 살아나는 중요한 기반이 되고 있는 것이다. 예를 들어, 기타 장인은 크라우드펀딩을 이용하여 주문을 받아 큰 수익을 올렸고, 시계 장인은 인터넷을 통해 전 세계적으로 주문받아 제작하고 있다.

넷째, 그렇다고 장인은 단지 먹고 살기 위해서만 일하지 않는다. 생계 수단을 넘어 일 그 자체에서 재미와 보람을 느낀다. 여자목수나 포슬린인형작가가 그런 모습을 여실히 보여 줬다. 이들에게 일은 삶의 중심에 놓여 있다. 한 잔의 맛좋은 카푸치노는 쓴 에스프레소가 중심에 있고 그 위에 달콤한 크림이 적절히 얹어진다. 일은 원래 누구에게나 쓰지만, 커피애호가가 에스프레소의 맛과 향을 음미하듯이, 장인은 일에서 즐거움과 행복을 찾는다. 일에서 벗어나려 애쓰기보다는 자신의 일에 더 깊이 몰두하고 일하는 삶을 즐긴다. 그렇기 때문에 그 결과로 최고의 제품들을 만들어 낸다. 그것이 지금 이 시대에 장인과 장인이 만든 제품들이 살아남는 이유가 된다.

2) 메타 역량으로서 장인성

인공지능 등 첨단기계에 의한 자동화는 일자리를 없애는 것보다 더 창출할 것이다. 그럼에도 불구하고, 일다운 일을 하기 위한 인간의 역량은 새롭게 규정될 필요가 있다. 단순히 디지털 역량만이 아니라 오히려 창의력, 비판적 사고와 문제해결력, 사회적 지능, 책무성 등과 같은 휴먼 역량과 유연성, 자기주도성, 책임감 등의 메타 역량이 더욱 필요로 된다. 미래에 필요한 역량으로 디지털 역량과 휴먼 역량뿐만 아니라 메타 역량에 대해 더욱 주목해야 한다(Mckinsey & Company, 2019).

메타 역량이란 역량에 대한 역량 또는 역량을 얻을 수 있는 역량을 뜻한다. 그것은 ① 불확실성에 대처하는 능력, ② 학습과 성찰을 준비하는 능력, ③ 역량에 대해 고민하는 역량이다(Cheetham & Chivers, 1996). 구체적으로, 적응력, 자기 주도성, 리더십, 기업가 정신 등을 포함한다. 불확실성이 증대되는 일의 세계에서 개인은 자신의 주체적인 성장을 위해 더 큰 관심을 가져야 하는데, 이를 위해서는 단순한 지식이나 기술이 아니라 끊임없이 새로운 것을 배울 수 있는 학습 능력과 지속적인 혁신 노력이 미래 인재의 핵심역량이 된다. 기존의 역량 개념과는 달리 메타 역량은 어떤 일에서든 필요한 역량과 태도를 의미한다. 따라서 미래의 일의 세계 변화에 유연하게 대응하기에 더욱 적합한 역량 개념이다(손정은, 2021).

변화무쌍한 현대 일터에서 필요한 역량은 단순한 숙련성을 넘어선 것이다. 자신을 지속적으로 교육하여 성장시켜 나가는 일하는 삶의 방식이 필수적이다. 이런 자기 갱신성이야말로 초연결과 자동화의 시대에 기업가, 노동자, 그리고 새롭게 일을 구하는 젊은이 모두에게 필요한 요소라 할 수 있다(이준웅, 장원섭 외, 2019). 결국, 새로운 산업사회에서는 끊임없이 스스로를 성장시킬 수 있는 메타 역량을 가진 인재를 필요로 한다.

장인성(匠人性)은 메타 역량을 일터의 맥락에서 구체화한 개념이라고 볼 수 있다. 현대적 의미의 장인은 배움과 성장에의 강한 의지를 바탕으로 깊은 숙련의 과정을 거쳐서 최고의 경지에 오른 자다. 산업사회의 빠른 변화와 시장의 불확실성에 적절히 대응하기 위해서는 어떤 분야에서든 자신이 하는 일에서 장인으로 성장하려는 의지를 가질 필요가 있다. 이와 동시에, 자발적으로 배움에의 길을 걷도록 북돋우고 스스로 성장하는 길을 갈 수 있는 일터 여건을 조성하여야 한다.

일터에서 메타 역량을 형성하기 위해서는 일의 교육이 기업교육체계에서 또 다른 한 축으로 자리 잡을 필요가 있다. 그것은 기존의 직급별 교육과 직무별 교육 일부를 확장하여 통합하는 방식으로 구성될 수 있다. 구체적으로, 직급과 경력 단계에 맞는 일의 의미와 가치를 성찰하는 학습과 직무 또는 직군별로 장인성을 형성하는 맞춤형 교육 프로그램을 실시할 수 있다. 이와 같은 체계적인 교육을 통해 의미 있게 일하는 삶의 모습과 그 중요성을 인식하고 되새기면서 스스로 성장할 수 있는 의지와 힘을 북돋울 수 있다(장원섭, 2018).

이를 위해서는 새로운 산업 시대에 필요한 장인을 육성하기 위해 깊은 숙련을 형성할 수 있는 맥락(context) 중심의 교육을 더욱 강조하여야 한다. 장인은 넓고 일반적인 역량을 갖기보다는 좁고 특수한 분야에서 고도로 숙련된 사람들이다. 깊은 숙련의 끝에서 창조적으로 일한다. 문제해결력, 대인관계 능력, 의사소통 능력, 창조력 같은 일반적 기초 역량의 형성도 일의 맥락과 관련되고 맥락 속에서 의미를 가진다(Sandberg, 2000). 그것은 깊은 숙련 속에서 맥락적으로 더 적절하게 형성될 수 있다. 최고의 숙련 또는 전문성의 형성은 맥락화의 지속적인 재맥락화를 통해 가능하다. 장인은 자신의 분야에서 깊이 숙련된 다음에 그 안에서 또 다른 인접 분야들을 접목시킴으로써 자신의 일의 범위를 넓히고 재맥락화한다. 재맥락화를 통한 창조적 일하기는 온 몸과 마음을 합쳤을 때 일어난다. 온 몸과 마음을 자신의 일에 깊이 담아낸 결과로 숙련도 창조도 이루어진다.

세계에서 가장 뛰어난 바둑 기사인 이세돌과 커제마저도 이미 인공지능 알파고에게 졌다. 오래전에 인간의 육체적 힘을 초월한 기계가 이제는 인간의 지력을 넘어선 것이다. 수 싸움을 하는 방식으로 일해서는 인간의 일의 미래가 어둡다. 그렇다고 절망할 필요는 없다. 인간의 일과 배움에서 새로운 길은 여전히 열려 있다. 장인처럼 일하고 배워서 성장하는 것이 바로 그것이다. 일의 교육은 본래 '성과'나 '성공'이 아니라 '성장'의 이야기다. 인공지능 기계와의 수 싸움이나 경쟁이 아니라 사람이 가진 고유한 열정과 진정성을 담아 일하며 장인으로 성장할 수 있는 메타 역량인 '장인성'을 갖춘 인재를 육성해야 한다.

장인들이 배움과 성장에의 강한 의지를 바탕으로 깊은 숙련의 과정을 거쳐서 최고의 경지에 오른 것처럼, 자라나는 세대와 모든 일하는 사람들이 어떤 분야에서든 자신이 하는 일에서 장인으로 성장하려는 의지를 갖기를 바란다. 그러기 위해서는 스스로 자발적인 배움에의 길을 걷도록 북돋우고, 이와 동시에 그런 장인으로 성장하는 길을 걸어갈 수 있는 일터와 경제사회적 여건을 조성하여야 한다.

제16장

일의 교육 연구를 위한 행위자-관계망 이론[1)]

교육과 일은 오랜 역사에 걸쳐 서로 밀접한 관계를 맺어 왔다(장원섭, 2006; Bills, 2004). 정보통신기술과 인공지능 등의 발달은 연결성과 자동화를 강화하여 일과 교육의 세계를 변화시키는 동시에 그 관계 역시 달라지게 만들고 있다(이준웅, 장원섭 외, 2019; Frey, 2019). 일과 교육에는 이전에 비해 현저히 많은 수의 사람과 도구, 기계, 기술 등이 참여한다. 그 안에서 사람과 사람의 연결뿐만 아니라 사람과 기계, 기계와 기계의 연결을 포괄한다(전숙경, 2016; 2019).

일과 교육의 복잡성이 증가하는 가운데 이를 적절히 분석할 수 있는 새로운 접근법이 필요하다. 일의 교육학의 이론적, 학문적 토대를 단단히 구축해야만 극심하게 변동하고 이리저리 얽히고설킨 일의 교육 현장을 면밀하게 분석하고 그 실천을 올바르게 안내를 할 수 있을 것이다.

이 장에서는 일의 교육 연구를 위한 하나의 새로운 접근법으로서 행위자-관계망 이론(Actor-Network Theory, 이하 ANT)의 가능성을 탐색한다. 여기서 'network'는 '연결망'으로 번역되기도 하고 그냥 '네트워크'라고 명명되기도 한다(홍성욱, 2010). 그러나 이 이론이 가진 핵심적 아이디어가 '인간과 비인간의 관계 맺음'이므로 이를 '관계망'이라고 부른다. 실제로 ANT는 인간과 비인간(non-human)의 혼종적 관계의 효과로서 현상을 인식하는 접근법이다. 따라서 현대사회의 일과 교육을 설명하는 데 매우 유용할 수 있다(Fenwick, 2006; Fenwick & Edwards, 2010).

1) 이 장은 장경진, 장원섭(2020). 자동화와 연결의 시대 일의 교육 연구를 위한 행위자-관계망 이론의 적용 가능성 탐색. 안드라고지 투데이 23(4), 123-149를 수정한 것이다.

1. 일의 교육학이 당면한 현실과 이론

1) 자동화와 초연결 시대의 일과 교육

첨단과학기술의 발달에 따른 자동화와 초연결성은 일과 교육에 많은 영향을 미치고 있다. 제1장에서 살펴보았듯이, 인간의 일은 기계에 의해 대체되기도 보완되기도 한다(Acemoglu, 1998; Frey, 2019). 즉, 인간의 일을 대신하는 대체적 성격과 인간의 일을 더욱 용이하게 만드는 보완적 성격을 동시에 갖는다.

먼저, 기술의 대체적 성격은 일부 계층, 직업군, 산업군에 소외를 초래할 수 있다. 산업구조의 변화에 따른 기술적 · 일시적 실업이 그 대표적인 예다(이준웅, 장원섭 외, 2019). 이러한 실업은 제조업과 같은 특정 산업군에서 더 많이 발생할 가능성이 크고, 그러한 산업 시설들은 특정한 도시와 국가에 집중적으로 분포되어 있다. 기술 발전으로 인해 지역 전반의 일자리 수요가 감소한 지역의 주민들은 새로운 일자리를 찾아 지역적 또는 국제적인 이주를 하기도 한다(Goldstein, 2017; Frey, 2019). 전반적으로 일자리가 줄어드는 위기감 속에 이주민을 받아들이는 지역에서는 증가하는 이주민 인구에 대한 반발을 불러일으키기도 한다. 여러 국가들에서 나타나는 외국인에 대한 혐오 현상은 일자리를 빼앗긴다는 불안감이 분노로 표출된 것으로 이해할 수도 있다(Bauman, 2017). 이런 가운데 각국 정부는 노동 수요가 공급을 넘어서는 산업군에서 자국민 또는 이주민이 일할 수 있도록 그 산업군에 필요한 기술교육 등을 실시하는 정책을 펼치게 된다.

다른 한편, 보완적 측면에서 자동화와 연결성의 증가는 일하는 개인들의 일상을 바꾸고 있다. 기계를 활용할 뿐만 아니라 기계와 함께 일할 것이라는 전망이 현실화하고 있다. 국내외 기업들에서 이미 반복적인 업무를 대신해 주는 인공지능 비서나 업무에 관한 정보와 학습 자료를 제공하는 챗봇(ChatBot) 등을 도입해 운영하고 있다.[2)3)] 연결성의 증대로 인해 일과 학습이 시간과 공간을 넘나들며 편재(ubiquitous)하게 될 것이라는 예측 또한 현실로 다가오고 있다. 예를 들어, 미국 IT 업계에서는 필요한 작업의 일부를 인도, 중국, 브라질 등 타 국가의 엔지니어들에게 맡기는 등 국경을 초월

---

2) 아시아경제(2019. 08. 30.). "톡깨비, 삼성전자 최신 리포트 보여줘"…KB증권, 업계 최초 사내업무응대 인공지능 챗봇 선봬. https://view.asiae.co.kr/article/2019083008553268085

3) 매일경제(2019. 10. 16.). KT, 채팅하듯 질문하면 해답 제시…AI기반 '상담 어시스트' 도입해 만족도 높여. https://mk.co.kr/news/business/view/2019/10/839345/

한 기업 운영 방식을 취하고 있다(Saxenian, 2004). 특히, 2020년 코로나19의 확산으로 인해 원격 및 재택 근무가 크게 늘어나면서 인터넷 연결을 통해 일하고 배우는 삶의 방식이 일상화되고 있다(Christensen, 2020). 기계와의 협업뿐만 아니라 기술에 기반한 초경계적 협업의 증가 등은 일과 일의 교육 현상의 복잡성을 증대시킨다. 변화하는 사회에서 수행되는 일에는 더 많은 인간 및 비인간 행위자들이 복잡하게 얽힌 관계를 맺게 된다. 이러한 관계의 변화와 복잡화는 일하며 배우는 과정에도 영향을 미친다.

일과 교육의 세계에서 크게 증가하는 복잡성으로 인해 일의 교육은 인간-인간, 인간-기계, 기계-기계 간의 복합적인 관계 맺음의 양상을 띠게 되었다. 복잡성이 증가하면서 하나의 사건이 가지는 영향력의 범위 또한 커진다. 국가를 넘나드는 협업이 활성화되면서 한 사람이 하는 업무는 단순히 부서 내, 조직 내에 영향을 미치는 것이 아니라, 관련된 전 세계의 행위자들에게 영향을 미치게 된다. 자동화로 인해 특정 산업군, 특정 지역에 발생한 실업의 영향이 전 국가적, 또는 세계적으로 나타나는 것 또한 그러하다. 결국, 국지적으로 보이는 한 사건이 광역적인 사건들과 행위자들에 영향을 주고받았을 수 있고, 광역적으로 일어난 사건 또한 국지적인 사건과 행위자들과의 영향 관계 속에서 이뤄졌다고 할 수 있다.

2) 기존의 일의 교육 이론들

인간은 삶의 전 과정을 통해 무수히 많은 이들과 관계를 맺으면서 일하고 가르치며 배운다(장원섭, 2015a). 따라서 일의 교육은 본질적으로 관계적이다. 그리고 여기서 관계 맺는 이들에는 사람뿐만 아니라 비인간 사물들도 포함된다.

그럼에도 불구하고, 전통적으로 직업교육, 직무훈련, 인력개발 등으로 불려온 일의 교육에는 개인주의적 관점이 널리 퍼져 있었다. 일의 교육을 일이라는 목적을 위해 부여된 지식을 개인이 인식하여 뇌 속의 인지과정을 통해 처리하고 저장하는 과정으로 전제하곤 했다(Fenwick, 2006). 또는 반복적 훈련을 통해 기술을 습득하는 숙달의 과정으로 여겼다. 개인의 인지 또는 숙달 과정이 일의 교육에서 중요한 부분을 차지하는 것은 분명하다. 그러나 일의 교육에 대한 이런 접근은 개인이 받아들이는 지식과 기술이 형성된 사회적 과정, 그것을 습득하는 현장의 상황, 교수하는 사람과 학습하는 사람의 관계, 그리고 그들을 둘러싼 맥락들이 그 학습 과정에 미치는 영향을 간과한다(Fenwick, 2006: 288-289). 일의 교육이 삶의 교육으로서 가진 성격을 더 분명하게 드러내려면 일의 교육이 가진 사회적 성격을 인식해야 한다.

1990년대 전후로 학습 과정에 배태된 관계성에 초점을 둔 이론들이 제시되어 왔다. 상황학습이론과 실행공동체(Lave & Wenger, 1991), 멘토링과 개발지원관계망(Higgins & Kram, 2001), 조직학습(Levitt & March, 1988) 및 학습조직(Senge, 1990), 문화역사적 활동이론과 확장학습(Engeström, 2001; 2008) 등이 일의 교육의 관계성을 강조한 대표적인 이론들이다(장원섭, 장지현, 김민영, 2015). 이 이론들은 개인주의적 접근이 가진 한계를 극복하며, 일의 교육이 가진 사회적 맥락을 기술하고 분석하는 데 기여해 왔다. 그럼에도 불구하고, 자동화와 초연결의 시대에 일의 교육을 연구하는 데 있어서 설명력의 한계를 갖는다. 사람과 사람 간의 관계를 우위에 두고 일의 교육을 설명함으로써 일에서 활용되는 도구, 시설, 장소 등 비인간 사물이 가진 영향력은 부차적인 것으로 여기는 경향이 있다.

예를 들어, 상황학습이론은 학습이 개인의 머릿속에서 일어나는 내용의 습득이라기보다는 공동의 참여를 통해 이루어지는 상황화된 과정이라고 본다. 학습이 이루어지는 사회적 맥락과 관계를 강조함으로써 개인주의적 일의 교육학 이론이 가진 한계를 넘어선다. 이 이론을 주창한 레이브와 웽거(Lave & Wenger, 1991)는 신참자가 실행공동체에의 참여의 과정을 통해 기능뿐만 아니라 정체성까지 형성한다고 보았다. 여기서 실행공동체는 공통된 목표를 바탕으로 함께 작업하는 집단을 의미한다. 이 집단에 진입한 초심자는 완전한 책임을 지지 않으면서도 일을 직접 해 볼 기회를 얻으며 학습하는 합법적 주변 참여를 경험하게 된다. 또한, 집단의 구성원들은 서로 비공식적인 상호작용을 수시로 주고받으며 일에 관한 정보와 지식을 나누고 학습한다. 이와 같이 상황학습이론은 학습이 가지는 상황성을 강조함으로써 공동체적 맥락을 일의 교육 논의로 포괄했다는 점에서 의의가 있다.

그럼에도 불구하고, 상황학습이론은 일과 교육 현상에 관련한 미치는 기술과 기계의 영향력을 간과하는 경향이 있다(Fenwick, Edwards, & Sawchuk, 2011). 상황학습 및 실행공동체 이론은 일함에 있어 도구와 공동체가 속한 장소의 중요성을 지적하였으나, 그러한 인식이 실행공동체 개념에서 충분히 활용되지는 못하였다(Fox, 2000). 또한, 이 이론은 한정된 시공간에서 일어나는 학습 현상만을 대상으로 삼는 경향이 있어서 공동체라는 테두리 밖의 맥락이 공동체에서의 일과 학습에 미치는 영향을 포착하지 못했다(Robert, 2006). 더군다나, 상황학습이론과 실행공동체 개념은 일의 교육을 단일한 목적을 가진 일방향적 발전 과정으로 전제해 왔다는 점에서 한계를 갖는다. 실행공동체 이론은 사람과 사람이 관계를 맺으며 배우는 학습의 역동적 측면을 드러내었지만, 여전히 일과 학습의 장을 화합된 공동체로 상정하여 공동체 내부의 다양한 행위자들 간의 갈등과 권력관계를 포착했다는 데 소홀했다(Fox, 2000; Mørk et al., 2010).

또 다른 영향력 있는 관계론적 접근으로서 문화역사적 활동이론은 실행공동체 개념이 가진 한계를 상당 부분 극복했다. 문화역사적 활동이론은 사회가 여러 활동 체계로 구성되어 있으며, 하나의 활동 체계는 주체, 목표, 매개체, 규칙, 공동체 및 분업 등을 기반으로 구성되어 있다고 본다. 그리고 각각의 요소가 목표를 수행하기 위해 상호작용하는 과정, 상호작용에서 발생하는 갈등, 갈등과 모순의 해결, 해결을 통한 활동 체계의 변화와 확장을 학습 과정으로서 설명한다(Engeström, 2001; 2008). 이 이론에서는 활동 체계에서 도구의 역할에 주목하였으며, 도구가 주체, 객체, 공동체 등 활동 체계의 다른 요소들과 화합되지 않을 경우 활동 체계 내의 균열이 발생할 수 있음을 지적한다. 이는 학습 과정에서 기계, 기술 등의 요소들을 고려한 것이라 할 수 있다. 또한, 문화역사적 활동이론은 각 체계 요소의 역사성을 밝힐 것을 요구하는데, 이는 실행공동체 및 관계망 관련 이론들이 시공간적 제약을 극복하는 데 있어서 취약한 점을 보완한 것이라 할 수 있다. 이 이론은 활동 체계 내의 모순 개념을 활동 체계의 변화와 발전의 핵심적 원동력으로 봄으로써 학습 과정에 배태한 권력관계와 갈등을 포착하는 데도 도움을 준다.

문화역사적 활동이론이 도구의 중요성을 인정하기는 하지만, 결국은 그 역할을 주체인 인간의 의지를 매개하는 수준으로 한정한다. 따라서 기계와 기술의 영향력이 더욱 커지고 있는 현대의 일과 교육 현상을 설명하는 데 있어서 한계를 가질 수밖에 없다. 예를 들어, 인공지능에 기반하여 최적 의사결정 대안으로 제시된 세 가지 대안 중에 담당자가 한 가지 대안을 선택하여 업무를 수행하는 활동을 상정해 볼 수 있다. 이 활동에서 인공지능은 단순히 일하는 이의 목적을 매개하거나 대리하는 존재라 단언하기 어렵다. 인공지능은 그 알고리즘, 그 알고리즘이 개발될 때 사용된 데이터와 맥락, 데이터를 수집한 기업과 알고리즘을 설계한 개발자 등의 다양한 의도와 목적을 매개하고, 그러한 목적을 융합하는 과정에서 각각의 목적과는 다른 새로운 방향성을 담지하게 되고, 이에 따라 일하는 주체에 영향을 미치는 존재일 수도 있는 것이다. 게다가, 문화역사적 활동이론은 활동 체계를 구성하는 여섯 가지 요소들을 고정하여 도식화함으로써 학습 과정이 가진 복잡한 양상을 단순화할 가능성이 높다. 활동 체계의 도식은 엥게스트룀(Engeström, 2008)이 의도한 바와 같이 실증적 현장 연구와 개입에 매우 용이하다는 장점을 가지기도 하지만, 그런 도식에 근거한 분석은 더욱 복잡해지고 있는 일의 교육 양상을 피상적으로 논의하는 데 그치는 결과를 야기할 수도 있다(Bakhurst, 2009).

결국, 일의 교육학은 변화하는 일과 교육의 현상에 대해 새롭게 접근할 필요가 있다. 지금까지 일의 교육 연구에 적용된 전통적인 개인주의적 시각이나 여기서 더 나아간 기존의 관계론적 접근이 지금의 변화들을 포착하고 기술하는 데 가진 한계를 넘어서야 한다. 행위자-관계망 이론은 관계론의 확장적 재정의를 통해 자동화와 초연결 시대에 일의 교육 현상을 연구하는 데 있어 적합한 접근법이 될 수 있을 것이다. 다음 절에서는 행위자-관계망 이론의 핵심 개념과 관점을 개관한다.

2. 행위자-관계망 이론 개관

행위자-관계망 이론(ANT)은 1980~1990년대 브뤼노 라투르(Bruno Latour), 미셸 칼롱(Michel Callon), 존 로(John Law) 등의 학자가 주축이 되어 시작한 학문적 논의로서, 초기에는 과학적 지식에 대한 새로운 사회학적 접근으로서 출발하였다(홍성욱, 2010; 최병두, 2017). ANT가 새로운 접근이라는 평가를 받는 이유는 이 이론이 지식에 대한 관점의 이분법을 넘어서는 접근이기 때문이다. 지금까지 과학적 지식을 바라보는 관점은 과학적 실재론과 사회 구성주의로 양분되어 있었다(홍성욱, 2006). 과학적 실재론이란 과학에 의해 기술된 세계가 주관적 해석과는 관계없이 독립적으로, 객관적으로 존재하는 실재라는 입장을 갖는다. 반면, 사회 구성주의는 과학적 지식도 사회적 이해관계 또는 권력 집단의 이익과 편의에 따라 구성되며, 이해관계의 변화에 따라 지식은 파괴될 수도, 변화할 수도 있다는 입장을 취한다. 1990년대 미국을 중심으로 일어난 '과학 전쟁(Science Wars)'은 과학적 지식의 본질에 대한 양측의 견해가 격돌한 대표적인 사건으로 꼽힌다(홍성욱, 2006).

ANT는 과학 전쟁의 한가운데에서 구성주의와 실재론으로 양분된 입장을 화해하고자 한 시도라고 할 수 있다. 라투르(Latour, 1999)는 자연을 단일하고 균일한 실체로 전제하는 것은 잘못이며, 지식은 발견하는 것이 아니라 제조되는 것(fabricated)으로 보는 것이 더 적합하다고 주장했다. 이때 주의할 점은 지식이 만들어지는 것과 날조되는 것은 다른 의미라는 점이다. ANT적 관점에서도 실재는 존재한다. 다만, 그 실재는 항상 사회적으로 구성된다(Latour, 1994). 여기서, ANT의 '사회적 구성'이란 기존의 사회 구성주의가 의미하는 바와는 다르다. 사회 구성주의가 사회의 의미를 인간과 인간집단의 이해관계에만 한정하였다면, ANT의 '사회적'이라는 개념은 인간과 비인간의 혼종적 관계를 포괄한다(홍성욱, 2010).

ANT에서는 인간과 비인간의 경계를 허문다. 행위자를 단일하고 고정된 실체로 정의하는 것을 거부한다. 이를 통해 이루고자 하는 것은 세계를 이해하는 방식의 경계를 무너뜨리는 것이다. ANT는 미시와 거시, 개인과 사회, 인문사회와 과학기술 같은 기존의 구분법을 거부한다(Latour, 1999). 라투르(Latour, 1999: 22)는 ANT가 제기하는 질문이란 "'저 밖에 있는' 자연, '저 안에 있는' 심리학, '저 밑에 있는' 정치학, '저 위에 있는' 신학" 각각이 던지는 질문을 모두 합한 것이라고 말한다. 세계를 보는 서로 다른 관점을 상호 분리하여 논의할 수 없다는 것이다.

이 절에서는 ANT적 접근을 이해하기 위한 핵심 개념으로서 행위자-관계망과 번역 개념을 설명한다. 그리고, ANT와 그 후(After-ANT) 논의를 소개함으로써 ANT적 접근을 도식적으로 차용하는 것을 유의해야 함을 경고한다.

1) 행위자-관계망

ANT에서 행위자(actor)란 행위능력(agency)을 가진 모든 존재를 의미한다(홍성욱, 2010). 이때 행위란 다른 행위자에 영향을 미쳐 변화를 일으키는 것을 말한다(Latour, 2005). 이러한 관점에서, 사물은 다른 사물이나 인간의 행위에 변화를 초래할 수 있다는 점에서 행위능력을 가지고 있다. 즉, 행위능력이라는 측면에서 사물을 포함한 비인간은 인간 못지않은 행위자다. 이와 같이 ANT에서는 인간과 비인간이 각각 행위자로서 동등한 지위와 목소리를 가진다는 점을 강조한다. 인간과 비인간을 동등한 행위자로 본다는 점에서 ANT는 일반화된 대칭성(generalized symmetry)을 가진다(홍성욱, 2010).

행위자 개념의 이해에 있어 주의해야 할 점은 비인간 행위자가 컴퓨터와 같은 사물만을 의미하는 것이 아니라는 점이다(Sayes, 2014). 칼롱(Callon, 1990)이 제시한 행위자의 네 가지 이념형은 혼종적 행위자를 포착하는 데 유용하다. 첫 번째 행위자 유형은 텍스트다. 이것은 기입된 언어(literary inscription)를 말한다. 교재에 적힌 지식, 매뉴얼에 기재된 업무 절차 등이 그 예다. 두 번째 유형은 기술적 인공물이다. 이는 도구, 기계, 로봇, 상품 등 상대적으로 가시적인 형태의 비인간 군집을 말한다. 세 번째 행위자 유형은 인간, 그리고 인간에 체화된 기술과 지식이다. 마지막 유형은 돈이다. 연구 지원금과 같은 돈은 연구를 수행하는 데 주요한 역할을 할 수 있다. 이와 같은 돈은 단순히 상품이나 노동의 시장 가치를 나타내는 것뿐만 아니라 특정 행위자의 목적을 전달하고 다른 행위자들의 행동을 규정하는, 행위성을 가진 존재이다. 위와 같은 유형 구분은 행위자–관계망에서 행위자가 가질 수 있는 형태를 구체적으로 파악하는데 도움이 된다. 그러나 칼롱(Callon, 1990)이 강조하듯이, 행위자–관계망으로 구성된 세계에는 '순수한' 행위자보다 '혼종적(hybrid)'인 행위자가 많으며, 이러한 매개자를 해독 또는 복호화(decoding)하는 것이 행위자–관계망의 이해에 필수적이다.

ANT에서 행위자는 관계망의 구성요소일 뿐만 아니라 그 자체가 관계망이기도 하다. 일례로 온라인 수업을 진행하고 있는 교사를 생각해 볼 수 있다. 온라인 교육이라는 행위는 교사라는 사람을 비롯하여 수업 계획서, 책상, 컴퓨터, 인터넷 연결선, 강의를 듣고 있는 수강생들과 그들의 컴퓨터까지 수많은 관계가 맺어짐으로써 가능하다. 그렇기에 '온라인 수업을 진행하고 있는 교사'의 존재는 온라인 교육이라는 행위와 관련한 인간과 비인간 행위자의 존재 없이는 불가능한 관계적 효과다. 즉, 교사는 온라인 교육이라는 행위 속에서 행위자임과 동시에 관계망이기도 하다. 라투르(Latour, 2005: 46)가 행위자를 "움직이는 과녁을 향해 군집으로 움직이는 방대한 실체의 무리"라고 주장한 것이 이를 잘 알려 준다. 행위자와 관계망 사이에 붙임표(–)를 붙여 행위자–관계망이라 표현하는 이유도 행위자는 관계망이고, 동시에 관계망은 행위자인 까닭이다(Law, 1992).

모든 행위자는 관계망이지만, 많은 경우 관계망들은 단일한 행위자처럼 간주되는 경향이 있다. 위에 예를 들었던 온라인 수업은 교사, 학생, 컴퓨터, 인터넷 연결선 등 수많은 행위자로 구성된 행위자–관계망이다. 그러나 수업을 수강하는 학생 입장에서 온라인 수업은 평상시 단일한 행위로 간주될 뿐이며, 학생들은 온라인 수업을 구성하는 여러 행위자의 관계성을 인식하지 못할 가능성이 높다. 이와 같이 어떤 관계망이 오랜 기간 동안 변화 없이 단일한 실체처럼 작동하면서 하나의 행위자처럼 나타나는 것을 단순화(simplification)라고 한다(Law, 1992). 단순화된 관계망은 단일한 행위자처럼 인식되어 그를 구성하는 관계망을 파악하기 어렵다는 점에서 블랙박스

(blackbox)라 명명되기도 한다(홍성욱, 2010). 그러나 만약 온라인 수업이 갑자기 중단되거나, 평가 결과 수업의 효과성이 낮은 것으로 판명되는 등 기존 온라인 수업의 방식에 문제가 제기될 경우, 관계자는 인터넷 연결선, 수업 계획서, 컴퓨터 등 수업을 구성하는 요소들을 점검하게 된다. 이러한 과정을 통해 온라인 수업을 구성하던 관계망이 드러난다. 이와 같이 단순화된 현상 또한 언제든지 그것을 구성하는 관계망을 노출할 가능성이 있다. ANT에서 임시적이고 불안정한 상태로 단순화된 상태를 결절(punctualization)이라 칭한다(Law, 1992).

2) 번역

번역(translation)은 ANT를 이해하는 데 가장 중요한 개념으로서 행위자-관계망이 변화하는 기제를 의미한다. 번역이라는 개념을 전이(transfer)라는 개념과 대비해 봤을 때 그 뜻이 더욱 명확해진다. 전이는 어떤 행위자를 변화시키지 않고 한 공간에서 다른 공간으로 이동하는 것을 말한다. 반면, 번역은 행위자를 자신의 언어와 규칙에 맞게 변형(transform)하여 이동하도록 하는 것이다. ANT에서 번역이란 한 행위자-관계망이 다른 행위자들을 자신의 의도에 맞게 변형하는 것, 즉 해체하고, 합치고, 섞고, 질서 짓고, 축소시키거나 확대시켜 자신의 관계망으로 포섭하는 것을 말한다(Callon, 1990; Law, 1992; Latour, 1999; 홍성욱, 2010).

한 행위자에게 있어 번역이 성공적으로 이루어진다는 것은 다른 행위자를 알맞게 변형하여 자신의 관계망의 요소들과 결합시키고 이를 유지하는 것이다(홍성욱, 2010). 번역을 성공적으로 수행한 행위자-관계망은 자신의 관계망에 끌어들인 행위자들을 대변하고 동원할 수 있는 권력을 가지게 된다. 그러나 한 언어의 표현이 다른 언어로 완벽하게 번역되는 것이 어렵듯이, 다른 행위자를 자신의 의도와 목적에 완벽히 부합하게 치환하는 것은 사실상 불가능하다. 따라서 번역은 항상 새로운 관계망의 창출을 야기한다. 또한, 한 관계망은 자신의 내외부에 존재하는 행위자들의 번역에 의해 끊임없이 변화한다. 이러한 변화 과정에서 번역을 수행하는 행위자 자신, 자신의 의도를 전달하는 매개적 행위자, 번역의 대상이 되는 행위자의 이해관계는 언제든지 수정될 수 있다. 라투르(Latour, 1999)는 이해관계를 선험적인 것으로 오해하지 않도록 주의해야 하며, 번역의 과정에서는 각 행위자의 이해관계 또한 번역될 수 있다고 설명했다. 이와 같이 행위자-관계망은 명사같이 고정된 것이 아닌, 끝없는 번역과 번역이 일어나는 동사적 존재다(Law, 1992).

많은 ANT 연구들은 대상이 되는 현상 속에서 일어나는 번역의 과정을 추적하는 것에 집중한다. 칼롱(Callon, 1984)의 연구에서 제시된 번역의 네 단계 구분은 다소 도식적이라는 비판을 받기도 하지만 현재까지 ANT 연구에서 가장 많이 활용되고 있는 분석 틀이다(홍성욱, 2010; 최병두, 2017). 번역의 첫 번째 단계는 문제 제기(problematization)다. 문제 제기란 기존의 상태를 거부하고, 번역을 시작하는 단계다. 이 단계에서는 문제를 정의하고, 문제에 관련한 행위자를 정의하며, 문제를 해결하기 위해 반드시 거쳐야 할 지점, 즉 의무 통과점(Obligatory Passage Point, OPP)을 정의하는 행위가 이루어진다. 두 번째 번역의 단계는 관심 끌기(interestment)다. 이 단계에서 한 행위자는 다른 행위자들을 기존의 관계망에서 분리하도록 유도하고, 자신의 관계망에 연결하기 위하여 협상을 수행한다. 세 번째 단계는 등록하기(enrollment)다. 등록하기는 원 단어의 뜻처럼 역할(role)을 부여(en-)하는 것을 의미한다. 이 단계에서 번역을 주도하는 행위자는 자신의 목표를 달성하기 위해 관계망을 구성하는 각각의 행위자가 해야 할 행위를 규정한다. 그리고 필요한 행위자들로 하여금 이러한 역할을 수행하도록 협상한다. 마지막 번역의 단계는 동원하기(mobilization)다. 이 단계에서 번역을 주도한 행위자는 다른 행위자들을 자신의 관계망으로 포함시키며, 이들을 대변하여 하나의 행위자처럼 기능하게 된다.

번역의 과정을 이해할 때 주지해야 할 것은 번역이 항상 순차적으로, 일회적으로 일어나는 사건이 아니라는 점이다. 번역은 중간에 중지되고, 처음으로 회귀하거나, 새로이 시작되는 등 다양한 형태로 나타날 수 있다. 따라서 번역이 동원하기의 단계까지 다다랐더라도 번역이 종결됐다고 단언할 수도 없다. 온라인 교육의 예에서, 교사가 수행하고 있는 번역, 학생이 수행하고 있는 번역, 온라인 교육을 추진한 학교의 번역 등 관련한 행위자는 각자의 번역을 수행하고 있다. 그리고 이러한 번역은 때때로 서로 충돌하거나 갈등을 일으키면서 하나의 번역으로 통합되거나, 여러 가지의 번역으로 분열될 수도 있다.

또한, 칼롱(Callon, 1984)의 구분이 모든 번역의 과정을 설명할 수 있는 절대적 구분법이 아님을 명심해야 한다. 연구 대상이 되는 현상의 특성과 연구자의 판단 등에 따라 번역의 단계는 조금씩 다르게 규정될 수 있다(홍성욱, 2010). 예를 들어, 라투르(Latour, 1999)는 비인간 행위자가 다른 행위자-관계망으로 진입하는 번역의 과정을 다섯 단계로 구분했다. 현재의 상태를 거부하고 새로운 질서를 짓고자 하는 단계(번역), 비인간과 인간 행위자 간의 역할이 교환되거나 재정의 되는 과정(교차, crossover), 비인간이 그러한 역할에 동의하고 집단 안으로 편입되고(등록) 역할을 수행하는 과정(동원), 그리고 이러한 새로운 관계의 정렬이 하나의 실체처럼 작동하는 과정(치환, displacement)이 그것이다.

칼롱(Callon, 1990)은 번역의 과정을 거쳐 행위자들의 합의가 이루어지는 것을 수렴(convergence)이라 명명했으며, 잘 수렴된 관계망은 매우 효율적으로 작동한다고 말했다. 각각의 행위자는 자신과 다른 행위자의 정체성을 잘 알고, 각자에게 기대되는 행위를 효율적으로 수행하며, 예기치 못한 상황이 발생하더라도 대안을 찾아 목적을 충실히 수행한다. 즉, 잘 수렴된 관계망이란 표준화 수준이 높은 관계망이다. 이미 수렴된 관계망을 새로운 이해관계에 맞추어 다시 질서 짓고자 하는 번역은 반역이라 한다. 칼롱(Callon, 1990)은 '번역(traduttore)-반역(traditore)'이라는 표현을 통해 번역과 반역이 동일한 개념을 다른 측면에서 명명한 것임을 설명했다. 수렴 수준이 높은 관계망일지라도 아무런 변화 없이 계속 유지되는 것은 아니다. 로(Law, 1992)는 고도로 수렴된 관계망에서도 반역의 가능성은 항상 존재하며, 관계망 내에서의 미세한 반역은 일상적으로 일어남을 지적했다.

3) 탈 도식화

행위자, 번역, 의무통과점, 결절 등 ANT의 새롭고 추상적인 용어들은 직관적으로 이해하기 어렵고, 다소 현란하다는 인상을 주기도 한다. 이는 ANT를 비판하는 논의에서도 자주 지적되는 점이기도 하다(홍성욱, 2010). 그러한 용어들은 ANT의 오용을 야기하기도 했다. ANT를 적용한 실증 연구들 중 적지 않은 사례가 칼롱(Callon, 1990)의 번역 4단계를 도식적으로 대입하며, 몇 가지 ANT 개념에 틀 맞추듯 설명하는 데 집중하곤 하는 것이다(최병두, 2017). ANT 학자들은 이러한 현상을 인식하고 ANT가 가진 본래의 취지를 다시금 강조하고자 했다. 로와 하사드(Law & Hassard, 1999)의 『행위자-관계망 이론과 그 후(Actor-Network Theory and after)』가 이러한 노력을 대표하는 저서라 할 수 있다. 로(Law, 1999)는 ANT가 행위자, 번역과 같이 생소하게 들리는 개념들을 사용한 이유가 현상을 규명하던 기존의 구분법을 무너뜨리고, 혼종적이고 복잡한 사회현상을 보다 면밀히 기술하기 위한 전략이라는 점을 명심해야 한다고 강조했다. 라투르(Latour, 1999: 15)는 이에 관하여 ANT가 사회를 설명하는 도식으로 이해될 바에야 '행위자' '관계망' '이론'과 같은 표상 따위는 '관에 못 박아 묻어 버리는 것'이 낫다고 표현하기까지 했다.

라투르(Latour, 1999)의 주장은 ANT적으로 사고하고 연구하고 연구한다는 것이 각각의 개념과 용어의 적용에 매몰되는 것이 아니라는 점을 보여 준다. 더불어 그가 옹호한 '행위소-리좀 존재론'이라는 단어는 ANT가 현상에 대해 가진 관점을 함축적으로 보여 준다. 리좀이란 들뢰즈와 가타리(Deleuze & Guattari, 1987)가 사용한 은유로서 본래는 가지가 흙에 닿았을 때 뿌리로 변화하는 지피식물을 의미한다. 리좀은 뿌리와 대, 가지, 몸통 등 위계적 구조를 가진 나무와 대비되는 개념으로서 사용되었다. 들뢰즈와 가타리(Deleuze & Guattari, 1987)는 지식이 나무와 같은 위계와 질서를 가지고 있다기보다 리좀과 같이 산발적이고, 위계 없이 흩어져 있는 형태를 가지고 있다고 말했다. 즉, ANT적 관점이란 사회현상이 리좀처럼 구성되어 있다고 인식하는 것이다.

ANT는 사회현상을 수식처럼 깔끔하게 설명해 줄 수 있는 도구가 되기를 거부한다. 오히려, 라투르(Latour, 1997)는 '문제를 더 복잡하게 만들기'를 요구한다. ANT적 관점에서 발견되는 세계의 복잡함, 모호함을 그 자체로서 인정하고, 이러한 존재론이 가진 가능성을 최대한 발현하는 것이 연구자들이 가진 과제라는 것이다.

3. 일의 교육학에서 행위자-관계망 이론적 접근

1) ANT적 관계론 확장

앞 절에서 일의 교육에 대한 기존의 관계론적 접근들이 자동화와 초연결 시대에 발생하는 일과 교육 현상들을 담아내기에는 한계를 가지고 있다고 지적하였다. 이 절에서는 ANT가 그러한 한계들을 극복하고 관계론의 설명력을 확장하는 이론으로서 가진 가능성을 제시한다.

첫째, 기존의 관계론적 이론들은 사람과 사람 간의 관계에 집중함으로써, 새로운 시대에 나타나는 인간과 기계의 협업을 포착하기에는 한계가 있다. 이에 반해, ANT의 대칭성 개념, 비인간 행위자를 포착하고자 제시된 분석 틀은 인간 중심적 관계론의 한계를 극복하고 인간과 비인간의 혼종적 관계로 그 개념을 확장한다. 라투르

(Latour, 1994: 47)는 현대사회의 일하는 인간을 지칭하는 호모 파베르(Homo faber, 만드는 이)는 엄밀히 말하자면 호모 파베르 파브리카투스(Homo faber fabricatus, 만들고 만들어지는 이)이며, 나아가 기술과 사회의 혼재된 관계망 속에서 인간과 사물과의 연대를 통해 새로운 결과들을 창출하는 호모 파베르 소시알리스(Homo faber socialis, 연대를 통해 만드는 이)로 이해될 수 있다고 말했다. ANT적 관점에서의 일의 교육 또한 연대, 즉 관계 맺음이자 번역함과 번역됨을 통해 새로운 결과가 제조되는 과정이라 할 수 있을 것이다. ANT는 문화역사적 활동이론에서 제시된 도구와 규칙의 중요성을 포괄할 뿐만 아니라, 칼롱(Callon, 1990)의 구분과 같이 인공물, 텍스트, 돈 등 일의 교육 현상에 영향을 미치는 다양한 행위자를 동등하게 포착하는 데 도움을 줄 수 있다.

둘째, ANT는 실행공동체 이론 등 관계론적 접근이 가진 시공간적 한계를 극복한다. 행위자-관계망이 현상을 인식하는 데 기여하는 핵심적인 부분은 미시와 거시, 개인과 사회, 절대적 공간에서의 가까움과 멂 등 기존의 인식 틀이 가져오는 사고의 제약을 극복하는 것이다. 기존의 구분을 거부함으로써 일의 교육 연구가 얻을 수 있는 것은 일의 교육 현상에 영향을 미치는 행위자들을 더욱 면밀하게 포착해 내는 것이다. 전문 AI 구동 시스템을 사용한 여러 사람이 같이 일을 수행한 경우, 그리고 그 협업이 실패한 경우를 생각해 볼 수 있다(Webly, 2019). 이 현상에 대해 기존의 관계론적 분석을 적용한다면, 이 구동 시스템을 사용한 여러 사람의 상호작용, 그리고 상호작용 과정에서 발생한 문제들이 협업의 실패 요인으로서 드러날 것이다. 문화역사적 활동이론은 도구인 전문 AI 구동시스템이 가진 성격과 이를 활용한 주체들이 목표로 한 바 사이의 모순을 찾아내는 분석을 수행할 수도 있을 것이다. 그러나 그 도구가 가진 맥락인 '외부 회사가 다른 회사의 데이터를 바탕으로 알고리즘을 개발해서 전문 AI 구동 시스템'을 만들었다는 점은 기존의 관계론적 분석에서는 쉽게 드러나지 않을 수 있다. 만약 전문 AI 구동 시스템이 가진 맥락으로부터 협업의 균열이 발생했다면 관계론적 분석에서는 협업이 실패한 이유를 온전히 그려내기는 어려웠을 것이다. 이처럼 ANT는 기존의 시간적, 공간적 구분을 거부하고 현상에 관한 혼종적 행위자들이 가진 맥락과 관계를 면밀하게 추적하는 것을 가능하게 함으로써 기존의 접근법이 가진 한계를 극복한다.

셋째, 상황학습이론과 실행공동체 같은 기존의 관계론적 접근이 일의 교육에 배태된 모순, 충돌, 갈등 등을 세밀히 그려내는 데 한계를 가졌다면, ANT는 서로 다른 의도를 가진 행위자들의 번역과 번역됨, 그리고 그에 대한 반역을 자연스러운 현상으로 전제함으로써 모순과 갈등을 드러내는 데 더 용이하다. ANT에서 모든 일은 '번역함'과 '번역됨'의 측면을 모두 포함하고 있다. 연구자는 실험 도구를 조작하고 미생물을 동원하여 지식을 생성하는 번역의 주체지만, 동시에 과학적 연구 방법이 규정한 바에 따라 과학 실험이라는 행위를 수행하는 번역의 객체이기도 하다(Latour, 1999). 콜센터에서 일하는 상담원은 정해진 대본이 지시하는 대로 고객 문의에 응대해야 하는, 자율성이 매우 제한된 조건에서 '번역됨'의 일을 수행하지만, 동시에 주어진 대본을 주체적으로 해석하고, 고객의 질문과 상황에 대한 자신의 판단과 의도에 따라 변주된 답을 제시하는 반역을 수행하고 있다(Mirchandani, 2004). 자동화와 초연결 시대에 일과 일의 교육 현상은 여러 행위자의 복잡한 관계 맺음으로 구성되어 있으며, 따라서 행위자가 서로 다른 의도를 가지고 있거나, 그 의도들이 충돌하는 현상은 비일비재하게 일어날 수 있다. ANT적 접근은 연구자가 미세한 갈등을 포착해 내고, 기술하도록 유도함으로써 일상적 현상에 기저한 권력 관계와 갈등적 요인들을 파악하게 하는 데 유용한 접근이 될 수 있다.

ANT는 연구의 범위와 대상을 지나치게 확장한 나머지 현상으로부터 유의미한 실체를 이끌어내기 어려우며, 따라서 ANT적 분석의 실체가 모호하는 지적을 받기도 한다(Miettinen, 1999). 엥게르트룀(Engeström, 2008: 300-301)은 ANT의 대칭성을 '탈인간주의(posthumanist)'로 간주하였다. 탈인간주의적 관점은 "종종 모호하고 단편적"이며, "엄밀한 분석적 접근이라기보다는 은유적"이라고 비판하였다. 실제로 ANT를 경험적 연구에 적용하고자 하는 연구자들은 종종 이 이론이 가진 난해함과 모호함에 난색을 표하기도 한다(Boud et al., 2006). 그러나 앞서 언급했듯이 ANT적 가능성을 더욱 발현하기 위해서라면 ANT는 현상의 분석을 위해 다른 이론들과 접목하여 설명력을 확장하는 방식으로 활용될 수도 있다(Fox, 2000; Gherardi & Nicolini, 2000; Mlitwa, 2007). 또한, 축적되고 있는 ANT적 연구와 연구방법론에 관한 논의를 바탕으로 연구자의 상상력을 더욱 확장할 수도 있다.

다음 두 절에서는 그동안 ANT적 관점에서 수행된 경험적, 이론적 연구를 소개하고 이러한 연구가 일의 교육을 연구하는 데 있어 가진 함의를 찾는다. 연구방법론상의 논의를 개관함으로써 ANT를 접하는 연구자가 부딪힐 수 있는 난해함을 조금이나마 해소하고자 한다.

2) 일의 교육에서 ANT 연구들

일의 교육 분야에서 ANT를 적용한 연구는 그리 많지 않다. 다음에 소개하는 몇몇 연구들은 ANT가 일의 교육 연구에 어떻게 적용되었는지는 살펴볼 수 있는 대표적인 예들이다.

일터에서의 학습 과정에 대한 ANT적 접근으로 가장 널리 알려진 연구 중 하나는 게라르디와 니콜리니(Gherardi & Nicolini, 2000)의 논문이다. 이 연구에서 저자들은 조직 내에서 지식이 전이되는 과정을 추적하기 위하여 건설 현장의 안전 지식이 이동하는 과정을 ANT의 관점에서 기술한다. 연구자들은 안전 지식이 건설 현장과 인부를 거쳐 이동하는 과정을 번역의 관점에서 분석하고자 한다. 연구자들은 번역 과정에서 매개자의 역할이 핵심적인 것으로 보고, 칼롱(Callon, 1990)의 매개자 개념(인간, 인공물, 텍스트, 돈)을 중심으로 안전 지식의 이동을 추적한다. 연구자들은 건설 현장에서 사용되는 도구 및 기기들이 변화한 과정, 인부들이 나누는 대화, 안전 지식 및 안전 교육에 사용되는 서류와 문서들을 검토한다. 연구자들이 관찰을 통해 발견한 것은 인공물이 지식의 축적과 전달에 상당한 역할을 한다는 점이다. 시멘트 믹서기의 손잡이 모양이 변화한 것이 그 예다. 전통적으로 시멘트 믹서기의 손잡이는 물레바퀴와 같은 형태를 띠었다. 이 손잡이에 팔이 끼는 사고가 자주 발생하면서 손잡이의 형태가 인부들의 안전을 담보하지 못한다는 정보가 축적되었다. 결국 손잡이의 모양이 이러한 지식을 반영하면서 디스크 형태로 변화했다는 것이다.

또한, 이 연구는 건설 현장 안전 기준이 번역되는 과정에 대해 기술한다. 연구자들은 건설 현장에 정해진 안전 기준과 업무지침서가 마련되어 있지만, 안전 기준을 따르고 점검하는 과정에는 번역과 반역이 따른다는 점을 발견했다. 예를 들어, 기자재를 보관하는 위치에 관련하여 명확히 규정된 지침이 있지만, 이를 실제로 수행하는 인부들은 업무의 효율성과 인부의 안전이라는 두 가지 목적 사이에 규정을 '지나치게' 위반하지는 않지만 명확히 따르는 것도 아닌 방식으로 일을 수행한다는 것이다. 이는 안전에 관한 지침서가 인부들의 행동을 정교하게 규정하려는 번역의 시도가 인부들에 의해 미세하게 반역되는 과정을 보여 준다. 게라르디와 니콜리니(Gherardi & Nicolini, 2000)의 연구는 일터에서 지식이 비인간을 통해 이동되는 과정, 그리고 지식에 대한 서로 다른 해석이 충동하는 양상을 묘사해 낸다. 이러한 연구는 사물인터넷, 챗봇 등 조직 내의 지식이 이동할 수 있는 경로가 더욱 다양화되고 있는 현실에서, 조직에서의 학습을 추적하는 과정은 지식을 매개하는 행위자들을 추적하는 과정을 반드시 수반해야 한다는 데 유의미한 시사점을 제공한다.

그 밖에 근래 들어 일터에서 일어나는 학습을 ANT적 관점에서 분석한 연구들이 계속 나오고 있다.

솔로몬, 바우드와 루니(Solomon, Boud, & Rooney, 2006)는 ANT 논의에서 강조하는 시간-공간 개념에 초점을 두고 일터에서 일어나는 무형식 학습을 분석했다. 이 연구는 탕비실에서 일어나는 대화와 같이 '일적인 공간'과 '사회적 공간'의 중첩됨이 무형식 학습을 촉진하는 기제임을 밝혔다.

풀러 등(Fuller et al., 2009)은 대형 할인점 프랜차이즈에서 본사와 매장 직원이 물리적으로 멀리 떨어져 있음에도 불구하고, 재고관리 시스템을 기반으로 지식을 교환하는 관계를 맺고 있음을 밝혔다. 이러한 관계는 본사의 정형화된 지식과 매장 직원의 경험에 기반한 암묵적 지식의 충돌과 경쟁을 일으키기도 하며, 이러한 역동적 과정은 일련의 학습 과정으로 이해될 수 있음을 밝혔다. 이 연구는 연결성이 증대된 사회에서 일터학습이란 매장과 같이 물리적인 경계를 가진 공간이 아니라, 기술로 매개된 여러 지역의 관계망에서 일어나는 학습으로 이해될 수 있음을 보여 준다.

바우드 등(Boud et al., 2006)은 일터 공간을 호주, 유럽, 미주, 아프리카를 포함한 전 세계적 범위로 확장한다. 이 연구에서 연구자들은 대륙을 연결하는 온라인 석사과정을 개발하기 위해 협업한 과정을 ANT적 관점에서 기술한다. 연구자들은 협업 과정에서 사용된 이메일, 주고받은 문서, 프로그램에 관계자의 의견들을 기반으로 여러 대륙에 걸친 협업이 수행되는 방식을 보여 준다. 저자들은 이러한 기술을 통해 각 대륙의 기술 발전 정도, 경제적 상황, 학제에 관한 규정, 각 국가의 학생들과 컴퓨터 통신 기술과의 관계 등 지구적 수준의 프로그램을 개발하는 과정에는 무수한 인간, 비인간 행위자와의 조율이 필요함을 보여 주었다.

일의 세계에 진입 또는 재진입하기 위해 수행되는 교육 활동에서 가장 문제가 되는 것 가운데 하나는 교실 및 직업훈련원에서 수행되는 교육이 실제 일터에서 요구되고 활용되는 지식을 전달할 수 있는가일 것이다. 브로드(Broad, 2016)는 일터에서 요구되고 활용되는 지식을 어떻게 직업훈련 현장으로 무사히 이동해 올 수 있을 것인가에 관해 직업교육 프로그램 교사들의 고민과 노력을 ANT적 관점에서 그려 냈다. 연구에 참여한 교사들은 교육 내용에 관한 최신의 지식, 현장에 밀착된 지식을 얻기 위해 학술지 논문이나 온라인 커뮤니티의 자료들을 활용하는 모습을 보였다. 그러나 그들은 이러한 매개체를 통해 얻는 지식이 정제되어 있으며, 실제 일터의 맥락을 반영하지 못한다는 점을 잘 알고 있었다. 이에 교사들은 실제 일터나 관련 박람회 등 현장에 찾아가, 사진을 촬영하고, 일에 관해 구전되는 최신 정보들을 수집하면서 일터의 맥락을 자신에게 기입하고자 노력하는 모습을 보였다. 이들이 일터의 맥락을 교실로 이동해 오는 과정은 일터와 일터 주변에 산재한 관계망들을 포착하고, 이 관계망을 교실로 중첩시키는 과정이었다. 그리고 이러한 중첩의 과정은 사진과 글과 같은 매체에 기입하고 옮기는 행위를 통해 수행되었다. 브로드(Broad, 2016)의 연구는 기술 변화의 가속화로 인해 일터에서 요구되는 지식이 매우 빠르게 변화하는 현대에서 직업교육과 훈련을 담당하는 교수자들은 교육으로부터 제공되는 지식을 일터와 긴밀히 연결하고, 변화에 재빠르게 대응해야 하는 책임을 갖게 됨을 시사한다.

연결성이 증가함에 따라 국제적 이주를 감행하는 노동자가 증가하고 있는 것도 주목할 만한 주제다. 이와 관련한 ANT 연구들은 이주민들이 출신국에서 형성한 지식이 수용국에서 번역되는 과정에 주목한다. 디드릭(Diedrich, 2013)은 스웨덴에 거주하는 이주민들이 가진 지식, 자격, 기술이 스웨덴의 평가 체계에 의해 번역되는 과정을 추적한다. 저자는 스웨덴의 선행 학습 경험 평가 체계를 구성하는 인간, 비인간 행위자들을 분석하며, 이 체계가 이주민이 가진 지식을 수용하기보다 평가를 효율적으로 진행하는 데 집중하도록 설계되어 있음을 지적한다. 저자는 이러한 특징으로 인해 이주민의 지식이 가진 사회적 가치가 평가절하되는 경향이 있음을 보여 주었다.

난민의 탈숙련화와 재숙련화를 ANT적 관점에서 다룬 장경진(2020)의 연구도 있다. 이 연구는 난민이 한국 사회에 도착한 후 자신의 전문성을 살리지 못하는 현상을 추적하여 이들의 실업 문제가 단순히 언어적, 문화적 문제라기보다, 출신국 정부와 교육제도 등 자신의 전문성을 한국 사회로 번역해 오는 과정에 필요한 행위자들과 단절되고, 자신의 능력을 번역해 내기 위해 적절한 행위자를 연결하지 못함에서 비롯함을 보여 주었다. 이상의 연구들은 연결성과 이동성이 증대된 현대 사회에서 개인이 가진 지식의 가치가 맥락에 따라 변화하는 현상을 다각적으로 이해하는 데 도움을 줄 수 있음을 밝히고 있다.

이 외에도 일의 교육 프로그램의 책무성을 ANT적 관점에서 해석한 펜윅(Fenwick, 2010)의 연구, 조직 내의 의사결정 과정에서 비인간 행위자의 연대가 중요함을 밝힌 골드와 스미스(Gold & Smith, 2003)의 연구, 사회물질론 관점에서 빅데이터 등 변화하는 시대상 속에서 전문가성(professionality)이 가지는 의미를 고찰한 펜윅(Fenwick,

2014)의 연구 등은 ANT적 접근이 일의 교육에 관한 다양한 주제에 적용될 가능성을 시사한다.

3) ANT적 연구 방법

ANT 연구는 귀납적 설명과 일반화를 거부하며, 대상이 되는 행위자-관계망의 형성, 안정화, 해체 과정을 면밀히 기술하는 것에 집중한다(Law, 2004; Fenwick & Edwards, 2012). 이러한 과정에서 가장 중요한 것은 리좀과 같이 산재하는 관계망들과 그를 구성하는 행위자들을 추적하는 것, 즉 행위자들을 판별하고, 이들의 의도를 규명하며, 행위자 간 맺고 있는 관계를 밝혀내는 것이다(Latour, 1986; 홍성욱, 2010). 이처럼 '행위자 따라가기(tracing)'가 ANT적 연구의 핵심임은 분명하지만, 따라가기라는 작업을 원활히 수행하기 위해 명확히 정해진 연구 방법이나 분석 틀은 존재하지 않는다(Law, 2004; 홍성욱, 2010). 그뿐만 아니라 ANT는 연구 방법을 일원화하는 것을 적극적으로 거부하기까지 한다(Law, 2004). 로(Law, 2004)는 많은 현상들이 복잡하고, 고유하며, 혼란스럽기 때문에 모든 현상에 단일한 연구방법을 적용하는 것은 오히려 현상에 대한 왜곡된 인식을 불러일으킨다고 말한다. 따라서 연구자는 현상을 최대한 적실하게 기술하기 위해 그에 맞는 방법론을 고안하고, 시도하는 창의적 작업을 끝없이 수행해야 한다는 것이다. 다만, 많은 ANT 연구는 ANT가 대상이 되는 현상을 면밀히 기술하는 것을 지향하고 개별 사례의 특이성을 강조한다는 점에서 질적 연구 방법, 문화기술지 및 다중지역 문화기술지(multi-sited ethnography)에 방법론적 근거를 두고 있다(Hamilton, 2012). 다중지역 문화기술지는 전통적 문화기술지적 접근이 가진 시공간적 제약을 극복하고자 제시되었다. 주제가 되는 사람, 사물, 은유, 이야기, 삶 등이 가진 역사, 지리적 분포, 시공간의 변화에 따라 발생하는 차이 등을 포착해낼 것을 요구한다는 점에서 ANT가 연구방법론에 대해 가진 관점과 상통한다(Marcus, 1995).

ANT의 방법론적 지향성을 이해하더라도 여전히 ANT 연구에 필요한 자료를 포착하고 수집해 내기는 쉽지 않다. 연구자, 특히 인문사회과학 분야의 연구자들은 현상을 바라보는 데 있어 인간 중심적 사고를 내려놓기 어려움을 느낀다(Fenwick et al., 2015). 인간 중심적 사고를 탈피하고자 하더라도 사물은 인간의 언어로 자신을 표현하지 않기에 그들의 존재와 의도를 포착하기는 쉽지 않다. 이에 ANT를 적용한 연구자들은 사물의 '목소리'를 포착해 내기 위해 시도한 방법들을 참고할 수 있다. 게라르디와 니콜리니(Gherardi & Nicolini, 2000)의 연구는 사물의 형태가 변화한 과정을 추적하는 방법을 활용했다. 시멘트 믹서의 설계가 변화한 과정을 추적한 것이 그 예다. 펜윅 등(Fenwick et al., 2015)에서 스콜스(Scole)는 엔지니어의 일과 학습을 탐구하기 위해 일터에서 그들을 6개월 동안 관찰하며 수기, 사진, 비디오 등 다양한 매체로 기록했다. 더불어, 연구 대상이 되는 엔지니어들로 하여금 자신의 일과에 대한 마인드맵을 그리도록 유도해 비인간 행위자들의 존재를 가시화하고자 했다. 인터뷰를 진행하면서 연구자는 인터뷰 참여자들로 하여금 '업무 인수인계를 하듯이' 자신이 수행하는 업무를 설명해 달라고 요청하기도 했는데, 이러한 전략은 엔지니어들의 발화에서 일과 관련한 사물 행위자들이 더욱 잘 드러나게 하는 데 유효했다. 같은 연구에서 마이클(Michael)은 연구대상이 되는 일터의 모습들을 사진으로 기록하고, 그 사진을 펜으로 따라 그리는 방법을 활용했다. 이 방법을 통해 연구자는 비인간 행위자의 존재를 더욱 명료히 의식할 수 있게 되었으며, 연구자가 관찰하는 공간 속에서 인간 및 비인간 행위자가 차지하고 있는 위치와 용도에 대해 보다 세밀하게 관찰할 수 있었다. 휘태커, 쿠티알과 로(Whittaker, Courtial, & Law, 1989), 쿠티알과 로(Courtial & Law, 1989)는 학술 논문과 같이 정제되고 정형화된 텍스트에서 반복되는 단어와 동시에 출현하는 단어들을 분석하여 텍스트에 기입된 행위자들의 관계를 파악할 수 있음을 제시하기도 했다. 근래의 텍스트 마이닝(text mining) 방법은 이러한 분석을 보다 용이하게 하는 도구로서 활용될 수 있을 것으로 보인다. 그러나 라투트(Latour, 1986)가 지적한 바와 같이 이러한 방법의 활용은 일반화를 위한 도구가 아니라, 행위자-관계망의 기술을 위한 방법으로서 조심스럽게 활용되어야 한다.

ANT적 관점에서 자료를 분석할 때 중요한 점은 현상을 단순화, 일반화하여 기술하고자 하는, 즉 현상을 정제(purify)하려는 충동을 다스리는 것이다(Law, 2004). 연구의 대상이 되는 형성이 일련된 질서를 가진 체계라 하더라도, 그 질서의 현재보다는 그 질서가 구축되는 과정에서 일어난 모순과 갈등, 우연적이고 국지적인 사건들을 포착하는 것이 중요하다(Latour, 1996). 로(Law, 1992)가 강조하듯이, "ANT에 있어서는 질서를 향한 갈등에 대한 분석이 매우 중요하다. ANT의 목표는 규칙성, 사회적 조화, 질서와 저항의 과정들에 대해 연구하고 설명하는 것이다. 다시 말해, 도구, 행위자, 기관, 조직 등과 같이 질서를 생성하는 번역의 과정을 연구하는 것이다(홍성욱, 2010: 49)."

4. 일의 교육 연구의 미래

기술과 사회 변화에 대한 전망은 끊이지 않지만, 이미 도래한 변화들에 대한 연구는 아직 시작 단계에 머물러 있다. ANT는 기계, 기술 등 비인간의 적극적인 역할을 드러내고 혼종적 관계의 효과로서 일과 교육에 일어난 변화를 이해하는 데 유용한 관점을 제공한다.

ANT에서는 인간과 비인간의 행위능력을 동등한 위치에 놓는다. 행위능력을 가진 행위자도 결국은 혼종적 관계의 효과다. 따라서 행위자와 관계망은 불가분하다. 번역과 번역의 과정은 현상의 변화를 기술하고 해석하는 틀이 된다. 무엇보다 ANT는 용어 자체에 연연하기보다는 ANT의 세계관을 이해하고 이에 터해 현상을 기술하는 데 집중할 것을 요청한다. ANT는 세계의 복잡하고 끊임없이 변화하는 현상을 드러내기 위해 존재하기 때문이다.

특히, ANT를 하나의 통일된 이론이나 방법론으로 간주해서는 곤란하다. 오히려, 사물과 관계의 중요성을 중심으로 다양한 가능성을 열어 두어야 한다. 이러한 접근법으로 인해 ANT적 시각이 모호한 '관점'에 불과하다는 비판도 받는다(Engeström, 2008). ANT적 사고와 상상이 지나치게 낯설게 다가온다면, 연구자는 다른 접근 방법들에 ANT적 관점을 더하고, ANT 연구자들이 시도해 온 다양한 연구 방법 및 실증적 분석에 근거하여 연구를 설계하고 수행하는 전략을 취할 수도 있다. 일의 교육 분야에서도 ANT적 접근의 연구 대상이 되는 현상의 특성에 맞는 연구 방법과 분석 틀을 창안하는 것이 가능하고, 그렇게 창의적으로 적용하기를 시도할 것을 적극 권장한다.

이 장에서 제시한 연구 사례들은 대개 일터학습, 직업교육 등 일의 교육 분야에서 비교적 전통적인 주제들에 대해 ANT의 개념과 관점을 적용한 것이다. 앞으로의 연구는 자동화, 초연결성과 같이 새롭게 변화하는 현상들을 대상으로 한 ANT적 접근을 시도해 볼 수 있다. 인공지능과 협업하는 일터, 원격근무의 확산으로 인한 일과 학습의 변화, 국지적으로 일어나는 일의 교육이 가진 광역성 등 다양한 일의 교육 주제들에 대한 ANT적 논의가 활발하게 이루어질 필요가 있다. 특히, 2020년 코로나19의 확산은 컴퓨터를 매개한 일과 학습 방식을 확산시킨 동시에, 물리적인 소통과 교류의 공간을 극도로 제약하는 결과를 초래하기도 했다. 이러한 현상에 대해 기술과 인공물의 영향력에 집중하는 ANT를 현상 분석에 활용하는 것이 매우 유용할 수 있을 것이다. 앞서 제시된 ANT 연구들은 일과 학습에 활용되는 인공물들의 역사와 맥락을 치열하게 추적함으로써, 그리고 그것이 일하고 학습하는 물리적 공간에서 차지하는 자리를 살펴보며 그 영향력을 가늠했다. 앞으로의 연구들은 앞선 연구들의 연구 방법에 더해 현상에 더욱 적합한 연구 방법을 개발해냄으로써 이론적 논의의 발전에 기여할 수 있을 것이다.

"배운다는 말은 '……로부터 배운다'라는 말일 뿐"이며, 일의 교육은 반드시 관계성을 내포한다(장원섭, 2015a). ANT가 일의 교육에 제공하는 시사점 또한 다르지 않다. 다만, ANT는 관계 속의 비인간 행위자의 역할을 드러내고, 그렇기에 관계 맺음은 현상의 도처에 산재하고, 복잡하게 얽혀있다는 점을 드러낼 뿐이다. 라투르(Latour, 2018: 317)는 "우리는 예전보다 더 많이 알고 있습니까?"라는 질문에 대해, "이러한 표현이 우리의 집합체가 그것 스스로 더욱 깊고 더욱 친밀하게 인간과 비인간을 연결하고 있음을 의미한다면, 그 답은 '그렇다, 우리는 더 많이 안다.'라 할 수 있다."고 말한다. ANT를 기반으로 한 연구가 더욱 활성화되고, 일의 교육에 관한 우리의 이해가 더욱 깊어지기를 기대한다.

일의 교육학 제안[1)]

이 책은 일에 대한 교육학적 접근의 시도다. 동시에, 전통적인 일 관련 교육에 대한 학문적 도전이다. 교육은 일을 준비하는 통로로 이해되어 왔으나, 그것만이 다는 아니다. 일은 교육의 목적이기도 하지만 동시에 수단으로서의 역할을 한다. 일의 과정 속에는 교육적 의미도 내포되어 있다. 일의 교육적 기능이다. 더군다나, 일과 교육은 공통적으로 인간화를 지향한다. 사람은 교육을 통해서, 그리고 일을 하면 비로소 인간이 된다. 일과 교육은 필연적인 친화력을 가지며, 그 관계 속에서 인간과 사회를 형성하고 발달하게 한다.

지금 내가 일의 교육적 의미를 찾아내고자 하는 이유는 두 가지 때문이다. 첫째, 포스트 산업사회로의 이행이 일과 교육을 새롭게 방향지우고 있다. 현대 사회에서 일과 교육은 우리의 삶에 편재(ubiquitous)한다. 따라서 특정 시기에 한정된 장소에서 일과 교육을 구분짓던 산업사회식의 직업교육 또는 산업교육은 더 이상 유의미성과 타당성을 잃어 가고 있다. 이런 첫 번째 이유에 대해서 대부분의 사람은 기꺼이 동의할 것이다. 이미 '포스트모더니즘'이나 '지식기반사회'와 같은 새로운 어휘들을 동원해 경제사회의 변화에 대해 수많은 논의들이 이루어졌다. 그런 가운데 '평생학습' 또는 '인적자원개발'의 중요성이 개인과 사회, 국가적 차원에서 크게 부상하였다. 새로운 시대의 새로운 일과 교육은 세기의 전환기에 가장 큰 화두 가운데 하나로 등장하였다.

또 다른 이유는, 그럼에도 불구하고, 여전히 일의 교육이 본질적인 의미와 가치를 찾지 못하거나 정당하게 구현되고 있지 못하기 때문이다. 나는 이 책을 통해서 일의 교육적 위상을 회복하고 그 중요성을 정당하게 인정하고자 한다. 이 두 번째 작업은 매우 힘든 과제다. 직업과 노동 또는 일이라는 개념이 가지고 있는 전통적인 부정적 인식 때문이다. 그리스 신화의 대장장이 신 헤파이스토스가 추한 모습을 하고 있다는

1) 이 책의 초판이라고 할 수 있는 『일의 교육학』(학지사, 2006)의 머리말이다. 이 책을 썼을 때의 문제 인식은 지금도 여전하다.

사실이 우연만은 아니다. '미달' '열등' '탈락' 같은 절망적인 단어들과 '경쟁' '자원' '성과' 같은 숨 막히는 용어들이 지금 우리의 일과 일의 교육 현실을 대변하고 있다. 그것은 우리의 의식 속에 오래전부터 표면적으로 드러나 있거나 또는 잠재적으로 강하게 내재되어 있다. 그런 인식과 현실을 바꾸기란 쉬운 일이 아니다. 나는 부정적이고 경쟁적이며 절망적인 일과 교육으로부터 탈피하여, 긍정적이고 상생적이며 희망적인 새로운 패러다임으로서 '일의 교육'을 제안한다.

나는 이 책에서 전통적으로 직업교육 또는 직업훈련이라고 일컬어졌던 일과 관련한 교육에 대한 재개념화(reconceptualization)를 시도한다. 이미 1990년대 들어 미국에서는 전통적인 직업교육(vocational education)이라는 개념 틀로부터 탈피하려는 시도들이 이루어진 바 있다. 더 폭넓은 개념으로서 학교-일 전환(school-to-work transition), 진로 및 기술교육(career and technical education), 노동인력교육(workforce education) 또는 일 관련 교육(work-relevant education)이라는 개념들을 사용하였다. 이 용어들은 전통적인 직업교육과는 구분되는 새로운 교육적 시도를 함의하고 있다. 특히, 그것들은 직업교육이라는 개념 안에 고착되어 있는 사회적 오명(social stigma)으로부터 벗어나려는 의도를 포함한다(Grubb, 1997a; Stern et al., 1995). 학교에서 일의 세계로의 전환은 단순히 직업교육 트랙 학생만을 위해서가 아니라 '모든 학생'에게 현장 중심의 교육을 제공한다는 의미를 가진다. 1999년 미국직업교육학회(American Vocational Association, AVA)가 진로 및 기술교육학회(Association for Career & Technical Education, ACTE)로 명칭을 변경한 것은 직업교육에 더 폭넓게 접근하기 위한 시도라고 할 수 있다(참고: www.acteonline.org). 노동인력교육은 청소년의 진로 준비뿐만 아니라 성인 근로자의 경력개발과 계속훈련을 통해 노동시장에서 개인의 잠재력을 증진시키고, 세계적 수준의 노동력을 충분히 공급하여 기업과 국가의 경쟁력을 제고하기 위한 목적을 갖는다(Gilpin, 1999; Gray & Herr, 1998). 일 관련 교육은 미국의 알래스카, 아이다호, 오레곤, 몬타나, 워싱턴 등 각 주의 대표자들이 연합한 서북부미래그룹(Northwest Futures Group)이 평생학습의 관점에서 사람들이 일과 지역사회에 성공적으로 대비할 수 있도록 교육하기 위한 종합적인 접근을 시도하는 개념이다(Owens, 1997).

전통적인 직업교육과 직업훈련 개념으로부터 벗어나기 위한 이런 시도들이 있음에도 불구하고, 그것들은 여전히 산업사회의 패러다임에 갇혀 있거나, 변화하는 일과 일의 세계에 대한 역사적이고 사회적인 접근을 결여하고 있다. 재개념화는 단순히 단어를 재정의하는 수준을 넘어서는 패러다임의 전환을 의미한다. 새로운 인식과 실재로의 탈바꿈은 비판적 반성을 필연적으로 요구한다. 전통적으로 이어져 내려온 일과 교육에 대한 폭넓은 이해와 사회과학적 관점은 일의 교육을 학문적으로 체계화하고 희망적 현실로 안내하기 위해 필수적이다. 나는 이 책에서 그동안 소외되었던 일의 교육을 교육과 교육학의 핵심 영역으로 부상시키기 위한 사회과학적 체계화를 시도한다. 이미 1960년대 미국의 직업교육 입법화 과정에서는 "직업교육은 교육의 영역 내에서 분리된 분야가 아니다. 오히려 그것은 모든 교육의 기본적인 목적이며, 각 개인의 교육을 위한 기본적인 요소가 되어야 한다."고 권고한 바 있다. 이 책에서 나는 이러한 정신을 일의 교육 개념을 통해 복원하고자 한다.

일을 교육적으로 회복하기 위해서는 일과 교육에 관한 다음과 같은 문제들을 비판적으로 검토하여야 한다. 무엇보다 깊이 성찰해야 할 것은 장밋빛 이상으로 그려져 왔던 포스트 산업사회에서 인간이 또다시 겪게 되는 비인간적 노동사회의 현실이다. '신러다이트 운동'이라고 불릴 정도로 심각한 반발을 일으키는 과학기술에 의한 전체주의적 인간시배현상이 발생하였다. '테크노폴리(technopoly)'를 통해 인간은 도구의 지배자가 아니라 끊임없이 가속화되어 나타나는 새로운 기술을 헉헉대며 좇아가는 신세가 되었다(Postman, 1992). 언제 어디서나 불안정한 노동을 해야 하는 상황에서 인간적인 정서와 성장은 찾기 힘들어지고 있다(Pink, 2001; Ehrenreich, 2001). 일의 교육은 포스트 산업사회에서 일의 본질과 일의 세계 변화에 대한 비판적 반성을 통해 새로운 희망을 찾기 위한 노력이다.

둘째, 포스트 산업사회에서 직업과 일의 개념적 차이와 그에 따른 교육적 함의에 대한 성찰이다. 기존의 직업교육 또는 직업훈련은 직업(occupation)이라는 개념 틀 속에서 합리적이고 개별적인 인간을 가정하여, 비인격적 시장 메커니즘에 의해 작동하는 도구주의적이고 공리주의적인 관점에 서 있었다. 반면에 일(work)은 그런 시장 메커니즘이 간과하여 왔던 인간형성적 의미와 좀 더 폭넓은 사회적 관계를 포괄한다. 일이라는 개념은 인간 행위의 인간적이고 도덕적이며, 공동체적인 특성을 가지고 있다. 일은 완성된 산물을 실현하기 위해 행해지는 것이며, 인간의 삶과 관련된 환경으로부터 떨어져 있거나 고립되어 있지 않다. 생존을 위해 어쩔 수 없이 팔고 사는 고통스러운 노동(labor)과는 달리, 세계를 만들어 가는 어떤 것의 수단이 아니라 그 자체가 목적인 삶의 자연스러운 방식이다(참고: Fitzgerald, 1993). 또한 하나님으로부터 받은 소명을 의미하는 직업(vocation)의 개념으로는 포스트 산업사회의 다양한 일의 형식과 유동성을 담지하지 못한다. 결국, 직업교육이나 훈련이 아니라 일의 교육이 중요한 이유는, 우리가 시장 속에서 개별화되어 다른 개별화된 그것들과 경쟁하면서만 존재하는 것이 아니라 다른 사람과 함께 더불어 상호작용하면서 성장하는 삶을 살아가기 때문이다. 또한 일의 개념은 포스트 산업사회에서 사람들이 행하게 되는 다채로운 활동들을 포함하며(참고: Beck, 1999), 그러한 일을 통해 개인은 단순히 생계를 유지하는 것을 넘어서 자신의 삶의 의미를 발견할 수 있기 때문이다.

일의 교육은 일과 학습, 그리고 그 과정에서 '즐거움'이 통합된 삶의 모습을 지향한다(Koichi, 2004). '노동사회'를 넘어서(Beck, 1999; Heide, 2000) '다채로운 일의 사회'를 그린다. 화이트(White, 1997)는 일을 저주받은 노동으로 개념화하고 새로운 '활동사회(activity society)'을 지향한다. 또한 리프킨(Rifkin, 1994)은 '일의 종말'을 고한다. 그러나 그들이 말하는 일은 생계를 위한 노동, 즉 취업노동 또는 임금노동을 의미한다. 노동은 인간 생존에 필요한 것들을 만들어 내는 과정으로 기본적인 욕구 충족을 위한 활동이지만, 일은 인간 생존을 넘어서 세대를 거쳐 더 영속적으로 활용될 수 있는 것들을 만들어 내는 더 만족스러운 활동을 의미한다. 노동은 노동하는 개인으로부터 소외되어 그것을 소유하게 되는 타인에게만 가치가 있거나, 개인적으로는 생계유지 이외에 별다른 의미가 없는 활동일 수 있으나, 일은 사회적으로뿐만 아니라 개인적으로도 유의미한 활동이다. 그럼에도 불구하고, 일은 일상적인 활동과는 다른 개념이다. 벡이나 화이트는 일을 포괄하는 개념으로 활동을 말하지만, 그 활동은 너무나 포괄적이고 일상적인 개념이다. 거기에는 단순히 개인적 유의미성만을 지향하는 또는 스스로의 만족만을 위한 놀이나 여가 또는 취미활동마저도 포함된다. 그것 역시 중요한 활동임에는 틀림없지만 일과는 다르다. 그런 활동은 개인이 경제적인 보상을 받건 또는 특별히 보수를 받지 않는 일이든(예를 들어, 벡이 '시민노동'이라고 부르는 활동) 유의미한 사회적 활동을 의미하는 일의 개념을 오해하게 만든다. 일은 사회적 유의미성과 개인적 유익을 동시에 가진다. 타인에게 가치 있는 재화나 서비스를 생산하는 활동을 지향하고, 그럼으로써 개인적으로 유의한 결과를 얻는다. 그럼에도 불구하고, 그들이 말하는 활동 개념은 내가 이 책에서 말하는 일 개념과 같은 지향점을 갖는다. 따라서 나는 일을 생계유지에 급급한 경제적 의미만의 취업노동을 넘어서, 모든 사람이 인간의 삶의 의미를 발견할 수 있는 것들을 만드는 다양한 활동으로, 경제적일 뿐만 아니라 사회적인 과정으로 개념화한다.

일의 교육은 우리가 전통적으로 믿어 왔던 인문과 교양교육 중심의 교육관에 대해서도 비판적으로 성찰한다. 인간이 머리만 커져서는 건강하게 살아갈 수 없다. 인간의 온전함과 건강은 머리(head)와 손(hand)과 마음(heart)의 조화로운 발달로부터 온다. 3H의 상호의존성은 이미 생물학과 의학 분야에서도 증명되고 있다. 손은 단순히 머리의 말을 잘 듣는 심부름꾼이 아니다. 손의 훈련은 두뇌의 변화를 초래한다. 입노동자들이 그렇게 경멸했던 손노동자들이 없었다면 인간의 정신은 발달할 수 없었다. 따라서 '태초에 있었던 것은 말씀이 아니라 손짓'이라는 주장마저 가능하다(Weinmann, 1999). 일의 교육은 두뇌 또는 정신과 대비된 '손'으로 대표되는 감각 또는 육체에 대한 명예회복을 시도한다. 올림픽경기의 구경꾼인 테오로스(theoros)의 견해를 의미하는 테오리아(theoria)에서 유래한 이론이 아니라, 실제로 경기장에서 땀 흘리는 선수들이 가진 현장감각과 실천적 지식을 일의 교육을 통해 복원하고자 한다. 결국, 일의 교육은 교육의 새로운 패러다임을 지향한다. 전통적인 '입' 교육, 그리고 그 '입' 중심의 교육에 가려져 입의 충실한 심부름만을 위한 '손' 훈련으로부터 전체 교육을 새로운 관점으로 보는, 그래서 '입' 교육과 당당하게 맞서는, 그러면서 동시에 서로 상호작용하여 완전한 인간을 형성하는 '손' 교육으로 거듭나는 것을 의미한다. 그럼으로써, 머리만의 발달을 위해 희생되고 있는, 그래서 더욱더 인간이 되고 싶은 현대판 '요괴인간'들을 건강한 인간으로 거듭나도록 한다.

신직업교육주의(new vocationalism)가 휘몰아치고 있다. 20세기의 가장 중요한 교육적 변화 중 하나는 교육제도가 경제적 목적을 지향하면서 '교육복음(education gospel)'을 가지게 된 것이다(Grubb & Lazerson, 2004). 학교의 직업교육주의화는 분리되어 있으면서 절반의 지분을 확보했던 직업교육기관을 오히려 위기로 몰아넣을 수도 있다. 이런 아이러니가 발생하는 이유는 직업교육과 인문교육이 구획으로 분리되어 별도의 기관에서 행해지던 것이 이제는 모든 교육기관들에 보편화되기 때문이다. 나는 균형잡힌 교육이 이루어진다는 전제가 성립한다면, 이런 일의 교육의 보편화는 긍정적이라고 본다. 극단적으로 말해서, 나는 실업계 고등학교나 전문대학 같은 전통적인 직업교육기관의 생존에는 큰 관심이 없다. 오히려 그들이 죽어서 중등 단계 또는 중등 이후 단계의 일의 교육이 살아난다면 그것을 더 환영한다. 자연적이고 이상적인 일의 교육을 형식화된 현실의 제도 속에 매몰된 직업교육으로부터 해방시켜야 한다. 교육과 일, 인문교육과 직업교육, 학교와 일터의 분리로부터 일과 교육이 삶의 모든 과정 속에서 자연스럽게 통합되기를 바란다.

이 책은 전통적인 직업교육과 직업훈련에 대한 학문적 반성이기도 하다. 과거의 직업교육과 직업훈련은 직면한 현실 문제를 해결하는 데만 급급했을 뿐 그 현실을 안내할 이론 또는 철학이 부재했다(Schultz, 1988). 학자들의 논의도 직업교육이나 직업훈련의 가장 핵심적인 개념이라고 할 수 있는 일과 교육에 관련된 학문적 논의라기보다는 관련 정책이나 법률에 의해 이끌려 온 경향이 있다(Lewis, 1996). 이에 따라 직업교육과 훈련에 관한 연구는 검증되지 않은 가정을 무비판적으로 수용하여 이루어지는 오류마저 보였다(Lewis, 1995; Oakes, 1985). 그러나 직업교육과 훈련에 관련된 현실 문제들은 탄탄한 이론과 학문적 성숙에 의해 보다 잘 관찰될 수 있고, 좀 더 잘 연구될 수 있으며, 바람직한 방향으로의 문제 해결도 가능하다. 따라서 이론적 관점을 정리하고 학문적 체계를 갖추는 일이 반드시 필요하다. 이 책에서 나는 일의 교육을 직무수행을 위한 훈련(training for job), 직업경험을 통한 학습(learning through occupations), 그리고 노동세계에 관한 교육(pedagogy about labor)의 세 가지 영역 또는 이론적 패러다임으로 구분한다. 직무(job), 직업(occupation), 그리고 노동(labor)에서 벗어나 좀 더 폭넓은 의미의 일(work)이라는 개념을 활용한다. 일에 관련된 훈련(training), 학습(learning), 교수(pedagogy)를 포괄하는 의미로 일의 교육을 개념화하고 학문적으로 체계화하고자 한다.

결국, 일의 교육은 단순히 직업교육과 직업훈련의 대체를 위한 개념의 제안을 넘어선다. 그것은 기존 인문 중심 교육과 직업교육의 소외에 대한 반성일 뿐만 아니라 새로운 관점에서 교육 전체를 재구조화하기 위한 시도다. 일의 교육은 교육 분야에서 직업교육 또는 직업훈련이 절반의 지분을 확보하기 위한 노력이 아니다. 나는 인간의 온전한 발달을 위해, 그리고 사회에 기여하는 시민으로 성장하기 위해 일의 교육이 중심이 되어야 한다고 생각한다. 이것은 인간과 시민교육의 이상을 실현하기 위한 교육적 패러다임의 전환을 의미한다. 나는 더 일반적인 삶의 교육으로서 일의 교육을 제안한다.

대한민국 「헌법」은 모든 국민은 일할 권리와 의무를 가진다고 규정하고 있다. 나는 여기에 덧붙여 모든 이가 일을 '잘'할 권리와 의무가 있다고 생각한다. 그리고 일을 잘하기 위해서는 일의 교육이 반드시 필요하다. 여기서 일을 '잘'하도록 한다는 것은 단순히 우수한 기능인력의 양성을 통해 경제적 생산성과 사회적 효율성을 높이는 것을 의미하지는 않는다. 1960~1970년대에 우수한 산업인력을 양성하여 경제발전에 기여했다고 평가받는 것은 사회적 효율성 또는 비용-효과적 관점에서의 성공이었다고 할 수 있다. 그러나 그런 직업교육과 훈련은 항상 위기의 교육일 수밖에 없다. 이런 의미에서 그때도 위기였고, 지금도 마찬가지다. 직업교육 학생과 훈련생들이 희망을 갖도록 하는 교육은 반드시 필요하다. 그러나 이때의 희망이 단순히 다른 동료와의 경쟁에서 이겨, 소위 사회적으로 출세하고 돈을 잘 버는 좋은 직업을 가지는 것으로 이해되어서는 곤란하다. 또한 단순히 대학에 진학할 수 있는 기회를 넓혀 주는 것으로 오해되어서도 안 된다. 희망은 사회적 공동체성과 일터의 민주화를 위한 자기 자신의 목소리를 내고 일하는 삶을 통하여, 자기 자신의 존재의 의미를 발견할 수 있는 일의 교육을 통해 이루어져야 한다(참고: Lakes, 1994). 이때 일의 교육은 당연히 모든 이를 위한 것이다. '모든 이를 위한 일의 교육'은 우리 모두의 필연이며 당위다. 이 책은 이런 의미의 일의 교육을 제안하기 위한 교육학적 체계화 시도다.

이 책은 총 4부로 구성되었다. 이 책을 통틀어서 나는 일의 교육에 대한 통합적 접근을 시도한다. 일의 교육은 전통적으로 분리되어 연구되고 실행되었던 일을 준비하는 교육(직업교육, 진로교육 등으로 불렸다)과 일터에서의 교육(기업교육, 산업교육, 인적자원개발이라고 불렸다)을 총칭하는 통합적 개념이기 때문이다. 그러나 전통적인 분리 현상과 연구로 인해 이 책에서도 그것들을 구분하여 제시하기도 한다. 또한 이 책의 어떤 글들은 기존에 발표했던 논문을 약간 또는 대폭 수정하여 또는 우리글로 번역하여 다시 실었다. 책 전체의 흐름을 고려하거나 그동안 새롭게 바뀐 내용들을 포함하였다.

제I부는 새로운 개념으로서 일의 교육의 의미를 찾는 일의 교육학의 도입부다. 나는 일의 교육이 새로운 개념이기는 하지만 새로운 현상은 아니라고 주장한다. 이미 오래전부터 일과 관련된 다양한 학문적 접근들이 있었다. 동시에, 이미 우리가 밝혀낸 또는 간과하였지만 현실에서는 존재하는 수많은 일의 교육들이 있어 왔다. 이와 관련된 내용으로서 일의 교육의 개념을 정립하고 그 역사를 검토하는 것이 제I부를 구성한다.

제II부는 일의 교육에 대한 이론화 작업이다. 앞서 언급했듯이, 일의 교육학은 직무수행을 위한 훈련, 직업경험을 통한 학습, 그리고 노동세계에 관한 교육이라는 패러다임으로 구분된다. 각각의 패러다임들은 기술적 관심에 기초한 기능주의적 접근, 실천적 관심에 근거한 실용주의적 접근, 그리고 해방적 관심에 따른 비판적 접근이라고 할 수 있다. 제II부에서는 각각의 패러다임에 속한 일의 교육 이론과 모형들을 검토하고 비교한다.

제III부는 일의 교육을 적용한 사례들이다. 여기서는 고등학교, 전문대학, 대학 등

정규 교육기관에서의 일의 교육뿐만 아니라 학교에서 일의 세계로의 전환, 청소년 시간제 취업, 기업교육과 평생학습 등 다양한 장소와 영역에 편재하는 일의 교육 현상들에 관한 보다 심층적인 검토를 한다. 많은 글들이 이미 논문으로 학술지 등을 통해 발표된 것도 있으나, 이 책을 위해 다시 재구성되거나 수정 · 보완되었다.

제Ⅳ부는 이 책의 결론이다. 여기서는 먼저 일의 개념화를 시도한다. 이를 통해 일의 교육적 의미를 찾는다. 그러고 나서 일이 교육적으로 퇴락했음을 지적하고, 일의 교육적 회복을 시도한다. 마지막으로, 삶의 교육으로서 일의 교육을 제안한다.

사실, 일의 교육이라는 개념과 아이디어는 이미 오래전부터 내 머릿속에 맴돌았다. 이 책을 기획하고 집필하기 시작한 지도 벌써 5년여의 시간이 흘렀다. 제자들 가르치는 재미에 푹 빠지고 밀려드는 학교 일을 핑계로 이제야 세상에 내놓는다. 모두 나의 게으름 탓이다. 더 완성도 높은 책을 만들려는 욕심의 탓도 컸다. 오랜 기간 동안 연구를 하다 보니 다루는 내용도 더 많아졌다. 다루어야 할, 다루고 싶은 내용이 눈덩이처럼 불어만 갔다. 일의 교육이라는 아이디어가 수년간 한 번도 나의 삶 속에서 떠나지 않았기 때문이다. 실제로 나는 지난 5년간 이 주제를 읽고 연구하고 쓰고 가르쳤다. 나의 일의 전부였다. 나의 삶 속에서 끊임없이 나를 혼란스럽게 하고 괴롭히기도 했다. 동시에, 그것은 세상을 바라보게 하는 나의 눈이었고, 나 자신을 빠지게 하는 사랑스러운 주제였다. 그러나 이제는 더 끌어안고만 있어서는 안 되겠다는 생각이 들었다. 아직 할 것은 많지만, 그리고 아직도 만족스럽지 못하지만 세상에 내놓아 보내려 한다. 앞으로도 나의 연구가 계속 이 주제를 떠나지는 못할 것 같으니 더 보완하면 된다는, 스스로에 대한 정당화도 하였다. 그러나 두려움도 있다. 나의 학문적 미성숙함에 대한 질책이 얼마나 클지 걱정이다. 일의 교육 현실을 제대로 본 것인지, 올바르게 안내할 수 있는 것인지도 우려된다. 그러나 그런 질책으로 더욱 성장할 수 있을 것이다. 동시에, 그것을 계기로 일과 교육에 관한 더 많은, 진지한, 그래서 발전적인 논쟁이 있기를 간절히 바란다.

이 책을 완성하는 동안 고마웠던 분들이 많다. 이 책은 2000년 겨울 한국직업능력개발원의 지원으로 3개월간 미국 위스콘신 대학교의 '교육과 일 연구소(Center on Education and Work)'에서 연구하는 동안 처음 구상되었다. 내가 충분히 연구할 수 있도록 지원해 준 한국직업능력개발원에 감사한다. 한국직업능력개발원에서 일하면서 직업교육과 훈련을 많이 고민하고 연구하고 현실에 참여할 수 있는 기회와 가르침을 주신 이무근 원장님과 강무섭 원장님께 감사드린다. 함께 일하면서 바쁘고 힘들었음에도 불구하고, 동료로서 우정을 나누고 즐겁게 연구할 수 있도록 도와준 김형만 박사님, 박태준 박사님, 강종훈 박사님, 정태화 박사님, 이정표 박사님을 비롯한 모든 한국직업능력개발원 식구들에게 고마움을 전한다. 신익현 박사님과 김해동 박사님은 고인이 되셨다. 그분들과 이 책을 함께 나누면 얼마나 기쁠까……. 위스콘신 대학교의 교육과 일 연구소에서 연구할 수 있도록 배려해 주고 지적 자극을 준 Phelps 교수님과 Sørensen 교수님에게도 감사한다. 또한 나의 학문적 멘토로서 함께 토론하고 많은 가르침을 준 아이오와 대학교의 Bills 교수님과 Sagen 교수님에게도 감사한다. 연세대학교 교육학과는 벌써 5년여 동안 내가 열심히 가르치고 연구할 수 있는 터전이 되어 주었다. 한준상 교수님은 20년 전부터 한결같이 학자로서의 길로 인도해 주셨다. 이제야 선생님께 진 학문적 빚의 아주 조그만 일부를 갚는 것 같아 기쁘다. 오인탁 교수님은 더 일할 수 있는 학문적, 교육적 열정과 건강을 갖고 계심에도 일률적 나이기준에 맞춰 은퇴하셨다. 그동안의 가르침에 감사드리며 선생님의 건승을 빈다. 일일이 다 언급할 수는 없지만, 많은 지원과 배려를 해 준 교육학과의 모든 교수님들께 진심으로 감사한다. 나의 학생들은 나와 함께 공부하면서 언제나 신선한 자극을 주었다. 그들의 성장은 나에게 큰 기쁨이 되었다. 졸업생과 대학원생, 그리고 학부생이 따로 또는 같이 모여 공부하는 'yhrd'는 함께 학습하는 전형이 되었다. 이 책에는 나의 여러 조교들의 노력이 함께 스며들어 있다. 심우정, 문진수, 장주희, 김경선, 김성열, 유지은, 차민영은 내가 연구하고 글을 쓰는 데 많은 도움을 주었다. 김민영은 원래 영어로 썼던 글들을 초역하느라 고생하였다. 특히, 이 책을 마무리하는 데는 뛰어난 지적 능력과 표현력, 그리고 성실함과 항상 웃는 낮으로 방대한 분량의 원고를 꼼꼼하게 읽고 교정한 차민영의 수고가 컸다. 나는 나의 제자들이 크게 성장할 것을 기대한다. 이 책의 출판을 흔쾌히 승낙하고 성심껏 만들어 준 학지사의 김진환 사장님과 직원분들께도 감사한다. 5년 전 미국에 갈 때, 지금은 에피소드로 기억되는 아주 우스운 이유로, 짧은 기간이지만 생이별을 했던 정선과 세희, 웅현에게도 사랑과 감사를 전한다. 위스콘신의 겨울은 춥고 외로웠다. 그래서 공부만 했고 이 책의 아이디어들을 얻을 수 있었다. 그럼에도, 가족이 너무 그리워 의욕을 잃은 때도 많았다. 가족의 소중함을 새삼 깨달았다. 가족의 사랑과 지지 덕분에 이 책을 완성할 수 있었다.

긴 터널을 지나온 것 같다. 나는 글자 한 자 한 자에 나 자신을 구겨 넣으려 안간힘을 썼다. 내 몸집이 너무 커져 버린 것은 아닐지,[2] 내 글이 얼마나 가벼울지 걱정이다.[3] 그럼에도 불구하고, 터벅터벅 내 '길을 걸어가'는 수밖에 없다.[4] 내 '손이 수고한' 만큼[5] 가차 없는 질책과 지적을 바란다.

2006년 5월
용재관에서
文泉

---

2) '나는 종이 위에 나를 한 자 한 자 새겨 넣는다/나는 이리저리 흐트러진 나의 육체를 끌어모아 글자 속에 집어넣고 뚜껑을 꽉 닫는다/한 글자 한 글자 씌여질 때마다 한 치 한 치 오그라드는 내 육체는 수천 수만 가지 글자들로 다시 태어나고/새로 만들어지는 글자들마다에 나의 육체는 자신의 새로운 집을 짓는다/나는 수만 채의 집을 거느리고 산다/나의 살점을 나누어 조금씩 떼내어서는 각 집의 관리인으로 둔 채/그런데 이즈음 내 육체는 '이 안은 왜 이리 어둡고 갑갑한가?'라고 말한다/나는 공들여 지은 내 집을 잃을 위기에 처했다/늙어 눈이 어두워진 도장공처럼/나는 지금 끙끙대며 나를 글자 속에 구겨 넣으려 안간힘 쓴다/내 커진 몸집의 풍요를 맛본 내 육체가 더 이상 좁은 집에 살려 하지 않기에.'(이선영, 「글자 속에 나를 구겨 넣는다」)

3) '진짜 문장은 글에 묵직하고 선명한 검은 그림자를 드리우고, 가짜 문장은 그림자도 없이 글자를 공중에 띄워 버리고 만다.' (마루야마 겐지, 『소설가의 각오』)

4) '죽는 날까지 하늘을 우러러/한 점 부끄럼이 없기를/잎새에 이는 바람에도/나는 괴로워했다/별을 노래하는 마음으로/모든 죽어가는 것들을 사랑해야지/그리고 나한테 주어진 길을/걸어가야겠다/오늘밤에도 별이 바람에 스치운다.'(윤동주, 「서시」)

5) '네가 네 손이 수고한 대로 먹을 것이라.'(시편 128편 2절)

참고문헌

강성원, 장원섭, 김형만(2001). **기업의 대학교육 만족도 조사 연구**. 교육부.

강예지, 장원섭(2013). 대학생 경영컨설팅 인턴의 일터에서 실행공동체 참여를 통한 학습에 대한 질적 사례 연구. **직업교육연구** 32(1), 63-82

강예지, 장원섭(2017). 지식근로자의 경력개발과 이직 경험에 대한 내러티브 탐구. **직업교육연구**, 36(6), 1-26.

고용노동부(2016) AI · 로봇-사람, 협업의 시대가 왔다! http://www.korea.kr/policy/pressReleaseView.do?newsId=156117968 [2017. 12. 14. 검색].

고혁진 외(2019). **대학발 창업활성화 방안**. 중소기업벤처사업부.

관계부처합동(2010). **고등학교 직업교육 선진화 방안**. 제5차 국가고용전략회의 제3 안건.

교육과학기술부(2008). 한국형 마이스터고 육성계획(안).

교육과학기술부(2010). **고등학교 직업교육 선진화 방안 발표자료**. 교육과학기술부.

교육부(1998). 평생교육백서.

교육부(2014). **2014년 산학협력 선도대학(LINC) 육성사업 기본계획**. 교육부.

교육부(2020a). **출발선 평등을 위한 2020년 다문화 교육 지원계획**. 교육기회보장과 보고서. [2020. 02.]

교육부(2020b). 「2019년 고등교육기관 졸업자 취업통계」 조사결과 발표. [2020. 12. 18 보도자료]

교육부, 한국교육개발원(2018). 2017 한국 성인의 평생학습실태.

교육인적자원부, 한국직업능력개발원(2006). 국가인적자원개발 백서.

구유정, 장원섭(2018). 고학력 여성의 '워킹맘되기'에 대한 문화역사적 활동이론적 접근. **여성연구**, 98(3), 5-34.

구유정, 조혜나, 장원섭(2020). 고경력 여성의 경력 만화경 돌리기. **안드라고지 투데이**, 23(2), 1-26.

김근호, 장지현, 김성혜, 조아로, 장원섭(2019). "일의 의미" 실증연구 동향. **기업교육과 인재연구**, 21(1), 79-101.

김나정, 차종석(2014). 한국근로자들의 경력성공 인식에 관한 탐색적 연구. **안드라고지 투데이**, 17(4), 253-287.

김대중(2018). 산학협력 선도대학(LINC) 육성사업의 정책효과 실증분석. **정책분석평가학회보**, 28(3), 27-47.

김동환(2001). **한국의 공업교육정책 연구**. 서울: 문음사.

김민영, 장원섭(2017). 4년제 일반대학 취업준비생의 취업스터디를 통한 경력개발에 대한 질적 연구. **진로교육연구**, 30(2), 82-101.

김성훈(2008). 금융산업의 비정규직 노동이동. **사회과학연구논총**, 19, 67-103.

김영미(2013). 한국의 일 · 가정 양립 현실과 대안. **월간 복지동향**, 175, 13-18.

김용문, 오영희(2006). **인구구조의 변화에 대비한 교육의 방향**. 한국보건사회연구원.

김용태(2018). 체험형 창업강좌와 이론형 창업강좌 학습자간의 창업동기, 기업가정신 및 창업의지 비교연구. **벤처창업연구**, 13(4), 49-58.

김종우, 장명희, 변숙영(2009). **마이스터고의 성공적 운영을 위한 지원시스템 구축**. 세종: 한국직업능력개발원.

김지영, 장원섭(2017) 특수대학원에 재학하는 직장인의 학습체계와 모순에 대한 연구. **평생학습사회**, 13(4), 1-23.

김춘호 양동우(2018). 대학생의 학점 및 비학점 창업교육 참여도가 창업의지에 미치는 영향. **한국창업학회지**, 13(4), 116-139.

김충기(2000). **진로교육과 진로상담**. 서울: 동문사.

김하영(2015). 대졸 취업자의 노동이동 현황과 시사점. **고용동향브리프, 2015년 5월호**. 한국고용정보원.

김학준(2011). "잠재적 교육과정"의 재개념화를 위한 시도: 커뮤니케이션 맥락에서 살펴본 교사가 가르치는 것, 학생들이 배우는 것. **교육과정 연구**, 29(3), 121-145.

김혁, 장경진, 장원섭(2018). 인공지능 발전에 따른 국내 HRD의 미래 변화 예측. **기업교육과 인재연구**, 20(4), 93-124.

김형만, 장원섭, 황승록(2014). **인적자원정책 인프라 진단 및 정비 방안**. 세종: 한국직업능력개발원.

김혜원, 김성훈, 최민식(2008). **직장이동의 노동시장 효과 분석**. 한국노동연구원.

김희봉(2019). 밀레니얼 세대가 인식하는 리더의 역할: 국내 대기업 L사 구성원의 포토보이스를 중심으로. **리더십연구**, 10(4), 145-166.

나영선, 주인중, 손유미(2000). **근로자 직업훈련체제 발전 방안**. 한국직업능력개발원.

난민인권센터(2018). 국내 난민신청자 처우 현황-출입국외국인지원센터 편. https://nancen.org/1739 [2017. 12. 31.기준]

난민인권센터(2019). 국내 난민 현황. https://nancen.org/1938

남재욱(2021. 01. 01.). 플랫폼은 혁신, 플랫폼 노동은 퇴행...혁신의 역설을 말하다. 프레시안. https://m.pressian.com/m/pages/articles/2020123111590568364)

노규성, 강현직(2012). 청년창업지원정책 실태와 활성화 방안. **디지털융복합연구**, 10(9), 79-87.

문교부(1959). 한국교육10년사.

문한나, 고혜원, 박상오, 이주희(2021). 여성의 경력단절 이후 노동시장 이행 현황. **KRIVET Issue Brief**, 213. 세종: 한국직업능력연구원.

민용성(2013). 국가 수준의 교육과정 질 관리를 위한 평가 현황 및 개선 방안. **학습자중심교과교육연구**, 13(5), 207-228.

박동, 김수진, 이종선(2013). **대학창업동아리를 통한 지식창업 촉진방안**. 한국직업능력개발원.

박동건(2001). 역량과 역량모델링의 정체 및 활용. 한국인사관리학회 춘계학술대회.

박동열, 이무근, 마상진(2016). **광복 70년의 직업교육 정책 변동과 전망**. 한국직업능력개발원.

박상원, 이한태(2016). 경제민주화의 법제적 가치에 따른 중소기업 지원정책 맥락 분석: 김대중, 노무현 및 이명박 정부 간 비교를 중심으로. **사회과학 담론과 정책**, 9(1), 149-168.

박상철, 정영현, 김중진, 강옥희(2010). **성공적인 이직 및 재취업에 관한 연구**. 한국고용정보원.

박수근(2015). 근로기준법상 근로자와 독립사업자. **2015 판례연구**, 29(1), 315- 339.

박일수(2010). 학교교육과정 평가의 개념 모형 개발. **교육과정연구**, 28(1), 113-134.

박종덕(2011). 교사의 해석적 실천에 기초한 실행 방안: 내러티브적 관점. **교육과정연구**, 29(4), 113-135.

박찬희(2017). 대학 소자본 창업체험교육이 대학생의 창업 행동에 미치는 영향. 중앙대학교 산업 창업경영대학원 석사학위논문.

배상훈, 오세희, 박종은(2012). 교사가 인식한 마이스터고 학교 조직의 특징: 일반고 및 특성화고와 비교. **한국교원교육연구**, 29(4), 85-108.

배상훈, 최은옥, 장창성(2013). 마이스터고 진학 학생의 특성: 3년(2010-2012)연구. **직업교육연구**, 32(3), 49-76.

백경진(2016). 마이스터고 인력양성 현황 및 문제점. **전기저널**, 478, 50-54.

백평구(2017). **비판적 인적자원개발의 이해**. 서울: 학이시습.

보후밀 흐라발(1980). **너무 시끄러운 고독**(이창실 역, 2016). 서울: 문학동네.

비상경제 중앙대책본부(2020). **인구구조 변화 대응방향**. 관계계부처 합동. [2020. 8. 27.]

삼정KPMG경제연구원(2019). 플랫폼 비즈니스의 성공 전략.

성희진, 나승일(2012). 대학 졸업예정자의 경력개발역량과 경력탐색행동 및 대학경력개발지원의 관계. **농업교육과 인적자원개발**, 44(1), 83-108.

손영환(2014). 전문대학 특성화 발전 전략. **한국고등직업교육학회 학술대회 논문집**, 111-118.

손정은(2021). 일터메타역량 개념화 및 진단도구 개발. 연세대학교 박사학위논문.

손정은, 박재한, 김성혜, 장원섭(2019). 초기 경력자의 자발적 이직 경험에 관한 현상학적 연구. **교육문화연구**, 25(5), 641-660

신현경(2016). HRD분야 경력 사원들의 이직 경험에 대한 질적 사례 연구: 국내 기업에서 외국계 기업으로의 이직을 중심으로. 연세대학교 교육대학원 석사학위논문.

양준환(2015). 창업교육이 대학생들의 창업동기에 미치는 영향: 기업가정신의 매개효과를 중심으로. **한국산학기술학회 논문지**, 16(4), 2564-2572.

양현봉, 박종복(2011). **청년창업 생태계 조성 및 활성화 방안**. 산업연구원.

여성가족부(2019). 2018년 전국다문화가족실태조사 연구. 2019. 3. (발간등록번호 11-1383000-000384-12)

예지은, 진현(2009). 신세대 직장인의 특성에 관한 연구. **인적자원개발연구**, 12(2), 67-86.

오계택, 김덕기, 박윤희(2013). **NCS 기반 직무별 요구역량에 기초한 민간분야 적용사례 발굴**. 한국직업능력개발원.

우정헌(2005). 한국 HRD 변천사: 21세기 성장엔진 'HRD' 한국을 강타하다. **월간 HRD, 2005년 7월호**, 62-63.

유홍준, 김월화(2014). 청년층의 창업 실태에 관한 연구. 한국직업능력개발원 제9회 학술대회.

윤형(2011). 노동의 기원. **성서학 학술세미나**, 1-16. 한국신학정보연구원.

이경전(2017). '인공지능, 경영최적화의 한 방법 응용 기술 개발 못하면 의미 없어'. **DBR**, 228(1).

이관춘(2000). **직업은 직업이고 윤리는 윤리인가**. 서울: 학지사.

이덕현(2012). 다양성으로 엮어가는 조직문화: 다문화, 다세대 기업 A의 사례를 중심으로. 한국성인교육학회 2012년 봄 학술대회 발표 미간행 자료.

이만규(1988). **조선교육사 I**. 서울: 거름.

이명근(2003). 제2장. 우리나라 기업교육 발전사. 나일주 외 19인. **기업교육론**. 서울: 학지사.

이명호(2018). **노동 4.0**. 서울: 스리체어스.

이무근(1999). **직업교육학 원론**(개정판). 서울: 교육과학사.

이민영, 장지현, 장원섭(2018). 여성의 개발지원관계망 특성과 개발지원기능의 관계에서 성별구성의 조절효과

분석. **기업교육과 인재연구 20**(3), 27-55.

이소연, 이호진, 이수용, 장원섭(2019). 독립근로자들의 관계망 특성과 기능에 관한 연구: 기업교육강사들을 중심으로. **성인계속교육연구 10**(3), 43-70.

이수연, 박순용(2012). 대기업 정규직 여성 비서직무 경험자들의 경력전환에 관한 질적연구. **한국비서학회, 21**(3), 29-56.

이수용(2012). 독립근로자의 사회관계망과 경력개발과정 연구. 연세대학교 대학원 박사학위논문.

이수용, 이종원, 이민영, 장원섭(2020). 대학 창업담당자들이 인식하는 창업지원 현황과 개선방안에 관한 연구. **직업교육연구, 39**(3), 67-86.

이수용, 장원섭(2013). 독립근로자의 경력개발 의미와 과정에 관한 질적 연구. **HRD연구, 15**(4), 27-48.

이영대(2007). 이제는 진로교육이다. **2007 직업세계 체험주간 기념세미나 자료집**. 한국직업능력개발원.

이영민, 임유화(2016). 공업계 고교 NCS 기반 교육과정의 편성 실태와 과제. **대한공업교육학회지, 41**(1), 22-43.

이원호(1991). **한국 기술교육사**. 서울: 문음사.

이재완(2018). 밀레니얼 모멘트(millennial moment)의 도래. **하나금융경영연구소, 8**(13), 10-11.

이정희(2014). 일 · 가족 양립 문제의 시대적 변화에 대한 고찰. **여성연구, 86**(1), 281-324.

이종구, 김병기(2008). 한국기업의 인턴사원제도의 사적 전개과정과 시대별 특성 비교 분석에 관한 탐색적 연구. **경영사학, 23**(3), 261-298.

이종하(2001). **우리 민중의 노동사**. 서울: 주류성.

이주성(2012). 대학발 창업 활성화를 통한 과학기술 사업화 전략. **한국행정포럼, 138**, 12-15.

이준웅, 장원섭 외(2019). 일과 노동의 미래: 자동화를 넘어 연대와 성숙으로. 일의 미래 포럼, 서울대학교 언론정보연구소.

이현욱(2019). HRD@Digital transformation: 학습과 기술의 결합 Edutech. **yHRD² 세미나 발표자료**. 연세대학교. [2019. 9. 21.]

이홍민, 김종인(2003). **핵심 역량 핵심 인재: 인적자원 핵심 역량모델의 개발과 역량 평가**. 서울: 한국능률협회.

임세영(1999). 우리나라 직업훈련의 정체성 변화. **직업교육연구, 18**(1), 147-166.

임언(2006). 진로교육의 과제: 통합적 파트너십 구축. 청소년의 정신건강. 삼성생명공익재단 사회정신건강연구소 10주년 기념 심포지엄.

임언, 안재영, 권희경(2017). **인공지능(AI) 시대의 직업환경과 직업교육**. 한국직업능력개발원.

임홍택(2018). **90년생이 온다**. 서울: 웨일북.

장경진(2020). 난민의 탈숙련화와 재숙련화 과정에 대한 행위자-관계망 분석. 연세대학교 대학원 석사학위논문.

장명희, 김종우, 최수정(2011). 마이스터고 운영 현황과 과제. **THE HRD REVIEW, 14**(3), 125-147.

장서영, 장원섭(2008). 대졸 초기경력자의 조직적응에 관한 질적 연구: 이직 고려사유와 이에 대한 대응실태를 중심으로. **안드라고지 투데이, 11**(3), 105-138.

장석민(1999). 진로교육의 개념, 목적 및 방향. 한국진로교육학회 편. **진로교육의 이론과 실제**(pp. 3-37). 서울: 교육과학사.

장수한(2016). **퇴사의 추억**. 서울: 렛츠북.

장원섭 외(2020). **대학의 평생직업교육 및 취업 · 창업지원기능 강화 방안 연구**. 교육부 정책연구.

장원섭(1997). **교육과 일의 사회학**. 서울: 학지사.

장원섭(1999). 테스트의 사회적 의미. **교육사회학연구, 9**(1), 31-46.
장원섭(2003). 평생학습지원체제로서 사회학습망의 제안. **안드라고지 투데이, 6**(2), 1-20.
장원섭(2006). **일의 교육학**. 서울: 학지사.
장원섭(2007). 맥락 중심의 평생 진로교육 제안. **진로교육연구, 20**(2), 1-13.
장원섭(2014). 교육 담당자인 권 선생은 왜 죽음을 선택했을까요? **월간 HRD 2014년 12월호**.
장원섭(2015a). 일터에서 함께 배우기: 교육학적 관계론. 장원섭, 장지현, 김민영 편. **일터학습: 함께 배우기**(pp. 5-32). 서울: 교문사.
장원섭(2015b). **장인의 탄생**. 서울: 학지사.
장원섭(2017). 4차 산업혁명, 현대적 匠人이 주도. 조직 내에서 '성취의 절정' 느끼게 하라. **동아비즈니스리뷰, 237**(2), 52-58.
장원섭(2018). **다시, 장인이다**. 서울: 영인미디어.
장원섭(2019). 일의 교육학: 평생학습시대의 일과 배움. 연세대학교 교육학과 교수진. **미래를 여는 교육학**(pp. 371-409). 서울: 박영스토리.
장원섭(2021). **인적자원개발: 이론과 실천**(3판). 서울: 학지사.
장원섭, 김지영(2013). 명장(明匠)의 길: 우연에서 필연으로. **진로교육연구, 26**(3), 23-41.
장원섭, 김형만, 옥준필(1999). **학교에서 직업세계로의 이행에 관한 연구 I: 고등학교단계를 중심으로**. 서울: 한국직업능력개발원.
장원섭, 김형만, 옥준필(2001). **학교에서 직업세계로의 이행에 관한 연구 II: 고등교육단계를 중심으로**. 서울: 한국직업능력개발원.
장원섭, 박윤희, 박홍석(2000). **전문대학 창업교육 체계화 방안 연구**. 교육부.
장원섭, 심우정(2005). 기업교육의 패러다임 전환: 훈련에서 학습으로, 그리고 성과에서 가치로. **직업교육연구, 24**(1), 89-109.
장원섭, 장인온(2013). 전통 수공업 장인의 학습 과정과 특성에 관한 질적 사례 연구. **직업교육연구, 32**(4), 59-78.
장원섭, 장지현, 김민영(2015). **일터학습: 함께 배우기**. 서울: 교문사.
장주희, 방혜진, 이윤진, 이진솔, 한상근, 이승희(2020). **인공지능 시대의 전문직 직업연구**. 한국직업능력개발원.
장지연(2020). 플랫폼노동자의 규모와 특징. **고용 · 노동브리프 제104호**. 한국노동연구원.
전숙경(2016). 초연결사회의 인간 이해와 교육의 방향성 탐색. **교육의 이론과 실천. 21**(2), 55-80. UCI : G704-001913.2016.21.2.006
전숙경(2019). 초연결사회의 핵심 교육원리로서의 해석학적 순환. **교육학연구, 57**(4), 31-50. DOI : 10.30916/KERA.57.4.31
전재식 외(2010). 교육과 노동시장 연계와 성과(II). 한국직업능력개발원.
전재식 외(2019). **일과 학습의 미래**. 경제 · 인문사회연구회.
정민(2016). 2016년 다보스 포럼의 주요 내용과 시사점: "4차 산업 혁명", 글로벌 성장 원동력으로. **이슈리포트, 2016**(2), 1-12.
정은이 (2019). 밀레니얼 세대가 방송 콘텐츠 제작에 미치는 영향에 관한 연구: 전문가 인터뷰를 중심으로. **문화와 융합, 41**(4), 613-653.
정재삼(2000). **수행공학의 이해: 기업교육 리엔지니어링의 틀**. 서울: 교육과학사.

정철영(1999). 진로교육. 직업교육훈련 대사전. 서울: 한국직업능력개발원.
정철영, 주홍석, 조영아, 전지민, 정지은(2015). 네트워크 텍스트 분석을 이용한 세계적 수준의 전문대학(WCC) 운영 우수사례 분석. 농업교육과 인적자원개발, 47(3), 117-137.
정택수(2008). 직업능력개발제도 변천사. 서울: 한국직업능력개발원.
정향진, 김덕기, 김미숙, 김종우, 김현수, 이동임, 최동선, 이유진(2013). 국가직무능력표준의 핵심 과제와 추진 전략. 한국직업능력개발원.
정헌배(2017). 창업교육의 효율적 설계와 실천방안에 관한 고찰. 벤처창업연구, 12(1), 123-132.
정혜진, 김경원(2018). 평생교육 단과대학 재학생의 참여동기와 선택속성간의 관계성 연구. 학습자중심교과교육연구, 18(24), 691-709.
조덕희(2014). 창업기업의 고용창출 성과 및 정책과제. 산업연구원.
조성혜(2017). 디지털플랫폼 노동 종사자의 근로자성 여부. 노동법학, 64, 115-162.
조용만(2003). 특수고용관계종사자의 근로자성 인정여부에 관한 노동법적 접근, 노동연구원.
조혜영(2012). 워킹맘 고통지수와 일 · 가정양립정책. 젠더리뷰, 27(4), 27-36.
주인중, 조정윤, 임경범(2010). 국가직무능력표준(NCS) 사업의 현안 및 정책방안. The HRD Review, Autumn, 21-39.
중소벤처기업부, 교육부, 창업진흥원 한국연구재단(2019). 2018년 대학 창업인프라 실태조사.
천혜정, 한나(2009). 근로자의 일 지향성, 일 스트레스 및 조직문화가 일과 삶의 조화에 미치는 영향. 한국가족자원경영학회지, 13(4), 53-72.
최규남(2003). 한국 직업교육정책연구. 서울: 문음사.
최병두(2017). 관계이론에서 행위자-네트워크이론으로. 최병두, 김연희, 이희경, 이민경(편). 번역과 동맹: 초국적 이주의 행위자-네트워크와 사회공간적 전환. 15-64.
최영호 외(2000). 조세특례제한법상 인력개발 조세지원규정 정비 방안. 서울: 한국직업능력개발원.
최종열, 정해주(2008), 경영학교육이 기업가정신 함양에 미치는 영향에 관한 연구. 인적자원관리연구, 15(3), 213-230.
최창원, 금재덕, 심동철 (2018). 산학협력 선도대학 육성사업 성과 분석. 한국공공관리학보, 32(1), 75-104.
통계청(2017). 제7차 한국표준직업분류.
통계청(2019a). 장래인추구계.
통계청(2019b). 인구동태통계연보. 국제결혼 현황(2012년~2019년).
통계청(2020a). 인구동향조사.
통계청(2020b). 2019년 다문화 인구동태 통계. 인구동향조사 보도자료. [2020. 11. 5.]
통계청, 법무부(2019). 이민자 체류실태 및 고용조사. [2019. 12. 19.]
한국교육개발원(2016a). 교육통계분석 자료집.
한국교육개발원(2016b). 교육통계연구센터 대학원 현황. http://kess.kedi.re.kr [2017. 10. 22. 검색]
한국정보산업연합회(2017). 긱 이코노미 동향과 시사점. 서울: 한국정보산업연합회.
한국직업능력개발원(1998). 직업교육훈련 100년사. 서울: 한국직업능력개발원.
한국직업능력개발원(1999). 직업교육훈련 대사전. 서울: 한국직업능력개발원.
한국직업능력개발원(2020). 2020 한국의 인적자원개발지표. 세종: 한국직업능력개발원.
한국진로교육학회(1999). 진로교육의 이론과 실제. 서울: 교육과학사.

한국청년기업가정신재단(2020). 창업체험교육을 위한 창업가정신 핵심역량 진단도구 개발.

한정란(2005). **노인교육의 이해**. 서울: 학지사.

한준상 외(1996). **신교육사회학**. 서울: 학지사.

한준상(2001). **학습학**. 서울: 학지사.

허선영, 장후은, 이종호(2017). 대학 창업지원 사업의 문제점 및 개선방안. **한국산학기술학회 논문지**, 18(1), 75-84.

허재준(2018. 8. 12.). '4차 산업혁명 기술로 일자리 줄지 않아'. 매일경제. http://opinion.mk.co.kr/view.php?year=2018&no=505541

홍성욱(2006. 08. 10.). 국내외 '과학 전쟁'(Science Wars)에 대한 해부. 교수신문. http://www.kyosu.net/news/articleView.html?idxno=10275 [2020. 07. 15. 인출]

홍성욱(2010). **인간 · 사물 · 동맹: 행위자네트워크 이론과 테크노사이언스**. 서울: 아르텍.

황성수, 류지영(2012). **대졸 청년층의 졸업 직후 창업 실태 분석 및 정책 제언**. 한국직업능력개발원.

황준욱(2009). 프리랜서 노동 특성과 정책대응. **노동리뷰**, 55-66.

황준욱, 권현지, 김영미, 박제성, 남재량(2009). **프리랜서 고용관계 연구-영화 산업과 IT 산업을 중심으로**. 세종: 한국노동연구원.

황춘호, 김성훈(2019). 대기업 사무직 근로자의 조직몰입과 이직의도에 영향을 미치는 직무만족 요인: 밀레니얼 세대의 특성을 중심으로. **대한경영학회지**, 32(12), 2085-2105.

柳久雄(1985). **교육사상사**(임상희 역). 서울: 백산서당.

Acemoglu, D. (1998). Why do new technologies complement skills? Directed technical change and wage inequality. *The Quarterly Journal of Economics, 113*(4), 1055-1089. DOI : 10.1162/003355398555838

Argyris, C., & Schön, D. (1996). *Organizational Learning II*. Massachusetts: Addison Wesley, Reading.

Arntz, M., Gregory, T., & Zierahn, U. (2016). The risk of automation for jobs in OECD countries: A comparative analysis. *OECD Social, Employment, and Migration Working Papers*, (p. 189), OECD Publishing, Paris. http://dx.doi.org/10.1787/5jlz9h56dvq7-en

Arthur. M. B., & Rousseau. D. M. (1996). *The boundaryless career: a new employment principle for a new organizational era*. New York: Oxford University Press.

Autor, D. H., Levy, F., & Murnane, R. J. (2003). The Skill Content of Recent Technological Change: An Empirical Exploration. *The Quarterly Journal of Economics, 118*(4), 1279-1333.

Bailey, T., & Waldinger. R. W. (1991). Primary, Secondary, and Enclave, Labor Markets: A Training Systems Approach. *American Sociological Review, 56,* 432-445.

Bakhurst, D. (2009). Reflections on activity theory. *Educational Review, 61*(2), 197-210. DOI : 10.1080/00131910902846916

Barker, J. R. (1993). Tightening the iron cage: concertive control in self-managing teams. *Administrative Science Quarterly, 38*, 408-437.

Barlow, M. L. (1990). Historical Background of Vocational Education. In A. J. Pautler, Jr. (Ed.), *Vocational Education in the 1990s: Major Issues* (pp. 5-24). Ann Arbor: Prakken.

Barron, J. M., & Bishop, J. (1985). Extensive Search, Intensive Search, and Hiring Costs: New Evidence on Employer Hiring Activity. *Economic Inquiry, 23,* 363-382.

Barton, D., & Tusting, K. (2005). *Beyond Community of Practice: Language, Power, and Social Context*. Cambridge: Cambridge University Press.

Bauman, Z. (2017). *Wasted lives: Modernity and its outcasts*. Cambridge, UK: Polity.

Beach, K. (2003). Consequential Transitions: a Developmental View of Knowledge Propagation through Social Organizations. In T. Tuomi-Gröhn & Y. Engeström (Eds.), *Between School and Work: New Perspective on Transfer and Boundary-Crossing*. Oxford: Elsevier. pp. 39~61.

Beck, U. (1999). **아름답고 새로운 노동세계**(홍윤기 역, 1999). 서울: 생각의 나무.

Becker, G. (1964). *Human Capital*. New York: Columbia University Press.

Berreby, D. (2005). **우리와 그들, 무리짓기에 대한 착각**(정준형 역, 2007). 서울: 에코리브르.

Bettis, P. J., & Gregson, J. A. (1993). Democratizing Secondary Vocational Education: Examples of Critical Pedagogy. *Journal of Vocational and Technical Education, 10*(1), 4-14.

Bierema, L. L. & Cseh, M. (2014). A Critical, Feminist Turn in HRD: a Humanistic Ethos. In N. E. Chalofsky, T. S. Rocco & M. L. Morris (Eds.), *Handbook of Human Resource Development*. Hoboken: Wiley. pp.125-144.

Bierema, L. L. (2000). Moving beyond Performance Paradigms in Human Resource Development. In A. L. Wilson & E. R. Hays (Eds.), *Handbook of Adult and Continuing Education* (New Edition, pp. 278-293).

Bierema, L. L. (2009). Critiquing human resource development's dominant masculine rationality and evaluating its impact. *Human Resource Development Review, 8*(1), 68-96.

Billett S. (2001). Co-participation: Affordance and engagement at work. In T. Fenwick (Ed.), *Sociocultural perspectives on learning through work*. San Francisco: Jossey-Bass.

Billett, S. (2002). Toward a Workplace Pedagogy: Guidance, Participation, and Engagement. *Adult Education Quarterly, 53*(1), 27-43.

Billett, S. (2011). *Vocational Education: Purposes, Traditions and Prospects*. London: Springer.

Bills, D. B. (1995). *The new modern times: Factors reshaping the world of work*. Albany: SUNY Press.

Bills, D. B. (1998). *Adult Education and the Socioeconomic Life Cycle: How Educational Reentry Transforms the Status Attainment Process*. Unpublished Manuscript. University of Iowa.

Bills, D. B. (2004). **교육과 일: 사회학적 접근**(장원섭, 장시준, 김영실 역, 2017). 서울: 박영스토리.

Bingham, T. (2009). Learning gets social. Presented in ASTD Internatial conference and Exposition, 2009. Washington, DC.

Bingham, T., & Conner, M. (2010). *The New Social Learning*. San Francisco: BK.

Bishop, J. (1998). Occupation-Specific Versus General Education and Training. *Annals, AAPSS, 559*, 24-38.

Bosch, G. (2017). Discussion about industrie 4.0 and labor 4.0 in Germany. 독일의 인더스트리 4.0과 노동 4.0에 관한 논의. **국제노동브리프**, 15(3), 22-33.

Boshier, R. (1998). Edgar Faure After 25 Years: Down But Not Out. In J. Holford, P. Jarvis & C. Griffin (Eds.), *International Perspectives on Lifelong Learning* (pp. 3-20). London: Kogan Page.

Boud, D., Dahlgren, L-O, Dahlgren, M. A., Larsson, S., Sork, T. J., & Walters, S. (2006). Creating a 'world class' programme: Reciprocity and constraint in networked global collaboration. *International Journal of Lifelong Education, 25*(6), 609-622.

Bourdieu, P., & Passeron, J. (1970). **재생산: 교육체계이론을 위한 요소들**(이상호 역, 2000). 서울: 동문선.

Bowles, S., & Gintis, H. (1976). *Schooling in capitalist America*. New York: Basic Books.

Bratton, J., Mills, J. H., Pyrch, T., & Sawchuk, P. (2008). *Workplace learning: A critical introduction*. Ontario: University of Toronto Press.

Broad, J. H. (2016). Vocational knowledge in motion: rethinking vocational knowledge through vocational teachers' professional development. *Journal of Vocational Education & Training, 68*(2), 143-160.

Brousseau, K. R., Driver, M. J., Eneroth, K., & Larsson, R. (1996). Career pandemonium: Realigning organizations and individuals. *Academy of Management Executive, 10*(4), 52-66.

Brown, J. S., & Duguid, P. (2000). Organizational Learning and Communities-of-Practice: Toward a Unified View of Working, Learning, and Innovation. In R. Cross & S. Israelit (Eds.), *Strategic Learning in Knowledge Economy: Individual, Collective, and Organizational Learning Process* (pp. 143-166). Boston: Butterworth Heinemann.

Buber, M. (1947). **인간의 문제**(윤석빈 역, 2007). 서울: 길.

Buber. M. (1954). **나와 너**(표재명 역, 1986). 서울: 문예출판사.

Burt, R. S. (2005). *Brokerage and Closure: An Introduction to Social Capital*. New York: Oxford University Press.

Byrd, M. Y. (2014). A Social Justice Paradigm for HRD: Philosophical and Theoretical Foundations. In N. E. Chalofsky, T. S. Rocco & M. L. Morris (Eds.), *Handbook of Human Resource Development* (pp. 281-298). Hoboken: Wiley.

Callon, M. (1984). Some elements of a sociology of translation: Domestication of scallops and the fishermen of St. Brieuc Bay. *The Sociological Review, 32*, 196-223.

Callon, M. (1990). Techno-economic networks and irreversibility. *The Sociological Review, 38*(1), 132-161. DOI : 10.1111/j.1467-954X.1990.tb03351.x

Chang, W. (1996). *The Role of Networks in the Process of Transition from College to the World of Work*. Unpublished Ph.D. Dissertation. University of Iowa.

Chang, W. (2003). Hiring and training in Korean establishments: Do employers substitute making for buying? *Research in the Sociology of Work, 12*, 31-48.

Cheetham, G., & Chivers, G. (1996). Towards a holistic model of professional competence. *Journal of European Industrial Training, 20*(5), 20-30.

Christensen, U. J. (2020) The 'TRICK' to remote learning and working during COVID-19. Retrived July 15, 2020, from https://www.forbes.com/sites/ulrikjuulchristensen/2020/04/20/the-trick-to-remote-learning-and-working-during-covid-19/#aba51de24636

Ciulla, J. B. (2000). **일의 발견**(안재진 역, 2005). 서울: 다우.

Cohen, Y., & Pfeffer, J. (1986). Organizational Hiring Standards. *Administrative Science Quarterly, 31*, 1-24.

Collin, A. & Young, R. A. (2000). The Future of Career. In A. Collin & R. A. Young (Eds.), *The Future of*

Career (pp. 276-300). Cambridge: Cambridge University Press.

Collin, A. (2000). Dancing to the Music of Time. in The Future of Career. In A. Collin & R. A. Young (Eds.), *The Future of Career* (pp. 83-97). Cambridge: Cambridge University Press.

Colvin, G. (2010). **재능은 어떻게 단련되는가?**(김정희 역). 서울: 부키.

Coogan, P. A., & Chen, C. P. (2007). Career development and counselling for women: Connecting theories to practice. *Counselling Psychology Quarterly, 20*(2), 191-204.

Coopey, J., & Burgoyne, J. (2000). Politics and Organizational Learning. *Journal of Management Studies, 37*(6), 869-885.

Courtial, J-P., & Law, J. (1989). A co-word study of artificial intelligence. *Social Studies of Science, 19*(2), 301-311.

Craig, R. L. (1996). *The ASTD Training and Development Handbook* (4th ed.). New York: McGraw-Hill.

Datcher, L. (1983). The Impact of Information Networks on Quit Behavior. *The Review of Economics and Statistics, 65,* 491-495.

Dawkins, R. (1989). **이기적 유전자**(홍영남 역, 1993). 서울: 을유문화사.

Deleuze, G., & Guattari, F. (1987). A thousand plateaus(Massumi, B. Trans). (Originally published 1980). Minneapolis, USA: University of Minnesota Press.

Dewey, J. (1913). An Undemocratic Proposal. In M. Lazerson & W. N. Grubb (Eds.), *American Education and Vocationalism: A Documentary History 1870-1970.* New York: Teachers College Press, 1974.

Dewey, J. (1916). **민주주의와 교육**(오천석 역). 서울: 교육과학사.

Dewey, J. (1938). *Experience and Education.* New York : Macmillan Co.

Diedrich, A. (2013). Translating validation of prior learning in practice. *International Journal of Lifelong Education, 32*(4), 548-570.

Dovey, K. (1997). The Learning Organization and the Organization of Learning: Power, Transformation and the Search for Form in Learning Organizations. *Management Learning, 28*(3), 331-349.

Dülmen, R. (1997). **개인의 발견**(최윤영 역, 2005). 서울: 현실문화연구.

Edwards, R., & Usher, R. (2008). *Globalisation & Pedagogy: Space, Place and Identity* (2nd ed.). London: Routledge.

Ehrenreich, B. (2001). **빈곤의 경제**(홍윤주 역, 2002). 서울: 청림출판.

Elkjaer, B. (2001). The Learning Organization: an Undelivered Promise. *Management Learning, 32*(4), 437-452.

Engeström, Y. (2001). Expansive learning at work: Toward an activity theoretical reconceptualization. *Journal of Education and Work, 14*(1), 133-156.

Engeström, Y. (2008). From teams to knots: Activity-theoretical studies of collaboration and learning at work. **팀의 해체와 놋워킹: 활동이론으로 보는 일터의 협력 학습**(장원섭, 구유정 역, 2014). 서울: 학이시습.

Ericsson, K. A. (2008). Deliberate practice and acquisition of expert performance: A general overview. *Academic Emergency Medicine, 15*(11), 988-994.

Evans, K., Hodkinson, P., & Unwin, L. (2002). *Working to Learning: Transforming Learning in the*

Workplace. London: Kegan Page.

Feldman, D. C. (1988). *Managing careers in organizations*. Glenview, IL: Scott Foresman and Company.

Fenwick, T. (1998). Questioning the Concept of the Learning Organization. In S. Scott (Ed.), *Learning for Life: Canadian Readings in Adult Education* (pp. 140-152).

Fenwick, T. (2001). *Sociocultural perspectives on learning through work*. San Francisco: Jossey-Bass.

Fenwick, T. (2006). Toward enriched conceptions of work learning: Participation, expansion, and translation among individuals with/in activity. *Human Resource Development Review, 5*(3), 285-302.

Fenwick, T. (2010). Accountability practices in adult education: Insights from actor-network theory. *Studies in Education of Adults, 42*(2), 170-185.

Fenwick, T. (2014). Rethinking professional responsibility: Matters of account. In Fenwick, T., & Nerland, M. (Eds.), *Reconceptualising Professional Learning in Turbulent Times: Changing knowledges, practices, and responsibilities*. London, UK: Routledge.

Fenwick, T. J. (2014). Corporate Social Responsibility and HRD: Uneasy Tensions and Future Directions. In N. E. Chalofsky, T. S. Rocco & M. L. Morris (Eds.), *Handbook of Human Resource Development* (pp.164-179). Hoboken: Wiley.

Fenwick, T., & Edwards, R. (2010). *Actor-network theory in education*. London, UK: Routledge.

Fenwick, T., & Edwards, R. (2012). *Researching education through actor-network theory*. Hoboken, USA: Wiley-Blackwell.

Fenwick, T., & Edwards, R. (2017). *Revisiting actor-network theory in education*. London, UK: Routledge.

Fenwick, T., Doyle, S., Michael, M., & Scoles, J. (2015). Matters of learning and education: Sociomaterial approaches in ethnographic research. In S. Bolling, M-S. Honig, S. Neumann & C. Seele (Eds.), *MultiPluriTrans in Educational Ethnography: Approaching the Multimodality, Plurality and Translocality of Educational Realities*. Bielefeld, Germany: Transcript Verlag/Columbia University Press.

Fenwick, T., Edwards, R., & Sawchuk, P. (2011). *Emerging approaches to educational research: Tracing the sociomaterial*. London, UK: Routledge.

Fitzgerald, T. (1993). Education for Work and about Work: A Proposal. *American Journal of Education, 101,* 99-115.

Fox, S. (2000). Communities of practice, Foucault and Actor-Network Theory. *Journal of Management Studies, 37*(6), 853-867. DOI : 10.1111/1467-6486.00207

Fox. M. F., & Hesse-Biber, S. (1984). *Women at work*. Palo Alto: Mayfield.

Francis, H. (2007). Discursive struggle and the ambiguous world of HRD. *Advances in Developing Human Resources, 9*(1), 83-96.

Frazis, H. et al. (1998). Results from the 1995 Survey of Employer-Provided Training. *Monthly Labor Review, 121*(6), 3-13.

Freire, P. (1970). *Pedagogy of the Oppressed*. New York: Continuum.

Freire, P. (1995). **희망의 교육학**(교육문화연구회 역, 2002). 서울: 아침이슬.

French, R., & Bazalgette, J. (1996). From 'Learning Organization' to 'Teaching-Learning Organization'? *Management Learning, 27*(1), 113-128.

Frey, K. B. (2019). **테크놀로지의 덫: 자동화 시대의 자본, 노동, 권력**(조미현 역, 2019). 서울: 에코리브르.

Fuller, A., & Unwin, L. (2002). Developing Pedagogies for the Contemporary Workplace. In K. Evans, P. Hodkinson & L. Unwin (Eds.), *Working to Learn: Transforming Learning in the Workplace* (pp.95-111). London: Kogan Page.

Fuller, A., Kakavelakis, K., Felstead, A., Jewson, N., & Unwin, L. (2009). Learning, knowing and controlling the stock: the nature of employee discretion in a supermarket chain. *Journal of Education and Work, 22*(2), 105-120.

Furman, J., Holdren, P., Muñoz, C., & Smith, M. (2016). Artificial Intelligence, Automation and the Economy [U.S. Government Report, Publication by the Executive Office of the President].

Gedro, J., & Tylor, J. (2014). Sexual Orientation and HRD. In N. E. Chalofsky, T. S. Rocco & M. L. Morris (Eds.), *Handbook of Human Resource Development* (pp. 314-325). Hoboken: Wiley.

Gee, J. P. (2005). Semiotic social spaces and affinity spaces: from The Age of Mythology to today's schools. In D. Barton & K. Tusting (Eds.), *Beyond Community of Practice: Language, Power, and Social Context* (pp. 214-232). Cambridge: Cambridge University Press.

Gherardi, S., & Nicolini, G. (2000). To transfer is to transform: The circulation of safety knowledge. *Organization, 7*(2), 329-348.

Gilley, J. W., & Eggland, S. A. (1989). *Principles of Human Resource Development*. Addison-Wesley.

Gilpin, W. (1999). Workforce Education: The Nexus Between Capitalism and Democracy. *Journal of Industrial Teacher Education, 36*(4), 66-69.

Gold, J., & Smith, V. (2003). Advances towards a learning movement: Translations at work. *Human Resource Development International, 6*(2), 139-152,

Goldstein, A. (2017). *Janesville: An American story*. New York, USA: Simon & Schuster.

Gordon, H. R. D. (1999). *The History and Growth of Vocational Education in America*. Needham Heights: Allyn and Bacon.

Gowen, S. G. (1994). The "Literacy Myth" at Work: The Role of Print Literacy in School-to-Work Transition. In R. D. Lakes (Ed.), *Critical Education for Work: Multidisciplinary Approaches* (pp. 35-49). Norwood: Ablex.

Grace, K., Salvatier, J., Dafoe, A., Zhang, B., & Evans, O. (2017). When Will AI Exceed Human Performance? Evidence from AI Experts. arXiv preprint arXiv:1705.08807.

Granovetter, M. S. (1973). The strength of weak ties. *American Journal of Sociology, 78*(6), 1360-1380.

Granovetter, M. S. (1974). *Getting a Job: A Study of Contacts and Careers*. Cambridge, MA: Harvard University Press.

Granovetter, M. S. (1995). *Getting A Job: A Study of Contacts and Careers* (2nd ed.). Chicago: The University of Chicago Press.

Gray, A. (2016). The 10 skills you need to thrive in the Fourth Industrial Revolution. http://www.weforum.org/agenda/2016/01/the-10-skills-you-need-to-thrive-in-the-fourth-industrialrevolution?utm_content=buffer813d5&utm_medium=social&utm_source=facebook.com&utm_campaign=buffer [2017. 7. 3. 확인]

Gray, K. C., & Herr, E. L. (1995). *Other Ways to Win: Creating Alternatives for High School Graduates*. Thousand Oaks: Corwin Press.

Gray, K. C., & Herr, E. L. (1998). *Workforce education: The basics*. Boston, MA: Allyn and Bacon.

Greenhaus, J. H., Callanan, G. A., & Godshalk, V. M. (2000). *Career management* (3rd ed.). 경력개발 및 관리(제3판, 탁진국 역, 2004) 서울: 시그마프레스.

Gregson, J. A. (1997). A Critical Response to Grubb. *Journal of Vocational Education Research, 22*(2).

Grubb, W. N. (1997). Not There Yet: Prospects and Problems for "Education Through Occupations." *Journal of Vocational Education Research ,22*(2), 133-139.

Grubb, W. N. (1997b). Finding Common Ground: A Brief Response. *Journal of Vocational Education Research, 22*(2).

Grubb, W. N. (Ed.) (1995). *Education for occupations in American high schools, 1*. New York: Teachers College Press.

Grubb, W. N., & Lazerson, M. (2004). *The education gospel: the economic power of schooling*. Cambridge, MA: Harvard University Press.

Guile D., & Young, M. (2003). Transfer and Transition in Vocational Education: Some Theoretical Considerations. In T. Tuomi-Gröhn & Y. Engeström (Eds.), *Between School and Work: New Perspective on Transfer and Boundary-Crossing* (pp. 63-81). Oxford: Elsevier.

Habermas, J. (1978). *Knowledge and Human Interests* (2nd ed.). London: Heinemann.

Hall, D. T. (1996). Protean Careers of the 21st Century. *Academy of Management Executive, 10*(4), 8-16.

Hall, D. T. (2002). *Career in and out of organizations*. Thousand Oaks, CA: Sage.

Hamilton, M. (2012). Unruly practices: What a sociology of translations can offer to educational policy analysis. In T. Fenwick & R. Edwards (Eds.), *Researching education through actor-network theory*. Hoboken, USA: Wiley-Blackwell.

Handy. C. (1990). 비이성의 시대(강혜정 역, 2009). 서울: 21세기 북스.

Hanson, R., Rothblatt, M., Puri, R., Kurzweil, R., Mead, C., Bostrom, N., Brooks, R., Marcus, G., & Schmidhuber, J. (2017). Human-Level AI Is Right Around the Corner-or Hundreds of Years Away/ Interviewer: I. Spectrum. Retrieved from https://spectrum.ieee.org/computing/software/humanlevel-ai-isright-around-the-corner-or-hundreds-of-years-away

Hartley, D. E. (1999). 정보화시대의 직무분석(윤관식 역, 2003). 서울: 학지사.

Healy, J., Nicholson, D., & Pekarek, A. (2017). Should we take the gig economy seriously?. *Labour & Industry: A Journal of the Social and Economic Relations of Work, 27*(3), 232-248.

Heide, H. (2000). 노동 사회에서 벗어나기(강수돌 외 역). 서울: 박종철 출판사.

Herr, E. L. (2001). Career Development and Its Practice: A Historical Perspective. *The Career Development Quarterly, 49*, 196-211.

Higgins, M. C., & Kram, K. E. (2001). Reconceptualizing mentoring at work: a developmental network perspective. *Academy of Management Review, 26*(2), 264-288.

Hodkinson, P., & Bloomer, M. (2002). Learning Careers: Conceptualizing Lifelong Work-based Learning. In K. Evans, P. Hodkinson & L. Unwin (Eds), *Working to Learn: Transforming Learning in the Workplace* (pp. 29-43). London: Kogan Page.

Hoerner, J. L., & Wehrley, J. B. (1995). *Work-based learning: The key to school-to-work transition*. McGraw-Hill: Glencoe.

Holdren, J. P., Bruce, A., Felten, E., Lyons, T., & Garris, M. (2016). Preparing for the Future of Artifical Intelligence. [U.S. Government Report, Publication by the Executive Office of the President] Retrieved from https://obamawhitehouse.archives.gov/sites/default/files/whitehouse_files/microsites/ostp/NSTC/preparing_for_the_future_of_ai.pdf

Hrabal, B. (1980). **너무 시끄러운 고독**(이창실 역, 2016). 서울: 문학동네.

Hull, G. (1993). Critical Literacy and Beyond: Lessons Learned from Students and Workers in a Vocational Program and on the Job. *Anthropology and Education Quarterly 24*(4), 373-396.

Huysman, M. (1999). Balancing Biases: a Critical Review of the Literature on Organizational Learning. In M. Easterby-Smith, L. Araujo & Burgoyne J. (Eds.), *Organizational Learning and Learning Organization: Developments in Theory and Practice* (pp.59-74). London: Sage.

Illich, I. (1971). **탈학교사회**(황성모 역, 1984). 서울: 삼성미술문화재단.

Johnston, B. J. (1993). The Transformation of Work and Educational Reform Policy. *American Educational Research Journal, 30*(10), 39-65.

Kariya, T. (1988). The Institutional Networks Between Schools and Employers and Delegated Occupational Selection to Schools: A Sociological Study on the Transition from High School to Work in Japan. Ph.D. Dissertation, Department of Sociology, Northwestern University, IL.

Kasl, E., Marsick, V. J., & Dechan, K. (2000). Teams as Learners in Strategic Learning. In R. Cross & S. Israelit (Eds.), *Knowledge Economy: Individual, Collective, and Organizational Learning Process* (pp. 253-276). Boston: Butterworth Heinemann.

Kincheloe, J. L. (1999). *How Do We Tell the Workers?: The Socioeconomic Foundations of Work and Vocational Education*. Boulder: Westview Press.

Kitching, J., & Smallbone, D. (2012). Are freelancers a neglected form of small business? *Journal of Small Business and Enterprise Development, 19*(1), 74-91.

Knoke D., & Janowiec-Kurle, L. (1999). Make or Buy? The Externalization of Company Job Training. *Research in the Sociology of Organizations, 16,* 85-106.

Knoke, D., & Kalleberg, A. L. (1994). Job Training in U.S. Organizations. *American Sociological Review, 59,* 537-546.

Kofman, F., & Senge, P. M. (1993). Communities of Commitment: the Hearth of Learning Organizations. *Organizational Dynamics, 22*(2), 5-23.

Koich, T. (2004). **일의 즐거움**(하연수 역, 2004). 서울: 김영사.

Kolb, D. (2000). The process of experiential learning. In R. L. Cross & S. B. Israelit (Eds.), *Strategic learning in a knowledge economy: Individual, collective and organizational learning process* (pp. 313-336). MA: Butterworth-Heinemann.

Kourilsky, M. (1995). Entrepreneurship Education: Opportunity in Search of Curriculum. *Business Education forum, 50*(10), 11-15.

Krecker, M. L. (1995). From the "instinct of workmanship" to "gift exchange": employment contracts, social relations of trust, and the meaning of work. In R. L. Simpson & I. H. Simpson (Eds.), *The Meaning of Work*. Greenwich: JAI. 105-134.

Krueger, A. B. (2018). Independent workers: What role for public policy? *The ANNALS of the American Academy of Political and Social Science, 675*(1), 8-25.

Krumboltz, J. D. (2009). The Happenstance Learning. *Journal of Career Assessment, 17*(2), 135-154.

Krupskaya, N. K. (1957). *On Education*. Moscow: Foreign Languages Publishing House.

Kuchinke, K. P. (1998). Moving beyond the Dualism of Performance versus Learning: a Response to Barrie and Pace. *Human Resource Development Quarterly 9*(4), 377-384.

Kurzweil, R. (2005). **특이점이 온다**(김명남, 장시형 역, 2007). 서울: 김영사.

Kurzweil, R. (2012). **마음의 탄생**(윤영삼 역, 2016). 서울: 크레센도.

Lakes, R. D. (1994). Introduction: Critical Education for Work. in *Critical Education for Work: Multidisciplinary Approaches*. Norwood: Ablex. 1-16.

Lakes, R. D. (1997). *The New Vocationalism: Deweyan, Marxist, and Freirean Themes*. (Information Series No. 369). ERIC Clearinghouse on Adult, Career, and Vocational Education, Center on Education and Training for Employment. The Ohio State University.

Latour, B. (1986). The powers of association. In J. Law (Ed.), *Power, Action and Belief: A New Sociology of Knowledge?* London, UK: Routledge Kegan & Paul.

Latour, B. (1994). On technical mediation. *Common Knowledge, 3*(2), 29-64.

Latour, B. (1996). On interobjectivity. *Mind, Culture, and Activity, 3*(4), 228-245.

Latour, B. (1997). On actor-network theory: a few clarifications plus more than a few complications. *Finn Olsen, Philosophia, 25*(3-4), 47-64.

Latour, B. (1999). On recalling ANT. In J. Law & J. Hassard (Eds.), *Actor network theory and after* (pp. 15-25).

Latour, B. (1999). **판도라의 희망**(장하원, 홍성욱 역, 2018) 서울: 휴머니스트.

Latour, B. (2005). *Resassembling the social: An introduction to actor-network-theory*. Oxford, UK: Oxford University Press.

Lave, J. & Wenger, E. (2000). Legitimate Peripheral Participation in Communities of Practice. in Strategic Learning. In R. Cross & S. Israelit (Eds.), *Knowledge Economy: Individual, Collective, and Organizational Learning Process* (pp. 167-182). Boston: Butterworth Heinemann.

Lave, J., & Wenger, E. (1991). **상황학습**(전평국, 박성선 역, 2000). 서울: 교우사.

Law, J. (1992). Notes on the theory of the actor network: Ordering, strategy and heterogeneity. *Systems Practice, 5*(4), 379-392.

Law, J. (2004). *After method: Mess in social science research*. London, UK: Routledge.

Law, J., & Hassard, J. (1999). *Actor-network theory and after*. Oxford, UK: Blackwell Publishers.

Levin, H. M. (1995). *Work and education: International encyclopedia of economics of education*. (pp. 10-

19). New York: Elsevier Science.

Levitt, B., & March, J. G. (1988). Organizational learning. *Annual Review of Sociology, 14*, 319-340. DOI : 10.1146/annurev.so.14.080188.001535

Levy, F., & Murnane, R. J. (2004). The new division of labor. Princeton, NJ: Princeton University Press.

Lewis, T. (1995). Rise and Decline of Job-Specific Vocationalism: Response to Judith Little and Susan Threatt. *Curriculum Inquiry, 25*(3), 293-306.

Lewis, T. (1996). Studying the Impact of Technology on Work and Jobs. *Journal of Industrial Teacher Education 33,* 44-65.

Lewis, T. (1997). America's Choice: Literacy or Productivity? *Curriculum Inquiry, 27*(4), 391-421.

Lewis, T. (1998). Vocational Education as General Education. *Curriculum Inquiry, 28*(3), 283-309.

Linn, P. L. et al. (2003). *Handbook for Research in Cooperative Education and Internships*. Lea.

Littleton S. M., Arthur, M. B., & D. M. Rousseau(2000). The Future of Boundaryless Careers. In A. Collin & R. A. Young (Eds.), *The Future of Career* (pp. 101-114). Cambridge: Cambridge University Press.

Lucia, A. D., & Lepsinger, R. (1999). **알기 쉬운 역량 모델링**(정재창 외 역, 2001). 서울: PSI컨설팅.

Mainiero, L. A., & Sullivan, S. E. (2005). Kaleidoscope careers: An alternate explanation for the "opt-out" revolution. *Academy of Management Executive, 19*(1), 106-123.

Mainiero, L. A., & Sullivan, S. E. (2006). *The opt out revolt: Whe people are leaving companies to create kaleidoscope careers.* Davies-Black Publishing.

Mannheim, K. (1952). The Problem of Generations. In P. Kecskemeti (Eds.), *Essays on the Sociology of Knowledge* (pp. 276-320). London: Routledge and Kegan Paul.

Marcus, G. E. (1995) Ethnography in/of the world system: The emergence of multi-sited ethnography. *Annual Review of Anthropology, 24,* 95-117.

Marsden, P. V. (1994). The Hiring Process: Recruitment Methods. *American Behavioral Scientist, 37*(7), 979-991.

Marsden, P. V., & K. E. Campbell (1990). Recruitment and Selection Processes: the Organizational Side of Job Searches. In R. L. Breiger (Ed)., *Social Mobility and Social Structure* (pp. 59-79). New York: Cambridge University Press.

Marsick, V. J., & Volpe, M. (1999). *Informal and Incidental Learning in the Workplace*. New York: Routledge.

Maslow, A. H. (1999). **존재의 심리학**(정태연, 노현정 역, 2012). 서울: 문예출판사.

McKinsey & Company (2019). *The skilling challenge*. McKinsey & Company.

McKinsey Global Institute (2016). Independent work: Choice, necessity, and the gig economy. Retrieved from https://www.mckinsey.com

McLean, G. N. (2006). National HRD: A focused study in transitioning societies in the developing world. *Advances in Developing Human Resources, 8*(1), 8-11.

McLean, G. N., Lynham, S. A., Azevedo, R. E., Lawrence, J. E. S., & Nafukho, F. M. (2008). A response to Wang and Swanson's article on national HRD and theory development. *Human Resource Development Review, 7*(2), 241-258.

McMahon, M., & Patton, W. (2006). *Career Counselling: Constructivist Approach*. London: Routledge.

Miettinen, R. (1999). The riddle of things: Activity theory and actor-network theory as approaches to studying innovations. *Mind, Culture, and Activity, 6*(3), 170-195.

Miller, M. D. (1990). Policy Issue Perspectives. In A. J. Pautler, Jr. (Ed.), *Vocational Education in the 1990s: Major Issues*. Ann Arbor: Prakken Pub.

Mirchandani, K. (2004). Practices of global capital: Gaps, cracks and ironies in transnational call centers in India. *Global Networks, 4*, 355-374.

Mlitwa, N. (2007). Technology for teaching and learning in higher education contexts: activity theory and actor network theory analytical perspectives. *International Journal of Education and Development using ICT, 3*(4), 54-70.

Mojab, S., & R. Gorman (2003). Women and Consciousness in the "Learning Organization": Emancipation or Exploitation? *Adult Education Quarterly, 53*(4), 228-241.

Moll, L. L. (1990). *Vygotsky and Education: Instructional Implications and Applications of Sociohistorical Psychology*. Cambridge: Cambridge University Press.

Mollenhauer, K. (1983). **가르치기 힘든 시대의 교육**(정창호 역, 2005). 서울: 삼우반.

Mørk, B. E., Hoholm, T., Ellingsen, G., Edwin, B., & Aanestad, M. (2010). Challenging expertise: On power relations within and across communities of practice in medical innovation. *Management Learning, 41*(5), 575-592.

Morris, D. Z. (2017). Vegas Puts First Self-Driving Bus to Work on U.S. Public Street. Fortune. Retrieved from http://fortune.com/2017/01/14/vegas-self-driving-bus/

National School-to-work Office (1997). *School-to-work glossary of terms*. Washington D.C.: National School-to-work Office.

Nickerson, R. S., & Zodhiates, P. P. (2013). *Technology in education: Looking toward 2020*. Routledge.

Nishioka, T. (1993). **나무의 마음, 나무의 생명**(최성현 역, 1996). 삼신각.

Nonaka, I., & Hirotaka, T. (1995). **지식창조 기업**(장은영 역, 2002). 서울: 세종서적.

Norberg-Hodge, H. (1992). **오래된 미래: 라다크로부터 배우다**(양희승 역, 2007). 서울: 중앙북스.

O'Toole, J. (1973). *Work in America*. Cambridge: MIT press.

Oakes, J. (1985). *Keeping Tracks: How Schools Structure Inequality*. New Haven: Yale University Press.

OECD (2016). OECD 한국경제보고서.

Olian, Judy D., & S. L. Rynes. (1984). Organizational Staffing: Integrating Practice with Strategy. *Industrial Relations, 23*(2), 170-183.

Osborne, M. A., & Frey, C. B. (2013). The future of employment: how susceptible are jobs to computerisation? [Oxford Martin School Working Paper]. Retrieved from https://www.oxfordmartin.ox.ac.uk/publications/view/1314

Osterman, P. (1995). Skill, Training, and Work Organization in American Establishments. *Industrial Relations, 34*, 125-140.

Ovidius(기원전). **변신이야기2**(이윤기 역, 1998). 서울: 민음사.

Owens, T. R. (1997). On the Way: A Journey toward Work-Relevant Education. *Journal of Vocational*

Education Research, 22(2).

Parcel, T. L., & Benefo, K. (1987). Temporal change in occupational differentiation. *Work and Occupations, 14*, 513-532.

Patriotta, G. (2006). Knowledge-in-the-Making: The 'Construction' of Fiat's Melfi Factory. In L. Prusak & E. Matson (Eds.), *Knowledge Management and Organizational Learning: A Reader*. Oxford: Oxford University Press. 70-93

Pautler, Jr. A. J. (1990). Should We Redefine Vocational Education? *Journal of Industrial Teacher Education, 27*(4), 72-75.

Perry, P. (1989). Firms want more from marketing schools. *Marketing News, 23*, 1-2.

Pink., D. H. (2001). **프리에이전트의 시대가 오고 있다**(석기용 역, 2001). 서울: 에코 리브르.

Postman, N. (1992). **테크노폴리: 기술에 정복당한 오늘의 문화**(김균 역, 2001). 서울: 민음사.

Quinn, C. (2017). Readying Global Learning Leaders for Artificial Intelligence. ATD 2017 Conference Presentation.

Quinones, M. A. (2018). Developing Latino Talent. In K. G. Brown (Ed.), *The Cambridge Handbook of Workplace Training and Employee Development* (pp. 345-360). New York: Cambridge University Press.

Ray, C. A., & Mickelson, R. A. (1993). Restructuring students for restructured work: the economy, school reform, and non-college-bound youths. *Sociology of Education, 66*, 1-20.

Raymond, M. A., McNabb, D. E., & Matthaei, C. F. (1993). Preparing graduates for the workforce: The role of business education. *Journal of Education for Business, 68*, 202-206.

Rehm, M. L. (1989). Emancipatory vocational education: Pedagogy for the work of individuals and society. *Journal of Education, 171*(3), 109-123.

Rehm, M. L. (1994). Critical Pedagogy and Vocational Education. In R. D. Lakes (Ed.), *Critical Education for Work: Multidisciplinary Approaches* (pp. 143-160). Norwood: Ablex.

Reich, R. B. (2000). **부유한 노예**(오성호 역, 2001). 서울: 김영사.

Reimer, E. (1971). **학교는 죽었다**(김석원 역, 1982). 서울: 한마당.

Resnick, L. B. (1987). Learning in school and out. *Educational researcher, 16*, 13-20.

Richardson, M. S. (2000). A New Perspective for Counsellors: from Career Ideologies to empowerment through work and relationship practices. In A. Collin & R. A. Young (Eds.), *The Future of Career* (pp. 197-211). Cambridge: Cambridge University Press.

Rifkin, J. (1994). **노동의 종말**(이영호 역, 1996). 서울: 민음사.

Riverin-Simard, D. (2000). Career Development in a Changing Context of the Second Part of Working Life. In A. Collin & R. A. Young (Eds.), *The Future of Career.* Cambridge: Cambridge University Press. pp. 115-129.

Robert, J. (2006). Limits to communities of practice. *Journal of Management Studies, 32*(3), 623-639. DOI : 10.1111/j.1467-6486.2006.00618.x

Rocco, T. S., Bowman, L., & Bryant, L. O.(2014). Disability, Health and Wellness Programs, and the Role of HRD. In N. E. Chalofsky, T. S. Rocco & M. L. Morris (Eds.), *Handbook of Human Resource*

Development (pp. 299–313). Hoboken: Wiley.

Roh, K., Ryu, H., & McLean, G. N. (2020). Analysis of national human resource development(NHRD) policies of 2016 in South Korea with implications. *European Journal of Training and Development, 44*(4/5), 355–368.

Rosenbaum, J. E. (1996). Policy Uses of Research on the High School to Work Transition. *Sociology of Education* (Extra Issue), 102–122.

Rosenbaum, J. E. (2001). *Beyond College for All: Career Paths for the Forgotten Half.* New York: Russell Sage Foundation.

Rosenbaum, J. E., & Binder, A. (1997). Do Employers Really Need More Educated Youth? *Sociology of Education, 70,* 68–85.

Rosenbaum, J. E., & Kariya, T. (1989). From High School to Work: Market and Institutional Mechanisms in Japan. *American Journal of Sociology, 94,* 1334–1365.

Rosenbaum, J. E., Kariya, T., Settersten, R., & Maier, T. (1988). Market and network theories of the transition from high school to work: Their application to industrialized societies. *Annual Review of Sociology, 16*, 263–299.

Rosenberg, M. J. (1996). Human Performance Technology. In R. L. Craig (Ed.), *The ASTD Training and Development Handbook* (4th ed.). New York: McGraw-Hill.

Roth, G. L. (2001). Contemporary Issues in Human Resource Development: Implications for Educational Administration. Paper presented at KRIVET, Oct. 2001.

Rychen, D. S., & Salganik, L. H. (2003). *Key competencies for a successful life and a well-functioning society*. Cambridge, MA: Hogrefe & Huber.

Rynes, S. L., & Boudreau, J. W. (1986). College Recruiting in Large Organizations: Practice, Evaluation and Research Implications. *Personnel Psychology, 43,* 13–35.

Saint-Exupéry, A. D. (1943). *The Little Prince.*

Salas-Velasco, M. (2007). The Transition from Higher Education in Employment in Europe: the Analysis of the Time to Obtain the First Job. *Higher Education 54,* 333–360.

Sandberg, J. (2000). Understanding Human Competence at Work: an Interpretive Approach. *Academy of Management Journal, 43*(1), 9–25.

Saxenian, A. (2004). The Silicon Vally connection: Transnational networks and regional development in Taiwan, China and India. *Science, Technology, and Society, 7*(1), 117–149. DOI : 10.1177/097172180200700106

Sayes, E. (2014). Actor-Network Theory and Methodology: Just what does it mean to say that nonhumans have agency? *Social Studies of Science, 44*(1), 134–139. DOI : 10.1177/ 0306312713511867

Schein, E. H. (1971). The individual, the organization, and the career: A conceptual scheme. *Journal of Applied Behavioral Science, 7,* 401–426.

Schultz, J. B. (1988). Developing Theoretical Models/Conceptual Frameworks in Vocational Education Research. *Journal of Vocational Education Research, 13*(3), 29–43.

Schultz, T. W. (1961). Investment in Human Capital. *American Economic Review, 51,* 1–17.

Schwab, K. (2016). **클라우스 슈밥의 제4차 산업혁명**(송경진 역, 2016). 서울: 새로운 현재.

Secretary's Commission on Achieving Necessary Skills (1992). Skills and tasks for jobs: A scans report for america 2000. U. S. Department of Labor.

Senge, P. (1990). *The fifth discipline: The art and practice of the learning organization*. New York: Doubleday/Currency.

Sennett, R. (2009). **장인: 현대문명이 잃어버린 생각하는 손**(김홍식 역, 2010). 경기: 21세기북스.

Shaw, S., & Leberman, S. (2015). Using the kaleidoscope career model to analyze female CEOs' experiences in sport organizations. *Gender in Management, 30*(6), 500-515.

Shirky, C. (2008). **끌리고 쏠리고 들끓다**(송연석 역, 2008). 서울: 갤리온.

Smith, C. L., & Rojewski, J. W. (1993). School-to-work transition: alternatives for educational reform. *Youth & Society, 25*(2), 222-250.

Solomon, N., Boud, D., & Rooney, D. (2006). The in-between: exposing everyday learning at work. *International Journal of Lifelong Education, 25*(1), 3-13.

Spencer, L. M., & Spencer, S. M. (1993). **핵심역량모델의 개발과 활용**(민병모 외 역, 1998). 서울: PSI컨설팅.

Spring, J. (1990). *The American School 1642-1990*. New York: Longman.

Stern, D. et al. (1995). *School to work: research on programs in the United States*. London: Falmer.

Stone, P., Brooks, R., Brynjolfsson, E., Calo, R., Etzioni, O., & Hager, G. (2016). Artificial Intelligence and Life in 2030. One Hundred Year Study on Artificial Intelligence: Report of the 2015-2016 Study Panel.

Sullivan, S. E., Forret, M. L., Carraher, S. M., & Mainiero, L. A. (2009). Using the kaleidoscope career model to examine generational differences in work attitudes. *Career Development International, 14*(3), 284-302.

Swanson, R. A., & Holton, E. F. (2001). *Foundations of Human Resource Development*. San Francisco: Berrett-Koehler.

Templer, A. J., & Cawsey, T. F. (1999). Rethinking career development in an era of portfolio careers. *Career Development International, 4*(2), 70-76.

Torvalds, L., Himanen, P., & Castells, M. (2002). **해커, 디지털 시대의 장인들**(신현승 역, 2002). 서울: 세종서적.

Tovey, J. (2001). Building connection between industry and university: Implementing an internship program at regional university. *Technical Connection Quarterly, 10*(2), 225- 239.

Trehan, K. (2007). Psychodynamic and critical perpsectives on leadership development. *Advances in Developing Human Resources, 9*(1), 72-82.

Tuomi-Gröhn, T., & Engeström, Y. (2003). Conceptualizing transfer: from standard notions to developmental perspective. In T. Tuomi-Gröhn & Y. Engeström (Eds.), *Between School and Work: New Perspective on Transfer and Boundary-Crossing* (pp. 19-38). Oxford: Elsevier.

Wacker, M. E., & Bills, D. B. (2000). Barriers and Adaptations: Hiring Managers and Contingent Workers. *Research in the Sociology of Work, 9*, 231-252.

Walton, J. (1999). *Strategic Human Resource Development*. Harlow: Financial Times.

Wang, G. G., & Swanson, R. A. (2008). The idea of national HRD: an analysis based on economics and theory development methodology. *Human Resource Development Review, 7*(1), 79–106.

Wattis, L., Standing, K., & Yerkes, M. (2013). Mothers and work-life balance: exploring the contradictions and complexities involved in work-family negotiation. *Community, Work & Famly, 16*(1),1–19.

Watts, A. G. (2000). The new career and public policy. In A. Collin & R. Young (Eds.), *The future of career* (pp. 259–275). Cambridge, MA: Cambridge University Press.

Webly, L. (2019). **인공지능(AI)과 법조 분야: 윤리적 · 규제적 고려사항**(권현영 역) **경제규제와 법**. 12(2), 69–80. UCI: I410-ECN-0101-2020-366-000352953

Weinmann, M. (1999). **손과 두뇌**(pp. 15–75). 손이 지배하는 세상(M. Weinmann 편, 박규호 역, 2002). 서울: 해바라기.

Wenger, E. (1998). **실천공동체: COP**(손민호, 배을규 역, 2007). 서울: 학지사.

Wenger, E., McDermott, R., & Snyder, W. M. (2002). *Cultivating Communities of Practice: A Guide to Managing Knowledge*. Boston: Harvard Business School Press.

White, J. (1997). *Education and the End of Work: A New Philosophy of Work and Learning*. London: Cassell.

Whittaker, J., Courtial, J-P., & Law, J. (1989). Creativity and conformity in science: Titles, keywords and co-word analysis. *Social Studies of Science, 19*(3), 473–496.

Wilson, J. M. et al. (2007). Group Learning. *Academy of Management Review, 32*(4), 1041–1059.

Winch, C. (2000). *Education, Work and Social Capital: Toward a New Conception of Vocational Education*. London: Routledge.

Wong, M., Gardiner, E., Lang, W., & Coulon, L. (2008). Generational differences in personality and motivation: do they exist and what are the implications for the workplace? *Journal of Managerial Psychology, 23*(8), 878–890.

World Economic Forum (2016). The Future of Jobs. World Economic Forum. Retrieved from http://www3.weforum.org/docs/WEF_Future_of_Jobs.pdf

Yang, B. (2003). Toward a Holistic Theory of Knowledge and Adult Learning. *Human Resource Development Review, 2*(2), 106–129.

You, J. Kim, S., Kim, K., Cho, A., & Chang, W. (2021). Conceptualizing meaningful work and its implications for HRD. *European Journal of Training and Development. 45*(1), 36–52.

Young, R. A., & Valach, L. (2000). Reconceptualizing Career Theory and Research: an Action-Theoretical Perspective. In A. Collin & R. A. Young (Eds.), *The Future of Career* (pp. 181–196). Cambridge: Cambridge University Press.

찾아보기

인명

내용

장원섭(Chang, Wonsup)

연세대학교 교육학과에서 학사 과정을 마치고 동 대학원에서 교육학 석사학위를, University of Iowa에서 교육학 박사학위를 받았다. 이후 1997년부터 2001년까지 한국직업능력개발원에서 책임연구원으로 일하였고, 2001년부터 현재까지 연세대학교에서 교육학부 교수로 재직하고 있다. 대통령자문 새교육공동체위원회 전문위원, University of Wisconsin(Madison) 방문 연구원, University of Illinois(Urbana-Champaign) 방문 교수를 지냈고, 연세대학교 교육연구소 소장, 한국산업교육학회 회장을 역임하였다. 현재 연세대학교 신문방송편집인, 한국성인교육학회 회장, CJ 나눔재단 이사를 맡고 있다.

주요 저서 및 역서로는 『한국성인인력 개조론』(공저, 학지사, 1997), 『교육과 일의 사회학』(학지사, 1997), 『앤드라고지: 현실과 가능성』(공저, 학지사, 1998), 『고학력 실업자 인력개발 정책: 한·미 비교 분석』(공저, 교육과학사, 2000), 『인적자원개발론』(역, 학지사, 2003), 『일의 교육학』(학지사, 2006), 『Theories, Policy, and Practice of Lifelong Learning in East Asia』(공저, Routledge, 2010), 『팀의 해체와 놋워킹』(공역, 학이시습, 2014), 『일터학습: 함께 배우기』(편저, 교문사, 2015), 『장인의 탄생』(학지사, 2015), 『교육과 일』(공역, 박영스토리, 2017), 『평생교육 프로그램 개발』(공저, 방통대출판문화원, 2017), 『다시, 장인이다』(영인미디어, 2018), 『미래를 여는 교육학』(공저, 박영스토리, 2019), 『인적자원개발: 이론과 실천』(3판, 학지사, 2021) 등이 있다.

교육과 일의 세계
Education and the World of Work

2021년 8월 25일 1판 1쇄 인쇄
2021년 8월 31일 1판 1쇄 발행

지은이 • 장원섭
펴낸이 • 김진환
펴낸곳 • (주) 학지사
04031 서울특별시 마포구 양화로 15길 20 마인드월드빌딩
대표전화 • 02)330-5114 팩스 • 02)324-2345
등록번호 • 제313-2006-000265호

홈페이지 • http://www.hakjisa.co.kr
페이스북 • https://www.facebook.com/hakjisa

ISBN 978-89-997-2495-4 93370

정가 21,000원